21 NEW MEDIA 世纪新媒体专业系列教材

新媒体概论

Introduction to New Media

第4版

匡文波 / 著

中国人民大学出版社
·北京·

总序

周锡生

当今世界充满变革与创新。在阐释当今世界变革特征的时候，“新媒体”时常被提及，尽管人们对它的定义还有不少争议。

20多年来，随着数字技术、信息技术的飞速发展，以互联网为代表的新媒体从诞生到逐步发展壮大，深刻改变了旧有的新闻信息传播方式，系统重塑了新的媒介生态和传播格局。在旧媒体时代，新闻信息的传播速度还曾与交通工具竞争；在新媒体时代，昨日甚至数小时、数十分钟之前的新闻，都可能瞬息即逝，转眼间“轻舟已过万重山”。在旧媒体时代，“受众”这个词体现了公众被动接受各类新闻信息的地位；在新媒体时代，媒体人已经不再是专属的职业称号，自制互动、共享交流成为普遍行为。在旧媒体时代，内容占据着绝对的核心地位，其他各个环节只是附属；在新媒体时代，在内容为王的观念被继续强调的同时，网络、渠道、平台和终端的作用和价值日渐凸显，服务与市场的理念正在逐步深化。可以说，当今的新媒体已经跨越了媒介形态的界限，跨越了时空的拘囿，甚至也跨越了文化的隔阂。在这种态势下，建设新媒体、发展新媒体，成为传统媒体求生存、寻突破、谋发展的必由之路。

滚滚而来的新媒体浪潮绝非仅仅改变了传媒业本身，更深刻渗入世界的政治、经济、文化、科技等各个领域。“世界是平的”引发人们无限遐想，平的世界创造了无限的空间。放眼全球，新媒体已经成为世界政治较量的重要因素，成为各国执政者了解社情民意的重要手段，成为社会公众参政议政的重要平台，网络动员、网络聚集、网络拷问在社交媒体上成为常态，新媒体的运用和掌控能力日益成为执政水平的重要衡量标准。与此同时，以互联网产业为核心，逐步形成了包括媒体业、电信业、IT业等在内的比较完整的新媒体产业链，产业体系也日趋完善，有力地推动了文化创意产业的发展，成为国民经济的有机组成部分，且生机盎然，潜力巨大。新媒体的文化价值也在不断迸发当中，随着平板电脑、电子阅读器的迅速普及，数字阅读、数字出版势不可当，新媒体的文化传播和社会建设功能日益强大，跨界文化交流与合作的作用更加突出，极大地丰富和满足了人们的精神文化生活需求。从这个层面来说，建设新媒体、发展新媒体，已经不再单单是传媒业的职责，更需要从历史发展的宏观视野与现实的综合因素层面加以考量与谋划。

在全球加速向网络化社会、数字化生存转型的过程中，我国的新媒体建设也与世界同步，与时代同行。截至2023年6月，我国的网民规模达10.79亿人，手机网民规模达10.76亿人，均位居世界第一位，且还处于强劲增长当中。如此庞大用户规模的背后，是我国近年来新媒体征程中一个个开拓的脚印与卓然的成效。在当今中国，我们可以看到，新媒体的作用被普遍认可，新媒体的影响被广泛重视，新媒体的理念深入人心，传统媒体加快向新兴媒体战略转型，各类新媒体机构不断涌现且各具特色。从网络、手机、平板电脑到户外大屏、流动媒体，从主流新闻网站到各类商业网站和专业网站，新技术不断涌现，新功能不断挖掘，新产品不断推出，呈现出万马奔腾、一日千里之势。

当然，新媒体在我国发展的时间还比较短，在采编、经营、技术、市场、管理、人才等方面还处于探索阶段，在实践过程中出现了诸多困惑与迷思，存在着各种矛盾与冲突，远未成熟。尽管如此，新媒体的蓬勃生机让我们对它的未来充满信心，而这蓬勃生机正来自创新。创新是新媒体时代永恒的主题，谁能够加强创新，谁就能把握未来。新媒体本身就是创新的产物，创新是新媒体的生命力所在。为此，必须根据党和政府提出的新要求，适应时代的新特点，着力把握受众需求的新变化，着力把握技术突破的新契机，着力把握媒体发展的新态势，进一步创新思想观念、创新体制机制、创新内容生产、创新方式手段，加快新兴媒体建设，大力发展新兴业务，从而更好地贯彻落实党中央战略部署，为加强国际传播能力建设、构建先进强大的现代传播体系做出贡献，为促进社会主义文化大繁荣、大发展发挥更加显著的作用。

新媒体是推动社会进步的重要力量，同时也是一柄双刃剑，随着新媒体地位的日益上升和作用的日益增强，其所应承担的责任越来越重大。从某些意义上讲，新媒体所应承担的社会责任甚至比传统媒体还要重一些。多年来，我一直强调的一句话就是“网络无改稿”。传统媒体的稿件签发后发现了错误，还有时间和可能予以纠正，而新媒体的稿件一旦签发，几秒钟之内就可与全球不计其数的受众见面，根本没有时间和可能对稿件进行改正。因此，新媒体的把关责任十分重大，这既是对社会公众负责，也是对新媒体本身负责。在强调和开发新媒体的“媒体功能”的同时，有必要进一步强化其“媒体责任”。

新媒体领域日新月异的发展实践，以及在此过程中出现的矛盾与问题，要求理论研究总结规律、升华认识，并从理论层面加以阐释和指引。中国人民大学新闻学院有几位多年来潜心研究新媒体的专家学者，由他们领衔撰写的这套新媒体丛书，对新媒体的理论、技术、经营管理、业务流程、最新发展动态进行了全面深入的研究，反映了国内外新媒体研究的最新成果，对新媒体的管理者、研究者、学习者及业界从业人员都具有重要的参考价值。本套丛书的出版，相信会有助于推动我国新媒体的快速健康发展。

（作者曾任新华社副社长兼常务副总编辑、新华网董事长）

自序

回顾人类传播史，我们不难发现，信息技术的发展起着历史性杠杆的作用。信息技术的每次创新都带来了信息传播的大革命，每一次革命都给人类的政治、经济、文化和社会生活带来了不可估量的影响，推动着人类文明不断向更高层次迈进。信息技术的创新强而有力地改变着人类的生产与生活的面貌。信息技术得以集中反映的标志就是信息传播方式的变革。

新媒体作为高科技的产物，再一次给传播带来了巨大的变革。新媒体出现的革命性意义不亚于中国人发明纸张和印刷术的意义。

但是，关于“新媒体”的确切定义，业界和学界目前尚未达成共识。

其实新媒体是一个通俗的说法，严谨的表述是“数字化互动式新媒体”。从技术上看，新媒体是数字化的；从传播特征上看，新媒体具有高度的互动性。数字化、互动性是新媒体的本质特征。新媒体是一个相对概念，其内涵会随着传媒技术的进步而有所发展，但从人类传播史的角度而言应是一个时代范畴，特指“今日之新”而非“昨日之新”或“明日之新”。新媒体的新是以国际标准为依据的，一些国人视之为“新”的媒体形式，在发达国家早就有了，不能被称为新媒体，如车载移动电视。

我们将新媒体定义为借助计算机（或具有计算机本质特征的数字设备）传播信息的载体。

与传统媒体相比，新媒体具有如下特征：即时性、开放性、个性化、分众性、信息的海量性、低成本全球传播、检索便捷、融合性等。但是新媒体的本质特征是技术上的数字化和传播上的互动性。

新媒体的外延会随着技术的发展而不断扩展。

新媒体是未来媒体发展的重点，是媒体传播市场发展的趋势和必然方向。因此，加强新媒体的研究和教学对推进新闻传播学学科进步、人才培养、产业升级乃至社会发展具有重要意义。本书对新媒体的理论与技术进行了全面的研究，分别探讨了新媒体的特点、理论模型、类型、宏观管理、微观经营、用户特征、著作权保护等。

本书反映了国内外新媒体研究的最新成果，读者对象主要是新媒体研究者、教育者、从业人员及新闻传播专业的各类各级学生，亦可作为在职培训教材。

匡文波
中国人民大学新闻学院教授、博士生导师
中国人民大学新闻与社会发展研究中心研究员
2024 年 2 月

目录

第 1 单元 新媒体理论基础

第 2 单元 新媒体的类型和形态

第3单元　新媒体管理

第 1 单元
新媒体理论基础

第 1 章　新媒体导论

回顾人类传播史，我们不难发现，信息技术的发展起着历史性杠杆的作用。信息技术的每次创新都带来了信息传播的大革命，每一次革命都给人类的政治、经济、文化和社会生活带来了不可估量的影响，推动着人类文明不断向更高层次迈进。信息技术的创新强而有力地改变着人类的生产与生活的面貌，信息技术得以集中反映的标志就是信息传播方式的变革。人类信息传播的发展历程迄今可分为四个阶段（口头传播阶段、文字传播阶段、电子传播阶段和数字传播阶段），前一阶段向后一阶段的跃升无不以信息技术的革命性进步为前提。计算机网络技术的进步，尤其是互联网的发展，为信息传播的发展奠定了新的基础。

第 1 节　新媒体的基本问题

关于新媒体的确切定义，业界和学界目前尚未达成共识。

一、新媒体的概念

“新媒体”（new media）一词源于美国哥伦比亚广播公司（CBS）技术研究所所长 P. 戈尔德马克（P. Goldmark）的一份商品开发计划（1967）。之后，时任美国传播政策总统特别委员会主席的 E. 罗斯托（E. Rostow）在向尼克松总统提交的报告书（1969）中也多处使用了“new media”一词。由此，“新媒体”一词开始在美国流行并很快扩展至全世界。

关于新媒体的定义，国内外专家各执一词。早期，联合国教科文组织对新媒体下过一个定义：新媒体就是网络媒体。与之类似的是把新媒体定义为“以数字技术为基础，以网络为载体进行信息传播的媒介”①。

清华大学熊澄宇提出，所谓新传媒，或称数字媒体、网络媒体，是建立在计算机信息处理技术和互联网基础之上，发挥传播功能的媒介总和。它除具有报纸、电视、电台等传统媒体的功能外，还具有交互、即时、延展和融合的新特征，其用户既是信息的接收者，又是信息的提供和发布者。它是包括数字化、互联网、发布平台、编辑制作系统、信息集成界面、传播通道和接收终端等要素的网络媒体，已经不仅仅属于大众媒体的范畴，而是全方位、立体化地融合了大众传播、组织传播和人际传播方式，以有别于传统媒体的功能影响我们的社会生活。②

上海交通大学的蒋宏和徐剑从内涵和外延两个方面对新媒体做出了界定。他们认为，就内涵而言，新媒体是指 20 世纪后期在世界科学技术取得巨大进步的背景下，在社会信息传播领域出现的建立在数字技术基础上的能使传播信息大大扩展、传播速度大大加快、传播方式大大丰富的与传统媒体迥然相异的新型媒体；就外延而言，新媒体包括光纤电缆通信网、有线电视网、图文电视、电子计算机通信网、大型电脑数据库通信系统、卫星直播电视系统、互联网、

---

① 陶丹，张浩达．新媒介与网络广告［M］. 北京：科学出版社，2001：前言 3.

② 熊澄宇，廖毅文. 新媒体：伊拉克战争中的达摩克利斯之剑［EB/OL］.（2003－06－10）［2024－01－25］. http：//news. xinhuanet. com/newmedia/2003-06/10/content _ 910340. htm.

手机短信、多媒体信息的互动平台、多媒体技术广播网等。①

中国传媒大学的黄升民等人将网络电视、地面移动电视、手机电视视为新媒体的三大部分。②

中国传媒大学的宫承波认为，门户网站、搜索引擎、虚拟社区、电子邮件、网络文学、网络游戏属于新媒体。③

也有人把近10年内基于技术变革出现的一些新的传播形态，或一直存在但长期未被社会发现其传播价值的渠道、载体统称为新媒体。④ 持这种观点的人将手机电视、网络电视、网络广播、博客、播客、楼宇电视、车载移动电视、光纤电缆通信网、都市型双向传播有线电视网、高清晰度电视、互联网、手机短信、数字杂志、数字报纸、数字广播、数字电视、数字电影、触摸媒体等均列入新媒体。然而这种界定不仅范围过宽，而且将以上媒体并列本身就存在分类混乱的逻辑错误。因为按照分类的逻辑，子类之和应等于母类，子类之间应相互排斥。

(一) 数字化、互动性是新媒体的本质特征

"新媒体"是一个通俗的说法，严谨的表述是"数字化互动式新媒体"。从技术上看，新媒体是数字化的；从传播特征上看，新媒体具有高度的互动性。数字化、互动性是新媒体的本质特征。新媒体的传播过程具有非线性的特点，信息发送和接收可以是同步的，也可以异步进行。诸如楼宇电视、车载电视，由于缺乏互动性，不属于新媒体的范畴。

新媒体是一个相对概念，其内涵会随着传媒技术的进步而有所发展，但从人类传播史的角度而言应是一个时代范畴，特指"今日之新"而非"昨日之新"或"明日之新"。我们不应当以"昨日之新"为标准界定新媒体，20世纪初出现的广播、电视，在当时都是新出现的媒体，但是现在属于传统媒体。我们更无法以"明日之新"作为标准界定新媒体，否则目前就没有新媒体了。

新媒体的新是以国际标准为依据的。一些国人视之为"新"的媒体形式，在发达国家早就有了，不能被称为新媒体，如车载移动电视。

笔者不赞成使用"数字媒体"这一概念，因为此处的"数字"也可以被理解为制作过程的数字化，如果这样理解，那么几乎所有的媒体都可以列入数字媒体的范畴。

与传统媒体相比，新媒体具有即时性、开放性、个性化、分众性、信息的海量性、低成本全球传播、检索便捷、融合性等特征，其本质特征是技术上的数字化、传播上的互动性（英文为 interactive，国内也有人称其为交互性）。

传统媒体的传者和受者定位非常明确，传者发布信息，受者只能被动地接收，不管喜欢还是讨厌，都无从表达对信息的看法。但是新媒体使传者与受者之间的界限变得模糊，受者不再是被动的信息消费者，而是可以与传者实现信息交互的主体，其身份会在交互的过程中转变成传者。

《在线》(*Online*) 杂志给新媒体下过一个定义：由所有人面向所有人进行的传播（communications for all，by all）。传统媒体使用两分法把世界划分为传播者和受众两大阵营，人们不是作者就是读者，不是广播者就是观看者，不是表演者就是欣赏者。新媒体与此相反，它使每个人不仅有听的机会，而且有说的条件。新媒体实现了前所未有的互动性。因此，在新媒体的

---

① 蒋宏，徐剑．新媒体导论［M］．上海：上海交通大学出版社，2006：14.

② 虢亚冰，黄升民，王兰柱，等．中国数字新媒体发展报告［M］．北京：中国传媒大学出版社，2006：1.

③ 宫承波．新媒体概论［M］．北京：中国广播电视出版社，2007：1.

④ 陈晓宁．广播电视新媒体政策法规研究：国外法规与评介研究［M］．北京：中国法制出版社，2001：16-35.

研究中，笔者认为已经不存在“受众”的概念，建议用“用户”取代“受众”一词。①

因此，我们用互动性的标准衡量各种新媒体形态，就可以发现，一些所谓的“新媒体”其实只是“新出现的传统媒体”。车载移动电视、户外媒体、楼宇电视就是典型的“新出现的传统媒体”，因为它们缺乏新媒体的本质特征——互动性。对用户而言，车载移动电视毫无互动性可言，它具有空间封闭、受众无选择性地被动接收信息、不能调换频道、不能屏蔽广告、强制收视、随时移动、随时收看等特点。楼宇电视通过导线传播，具有传统广播电视所具有的特征：对象广泛、时效性强、丰富直观、接收随意、顺序接收、转瞬即逝。因此按照传输方式划分，楼宇电视可以而且应属于有线广播或闭路广播之列。楼宇电视目前传播的内容主体是广告。当一个人处于比看广告更无聊的时间和空间（如等待电梯）时，他宁愿选择看广告。这就是楼宇电视广告的心理强制性。因此，楼宇电视的信息传播具有很强的受众被动性，而无法实现用户的主动性与互动性，这与新媒体的本质特征背道而驰。

（二）哪些不应当属于新媒体

纸质媒体、传统的模拟广播电视显然是传统媒体，对此，学术界没有异议。但是，除此之外的媒体形态都能被称为新媒体吗？

1. 新出现的媒体是否都可以被称为新媒体

并非新出现的媒体形态都可以被称为新媒体。例如，有人用自行车车体甚至人的额头作为广告媒体，但是由于这些媒体既非数字化的，亦不具有互动性，因此不能被称为新媒体，只能被称为新出现的传统媒体。

【案例】 额头广告

美国内布拉斯加州东部城市奥马哈市居民安德鲁·菲舍尔是一名网页设计者，2005年他将自己的前额作为广告位招商，为治鼾药物“鼾停”打广告，获得了3.737 5万美元的收入。他在前额上展示“鼾停”标识，时间是1个月。[1]2006年2月，国内一名陈姓男子在淘宝网以10万元底价拍卖额头广告发布权，但是无人问津。

[1] 收入近四万美元 广告“爬上”额头 [N]. 北京晚报，2005-01-27.

【案例】 自行车车体广告

在杭州，从2008年5月1日起就有2 000辆自行车供市民租用，其中景区投放了350辆左右。一年半以后，租车点达到了1 000个，可租用的车有5万辆，租赁时间30分钟内，市民可免费使用出租自行车。

2008年4月初，由杭州公交集团与杭州公交广告公司共同出资组建的国有独资公共自行车交通服务企业——杭州市公共自行车交通服务发展有限公司成立。该公司的重要收入来源之一就是自行车车体广告（见图1-1）。该公

① 后文中，为方便探讨，在提及新媒体时仍使用“受众”一词。

司建立之初，初步计划自行车车体广告收费标准是150元/辆·月。5万辆自行车，按75%的商业开挂率（一年中四分之三的时间车身都有广告，或75%的车一年中都有广告）计算，年收入将为6 750万元。

图1-1 新出现的自行车车身不具有数字化和互动性特征，并非新媒体

由于缺乏互动性，数字化的户外LED广告屏也并非新媒体。LED是英文light emitting diode的缩写，中文名为发光二极管，由含镓（Ga）、砷（As）、磷（P）、氮（N）等的化合物制成。所谓的LED显示屏，是一种由一个个小的LED模块面板组成的显示器。

自20世纪80年代中期起，就有单色和多色显示屏问世，起初是文字屏或动画屏。20世纪90年代初，电子计算机技术和集成电路技术的发展使LED显示屏的视频技术得以实现，电视图像直接上屏。至90年代中期，蓝色和绿色超高亮度LED研制成功并迅速投产，使室外屏的应用大大扩展。目前LED显示屏在体育场馆、广场、购物中心、商场、证券交易中心、银行、部分十字路口、高速公路、高架道路等地方都得到广泛应用（见图1-2）。中国户外LED广告屏市场也发展迅速，年均增长率达到39.40%。

你怎么看

新出现的媒体是否就可以被称为新媒体？

图1-2 北京LED显示屏广告

2. 数字电视和智能电视是否属于新媒体

数字电视（digital TV）又被称为数位电视或数码电视，是指从演播室到发射、传输、接收的所有环节都是使用数字电视信号或该系统所有的信号都是通过由0、1数字串所构成的二进制数字流来传播的电视类型，与模拟电视相比较，其信号损失小，接收效果好。

你怎么看

作者认为数字电视不属于新媒体。你怎么看？

概念

数字电视又被称为数位电视或数码电视，是指从演播室到发射、传输、接收的所有环节都是使用数字电视信号或该系统所有的信号都是通过由0、1数字串所构成的二进制数字流来传播的电视类型。

数字电视采用双向信息传输技术，增加了交互能力，赋予了电视许多全新的功能，使人们可以按照自己的需求获取各种网络服务，包括视频点播、网上购物、远程教学、远程医疗等新业务。数字电视提供的最重要的服务就是视频点播（VOD）。视频点播是一种全新的电视收视方式，它不像传统电视那样，让用户只能被动地收看电视台播放的节目，而是提供了更高的自由度、更多的选择权，有效地提高了节目的参与性、互动性、针对性。除此之外，数字电视还提供了其他服务，包括数据传送、图文广播、上网服务等，用户能够使用电视实现现实股票交易、信息查询、网上冲浪等。电视被赋予了新的用途，从封闭的窗户变成了交流的窗口。

在现阶段，国内所推广的数字电视只是增加了电视频道，提高了清晰度，依然缺乏互动性。因此，笔者认为目前数字电视依然不属于新媒体。但是，从技术的发展趋势看，智能电视就如同手机的演化一样，会成为电脑的一种类型，在不久的将来，具有互动性的数字化智能电视将成为新媒体的新成员。

图1-3是我们对目前的新媒体的外延进行的梳理，但是，新媒体的外延会随着技术的发展而不断扩展。新媒体是未来媒体发展的重点，是媒体传播市场发展的趋势和必然方向。

目前，智能电视正在成为电脑的一种类型，具有互动性的智能电视正在成为新媒体的新成员。智能电视（smart TV）就是具有独立操作系统的电视，其本质是计算机的一种新形态。智能电视搭载了独立操作系统，并且具有上网功能，用户可以通过自行安装和卸载软件、游戏等第三方服务商提供的程序，来不断对电视功能进行扩展。

智能电视应该具备以下关键特征：本质上是计算机的一种形态，具有独立操作系统、CPU、内存等计算机要素；具备宽带互联网接入能力；可以接收并回放从互联网上获得的视频数据流；可以下载并安装各种专门开发的应用程序和游戏；具有网络通信功能；具备全新的遥控装置，并且可以和各种移动终端链接互动。

智能电视的出现与发展，将如同智能手机的普及一样，彻底改写电视业及电视机制造业的历史。

（三）新媒体的科学定义：借助计算机传播信息的载体

目前的新媒体包括互联网、手机媒体和智能电视，因为只有这三者才具有真正的互动性。互联网本身就是计算机技术发展的产物，而当今的手机已经不再只是移动电话，而是具有通信功能的迷你型电脑。

在手机诞生及发展初期，即第一代手机（1G）时代，手机只是能移动的电话，不能传播新闻内容。

2G的手机除了最基本的通话功能，还可以用来收发邮件和短消息、上网、玩游戏、拍照

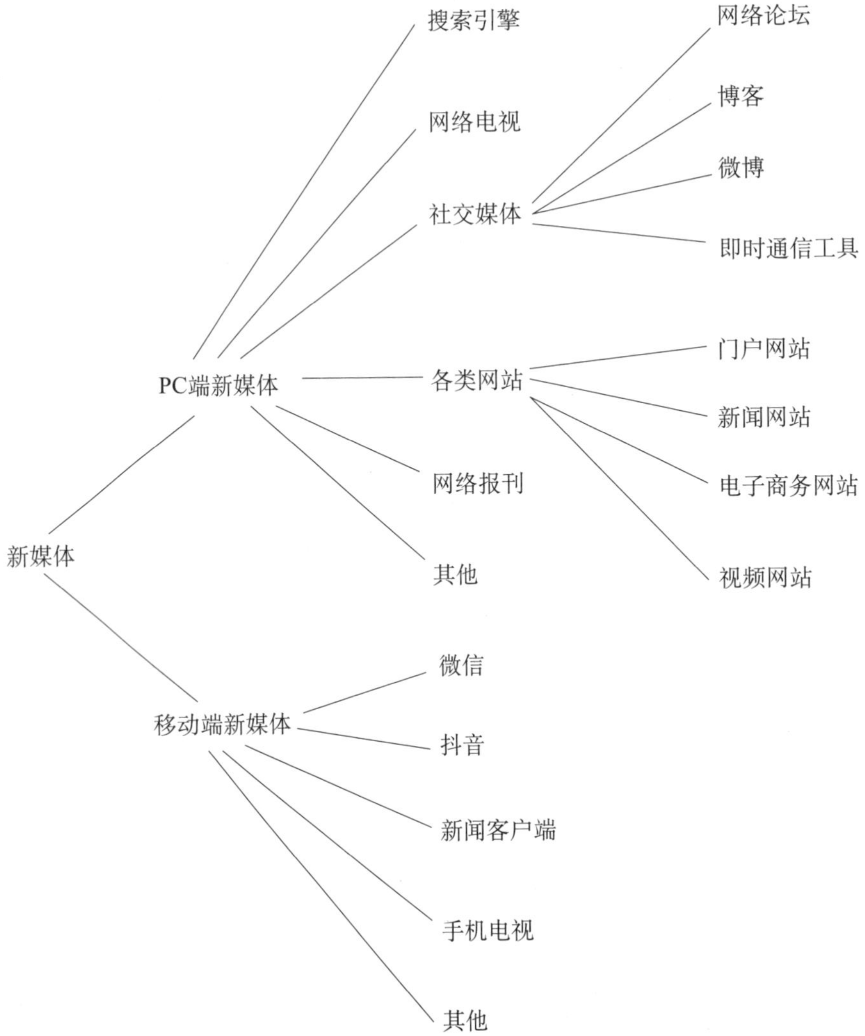

图 1-3　新媒体的外延

等。2G 手机虽然在硬件技术上存在屏幕小、电池持续时间短、上网速度低等瓶颈，但是建立在 2.5G（即介于 2G 和 3G 之间）技术基础上的各种增值业务，尤其是手机报、手机电视、手机上网、移动商务、移动搜索、手机广告等被广泛使用。在 2.5G 时代，手机媒体基本成型。之后经历 3G、4G 时代，现已步入 5G 时代。

回顾手机的发展，我们可以发现，手机技术演进的规律是：外观越来越小、功能越来越多、价格越来越便宜。目前，手机已经不再只是“移动电话”，而是具有通信功能的迷你型电脑，手机 CPU 也进入了“多核”时代。

智能手机是配备了操作系统的手机，是当今手机发展的主流。智能手机的本质特征是：硬件上配备了 CPU，软件上配备了操作系统。

手机 CPU，如同电脑 CPU 一样，是整台手机的控制中枢系统，也是逻辑部分的控制中心。微处理器通过运行存储器内的软件及调用存储器内的数据库，达到对手机进行整体管理的目的。

2018 年，在全球智能手机的市场份额排名上，三星位居第一，而苹果重新超越华为回到了第二。不过，三星、苹果、华为之间的差距在不断缩小，三星以 3.14 亿台占据全球智能手机市场约 22%的市场份额，苹果则以 2.25 亿台占据约 15%的市场份额；华为居第三名，但在 2018 年首次实现出货量突破 2 亿台，最终的数据达到 2.08 亿台，市场份额达到 14%，比起苹果的 iPhone 也仅仅低了 1 700 万台，市场份额仅有 1%的差距。

智能手机领域亦呈现出明显的“马太效应”。2018 年三星、苹果、华为、小米、OPPO 和 vivo 这六大品牌已经占据了全球智能手机约 74%的市场份额，总出货量约为 11.8 亿部，显然，留给其他智能手机品牌的机会不多了。

Canalys 调查公司 2023 年 1 月 18 日发布了 2022 年全球智能手机市场份额数据。2022 年全球智能手机出货量为 12.1 亿台，同比下降 11.3%，出货量前五家企业市场占有率总和为 70%。其中三星 2022 年出货量为 2.59 亿台，在全球智能手机市场中占有率为 21.4%，位居榜首；苹果 2022 年出货量为 2.31 亿台，以约 19%的市场份额位居第二；小米 2022 年出货量为 1.52 亿台，同比下降 19.8%，市场占有率为 12.6%；OPPO 出货量为 1.07 亿台，同比下降 22.7%，市场占有率为 8.8%；vivo 出货量为 0.98 亿台，同比下降 22.8%，市场占有率为 8%。

根据 Canalys2024 年 2 月 27 日发布的研究数据，2023 年全球智能手机全年的总出货量为 11.4 亿部，与 2022 年相比下降了 4%。苹果在 2023 年以 20%的市场份额和 2.292 亿部的出货量首次占据榜首；三星紧随其后，以保持盈利为战略，出货量为 2.254 亿部，占 20%的市场份额；小米巩固了第三的位置，以 1.464 亿部的出货量占 13%的市场份额；OPPO 和传音分列第四和第五，市场份额分别为 9%和 8%。

根据 Canalys2024 年 5 月 2 日发布的数据，2024 年第一季度全球智能手机市场规模同比增长 10%，三星、苹果、小米、传音、OPPO 排名前五。

随着 2023 年 8 月上市的华为 Mate60 系列手机及 2024 年 4 月上市的华为 Pura70 系列手机取得巨大的成功，加上华为的新款手机国产化程度极高，美国无法“卡脖子”，2024 年华为手机的市场份额必将大幅提高。

移动通信科技平均每 10 年出现一次大变动。20 世纪 90 年代，电话从 1G 时代的电线传声进入数码传音的 2G 时代；21 世纪，3G 科技出现了，人们能在移动通信中享受音乐和观赏动画。智能手机使用的是 4G 移动通信技术，非但能让我们看到各种流畅的视频，也成为我们的电子钱包。

目前，5G，即第五代移动电话行动通信标准，亦称第五代移动通信技术，正在成为大国竞争的焦点之一。5G 网络的理论下行速度为 10GB/s（相当于下载速度 1.25GB/s），利用 5G 下载一部两小时的电影只需 3 秒钟，自动驾驶汽车的瞬间判断能力以及识别危险的反应速度将比人脑还快。

2019 年 4 月，美国总统特朗普在白宫发表关于美国 5G 部署的讲话，强调 5G 是一场美国必须赢得胜利的竞赛，美国公司必须引领世界蜂窝技术。他还说，美国是有敌人的，要确保 5G 网络不被敌人掌握。特朗普还表示，美国的 5G 网络建设要由私营部门推动和主导，政府会给予那些公司所需的激励。他要求 5G 覆盖每个社区，并向农村发展。

特朗普的讲话展现出了有点像美国冷战时期与苏联进行太空竞赛或者核竞赛时的劲头，这让人想到，之前一段时间美国对华为的公开打压与当前对 5G 的战略部署不无联系。一边压制中国的 5G 网络巨头，一边进行美国自己发展 5G 的战略动员，不能不说这样做挺小家子气的，这并非有利于支持 5G 时代竞争的国家境界。

实事求是地说，华为、中兴等中国企业是按照市场竞争规律投入 5G 研发的，它们对技术领先的追求是为了企业生存的安全，也是为了获得更多的发展资本。中国的5G进展在世界上肯定是属于快的，但中国社会并没有为此付出非常特别的努力，它是中国市场经济条件下通信事业正常发展的结果。

中国工业和信息化部数据显示，截至2024年3月末，我国移动电话用户为17.55亿户，其中5G移动电话用户为8.74亿户。

2023年11月30日发表的《爱立信移动市场报告》显示，到2023年年底，全球移动用户中近五分之一是5G用户；2023年有6.1亿新增5G用户，与2022年相比增长63%，使全球5G用户总数达到16亿。

中国互联网络信息中心（CNNIC）2024年3月22日发布的第53次《中国互联网络发展状况统计报告》显示，截至2023年12月，我国网民规模达10.92亿人，互联网普及率达77.5%。

综上所述，我们可以将新媒体定义为：借助计算机（或具有计算机本质特征的数字设备）传播信息的载体（本书中讨论的新媒体主要指互联网）。目前，手机媒体是新媒体的主体。智能手机即具有操作系统的手机，是具有通信功能的迷你型电脑，手机媒体则是借助智能手机进行信息传播的工具。

二、相关概念

与新媒体密切相关的概念主要有：网络传播、网络媒体、手机媒体。

> **概念**
> 网络传播是指通过计算机网络进行的人类信息传播活动。

> **概念**
> 网络媒体是借助计算机网络进行信息传播的工具。

> **概念**
> 手机媒体是借助智能手机进行信息传播的工具。

何谓网络传播？所谓网络传播是指通过计算机网络进行的人类信息（包括新闻、知识等信息）传播活动。网络传播中的信息，以数字形式存贮在光、磁等介质上，通过计算机网络高速传播，并通过计算机或类似设备阅读使用。网络传播以计算机网络为基础，进行信息传递、交流和利用，从而达到其传播的目的。

在此，我们要特别强调，计算机网络应该是广义的，不仅包括目前流行的互联网，还包括基于计算机网络技术、现代通信技术的移动通信网络和下一代高速互联网等，不应该将网络传播局限于目前的互联网传播。

同理，网络媒体也不仅仅是指互联网媒体，网络媒体包括互联网、手机媒体、网络电视等多种形态。① 媒体又称媒介、媒质，是承载信息的载体。按照《现代汉语词典》的解释，媒体是“指交流传播信息的工具，如报刊、广播、电视、互联网等”②。因此，笔者认为，网络媒体是借助计算机网络进行信息传播的工具。

互联网曾经被一些人称为“第四媒体”。他们认为，印刷的纸质媒体是第一媒体、广播是第二媒体、电视是第三媒体、互联网是第四媒体。1998年5月，在联合国新闻委员会年会上，互联网被正式作为“第四媒体”提出。但是，“第四媒体”的称谓并不严谨，只是一种通俗的说法。在日本，约定俗成的说法是报纸是第一媒体、期刊是第二媒体、广播是第三媒体、电视是第四媒体、互联网是第五媒体。因此，“第四媒体”的说法不仅不够科学，还容易在国际传

---

① 在没有特别说明的情况下，本书的网络传播即指互联网传播，本书所指的计算机网络即指互联网。

② 中国社会科学院语言研究所词典编辑室．现代汉语词典［M］.7版．北京：商务印书馆，2016：887.

播中被人误解。

手机，原本只是一种通信工具，是可以在较广范围内使用的便携式电话终端，最早由美国贝尔实验室在1940年制造的战地移动电话机发展而来。1973年，美国摩托罗拉工程师马丁·库帕发明了世界上第一台商业化手机。

手机分为智能手机（smart phone）和非智能手机（feature phone，也称为功能手机）。智能手机就是具有独立的操作系统的手机。换言之，智能手机是具有通信功能的迷你型电脑。手机媒体是借助智能手机进行信息传播的工具。

随着智能手机的高度普及，非智能手机正在逐步退出历史舞台。所以，如果未加特别说明，本书所说的手机，都是指智能手机。

网络媒体、手机媒体都是新媒体的重要成员。

也有人使用“数字媒体”的概念。但是，数字媒体并非一个严谨的概念。随着数字技术的广泛应用，所有的新旧媒体都会或多或少地使用数字技术，都有可能被称为“数字媒体”。数字媒体可以指信息传播过程的数字化，例如，报纸印刷的数字化、模拟电视编辑过程的数字化。

第2节　新媒体的优势

从传播学的分类来看，目前较通行的是将传播类型分为五类：内向传播（又称为自我传播或者自身传播）、人际传播、群体传播、组织传播和大众传播。新媒体传播将人际传播和大众传播融为一体，是一种全新的、特殊的传播类型。

新媒体的基本技术特征是数字化，基本传播特征是互动性。新媒体具有信息量大，使用方便，检索快速便捷，图文声像并茂，互动性强，信息通过计算机网络高速传播，信息获取快、传播快、更新快等特性，并且具有计算机检索、超文本功能，是一种具有强大生命力的传播媒体，给人类社会带来了深刻的影响。新媒体允许读者与作者之间进行网络交流，这改变了传统的信息交流方式。具体地说，新媒体具有以下特征。

一、传播与更新速度快、成本低

新媒体传播是一种数字化传播。它将一定的信息转成数字，经过转播，数字在操作平台上被还原为一定的信息。由于其传播的介质是比特（bit），而非原子，所以这种传播就具备了快捷、方便和高保真等优点。新媒体可以通过互联网高速传播并实时更新，可以像电台、电视台一样进行实时、实况报道，显然优于传统的传播方式。新媒体传播速度快，时效性强，它不受印刷、运输、发行等因素的限制，信息上网的瞬间便可同步发给所有用户。

新媒体不但更新速度快，而且更新成本低，其更新周期可以分、秒计算，而电视、广播的周期要以小时计算，纸质报纸的出版周期以天甚至以周计算，纸质期刊与图书的更新周期更长。

新媒体可以做到同步传播与异步传播的统一。新媒体的即时刷新提高了新闻的时效性，其本身“接收的异步性”又方便用户随时随地按需要进行信息接收。

二、信息量大、内容丰富

互联网能够使用户共享全球信息资源，可以说没有任何一种媒体在信息量上可以与海量信息的网络媒体相提并论。有统计显示，2018年，互联网上的每一分钟：谷歌（Google）搜索次数370万，脸书（Facebook）登录次数97.3万次，油管（YouTube）视频观看次数430万，推特（Twitter，现为X）消息发送量48.1万，电子邮件发送量1.87亿封。如果将时间再延伸到一年，就2018年一年的电子邮件发送量来说，就高达100万亿封。根据网络分析公司Domo2023年12月发布的数据，每60秒就有570万次谷歌搜索，脸书用户每分钟分享24万张照片。新媒体可以不限时、不限量地储存和传播信息，运行各种信息数据库，使读者可以随时对历史文献进行检索。对新闻传播来说，新媒体的这一重要功能开拓了实施“深度报道”的新的纵深途径，它能够保证读者对新闻发生的广阔背景及所产生的影响进行全程观察，从而更准确地判断生存环境发生的变化。

三、零成本全球传播

新媒体突破地域限制，而且跨国传播成本几乎为零。无论从传播者的角度还是从受众的角度看，信息在网络上跨国传播与本地传播的成本和速度都是相同的。换言之，新媒体的传播距离、范围与传播成本无关，这一点与传统媒体截然不同。纸质媒体和广播电视虽然在理论上也能进行全球传播，但是其传播的成本与传播的距离成正比。

新媒体打破了传统的或者说物理上的空间概念，网络信息传播实现了无阻碍化。世界变成了“地球村”，真实的地理隔离不存在了，国界等限制也不存在了，网络上的新闻传播不是单一文化而是跨文化的传播。互联网使不同国家之间的跨文化传播有了前所未有的方便且迅捷的信息交流渠道。

新媒体的全球性使得网民可以低成本地在世界范围内便捷地选择其喜爱的新闻网站，主动获取所需的信息，增加了政治的开放性和透明度。

四、检索便捷

新媒体的检索便捷特性是传统传播方式所难以具备的。纸质报纸、电视等传统媒体每天发送大量的新闻信息，储存时占用大量的空间和金钱，检索时更是费时费力。传统的报刊、电台、电视检索是靠图书馆、资料室，用人工一页页去找，一盘盘去挑。新媒体则完全不同，凡是在互联网中存储的数据，网民只要动动手指，便可以通过搜索引擎在各类数据库中迅捷地获取所需的信息。

五、多媒体传播

计算机已成为一种可以作用于人的多种感知能力的媒体，它集合了多种媒体表现形式（如文字、声音、图片、动画、视频等）来传送信息。新媒体是一种多媒体的传播，它可借助文字、图片、图像、声音中的任何一种或几种的组合来开展传播活动。这种具有立体效应的多媒体传播组合可以更加真实地反映所报道的对象，给用户带来逼真而生动的感觉。新媒体融合了文字、声音、图像、动画、视频等多种形式的媒体，克服了传统的文字媒介（报刊）、声音媒介（广播）和视觉媒介（电视）之间难以逾越的障碍。

新媒体不仅可以表现出电视的功能，其容量大、可检索等功能还使其多媒体特性显得更实用。一个新媒体实际上是三种媒体的综合体。网上音频、视频、图片节目相当于网上电台、电视台、图片社。随着5G技术和宽带网的普及，多媒体的新闻报道已经成为主要的传播方式。

抖音的兴起就是一个典型的案例。抖音是一款可以拍短视频的音乐创意短视频社交软件，该软件于2016年9月上线，是一个专注年轻人音乐短视频社区的平台。用户可以通过这款软件选择歌曲，拍摄音乐短视频，形成自己的作品。2018 年 7 月，抖音全球月活跃用户数超过 5 亿。抖音的海外版 TikTok，2019 年第一季度新增用户量达到 1.88 亿，较 2018 年第一季度 1.1 亿的新增用户数增长 70%。抖音的主力用户群体已经从早期的 18～24 岁上升到了 24～30 岁，后一年龄段用户占比目前已经超过 40%。

根据 QuestMobile 最新数据，2023 年 5 月，抖音的月活跃用户规模达到 7 亿多，月人均使用时长达到 36.6 小时，抖音用户中，男性占比为 56.3%，女性占比为 43.3%；用户年龄段方面，大部分为 25 岁以上，本科学历占比比较高，有 55.4%的用户生活在三线及三线以上城市，有 29.2%的用户在四线及五线城市。截至 2023 年 5 月，抖音 App 的日活跃用户超过 7 亿，TikTok 的月活跃用户超过 11 亿，今日头条的月活跃用户为 4 亿左右，剪映（CapCut）的活跃用户可能有两三亿。

2023 年 11 月 21 日，快手科技发布 2023 年第三季度业绩，总营收同比增长 20.8%，达到 279.5 亿元。平均日活跃用户同比增长 6.4%，达到 3.866 亿；平均月活跃用户同比增长 9.4%，达到 6.847 亿。

美国皮尤研究中心 2024 年 1 月 31 日发布的一项调查报告显示，33%的美国人表示使用过短视频平台 TikTok。2021—2023 年，TikTok 在美国的用户数量增幅超过其他各大社交平台，"增长迅猛"，至少增加了 12 个百分点。在接受调查的 5 733 名美国人中，比起老年人，年轻人更倾向于使用 TikTok。在 18～29 岁的受访者中，62%的受访者表示曾使用过 TikTok，65 岁以上的受访者中则有 10%为 TikTok 用户。

根据 ZAKER 的报道，截至 2024 年 5 月，抖音的日活跃用户数约为 8 亿。

六、超文本

> **概念**
>
> 超文本是指一种非线性的信息组织方式。文本被设计成模拟人类思维方式，即在数据中包含与其他数据的链接。

所谓超文本，是指一种非线性的信息组织方式。文本被设计成模拟人类思维方式，即在数据中包含与其他数据的链接。用户单击文本中加以标注的一些特殊的关键词和图像，就能打开另一个文本。超媒体又进一步扩展了超文本所链接的信息类型，用户不仅能从一个文本跳转到另一个文本，而且可以激活一段声音，显示一个图形，或播放一段视频图像。网络以超文本、超媒体方式组织新闻信息，用户在接收新闻内容时可方便地联想和跳转，更加符合人们的阅读和思维规律。

人类的思维活动是多维的、发散的，而不是线性的。传统新闻媒体的表达方式是顺序的、线性的，而不是跳跃的、多向的，这样的表达方式不符合人们的思维方式。人们要求新的新闻媒体能够突破线性表达的桎梏，采用多维的表达方式，使其具有联想功能，从而更接近人类对知识、概念、思想的表达习惯。

新媒体改变了信息组合方式，它的魅力在于将分布于全世界的图文并茂的多媒体信息以超链接的方式组织到一起，用户只要连接到一个网页，在链接词上用鼠标一点就可以访问相关的其他网页。这种方式改变了我们传统的阅读方式，极大地方便了用户。网络新闻采用互联网的"超链接"概念，以超文本、超媒体方式来组织新闻内容及有关新闻背景，使用户在阅读新闻时，能按照自己的意愿和思路，实现新闻内容的"跳转"及表达方式的转换，更好地适应用户的主体地位及联想的思维规律。超文本大大增加了新闻报道的综合性、信息量、可选择性和自主性。

七、互动性

从传播学的角度看，互动性是新媒体的根本性特征。网络新闻传播是一种开放的互动式传播。传统媒体的传播方式通常是单向的，传受双方无法随时随地进行双向沟通。而新媒体既可以单向传播，也可以双向（传受之间）甚至多向（传受之间、受众之间）传播。新媒体的信息传播具有很强的互动性，网民与网站之间、网民与网民之间可以利用 BBS、聊天室、网络电话、电子邮件等工具实时沟通，实现互动，对新闻内容也可以随时展开讨论，还可以举行网络会议。

第 3 节　新媒体给传媒业带来的冲击

在新媒体没有出现之前，人们了解社会发展中的重要事件只能通过传统媒体。自新媒体出现之后，人们获取信息的渠道日益多样化，而且新媒体的信息传播速度快，能够在第一时间让人们掌握自己需要的信息。在这样的情况下，传统媒体的受众人数大幅减少，尤其是新一代的年轻人，对纸质媒体的需求近乎为零，电视收视率大幅下跌，传统媒体受到了严重的冲击。

一、改变现有传播格局

媒体技术发展一般会经历三个阶段。新媒体在最初问世时是供人娱乐的玩具，谁也没特别注意它们提供的内容。人们习惯新技术之后，技术就退居次要地位，人们开始对内容做出回应。媒体发展在进入第三阶段时就不但要反映现实，而且要重新安排、构建现实。新媒体的发展也正在经历这样一个过程。越来越多的人已经开始关注通过网络呈现出的丰富内容和不同的媒体形态。新媒体继续发展，必然会进一步改变现有传播方式，并有可能打破传媒业和通信业、信息技术业的界限，打破有线网、无线网、通信网、电视网的界限，兼容整合各种媒体形态，塑造新的传播格局。

（一）形成新的交流环境

网络重要性的上升、网络功能的增强促进了一个瞬间完成传播的、全方位包围我们头脑的新的交流环境的形成。在新的交流环境中，信息传播空间发生了变化，传播者和受众的距离被消除了，传受双方的界限被打破了。在新媒体时代，从理论上说，几乎每个人都有可能成为传播者，传播机构和个体受众的区别也被缩小了；全球化传播渠道更加畅通了，网络即时通信、网络博客、无线互联网等很可能实现全球互联互通，地理上的区隔被进一步打破，“地球村”进一步变成现实。信息传播的时间发生了变化，静态的信息接收方式向动态实时接收信息转变，信息的及时互动或暂时延宕得以自主实现。人际交流的话语空间也通过新媒体实现了有机整合，点对点的私人空间和连接无线互联网形成的点对面的公共空间既能相对独立，又能即时贯通。

（二）媒体生态更加复杂

网络成为一种崭新的传播媒体，使媒体生态更加复杂，传播主体更加多元，受众分化更加明显，舆论引导难度明显加大，给既有的信息传播秩序带来了强烈冲击，特别是给传统的媒体格局和当前的新闻宣传工作带来了前所未有的深远影响。

我国正处于传媒事业高速发展、传播技术深刻变革的时期，媒体数量十分庞大，新型媒体不断涌现，传播渠道多种多样，媒体生态环境日益复杂，不同媒体间的竞争态势也较为明显。

新媒体的迅速发展可能导致部分传统媒体的覆盖面有所缩小，甚至出现被新媒体边缘化的情况，主流舆论阵地面临新的压力。

（三）社交媒体日益发达，传播主体更加多元

新媒体的发展使介入新闻信息传播的主体进一步趋于多元。新媒体是以运营商为主导发展起来的。目前网络运营商正在实施战略转型，即通过多网络、多终端、多业务的融合和价值链的延伸，实现由传统基础网络运营商向综合信息服务提供商的转变。新媒体的个人化趋势十分明显，普通网络用户可以通过网络方便地采集、发布信息，“个人媒体”有可能得到较大发展。可以预计，传播主体多元化，特别是个人掌握的传播工具越来越多，在信息传播中传播主体的地位空前提升，个人发布信息、形成舆论、“动员社会”、“穿透”管理的能力不断增强，也导致产生不良信息和不可控因素的可能性大大增加，不可避免地会对主流舆论形成冲击。

> **你怎么看**
>
> 作者认为，新媒体的继续发展必然会进一步改变现有传播方式，塑造新的传播格局。你怎么看？

（四）从受众到用户，用户分化更加明显

受众指的是信息传播的接收者，包括报刊和书籍的读者、广播的听众、电影电视的观众。用户，又称网民，是新媒体的使用者。受众强调被动接收信息；用户强调信息传播的互动性，不只是被动接收信息，而且是主动发布信息。

人类的新闻传播活动经历了从小众传播到大众传播，从大众传播到分众传播的漫长过程，这一过程的产生有复杂的社会历史原因。现在，人们在获取信息的途径、接收信息的方式、需要信息的类型、选择媒体的偏好等方面的差异越来越大，媒体的专业化、小众化传播趋势日益明显，用户群体分化趋势逐步加剧。新媒体更多地体现了以个人为单位的个人兴趣、个人需求，是完全个性化的传播平台；网络信息传播将会最大限度地体现个人的差异和需求，最大限度地实现在信息需求方面的个人价值。新媒体的应用和普及必然会进一步改变人们的信息获取途径和接收方式，推动分众传播、小众传播更深入地发展，这也会在一定程度上使传统的主流媒体往往到达不了某些特定用户群体，影响新闻传播效果。

二、冲击舆论调控机制

新媒体的舆论化趋势为用户提供了一个自由的言论平台，使得人们获得了更大的表达空间。但新媒体的互动性、开放性、匿名性等特性，以及传播内容的不可预知性、群发转发的不可控制性，使得把关难度增大、把关机制缺失或失效，加之整个行业发展环境和新媒体环境还不规范，新媒体的舆论化也带来了一系列现实的和潜在的问题。

（一）对传统的舆论调控机制的冲击

新媒体的出现使得信息传递更加及时、传播范围更加广泛，形成了一个“无所不在”的“5A”网络环境——从理论上讲，通过新媒体，任何人（anyone）可以在任何时间（anytime）、任何地点（anywhere）通过文字、声音、图像等任何媒体（any media）传播任何信息（any message）。这给传统的舆论调控机制造成了深刻影响。从对热点引导

> **你怎么看**
>
> 作者认为，新媒体的互动性、开放性、匿名性等特性使把关难度增大了。你怎么看？

的影响看，新媒体可以使个别媒体报道的地方性事件迅速演变成全国媒体关注的对象，由“局部热点”迅速演变成“全局热点”；可以几天甚至几小时就炒作出一个“××事件”“××现象”，而且往往事先难以发现征候，事后找不着责任主体，造成较大负面影响。从对正面宣传的影响看，新媒体形式多样、信息内容庞杂，很容易将正面宣传的内容淹没，难以产生预期的社会效果，而错误的观点、非理性的舆论有了传播渠道和生存空间，这对传统的舆论调控机制构成了冲击，对如何确保舆论导向正确提出了新的挑战。

（二）冲击信息传播秩序

一方面，伴随新媒体的舆论化发展，一些捕风捉影的流言、谣言迅速扩散，垃圾信息无孔不入，低俗信息大行其道，少数网站提供的黄色小说、图片、视频浏览或下载业务“受到追捧”，扰乱了信息传播秩序。另一方面，新媒体舆论化带来的不是信息的平等，而是在传统媒体、新媒体已经造成的信息不对称的基础上加剧了这一趋势。早在20世纪70年代，美国传播学者蒂奇诺（Tichenor）等人就提出了“知沟”假说：由于社会经济地位高者通常能比社会经济地位低者更快地获取信息，因此，大众媒体传送的信息越多，这两者之间的知识鸿沟也就越有扩大的趋势。这一理论随着新媒体的产生和发展继续得到验证。而作为媒体发展的最新样态，网络信息传播的舆论化趋势更是加强了这种信息不对称的情况。

概念

把关人理论是德裔美国心理学家、传播学的奠基人之一库尔特·勒温（Kurt Lewin）提出的。1947年，勒温在《群体生活的渠道》一文中认为，在群体传播中存在着一些把关人，只有符合把关人价值标准的信息才能进入传播的渠道。在随后的《人际关系》一文中，他首创了“把关”（gatekeeping）一词。在新闻学与传播学研究中，把关人既可以指个人，如信源、记者、编辑等，也可以指媒介组织。

（三）冲击媒体发展环境

网络信息传播的舆论化趋势不断冲击新媒体的发展环境，影响新媒体公信力的建构。进而言之，一方面，新媒体技术引起的把关人缺失和把关机制失效加剧了新媒体的舆论化趋势。新媒体融合了点对点的线性传播、面对面的网状传播等特性，传播路径理论上是无限的，无论是政府在宏观层面建立的把关机制，还是运营商、服务商在微观层面建立的把关机制，都会存在漏洞和滞后等问题，这就使得把关的难度大为增加，甚至变得不可能，也就使得新媒体舆论的自由空间增大，舆论化趋势不断加剧。另一方面，新媒体的舆论化趋势又不断冲击把关人和把关机制。越来越多的人通过新媒体提供的平台自由表达意见，越来越多的人成为意见领袖，新媒体上的舆论变得更加多元，传统的把关机制受到的冲击增大，新媒体的发展环境也更加复杂。

第4节　纸质媒体还有明天吗

目前在关于新媒体对传统媒体（特别是纸质媒体）的冲击与影响的研究，以及媒体的未来发展的研究中存在不少错误的观点，笔者认为有必要予以厘清。

你怎么看

作者认为，在便于携带方面，新媒体比纸质媒体更有优势。你怎么看？

一、典型的错误观点

（一）纸质媒体便于携带吗

有人认为，传统的纸质媒体有其自身的优势，如便于携带、直观性强、阅读方便。果真如此吗？这种观点忽略了一个重要的事实，即纸的信息存储的密度大大低于新媒体，新媒体体积小、容量大、存储密度极高。

在信息量相同的情况下，新媒体远比纸质媒体更容易携带。一个小小的U盘、一部智能手机，就足以容下一个大型图书馆所有藏书的内容信息。携带方便、阅读方便自由是手机媒体等智能终端的优势。手机已成为具有通信功能的迷你型电脑。

（二）纸质媒体比新媒体更有权威性、更真实吗

有人认为纸质媒体权威性强，其理由是：纸质文献经历了上千年的洗礼，已建立起完善发达的编辑、生产、发行系统；在新闻报道方面，大多数纸质媒体有着严密的新闻采编和发布流程；在科学评价方面，出版社、期刊社建立健全了学术评审委员会或类似机构来保证出版文献的学术水平。

在各类媒体的权威性、真实性上，我们需要具体对象具体分析。我们不否认发布在BBS、个人博客上的信息，其权威性、真实性在整体上不如传统媒体；但是，谁能否认在雅虎、MSN等知名网站上发布的信息的权威性与真实性呢？在纸质媒体方面，难道一些格调低下的小报上的消息也具有权威性与真实性吗？还有人认为新媒体的报道缺乏深度，但是这同样需要具体案例具体分析。无论是在新媒体还是在传统媒体中，都不难找到在深刻性方面的正反案例。新媒体发布信息的迅速性与深刻性之间并没有必然的矛盾关系。事实上，在一些突发事件或敏感事件的报道方面，新媒体比传统媒体具有更高的即时性、客观性与真实性，例如手机所拍摄的画面就具有很高的真实性、准确性。

在内容方面，新媒体具有更大的优势。谁说新媒体的专业水准就一定低呢？媒体是否拥有真实性、权威性，取决于其自身的管理水平、背后的利益驱动机制、其存在的社会环境，与媒体形式无关。与内容十分有限的传统媒体相比，每天都有用户上传海量的原创内容至新媒体平台，其中部分原创内容并不逊色于传统媒体。新媒体不仅拥有海量的内容，而且采用人工智能技术、新闻推荐算法等先进技术精准分析用户需求。当人们打开报纸和电视按钮，满足不了自身的新闻信息需求时，在新媒体平台总能轻易找到自己喜爱的内容。

> **你怎么看**
>
> 新媒体和纸质媒体谁更权威、更真实？你怎么看？

目前，不少传统媒体推进媒介融合，如“报纸＋视频＋网站”的全媒体模式。不过，这种基于传统媒体基因的全媒体模式由于缺乏海量用户，纷纷面临经营困境。而脸书、推特、抖音等新媒体中的任何一家，凭借技术上的绝对优势，都拥有惊人的盈利能力。目前任何一家新媒体巨头的利润都超过了一国或多国所有纸媒收入之和，而传统媒体很难实现经济上的良性循环。

通过对新媒体使用现状进行定量分析，我们发现了以下有趣的结果：可信度调查显示，以互联网、手机为代表的新媒体在可信度方面丝毫不亚于传统媒体（参见本章第5节）。

我们关于新闻可信度的调查颠覆了新媒体新闻可信度低的偏见。其实假新闻的出现与媒体形态没有必然关联，要考虑的关键问题在于其背后是否有利益驱动，即是否想通过假新闻来提高发行量、收听率、收视率，从而获得更多的商业利益。

（三）纸质媒体经济吗

有人认为，纸质媒体不需要专门的阅读工具，价格便宜、阅读成本低。其实，在社会总成本方面，纸质媒体远

> **你怎么看**
>
> 新媒体和纸质媒体哪一种更经济？你怎么看？

不如新媒体经济。新媒体的传播省去了制版、印刷、装订、投递等工序，不仅省掉了印刷、发行的费用，而且避免了纸张的开支，使总成本大大降低了。

纸质媒体消耗了大量的森林资源，同时纸张的生产也造成了严重污染。有人计算，一棵树平均可以制作成 15 900 张A4 规格纸张，或 31 800 张 B5 纸。一本书平均 280 页，一棵树平均可做上百本书。中国目前有在校中小学生 2 亿多人，以每个学生一年两学期用 15 册课本计算，每年要用 30 多亿册课本，消费纸张达 55 万吨之多，需砍伐上千万棵大树。从自然生态和环境保护的角度而言，这是极为浪费的一件事，增加了人类社会发展的总成本。

随着技术的发展，电脑、手机等数字技术产品的价格越来越低，而森林资源会越来越稀缺和珍贵，纸质媒体会越来越昂贵。

(四) 纸质媒体更符合人们的阅读习惯吗

有人认为，人类对纸质媒体的依赖、依恋及人们千百年来形成的线性阅读的习惯，不可能在一朝一夕就彻底改变。纸质媒体伴随着人们跨越了近 2 000 年的风雨历程，人们已经习惯于用它，并且对其充满了感情。

> **你怎么看**
>
> 是新媒体还是纸质媒体更符合人们的阅读习惯？你怎么看？

但是，任何人的纸媒情结无论多么深厚，也改变不了纸媒消亡的命运。纸媒固然百毒不侵，但纸媒体积庞大、沉重、携带不便、检索困难；且纸媒怕火、怕水、怕虫咬；更重要的是，造纸过程中加入了大量的酸性材料，使得长期保存成本高昂且困难。

何况，感情与习惯是可以改变的。目前大多数中青年读者其实更习惯、更喜欢新媒体阅读方式。对于从小就只接触纸质图书的年长者来说，纸质媒体的确符合阅读习惯；但是对于从小就接触新媒体的新一代读者来说，他们更习惯使用新媒体进行阅读。

(五) 纸质媒体对读者身体健康影响小吗

有人认为，人们阅读纸质书刊，除了接收书刊中的信息之外，还可以非常直观地得到美的享受。纸质媒体美观，墨与纸的对比度大、分辨率高、字符稳定性强、图像色彩效果好，很适合读者阅读，对人们的身体健康，尤其是视力的不良影响很小。

但是，这只是一种经验判断，目前并没有权威的医学对比数据可以证明，纸质媒体对读者身体健康的负面影响小于新媒体。其实，长时间地伏案阅读，不管是纸质媒体还是新媒体，都会对人的健康有所损害；与其说是屏幕损害了读者的眼睛，倒不如说是不科学的生活方式、不正确的阅读习惯损害了读者的健康。随着科技的发展，技术越来越人性化，如人体工程学的大量运用和显示屏技术的改善，阅读新媒体损害健康的观点很难成立。如果一个人每阅读一个小时就去运动 10 分钟，那么无论是纸媒阅读还是屏幕阅读，眼睛都不会受损。

> **你怎么看**
>
> 纸质媒体对读者身体健康的影响比新媒体小吗？你怎么看？

> **你怎么看**
>
> 纸质媒体和新媒体哪一种更便于保存？你怎么看？

(六) 纸质媒体便于保存吗

有人认为纸质媒体便于保存，有收藏价值，我国在古代就有许多收藏家，他们孜孜不倦地收藏，使大量纸质媒体能流传至今。读者阅读纸质媒体，除了从中接收信息、汲取知识外，还可以直观地欣赏到崇高美和朴素美。如宋代书籍的版面盛行骨架挺拔、秀丽悦目的宋体字，所印图书成为读者喜闻乐见的千古珍品。而光盘、磁带、磁盘易损坏，任何污渍、划伤、磨损，甚至阳光、有机溶剂都可能导致载体损坏。病毒也会使计算机系统被破坏。

不过，笔者认为，新媒体的最大优势是信息存储密度极高而单位信息存储成本极低，因此，可以用极低的成本迅速对数字信息进行大量的复制，制作备份，以防不测。而这是纸质媒体无法做到的。例如，《人民日报》自创刊以来的所有报纸内容可以制作成 DVD 光盘，而其成本不超过 100 元。事实是，难以大量备份的纸质媒体更容易损毁。纸质媒体的确有收藏价值，但是这恰恰证明其要消亡。

还有人认为，纸质媒体具有美感。笔者要问，难道新款的电脑、手机不具有高科技、人性化的美感吗?

二、纸质媒体会消亡吗

目前学术界、业界的普遍观点是新旧媒体将长期共存，但是笔者深信纸质媒体走向消亡只是一个时间问题。

(一) 让事实说话——柯达的教训

如果 20 年前有人说柯达会破产，一定会被人认为是痴人说梦；如果 10 年前有人说胶卷相机会被数码相机取代，一定会引起激烈争论。数据显示，柯达的收入和利润在 1996 年和 1999 年分别达到巅峰，为 160 亿美元和 25 亿美元。

数码相机的普及对柯达的业务形成了巨大冲击。科技的进步是挡不住的，尽管伊士曼之后的柯达在数码领域拥有约 1 100 项专利，但失去了开拓时代的勇气，也因此失去了一个时代。今天数码相机和智能拍照手机已经“一统天下”，胶卷相机成为收藏品。柯达于 2012 年 1 月 19 日在纽约向法院提出申请破产保护，宣布了一个时代的结束。

柯达向来有“百年老店”之美称，拥有 131 年历史，它所提供的优质胶卷曾经在全球胶卷市场独占鳌头，并且也在 20 世纪 80 年代刚刚改革开放的中国市场上受到消费者的欢迎。但是，时间不过过去了 20 多年，柯达已经风光不再。柯达的遭遇发生在大洋彼岸，但中国消费者对此也有切身感受，在中国市场上，一些柯达胶卷专卖店早已由于市场销售的低迷而陷于亏损困境。而在国际市场上，柯达的严重衰退也早已不是新闻，自 2005 年以来，柯达没有一年不出现亏损。

柯达的失败主要基于两方面原因：首先，传统相机和数码相机的工作原理不同。在数码时代，柯达基于传统相机的供应链优势和专利优势不复存在。其次，虽然柯达率先发明数码相机，但其成功实质上是传统业务的成功，所以传统业务部门对企业决策的影响力甚大，企业资源也会优先配置到传统业务部门，从而导致其转型迟缓。

目前，卡片数码相机已经被智能拍照手机所替代。一直以来，人们认为拍照手机难以取代数码相机，因为拍照手机的拍照效果不佳。比如，以前拍照手机的 CMOS 镜头只是一个摄像“眼”，无法达到专业数码相机的取景标准；变焦功能只是数码变焦，不是真正的物理变焦，应用在 CMOS 镜头上更难以达到理想效果；还有闪光灯，拍照手

你怎么看

纸质媒体是否会消亡？你怎么看？

机也很难和数码相机相提并论。不过，随着新一代拍照智能手机机皇——拥有 4 000 万以上像素摄像头、支持多倍光学变焦的新一代华为 Mate30 等智能手机——的出现，以上说法便完全不成立了。

数据显示，用智能手机进行视频和照片拍摄变得越来越普遍，传统相机及摄像机的使用量越来越少。

(二) 让未来作证

新媒体将人际传播和大众传播融为一体，其基本技术特征是数字化，基本传播特征是互动性。新媒体具有传播与更新速度快、信息量大、内容丰富、全球性和跨文化性、检索便捷、多媒体、超文本、互动性强、成本低的优势。①

新媒体在不断进步与完善，存在的不足也正在被迅速地逐一克服；相反，拥有千年历史的纸质媒体已经没有技术飞跃的可能。例如，人们在阅读纸质媒体时可以在上面画线、批注、圈点、折页，甚至撕页等，过去的新媒体则不行；但是现在许多电子图书已经实现了对图书内容的批注、圈点功能。

新媒体的许多功能是纸质媒体永远不可能具备的，尤其是高速便捷的检索功能与知识聚类功能。新媒体有聚类知识项的功能。新媒体中的各个知识项，可以根据需要在某一基准上自动进行聚合，而在另一基准上又可以换一种角度自动进行新的聚合。纸质媒体的不足，如检索不便、信息储存密度小、无法实现多媒体跨国传播、印刷发行成本高等，正日益变得突出。作为中国古代四大发明之一——造纸术的产物的纸，正像一个步履蹒跚的长者迈向历史博物馆。

随着智能手机的普及，手机正在成为最重要的新媒体，这使得纸质媒体所具有的便携性等优势完全丧失。因为从小就接触新媒体的新一代读者会抛弃传统阅读的习惯，电子书可以使人们的口袋中永远有一个完整的图书馆，从纸上阅读到屏幕阅读，新媒体有望革新整个世界的阅读形式。

有人认为，过去关于纸质媒体消亡的预言都错了，但是笔者认为关于纸质媒体消亡的大趋势并没有错，只是时间后移了。

> **你怎么看**
>
> 作者认为新媒体的到来不会使新闻从业人员失业。你怎么看？

笔者认为，由于中国、日本、美国等世界各主要国家的纸质媒体读者平均年龄均超过 40 岁，而其人均寿命均未超过 90 岁，因此，可以预言 50 年后纸质媒体将在主要国家退出历史舞台。考虑到全球社会经济科技发展的不平衡，100 年后，人们将只能在博物馆中见到纸质媒体了。

美国北卡罗来纳州州立大学教授菲利普·迈耶（Philip Meyer）在《正在消失的报纸：如何拯救信息时代的新闻业》一书中写道："到 2044 年，确切地说是 2044 年 10 月，最后一位日报读者将结账走人。"②

不过，笔者要特别强调，人类的阅读行为不会消失，报社、出版社、期刊社、图书馆都不会消亡，相关从业人员不会失业，只是信息传播形态将彻底改变。今日的新媒体也会被更新的媒体形态所取代。

让我们告别对中国古代四大发明之一的纸的怀念，去拥抱一个崭新的数字化新媒体时代吧！

---

① 匡文波．网络传播学概论［M］．2 版．北京：高等教育出版社，2004：24.

② 迈耶．正在消失的报纸：如何拯救信息时代的新闻业［M］．北京：新华出版社，2007：12.

第5节　关于新媒体的实证研究一

包括互联网和手机在内的新媒体是人类伟大的发明之一。互联网产业经济规模稳步增长，成为推动中国经济发展的重要推动力；互联网向各个领域渗透，推动经济结构调整升级；互联网提升了政府行政管理与公共服务能力，促进了社会事业的发展；互联网和手机媒体成为文化传播的重要渠道；互联网服务大众，成为人民生活中不可或缺的重要组成部分。

我们进行了大规模的手机用户随机电话调查，并做了定量分析，发现了我们意想不到的新事实，得出了不少意外的新发现。

我们采用的是手机用户随机电话调查的方法，抽样方法是随机抽样，调查范围为中国大陆地区的四个具有代表性的城市——北京、武汉、广州、成都，调查时间是2010年6月1日至7月31日，调查对象为个人手机用户，按性别、年龄、职业进行条件划分。设计样本规模为4 000人，在北京、武汉、广州、成都四大城市，按调查对象条件各选择1 000人。这次调查共访问有效样本3 421人。调查数据截至2010年7月31日。以下是调查的分析结果。

一、新媒体在可信度方面丝毫不亚于传统媒体

（一）新媒体的信任度与报纸相仿，电视的信任度最高

有人认为，新媒体的可信度低于严肃的传统媒体，尤其低于报纸等纸质媒体。但是我们的调查研究发现，广播、网络、报纸、手机、电视新闻的信任度分别为12.6%、19.6%、20.7%、22.4%、34.2%（见图1-4）。

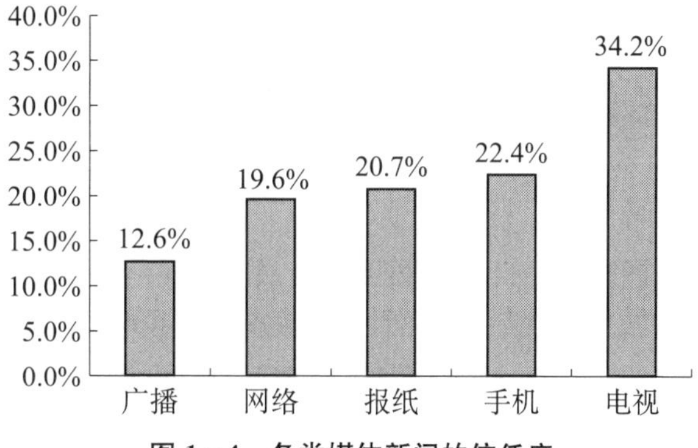

图1-4　各类媒体新闻的信任度

我们的调查显示，手机媒体、互联网与报纸的信任度相似，推翻了所谓的“报纸信任度高”的流行观点；而电视的信任度最高，原因是人们觉得“眼见为实”，认为视频不容易造假。

我们的问题一是：

> 请您给手机、互联网、报纸、广播、电视上传播的新闻信息的信任度分别打分，满分为100分。

《新闻记者》每年第一期都会评选上一年度的十大假新闻。由于篇幅的原因，本书仅以2010年十大假新闻为例。2010年十大假新闻分别是：（1）中国作协作家团入住总统套房（《重庆时报》《华西都市报》，2010年3月30日）；（2）中国每年有220万青少年死于室内污染（中

新社，2010年5月16日）；（3）炒蒜高手掷千万买走百斤金条（《北京晚报》，2010年6月1日）；（4）70%举报人遭打击报复（《法制日报》，2010年6月18日）；（5）西安市已被确定为国家第五个直辖市（《甘肃日报》，2010年7月7日）；（6）喀什房价两个月就翻倍（《新疆日报》，2010年7月20日）；（7）一女生世博排队被强奸怀孕（四川新闻网、荆楚网等，2010年7月22日）；（8）传我军数百战机青岛上空军演（环球网，2010年7月27日，传统媒体《环球时报》的网站）；（9）“偷菜”游戏或被取消（《西部商报》，2010年10月12日）；（10）金庸去世（传统媒体《中国新闻周刊》官方微博，2010年12月6日）。

我们发现，个别假新闻来源于传统媒体的网站，没有一条假新闻真正来源于新媒体。

（二）中国网民宁可相信微博

从经典的传播学理论的角度看，微博上的新闻信息，由于是网民自发上传的，没有经过把关人（记者、编辑）的信息核实与过滤，其可信度原则上低于传统的报纸、广播与电视。但是我们的调查却发现，网民宁可相信微博信息。

我们的问题二是：

当你发现微博上与传统媒体上关于同一事件的报道不一致时，你相信：
（1）微博；（2）传统媒体（报纸、广播与电视）。

调查结果：63.5%的受访对象选择了微博。

无独有偶，《小康》杂志于2012年9月4日发布了一项调查统计，其调查结果与我们的调查结果类似。

《小康》杂志的调查显示，网络和微博这两大网络媒体的公信力（69.7%）已经远远超越了报纸和杂志这两大纸质媒体的公信力（54%）。分析其原因，目前有偿新闻不止、假新闻泛滥、低俗节目充斥荧屏，甚至新闻真实、职业道德都被牺牲，对媒体公信力的流失都产生了影响。

《小康》杂志中国全面小康研究中心的调查显示，新华通讯社主办的《参考消息》和中国共产党中央委员会的机关报《人民日报》分别占据了公信力最强的报纸的第一、第二位；由南方报业传媒集团主办，以“在这里，读懂中国”为办报宗旨的中国发行量最大的周报《南方周末》位列第三。

《参考消息》和《环球时报》都获得了公众较深的信赖，虽然公众愿意倾听并信任来自外电的声音，但与发自中国国家通讯社的声音相比，大家还是会选择信任自己国家的通讯社。《小康》对公众心目中全球六大通讯社的诚信度调查发现，中国新华通讯社和英国路透社获得的信任度远远高于其他四个通讯社。

对中央电视台收视率较高的新闻节目进行的公信力调查发现，超过半数的受访者选择了中央电视台新闻评论部1994年4月1日开办的以深度报道为主的电视新闻评论性栏目《焦点访谈》；排在第二位的是中央电视台的头号王牌栏目《新闻联播》，并且该节目已跃升为世界上观众最多的新闻节目；排在第三位的是一档兼具新闻时效性、法治思想性和法律服务性的法治新闻节目《法治在线》；改变了中国大陆地区观众早间不收看电视节目的习惯、被誉为“开创了中国电视改革先河”的《东方时空》列第四位；中央电视台唯一一档深度调查类节目《新闻调查》排在第五位。位居榜单前十位的还有《新闻1+1》《新闻30分》《每周质量报告》《朝闻天下》和《共同关注》。

在“公众心目中公信力最强的主流网络媒体”排行中，新浪网居首，腾讯网紧随其后，凤凰网第三位，人民网和网易并列第四位，而与新浪、网易、腾讯并称为“中国四大门户”的搜狐被挤在了前五名之外。在这五个公信力最强的网站中，新浪网的实力一直不容小觑，它的品牌价值在很大程度上铸造了其较强的公信力，在2012胡润民营品牌排行榜上，新浪以140亿元的品牌价值排名第九；腾讯是中国服务用户最多的互联网企业之一，成立以来始终处于稳健、高速发展的状态；凤凰网、网易则分别以“开创新视野，创造新文化”和“有态度”的精神赢得了不少人的喜爱；而人民网则胜在“权威、实力，源自人民”的理念上。

相对独立却又依附于网络的微博，紧随网络之后，排在了“受访者心目中公信力最强”媒体类型的第四位，27.5％的受访者将票投给了微博。广播（19.3％）、杂志（9.1％）的公信力都不敌微博，分列第五、第六位，手机报（5.8％）和户外广告媒体（2.1％）则垫底。

可见，在2012年的中国，网络和微博（69.7％）的公信力的确已经远远超过了报纸和杂志这两大纸质媒体（54％）。

二、手机媒体成为新媒体中的新媒体

单从用户（受众）规模看，手机媒体的影响力就已经远远超过传统报纸读者、广播听众，直逼甚至超越网络媒体和电视媒体。

衡量媒体是否具有竞争力的一个重要指标就是现实和潜在的受众数量，而对手机媒体来说，最不用担心的就是用户资源。手机用户数远远超过网民与报纸读者的数量。与国内发行量最大的报纸、杂志，点击率最高的网站，以及客流量最大的车站、地铁等场所的户外媒体相比，手机媒体拥有数量更庞大、类型更广泛的受众群。我们的问卷调查也证实了我们的观点。

我们的问题三是：

> 如果你出门时忘记了带手机，你会选择：
> （1）立即回家拿；（2）如果来得及，就回家拿；（3）不用回家拿，不用手机也无妨。

调查结果：90.8％的受访对象选择了“立即回家拿”，7.7％的受访对象选择了“如果来得及，就回家拿”，只有1.5％的受访对象选择了“不用回家拿，不用手机也无妨”。

三、新媒体已经成为主流媒体

2008年美国总统大选落幕时，世界真正感受到了贯穿始终的新媒体的影响力。新媒体影响美国总统大选有四种主要传播方式：油管为代表的网络视频、推特为代表的博客网站、脸书为代表的社交网站、个人竞选网站。

2010年年底至2011年年初，从突尼斯到埃及，发生了“茉莉花革命”。互联网、手机媒体、推特、油管、脸书等新媒体成了这次席卷中东和阿拉伯世界的政治剧变的时代标志。发生“茉莉花革命”的原因固然很多，政府腐化和经济危机是主因，但是以互联网、手机媒体为代表的新媒体发挥的举足轻重的推动作用也不容小觑。

在2016年的美国大选中，社交媒体深刻影响了选举结果。特朗普堪称美国政坛的最大网红。特朗普竞选团队擅长通过社交媒体传播竞选广告和竞选活动。曾参与过各种电视真人秀节目的特朗普，在2009年3月开始使用推特，2016年时推特粉丝高达1 910万，脸书粉丝高达1 800万，每条推特和脸书的内容转发量从2万到20万不等。特朗普因此被称为“推特总统”。

然而，不少学者、相关管理者却并不认为新媒体是主流媒体。对“主流媒体”概念的争论，官方和民间、计划和市场、体制内和体制外存在较大分歧。新华社2004年开展了“舆论引导有效性和影响力研究”课题研究，该研究认为主流媒体有六条评判标准：（1）具有党、政府和人民的喉舌功能，具有一般新闻媒体难以匹敌的权威地位和特殊影响，被国际社会、国内社会各界视为党、政府和广大人民群众意志、声音、主张的权威代表；（2）体现并传播社会主流意识形态与主流价值观，在我国即是社会主义意识形态和与之相适应的价值观，坚持并引导社会发展主流和前进方向，具有较强影响力；（3）具有较强公信力，报道和评论被社会大多数人群关注并引以为思想和行动的依据，较多地被国内外媒体转载、引用、分析和评判；（4）着力于报道国内外政治、经济、社会、文化等领域的重要动向，是历史发展主要脉络的记录者；（5）基本受众是社会各阶层的代表人群；（6）具有较大发行量或较高收听、收视率，影响较广泛受众群。这些标准被不少人认为是对当前我国主流媒体较为权威的界定。①

但是，以往对“主流媒体”的界定和争论都是将“主流媒体”限定在传统媒体中，并没有将新媒体纳入“主流媒体”的范畴。甚至还有人将“主流媒体”和“新媒体”对立起来，如杨伟光《未来的主流媒体：新媒体》② 一文。

乔姆斯基于1997年发表了一篇题为《什么让主流媒体成为主流》的文章，在这篇文章中他将“主流媒体”称为“精英媒体”或“议程设置媒体”。他认为，主流媒体之所以主流，是因为它们掌握着最主要的信源，并且为其他的媒体设置新闻框架，如《纽约时报》、哥伦比亚广播公司都属于主流媒体。而其他媒体每天都在主流媒体设定的议程和框架内筛选新闻。主流媒体的受众大多数是上层社会人士，如阅读《纽约时报》的都是有权有势的人——政治领袖、公司老板、大学教授等，他们共同左右了人们的思想。

我们认为，在数字化、网络化的今天，以往对“主流媒体”的界定和争论其实都基于传统媒体，观点已经过时，新媒体才是当今真正的“主流媒体”。我们的问卷调查也证实了我们的观点。

我们的问题四是：

> 你获取新闻的主要渠道是（可以多选，最多不超过两个）：
> （1）手机；（2）互联网；（3）报纸；（4）广播；（5）电视。

调查结果：57.8%的受访对象选择了手机，79.7%的受访对象选择了互联网，17.8%的受访对象选择了报纸，8.5%的受访对象选择了广播，36.2%的受访对象选择了电视。

我们的问题五是：

> 你每天阅读的新闻媒体数量是：
> （1）一个；（2）两个；（3）三个以上（包括三个）。

调查结果：47.8%的受访对象选择了两个，44.7%的受访对象选择了一个，7.5%的受访对象选择了三个以上（包括三个）。可见，绝大多数人每天阅读的新闻媒体不会超过两个。

我们的问题六是：

> 请写出你获取新闻的主要媒体（可以多写，最多不超过两个）。

调查结果：27.8%的受访对象填写了新浪新闻，24.7%的受访对象填写了百度新闻，19.4%的受访对象填写了腾讯新闻，17.4%的受访对象填写了新浪微博，16.3%的受访对象填写了网易，15.7%的受访对象填写了搜狐网，15.5%的受访对象填写了凤凰网，11.8%的受访

① 新华社舆论引导有效性和影响力研究课题组.主流媒体如何增强舆论引导有效性和影响力之一：主流媒体判断标准和评价 [J]. 中国记者，2004 (1).

② 杨伟光.未来的主流媒体：新媒体 [J]. 当代电视，2009 (11).

对象填写了新华网，11.7%的受访对象填写了人民网，10.7%的受访对象填写了《参考消息》，10.4%的受访对象填写了《环球时报》，9.7%的受访对象填写了《南方周末》，2.2%的受访对象填写了中央电视台，6.7%的受访对象填写了其他媒体。

第6节　关于新媒体的实证研究二

新媒体的出现不仅改变了人们获取信息的方式，也对人们的阅读习惯产生了深远的影响。在新媒体时代，借助算法推荐、个性化定制等技术，人们能够在较短时间内从海量信息中抓取自己感兴趣的内容，这在带来高效便捷阅读体验的同时，也会在不知不觉中将读者置于“信息茧房”中，形成技术依赖。对此，已有的研究中定性研究多，量化研究少。鉴于此，我连续进行了三次大规模的量化研究。

一、疫情前人们新闻获取习惯的量化研究

2019年4月1日至9月30日，我们选择了10个城市做有关新闻获取习惯的问卷调查。这10个城市分别是：北京、上海、广州、深圳、武汉、西安、长春、保定、岳阳、韶关。

在问卷调查城市的选择上，之所以选择上述10个城市，理由如下：

这10个城市涵括一线城市和二线城市、三线城市。虽然一线城市、二线城市和三线城市并非学术概念，学界对此亦没有绝对的共识，但是很多人约定俗成地将北京、上海、广州、深圳称为“一线城市”。这四个城市，是中国经济最发达、文化素质最高，也是新旧媒体最集中和最发达的城市。“一线城市”的概念来自房地产行业，其平均房价在全国是最高的。北京、上海、广州、深圳是调查对象城市中一线城市的代表。

二线城市和三线城市很多。之所以选择武汉、西安、长春三个二线城市，以及保定、岳阳、韶关三个三线城市，主要考虑其地理分布。它们分布在中国的中部、西部、北部，具有较强的代表性，同时在经济发展水平、风土人情等方面具有一定的差异性。

问卷的样本规模为20 000人，有效回收样本16 108人，并对其中的100名网民做了深度访谈。

有效回收样本16 108人中，18岁至30岁共6 208人，30岁至45岁共6 207人，45岁至60岁2 125人，60岁以上共1 568人。

具体调查内容和结果如下。

(1) 你每天阅读以下哪些媒体（多选）：

A. 微博　　B. 微信群　　C. 今日头条　　D. 纸媒
E. 电视　　F. 其他

回答统计：A. 微博25.03%；B. 微信群40.25%；C. 今日头条26.61%；D. 纸媒0.68%；E. 电视5.56%；F. 其他7.24%（见图1-5）。

(2) 你对以下哪些媒体信任度高（多选）：

A. 微博　　B. 微信群　　C. 今日头条　　D. 纸媒
E. 电视　　F. 其他

回答统计：A. 微博12.53%；B. 微信群20.25%；C. 今日头条17.11%；D. 纸媒15.61%；E. 电视17.58%；F. 其他19.62%（见图1-6）。

调查显示，微信群信任度最高，超过纸媒、电视等传统主流媒体。

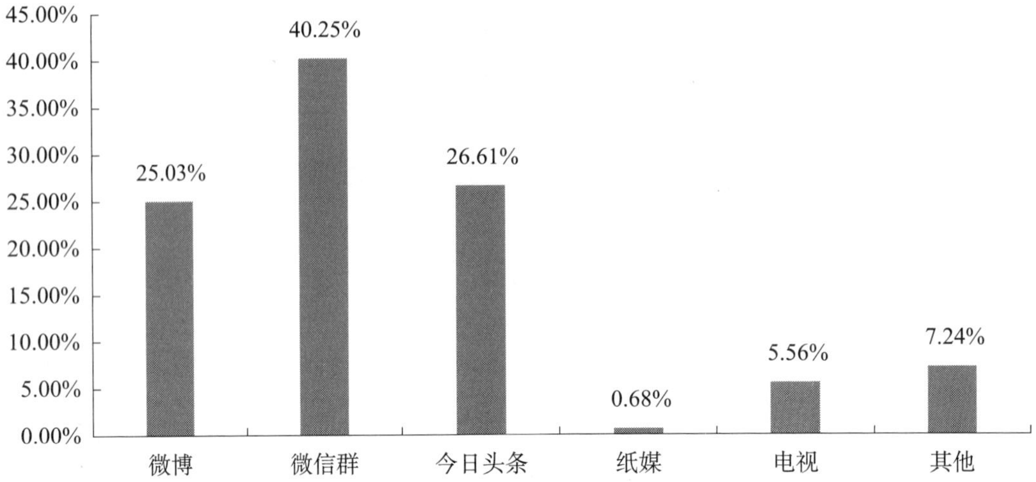

图1-5　疫情前每天阅读的媒体

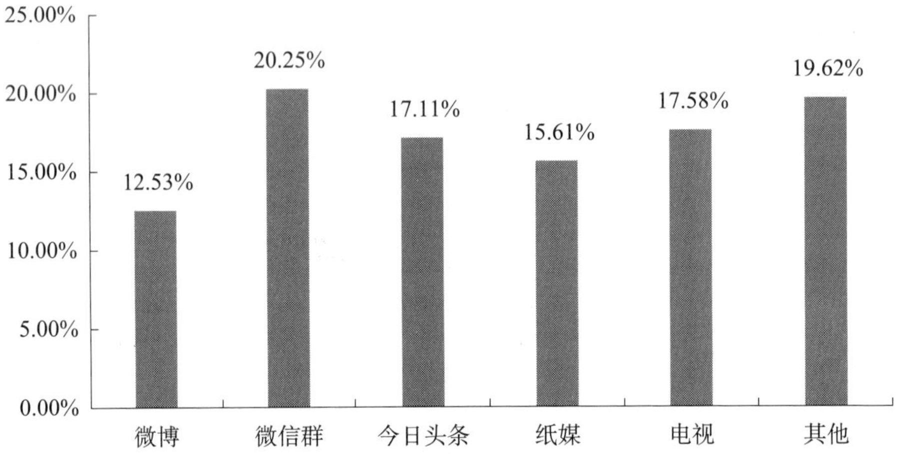

图1-6　疫情前媒体的信任度

二、疫情期间的阅读习惯分析

2020年2月1日至4月30日，我们在北京、上海、广州、深圳四个一线城市，武汉、西安、长春三个二线城市，保定、岳阳、韶关三个三线城市，再次开展了关于“网民新闻阅读习惯”的网络问卷调查，以作为对比试验。问卷的样本规模为5 000人，有效回收样本3 901人。具体调查内容和结果如下。

(1) 每天阅读以下哪些媒体来获取新闻信息（多选）：

A. 微博　　B. 微信群　　C. 今日头条　　D. 纸媒

E. 电视　　F. 抖音　　G. 其他

回答统计：A. 微博29.03%；B. 微信群60.87%；C. 今日头条25.05%；D. 纸媒0.18%；E. 电视10.66%；F. 抖音30.14%；G. 其他2.63%（见图1-7）。

疫情期间，每天通过微博、微信群获得新闻者进一步上升，微博为29.03%、微信群为60.87%；疫情前微博、微信群分别为25.03%、40.25%。

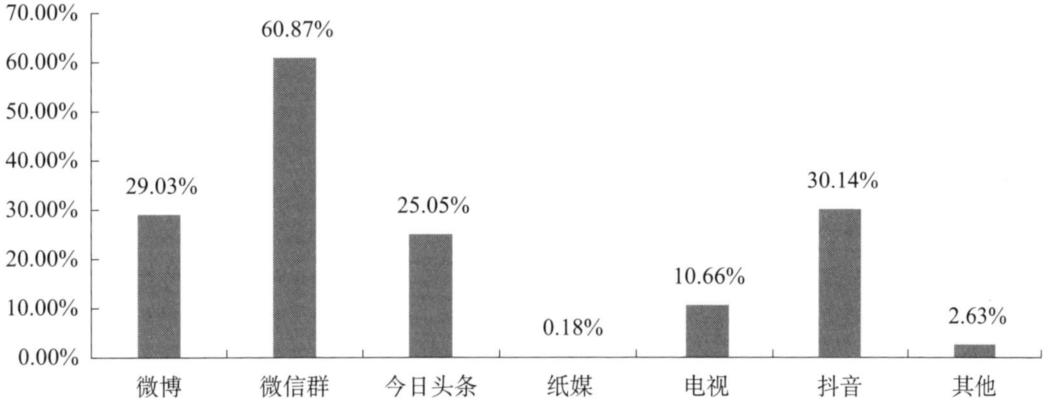

图1-7 疫情期间每天获取新闻信息的媒体

抖音则上升迅猛，疫情前没有独立将抖音作为一个媒体进行调查，而是将抖音放在了“其他”(7.24%)。

电视的比例有所增加。我国电视综合人口覆盖率达99.39%；加上疫情期间人们在家隔离，电视媒体的收视率回升。同时因为小区封闭、居家隔离，以及企事业单位停工等，纸媒下滑到可以忽略不计的地步。

(2) 你对以下哪些媒体信任度高（多选）：

A. 微博　　B. 微信群　　C. 今日头条　　D. 抖音

E. 纸媒　　F. 电视　　G. 其他

回答统计：A. 微博14.64%；B. 微信群80.75%；C. 今日头条27.02%；D. 抖音60.22%；E. 纸媒9.61%；F. 电视17.01%；G. 其他9.07%（见图1-8）。

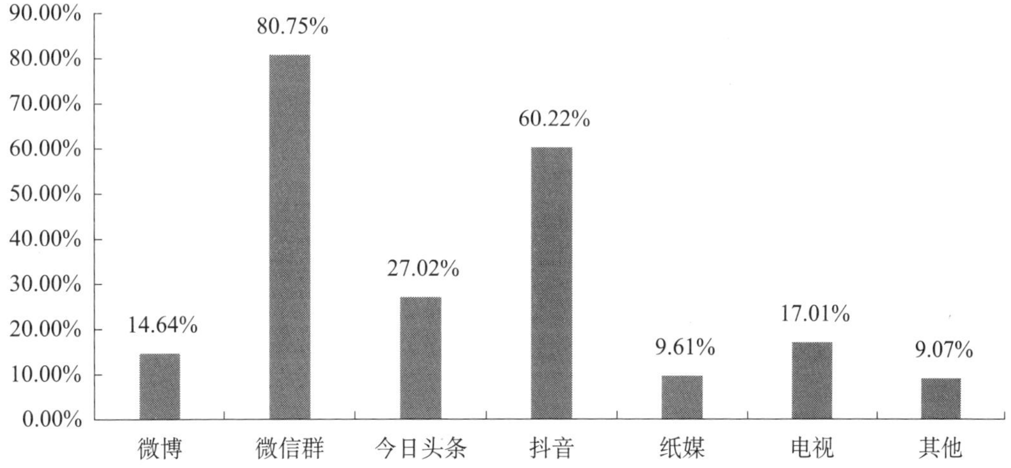

图1-8 疫情期间媒体的信任度

疫情期间，微信群、抖音的信任度大幅提升。

三、疫情初步缓解后的阅读习惯分析

2020年10月1日至11月30日，我们在北京、上海、广州、深圳四个一线城市，武汉、西安、长春三个二线城市，保定、岳阳、韶关三个三线城市，再次开展了关于“网民新闻阅读习惯”的网络问卷调查，以作为对比试验。问卷的样本规模为 6 000 人，有效回收样本 4 694 人。

具体调查内容和结果如下。

(1) 每天阅读以下哪些媒体来获取新闻信息（多选）：

A. 微博　B. 微信群　C. 今日头条　D. 纸媒

E. 电视　F. 抖音　G. 其他

回答统计：A. 微博 24.03%；B. 微信群 82.26%；C. 今日头条 24.62%；D. 纸媒 0.27%；E. 电视 6.07%；F. 抖音 33.05%；G. 其他 5.63%（见图 1-9）。

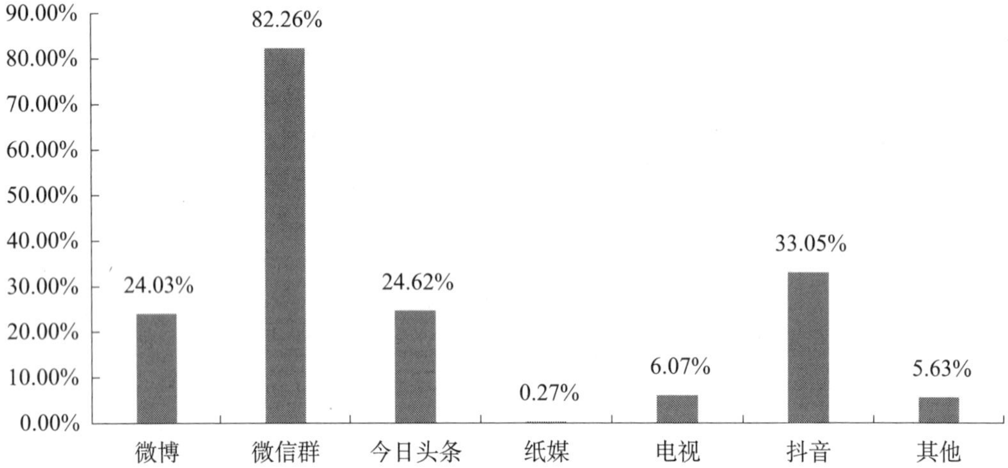

图 1-9　疫情后每天阅读的媒体

疫情后，在人们的新闻阅读习惯方面，微信群的阅读率继续攀升；抖音和纸媒略有上升，但不是一个数量级的；电视回落到疫情前；其他变化不明显。

(2) 你对以下哪些媒体信任度高（多选）：

A. 微博　B. 微信群　C. 今日头条　D. 抖音

E. 纸媒　F. 电视　G. 其他

回答统计：A. 微博 13.51%；B. 微信群 85.01%；C. 今日头条 25.32%；D. 抖音 50.11%；E. 纸媒 10.07%；F. 电视 15.82%；G. 其他 7.64%（见图 1-10）。

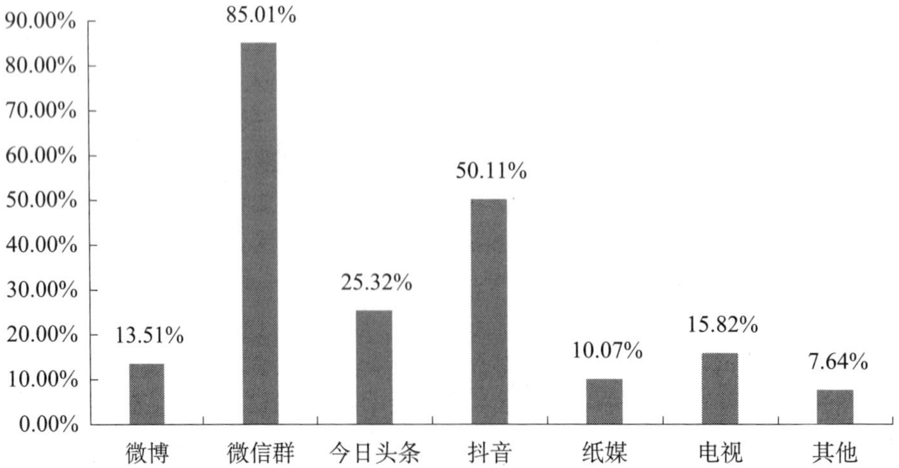

图 1-10　疫情后媒体信任度

在媒体信任度方面，微信群继续攀升，其他变化不明显。

四、数据变化分析

统计数据显示（见图1-11），用户每天获取新闻信息的媒体，疫情前、疫情中和疫情后尽管有变化，但是微信群始终居前列。

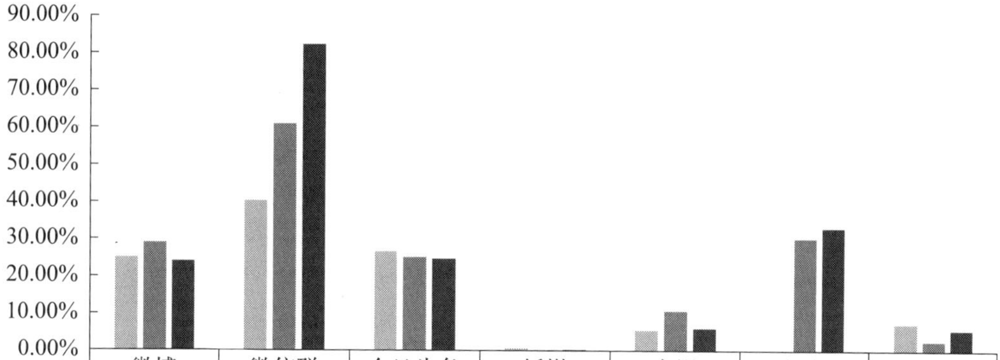

	微博	微信群	今日头条	纸媒	电视	抖音	其他
疫情前	25.03%	40.25%	26.61%	0.68%	5.56%	—	7.24%
疫情中	29.03%	60.87%	25.05%	0.18%	10.66%	30.14%	2.63%
疫情后	24.03%	82.26%	24.62%	0.27%	6.07%	33.05%	5.63%

图1-11　每天获取新闻信息的媒体变化图

统计数据显示（见图1-12），人们最信任的媒体始终是微信群。

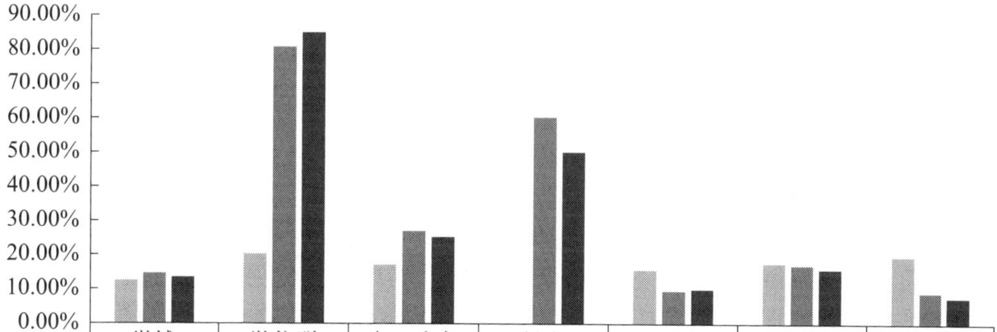

	微博	微信群	今日头条	抖音	纸媒	电视	其他
疫情前	12.53%	20.25%	17.11%	—	15.61%	17.58%	19.62%
疫情中	14.64%	80.75%	27.02%	60.22%	9.61%	17.01%	9.07%
疫情后	13.51%	85.01%	25.32%	50.11%	10.07%	15.82%	7.64%

图1-12　媒体信任度变化图

五、讨论

本节通过大规模的量化实证研究，对比疫情前后多地用户的新闻获取习惯，探讨疫情期间用户新闻获取习惯是否发生明显的变化。

(一) 用户新闻获取习惯的变化

1. 智能手机阅读使纸质媒体阅读率大幅下降

实证研究发现，借助于智能手机终端的阅读已经成为新闻阅读的绝对主要方式；阅读社交媒体的用户远远多于传统媒体的受众。疫情期间，纸媒“受伤”最重；疫情后，依然在低谷徘徊；微信群是信任度最高的媒体。因此，舆论引导要重视智能手机终端和社交媒体平台。①

马克·格兰诺维特（Mark Granovetter）在《弱联系的力量》一文中提出了强联系和弱联系理论。② 微信便属于典型的强联系媒体，微信通讯录中的好友都是用户自己熟知或是知晓的人，彼此之间的了解程度较高。

近20年来，智能手机阅读使纸质媒体阅读率大幅下降，新冠疫情加速了这种趋势。③

体制内的许多报纸尤其是党报依然还会发展，但是走市场路线的都市报（晚报、晨报、生活类报纸）正面临很大的挑战。

都市报，狭义指20世纪90年代中国新闻改革中出现的一种面向媒体市场、以满足受众需求为主的综合性报纸。都市报的报名中一般含有“都市报”，但也有以“早报”“快报”等命名者。广义的都市报，又称都市类报纸，除狭义都市报外，还包括晚报等综合性报纸。都市报与传统的党报不同，按照市场规律办报，依据读者需要采编稿件，信息量大，可读性强，全方位报道市民关心的政治、经济、社会、文化、体育、生活等多个领域的内容。都市报与党报、专业行业报并列，为中国三大主要报纸。

1992年，第一张晨报《黑龙江晨报》创办，我国的报业市场化开始萌动。都市报最为鼎盛的时期是1998年至2008年的十年间。当时市场中最为活跃的《广州日报》创利达约8亿元，就连处在西北边陲的《都市消费晨报》，其发行量最高也曾创下20万份的记录，仅广告收入就达4亿元之多。

都市报中，最早停刊的是2014年的上海《新闻晚报》。2017年大批都市报相继停刊，其中较著名的有《汕头都市报》《楚天金报》《渤海早报》《京华时报》等。

2019年，全国大概有40家都市报相继休刊，其中包括北京的创刊于1998年的第一家都市报《北京晨报》，以及《法制晚报》，还有山西的《三晋都市报》，辽宁的《华商晨报》，天津的《城市快报》，黑龙江的《黑龙江晨报》，四川的《天府早报》《成都晚报》，等等。

2020年的新冠疫情恶化了传统媒体的经营状况。以美国为例，《纽约时报》2020年12月的报道称，美国有超过3.7万名新闻工作者受失业、强制休假和减薪等影响。

据美国皮尤研究中心2020年10月的报告，美国报章2020年第二季的广告收入同比下滑42%、发行收入下跌8%。美国媒体研究机构Poynter的资料显示，从2020年3月起，至少有60家美国新闻室受疫情影响停止营运，另有一些则合并或暂时休刊。

美国北卡罗来纳大学的一份报告指出，过去15年来，超过2 100份美国报章停刊，相当于美国报章总数的四分之一，其中多数是地方报章和周刊。

---

① KUANG W B. Social media in China [M]. New York: Palgrave Macmillan, 2018: 17.

② 格兰诺维特，斯威德伯格．经济生活中的社会学［M］．上海：上海人民出版社，2014：51.

③ 匡文波．“两微”舆情生成、传播与治理研究报告［R］．2019：33.

在国内，2020年停刊了《武汉晨报》、《生活日报》（山东）、《拉萨晚报》。全国生活都市类报纸近三年停刊休刊多达100多家。

2021年元旦刚过，又有多家纸媒刊登了停刊、休刊启事，包括《遵义晚报》《益阳城市报》《内江晚报》《广元晚报》《铜陵日报·铜都晨刊》《德阳晚报》《皖北晨报》（安徽宿州）；此外，乌鲁木齐第一大报、新疆市场发行量最大的报纸《都市消费晨报》正式调整为周刊。

笔者曾预言纸媒将会被边缘化，但是没有想到会来得如此之快。这并非大陆地区的特有现象，受到读者阅读习惯改变、新媒体发展和新冠疫情等因素影响，台湾地区纸媒也普遍生存艰难。

2020年4月，旺旺中时媒体集团旗下以报道两岸消息为主要内容的《旺报》不再单独发行，转成夹报与《中国时报》共同发行，读者买《中国时报》即送《旺报》。

在2020年6月1日下午出街的《联合晚报》头版，整版用创刊11 782天以来的所有头版版面缩图为背景，勾勒出“谢谢”两个大字，并宣布“联晚明起停刊，向读者告别”。《联合晚报》创刊逾32年，是台湾地区少数经营超过30年的报纸。

2020年5月，默多克的新闻集团宣布，将停止印刷超过百种的澳大利亚报纸，其中36家将完全关闭，其余改为数字报，这些报纸共保留375名员工。而新闻集团2019年年报显示，其在澳大利亚共拥有1万名员工。

2. 移动端视频类社交媒体的使用率与电视收视率之间，存在一定的反向关系

前面的数据及相关研究显示，以抖音为代表的移动端视频类社交媒体的用户越多，使用频率越高，电视收视率下滑越严重，二者之间存在一定的反向关系。

视频类社交移动App属于社交媒体，其内容生产以UGC为主。事实证明，社交媒体中总能在最短的时间内涌现出用户自发生产的海量新闻内容。相比之下，传统的主流媒体由于各种限制，报道在时效方面往往滞后于自媒体。

在我国特殊的国情下，社交媒体受报道政策因素影响小、报道及时，成为许多用户的新闻消费选择。[①]

受社交媒体冲击最大的是电视媒体。近年来，以抖音为代表的视频类社交App分流了大量的电视受众。[②] 根据2020年5月美国广告标准媒体指数（Standard Media Index）的数据，受新冠疫情的影响，2020年3月份美国电视广告收入下降了12.8%，为37.8亿美元。3月份广告收入的下降使美国第一季度广告收入下降了54%，下滑至108.4亿美元。

2020年年初eMarketer发布的报告预测，到2022年，电视将降至美国广告总量的25%以下。电视收看时间在减少，2020年下降了3%，下降幅度最大的是17岁以下的观众。

根据2020年7月GroupM发布的统计数据，2020年美国电视广告规模达到了610亿美元，而这一数字与2019年相比下降了7%。

加拿大电信业巨头贝尔公司旗下的新闻资讯网CP24的一份研究报告显示，未来三年内加拿大或有40个报刊和电视台，以及200家广播电台被迫停业。

由于收视率的下降，电视广告市场一直在萎缩。自从2011年电视广告收入突破700亿美元的门槛之后，这个数字已经成为美国电视广告市场的天花板。新冠疫情加速了传统电视广告

---

① 匡文波．手机媒体概论［M］．2版．北京：中国人民大学出版社，2012：19.

② 匡文波．新媒体概论［M］．北京：中国人民大学出版社，2012：7.

收入下降的趋势。

不过，与纸质媒体不同，电视媒体处于“受到冲击”阶段，而不是“全面退场”阶段。

2020年12月28日，中国记协发布了《中国新闻事业发展报告（2020年发布）》，笔者梳理了以下与广播电视相关的内容：

截至2019年全国共有2 591家广播电视播出机构，其中广播电台62座，电视台72座，教育电视台35座，广播电视台2 422座（占播出机构总量的93%）；共有广播电视频率频道4 659个，其中广播频率3 067个、电视频道1 592个（含各级教育电视台开办的38个教育教学类频道）；全国广播、电视节目综合人口覆盖率分别为99.13%、99.39%。

2019年全国广播电视行业总收入为8 107.45亿元，同比增长16.62%。全国广播电视广告收入为2 075.27亿元，同比增长11.30%；广播电视和网络视听机构通过互联网取得的新媒体广告收入为828.76亿元，同比增长68.49%。有线电视网络收入为753.35亿元，同比下降3.35%，其中传统有线电视网络业务收入（收视维护费、付费数字电视等）为637.23亿元，同比下降4.62%。

随着科技的迅速发展，尤其是移动互联网和智能手机的普及，人们获取信息和娱乐的方式发生了巨大变化。电视不再是家庭娱乐的唯一中心，而是面临着来自多种电子设备的竞争。智能手机、平板电脑、笔记本电脑等设备以其便携性、互动性和丰富的内容选择，逐渐取代了电视在人们日常生活中的地位。加上电视的内容不吸引人、操作烦琐、“套娃式”收费等问题，收视率大幅下跌。2024年1月8日，前瞻产业研究院发布的《2024年中国智能电视交互新趋势报告》显示，自2016年以来，我国的电视开机率由70%断崖式下降到2022年的不到30%。

（二）智能手机环境下传统媒体如何突围

依据前面的量化研究，我们发现，手机阅读已经成为人们新闻阅读的主要方式，换言之，目前已经形成了手机阅读的大环境。此时传统媒体该如何突围与发展呢？

其实，自20世纪末互联网兴起以来，从学界到业界一直在探索传统媒体如何突围的问题，但是一直没有寻找到理想答案。

2021年3月，我们对传统媒体的从业人员进行了问卷调查，提供了从A到F共6个选项，问卷的样本规模为500人，有效回收样本308人，结果如图1-13所示。

具体调查内容和结果如下：

你认为在手机阅读大行其道的环境下，应该如何突围？（多选）

（1）大力发展各种形式的新媒体 82.04%

（2）大力发展手机媒体终端 90.32%

（3）发挥原创新闻优势 77.52%

（4）改革用人制度 38.93%

（5）增加投入、增加从业人员收入 32.64%

（6）其他 12.04%

依据以上量化研究数据，我们提出了以下突围之道。

1. 重新认识传统媒体的原创新闻优势

与新媒体相比，传统媒体的优势并非技术、渠道、资金，而是较强的原创新闻采编能力，这种原创新闻采编优势的背后是一支训练有素、熟悉我党新闻宣传政策的采编队伍。

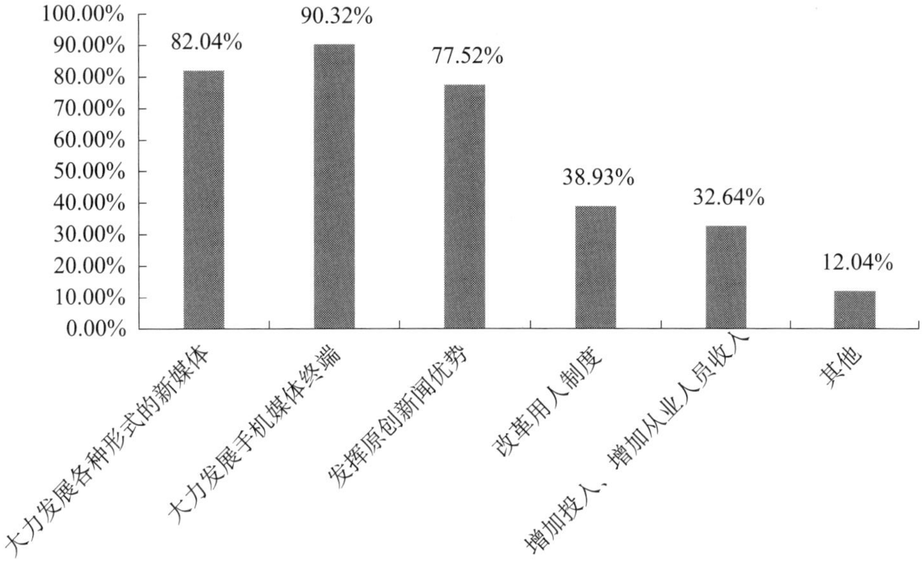

图 1－13　传统媒体从业人员如何看待突围之道

在时政新闻领域，传统媒体的原创优势更为明显。依据《互联网新闻信息服务管理规定》等相关规定，对于时政类新闻，体制内的新闻网站有自主采访权而商业网站没有；商业网站只能转载，没有自采权。换言之，在我国，商业化的新媒体是不允许做原创时政类新闻的。

那么，新媒体的内容从何而来？首先，鼓励网民上传分享自创内容，尤其是微博、微信、抖音等自媒体平台，其大多数内容来自网民的主动上传。其次，无偿或者以极低的价格购买传统媒体的原创新闻，甚至使用各种技术手段大量侵犯传统媒体的版权。

因此，加强网络版权的保护力度，使传统媒体原创新闻的优势得到用户和市场的认可，以版权保护促进原创内容的繁荣及变现，是传统媒体走出困境的必由之路。

由于缺乏向新媒体平台拓展的动力，不少传统媒体默许甚至鼓励网络免费转载、使用作品，完全没有对自身作品的版权保护意识，因此网络上出现了大量侵权作品。以广播电视为例，新媒体利用广播媒体的廉价内容，聚合大量用户而进入高速发展期；广播电视媒体却陷入发展"寒冬"，用户流失、广告下滑、经营困难。

新媒体在传播方式、传播渠道方面有独特的优势，但就权威性和公信力而言，传统媒体仍具有不可替代性，是专业的内容制造商和权威的新闻发布者。现行版权法律制度是基于传统媒体制定的，因此对传统媒体的约束力更强。在移动互联网环境下，合理使用制度存在缺陷，由此引发的非法转载等侵权案件日渐增多。

目前，对网络版权的行政保护亦存在不足。行政保护的门槛较高，对新媒体的管制权过于分散。

网络版权保护社会力量也很弱；同时，传统媒体亦感觉维权力不从心。在实际维权过程中，传统媒体往往得不偿失，即获得的收益不如付出的多，挫伤了维权的积极性。

在国内的新闻信息分发市场上，依靠算法推送的内容早已超过50%，一些平台用野蛮窃取的技术方式抓取传统媒体的原创新闻作品，频频引发不良社会效果及诉讼纠纷。重庆日报报业集团为了应对原创新闻作品保护与算法传播方式间的冲突，主动防范并果断"亮剑"，旗帜鲜明地拒绝再当新媒体的免费“打工者”。

从政府层面来说，可以大力提高网络版权的保护力度。除加强网络版权的立法工作之外，还可以考虑强制新媒体为传统媒体的内容转载付较高的费用。现今，传统媒体的原创内容几乎免费被新媒体所占有。

西方国家的一些做法可以供我们参考。澳大利亚国会 2021 年 2 月 25 日通过了具有标杆意义的立法，规定谷歌和脸书等科技巨头须为转载当地新闻付费。根据《新闻媒体和数字化平台强制议价准则》，谷歌今后须为出现在其“展示”（showcase）产品上的新闻内容付费；脸书 2021 年较迟时候在澳洲推出“新闻”产品，其内容提供者将获得报酬。

加拿大和英国等多国也在考虑对数码平台采取类似措施，澳大利亚率先立法受到了全球的密切关注。在新法通过之前，谷歌已经与澳洲诸媒体公司达成了价值数百万美元的协议，其中包括澳洲最大的两家媒体：默多克的新闻集团和九号娱乐公司。

2. 到达不了用户的手机终端，一切传播效果为 0

新闻价值通常包括六要素，即真实性、时新性、重要性、接近性、显著性、趣味性。但是，在智能手机时代，传统媒体一定要变受众为用户，提高到达率。到达不了用户的手机终端，一切传播效果为 0。[①]

传统媒体是基于受众的，而互联网是基于用户的。长期以来，传统媒体往往存在着“官场”意识大于“市场”意识的现象，许多报道所涉及的内容与老百姓的兴趣与利益关系不大。实践证明，只有“关注用户”，媒体才能被“用户关注”。

与传统媒体相反，抖音等新媒体平台近年来在市场占有率上取得的巨大成功得益于精确分析用户需求，并且通过个性化的内容推荐技术满足用户需求。

抖音和今日头条都是抖音集团旗下的知名产品。北京字节跳动科技有限公司（现更名为北京抖音信息服务有限公司，简称抖音集团）成立于 2012 年 3 月，创始人张一鸣，是总部位于北京海淀区知春路甲 48 号的一家互联网科技公司，主要业务是将人工智能应用于移动互联网领域，其旗下产品有今日头条、西瓜视频、抖音、火山小视频、皮皮虾、懂车帝、悟空问答等。

抖音短视频是一款短视频社交软件，用户可以通过这款软件选择歌曲，拍摄音乐短视频，形成自己的作品，抖音会根据用户的爱好来推送用户喜爱的视频。

今日头条是抖音集团的代表性产品之一，它以人工智能技术为基础，形成了个性化的内容推荐机制，避免了新闻推送中的“千人一面”。今日头条只做新闻的搬运工，不做新闻生产者，吸引了大量的自媒体内容创作者加入，形成了庞大的内容创业者群体。

3. 积极拥抱而不是抗拒新媒体

传统媒体的未来在于拥抱而不是抗拒新媒体。前面重点谈了纸媒，在此谈谈电视业。近年来，电视的收视率急剧下滑，笔者认为，电视业的未来在智能电视。

智能手机就是具有操作系统与通信功能的迷你型计算机。与智能手机一样，智能电视的本质是计算机，因此能够在其中运行各种新媒体领域的新产品，如抖音等，而且互动性极强。

---

① 匡文波．新媒体是主流媒体吗?：基于手机媒体的定量研究［J］．国际新闻界，2011（6）：80.

中国智能电视技术及产业近年来发展十分迅速。

在全球智能电视十大厂商中，中国品牌占据6席，分别是小米、华为、海尔、冠捷、TCL、海信；其他4家是三星、LG、东芝、索尼。

近年来，全球智能电视行业发展迅速，2019年全球智能电视出货量渗透率达到了70%，市场规模突破1 500亿美元。

截至2021年7月，全球智能电视家庭渗透率仅为32%，相对较低。但美国、日本两国2019年的智能电视家庭渗透率已分别为60%和63%。因此，全球智能电视发展潜力大，至少有两倍的增长空间。

传统媒体应该加强新媒体部门的运营，现在已经有不少成功的案例，比如新华网的经验。1997年新华网成立，多次承办国际大型会议和活动，并于2002年在“两会”设立首个真正意义上的多媒体现场直播和现场报道。新华网还在百家号、头条号、公众号等平台拥有属于自己的账号，账号之间资源共享，但面对不同的平台，也会通过更改新闻标题或内容来适应平台用户的需求。另外地方传统媒体也有不少成功案例。2020年，南都新媒体发稿15万多篇，比上一年增长25%；总阅读量230亿+，比上一年增长130%；千万+阅读量报道产品99篇，影响力、传播力高位运行。2020年，南都利润超亿元，利润连续三年大幅增长，利润达到历史最高水平。更为可喜的是，现在南都的营收结构已发生质变，新媒体和新服务能力收入占比远超传统广告收入，达到三分之二。2020年，南都更加重视技术，组建了自己的技术团队，成立了技术委员会，全年建立159个数据库，采集超过21亿条数据，完成150个H5产品、10个小程序、36款技术赋能工具。2020年，南都全年发布报告和榜单380多份，应用类产品150余款，举办线下活动90多场，形成了智库产品服务矩阵。

以上实证研究证实，从用户数量和媒体使用频率的角度看，传统媒体在继续式微，手机媒体已经成为主流媒体。

【本章小结】

本章主要阐释了新媒体、网络媒体、手机媒体的概念，重点对新媒体的概念做了辨析。本章认为，新媒体给传媒业带来了冲击和影响，最大的影响就是纸质媒体走向消亡。关于纸质媒体消亡的问题，学生和授课教师可以有不同的观点。

【思考题】

1. 什么是新媒体？什么是网络传播？
2. 什么是手机？什么是手机媒体？
3. 信息技术在传播历史中的作用是什么？
4. 你认为传统媒体有光明的未来吗？请详细论述你的理由。
5. 2012年1月19日，百年老店柯达公司在纽约向法院提出破产保护申请；2012年3月13日，位于美国的不列颠百科全书公司称，纸质版《不列颠百科全书》将停止印刷；2012年3

月底，日本最大的电影放映机生产商——日本电子化学工业公司申请破产，原有的胶片放映机逐步被数字放映机所取代。你怎样看待这些事件?

6. 你如何理解“数字化”和“互动性”是新媒体的本质特征?

7. 相比报纸、广播、电视等传统媒体，你认为新媒体的主要优势有哪些?

8. 目前，使用手机阅读新闻、书籍的人越来越多，纸质媒体在生活中出现的频率越来越低。你认为未来纸质媒体会消亡吗？为什么?

9. 一些观点认为，传统媒体更具权威性，传播的信息更加可靠，但也有实证研究发现，人们对于新媒体的信任度已经高于传统媒体，对此你怎么看?

10. 你认为什么是“主流媒体”？目前的抖音、微博等新媒体是否可以被视为“主流媒体”?

第 2 章　新媒体研究的理论模型

互联网的快速兴起和蓬勃发展不仅带来了信息传播技术的根本性变革，而且改变了人们的生产活动、生活、人际交往方式以及思维方式，对社会生活的各个领域和人自身的生存与发展产生了广泛而深刻的影响。20 世纪 50 年代，著名的传播学者马歇尔·麦克卢汉（Marshall McLuhan）就断言，媒体革命的后果是，所有个人和社会生活都为适应新技术建立起来的新感觉模式进行调整。然而，在新技术面前，相应的基础理论研究往往是滞后的。

第 1 节　新媒体给新闻传播理论带来的影响

新媒体的出现和发展拓宽了传播的广度和深度，打破了以往人类多种信息传播形式的界限，它既可以实现面对面传播，又可以实现点对点传播。当信息面对多个上网用户传播时，新媒体可谓大众传播工具，而个别独立的上网用户之间的交流可谓点对点的人际传播。新媒体将人际传播与大众传播融为一体。这种全新的、特殊的传播方式使传统的大众传播理论面临挑战。新媒体对新闻传播业、新闻传播理论与方法、新闻传播教育的影响是全方位的，以下是比较突出的方面。

一、新媒体兼具人际传播与大众传播的特性

新媒体融合了大众传播（单向）和人际传播（双向）的信息传播特征，形成一种散布型网状传播结构。在这种传播结构中，任何一个网络都能够生产、发布信息，所有网络生产、发布的信息都能够以非线性的方式流入网络之中。新媒体将人际传播和大众传播融为一体，兼有人际传播与大众传播的优势，又突破了两者的局限。

所谓人际传播（personal communication），是指对象十分明确的人与人之间的信息交流。它可以是一人对一人，也可以是一人对多人（如上课、演讲、会议等），既可以直接地、面对面地进行，也可以间接地、非面对面地进行（如写信等）。人际传播的最大优势是具有互动性，或者说信息反馈，因而它是双向的或者说是互动式的，而且，在绝大多数情况下，信息反馈都是实时发生的。由于具有这一优势，它的传播能够达到十分深入的程度（如说服、教育等）。

> **概念**
>
> 人际传播是指对象十分明确的人与人之间的信息交流。它可以是一人对一人，也可以是一人对多人，既可以直接地、面对面地进行，也可以间接地、非面对面地进行。

一方面，在人际传播中，传播者和接收者分别处于传播的两端，他们是互动的，反馈是及时的并直接影响传播的过程和内容，因而其传播过程是由传播者和接收者双方来控制的，有时在传播过程中，传播者与接收者间的界限是模糊的。但是，人际传播的最大局限性是接收者的数量非常小，即便在一对多的情况下，例如，召开会议、进行演讲、课堂讲授等，从总体上说，接收者也是非常有限的。此外，人际传播还有一个局限，就是传播者的信息资源相对匮乏。因为作为人际传播的传播者，个人掌握的信息量总是非常有限的。即使是所谓百科全书式的博学者，从总体上来说，其掌握的知识、信息也毕竟是有限的。

大众传播则是一种信息传播方式，是特定社会集团利用报纸、杂志、书籍、广播、电影、电视等大众媒介向社会大多数成员传送消息、知识的过程。这一定义仅指传播的单向过程，没有包括反馈。

> **概念**
> 大众传播是一种信息传播方式，是特定社会集团利用报纸、杂志、书籍、广播、电影、电视等大众媒介向社会大多数成员传送消息、知识的过程。这一定义仅指传播的单向过程，没有包括反馈。

在传统的传播环境中，大众传播与人际传播的最大区别就在于大众传播信息是单向流动的，而人际传播则是双向互动的。在大众传播过程中，控制权掌握在传播者手中，受众总是处于被动的接收端，面对大众媒介“推送”给他们的内容，他们没有选择的自由，他们的反馈是十分有限的，是严重滞后的，而且是不被重视的。因为在大众传播过程中，传播者的终极目的是通过传播的内容对社会公众施加某种影响，最终达到某种经济或政治目的。

相比之下，大众传播超越了人际传播的局限，能够通过传播媒体一次性地把众多的信息传播给为数众多的、地域分散的广大受众，显示出相对于人际传播的巨大优势。但是，反过来看，大众传播丧失了人际传播的主要优势，没有明确的传播对象，因而缺乏信息反馈和互动性，传播的深度、质量远远不如人际传播。此外，大众传播的受众在接收信息时处于十分被动的地位，缺乏选择的自由。

新媒体具有人际传播的互动性，用户可以直接迅速地反馈信息，发表意见。同时，在使用新媒体时，用户接收信息有很大的自由选择度，可以主动选取点击自己感兴趣的内容。同时，新媒体突破了人际传播一对一或一对多的局限，在总体上，是一种多对多的网状传播模式。

二、新媒体与议程设置

（一）议程设置功能理论

“议程设置功能”作为一种理论假说，最早见于美国传播学家麦库姆斯（McCombs）和肖（Shaw）于1972年发表的论文《大众传播的议程设置功能》。它的中心思想是，大众传播具有一种为公众设置“议事日程”的功能，传媒的新闻报道和信息传达活动以赋予各种“议题”不同程度的显著性的方式，影响着人们对周围世界的“大事”及其重要性的判断。在某种意义上，“议程设置”是舆论导向的第一个阶段，即传媒通过有选择地报道新闻来把社会注意力引导到特定的方向。①

> **概念**
> 议程设置功能认为大众传播往往不能决定人们对某一事件或意见的具体看法，但可以通过提供信息和安排相关的议题来有效地左右人们关注哪些事实和意见及他们谈论的先后顺序。

议程设置功能认为大众传播往往不能决定人们对某一事件或意见的具体看法，但可以通过提供信息和安排相关的议题来有效地左右人们关注哪些事实和意见及他们谈论的先后顺序。

1950年，传播学者怀特（White）将这个概念引入新闻研究领域，明确提出新闻筛选过程中的把关模式。他指出，社会上存在大量新闻素材，大众传媒的新闻报道不是也不可能是“有闻必录”，而是一个取舍选择的过程。在这个过程中，媒介组织形成了一道“关口”，通过这个“关口”传达到受众那里的新闻只是众多新闻素材中的少数。

① 郭庆光．传播学教程［M］．北京：中国人民大学出版社，1999：214.

把关特权其实是有深刻的背景的，即传统大众媒介体系的特点：线性、单向的传播方式，以及媒介进入的技术和经济障碍。传统媒介的发展是与政治和经济以及各种利益的角逐联系在一起的。这就产生了传统媒介自身的复杂性。

传媒组织把关，首先直接体现为对新闻素材的“新闻价值”的判断。新闻价值的标准可以表现为业务标准和市场标准两方面。业务标准指事件适合于媒介进行新闻处理的各种条件，而市场标准指的是事件能够满足受众新闻需求的诸条件以及吸引受众兴趣的诸条件。把关活动最终还受到传媒的立场、方针和市场标准的影响。把关人自身的价值观对信息有生杀予夺的影响，美联社、路透社等大型传播机构每天只将它们得到的信息中的70%左右向全球新闻机构提供，而各地的机构只能将其中的2%提供给自己的受众，大量的信息依据这些机构和人员的利益、兴趣而被筛选。媒介的把关不是一种简单的业务标准或市场标准所导致的取舍，它的背后有着更深刻的社会背景。

（二）新媒体中的议程设置

在传统的大众传播过程中，受众总是被动地接收大众传媒传递的信息。他们只能在媒介每天为他们“设置”的“议程”或“菜单”中进行有限的挑选，不能同大众传媒进行平等的交流，更不能设想，也没有条件主动地、方便地发布信息。

但是在新媒体中，用户享有极大的选择权和主动权，可以根据自己的兴趣与需求从网络中“拉”出信息，原来关于大众传媒对受众产生“议程设置”这一客观效果的理论将受到一定的挑战。在网络上，所有用户都可以通过 BBS 自由地选择接收信息和表达观点，许多用户既是传播者也是接收者。目前国内外对新媒体中是否依然存在“议程设置”，以及如何在网络中进行“议程设置”存在着一定的争论。

其实，“议程设置”在新媒体中依然存在，但是新媒体中的“议程设置”具有一些新特点，议程设置的难度在加大，有效性在降低，进行“议程设置”需要一些新手法。

在新媒体中，被削弱的主要是政府的把关功能。虽然政府的直接控制力相对减弱，但是为了政治稳定，政府会采取其他一些策略，例如，通过技术手段进行控制，如封杀某些网站。当然，技术的控制往往容易被挣脱，人们可以通过代理服务器来绕过关卡。政府也可以通过扶持重点网站来贯彻自己的意图。

（三）新媒体议程设置的常用手段

新媒体对某一新闻事件进行强调、进行议程设置的常用手段主要分为直接手段和间接手段两种。

1. 直接手段

（1）详细报道、快速跟踪。由于网络的超大容量，传播者可以将与事件相关的新闻事实或背景事无巨细地发布出来。由于网络的即时性，传播者可以通过密切的跟踪报道、快速跟进的后续消息，使网民的注意力始终维持在该事件上。传统媒体囿于出版周期和版面的限制，很难从不同角度对某一议题进行长期的报道。新媒体却可以在一天的报道中安排大量不同内容、不同角度的消息，同时还可以做到随时更新，更能把往日的相关报道以超文本的方式与最新消息连接起来。

（2）新闻排序。网上的新闻排序主要有两种。一种是按时间顺序排列，这主要是针对一些即时更新的信息而言；另一种是按重要程度排序，这体现了网络新闻编辑对于新闻价值的衡量。应该说，网络新闻的优先顺序排序与传统媒体并无本质差异，归根结底都是媒体对于社会上发生的新闻事件从新闻价值、受众可能关注的程度、自身立场等出发做出的一种评价。这种评价反过来又会作用于受众，使媒体对于这些事件的重要程度的排序做出相应的调整。

2. 间接手段

间接手段主要基于网络的互动性。传播者可以通过电子邮件或 BBS 以及聊天室的方式，与受众在其内部迅速形成意见的交流，从而通过网上方便的人际传播优势来形成议题，进而引起更多的关注。

扶植意见领袖是一种较为隐蔽的手段。网站工作人员可以充当这样的角色，也可以凸显网民中的某些个人，提升他们的影响力。

（四）网络与传统媒体进行议程设置的区别

在网络中进行议程设置，有着与传统媒体不同的特点。

1. 网络议程设置具有“非强制性”

与传统媒体相比，网络议程设置具有“非强制性”。在以用户为中心的新媒体中，议程设置的难度要大于传统媒体。毕竟，在新媒体中，用户的选择余地与主动性大大增加了。

网络提供的议题并不能直接毫不走样地成为网民的议题，虽然它们往往会对网民的议题的形成产生很大的影响，但这是一个双向互动的过程。就目前来看，网民所关心和热衷讨论的议题往往是一些要么与自身利益和兴趣密切相关、要么新奇刺激的事件，负面新闻往往容易形成议题。从信息传播结构来看，信息发布仅仅是网络信息流的开端，信息的流动才是传播的关键。在信息流动的过程中，网民所扮演的角色是极为重要的，他们对信息的大量复制推动了信息的流动。他们的复制行为使新闻或信息不再仅仅停留在新闻网站上，而是迅速进入各种类型的论坛，或通过电子邮件广为散布。加上传统的人际传播方式，如口耳相传，一条新闻就这样迅速地传播、渗透到各个角落。

我们可以在一定程度上认为，与其说网络议程是由网站设置的，不如说是由网民来设置的，是他们影响了媒体对于事件价值大小的判断，并改变了媒体的报道计划。这种公众制造议程或抑制议程的现象将最终影响网站的报道行为。

2. 网络中传播者的多元和难以控制限制了议程设置的效果

互联网上有成百上千万的个人主页，它们大多数都挂靠在提供个人主页空间服务的商业网站上。这其中有不少是根据个人兴趣设立的网站，站主会把自己看到的感兴趣的新闻或别的媒体的新闻发表在上面，这种传播成为正式媒体新闻传播的一种有益补充。

在网络中，新闻通过个人传播的另一种途径就是 BBS。BBS 实际上是一个新闻集散地，人们围绕某一主题发帖子，其中很多都是新闻内容。与个人网站相比，这种传播中传播者的范围更广，谁都可以发布消息。同时，这种传播也更加随意。

网络中传播者的多元化使网络信息极大地丰富起来，也使得很多传统媒体无法报道和不愿意报道的新闻事实通过网络得以传播。过去，传播的任务主要由有组织的传播机构来承担，它们传播的目的是非常明确的。在西方，媒介主要是商业化经营的，因此它的目的主要是赚取利润，确保投资者的经济利益，同时考虑对社会的影响。在中国，媒体主要充当党、政府和人民的耳目喉舌。在网络中，传播主体是多元的，其中既有一些传统媒体继续履行它们在现实生活中的责任，也有一些个人和组织为各种各样的目的进行传播，有的人甚至没有其他明确目的，仅仅是为了传播而传播。这在一定程度上使网络中的传播显得十分混乱。网络就像一个大市场，谁都可以在里面随意地向别人发送自己的观点和意见。网络中传播者的多元化和难以控制带来了传播的多目的性，也使得议程设置的难度加大，其效果受到限制。

此外，根据传播学者的另外一些研究，传媒的议程设置对知识水准高、政治关心程度高以及从事白领职业的人影响较小，而网络用户在目前还是以知识水准高、从事白领职业的人为主体。这也说明，网络议程设置的效果是有一定限度的。

三、社会控制的弱化

对于传统的大众传播媒体来说，社会控制不难实施。国家和政府通过规定大众传播体制，制定有关法律、法规和政策，来保障媒体活动为国家制度、意识形态以及各种国家目标服务，包括对媒体的活动进行法制和行政上的管理、对媒体的创办进行审批登记、限制或禁止某些信息内容的传播、分配传播资源等。

对于新媒体而言，社会控制存在相当大的难度。由于新媒体信息容量的无限性、物质载体的无形性、信息受传者数量的海量性，要想全面及时控制新媒体几乎是不可能的。

社会控制对于网络来说有时显得苍白无力。诸如广西南丹事件、“非典”（SARS）等新闻信息冲破传统媒体的限制在网络上广泛流传，就足以说明要在网络中进行社会控制是何等的困难。在网络上，信息传播的自由化达到了前所未有的地步。

为了社会稳定，政府可以采取一些策略，例如通过技术手段进行控制。政府还可以制定一些法规，例如要求电信运营商将 BBS 信息保存一段时间以备查。但是，由于新媒体的用户群过于庞大，全面监控网络信息传播并不容易，或者说要付出极高的社会成本。

在新媒体中，社会舆论更加分散。市场经济的冲击以及观念的开放已经使受众结构发生了分化，受众整体变成了一个个有着不同愿望和需求的“小众”群体。主体意识的增强使得受众的参与意识较之从前有了很大提高。新媒体的发展促进了个性化传播趋势。除了传播方式的变革外，我们的政治更加民主化，我们的经济、文化、社会和个人生活、学习、工作都更加多样化，这些都加速了个性化传播趋势。新媒体、手机媒体等数字化新媒体的发展，不仅使人们的信息来源大大增多，选择余地大大扩大，而且促使人们独立思考和判断的能力加强。受众眼界开阔，文化程度高，独立思考、判断的能力和习惯增强，盲从度会大大降低。这与生活的多元化、各种选择机会的丰富多样相结合，使受众个人的独立性和自主性增强，受众需求的个性化程度也相应提高。

数字时代被认为是一个尊重个体的时代，它更承认个人意见的表达与个性的发展，所以相对来说，传统的从众心理可能会表现得较弱。数字社会将是一个舆论更分散的时代。

【案例】厦门缓建高危石油化工厂事件

2007 年 5 月，百万市民转发短信反对厦门兴建高危石油化工厂的事件，是新媒体拥有巨大社会影响力的一个新案例。

由台资翔鹭集团在厦门海沧区投资 47 500 万美元兴建，每年可生产 80 万吨对二甲苯的这座石化工厂，距离总面积 1 627.55 平方公里、总人口约 137 万人的海滨城市厦门市中心只有 7 公里，原定 2007 年动工，2008 年年底投入生产。

专家指出，对二甲苯属于危险化学品和高致癌物，对胎儿有极高的致畸率。生产该化学物品的工厂应与大城市相距 100 公里才能保障安全，我国台湾地区及韩国等地的对二甲苯项目与较大城市的直线距离一般大于 70 公里。

2007 年 3 月，中国科学院院士赵玉芬等

105名全国政协委员联名向全国政协提交了一份提案，指出翔鹭集团投资的有关石化项目离居民区仅1.5公里，存在泄漏或爆炸隐患，使厦门数百万人口面临危险，必须紧急叫停并迁址。但这一提案没有得到足够的重视。

2007年4月至5月，有网民贴出一条题为《反污染！厦门百万市民疯传同一短信》的帖子，声称上百万厦门市民都在转发一条相同的短信，反对厦门兴建对二甲苯的石化项目。

短信的内容主要为：翔鹭集团已在海沧区动工投资（苯）项目，这种剧毒化工品一旦生产，意味着在厦门全岛放了一颗原子弹，厦门人民以后的生活将与白血病、畸形儿一起度过。该短信在结尾号召市民参加游行，以向市政府表达反对之意。

2007年6月1日，厦门市政府宣布缓建这项石化项目，建厂工程暂停。而最初发起这一短信抵抗活动的竟是厦门市海沧区一位多次进京上访、投诉无门的普通农民。翔鹭集团在厦门海沧进行的这个石油化工项目初期已摧毁了部分农田。为此，这位农民向上级部门投诉，屡次失败后，才想出了这样一个办法。

在天涯社区发起的“2010年十大网络流行语”评选中，“我爸是李刚”以11 593张的高票稳坐十大流行语首位。互联网已经可以被视为民意聚集的广场，“李刚门”已经成为“石首事件”“邓玉娇案”以来最大的网络群体性事件。

《咬文嚼字》编辑部2023年12月4日发布“2023年十大流行语”，新质生产力、双向奔赴、人工智能大模型、村超、特种兵式旅游、显眼包、搭子、多巴胺××、情绪价值等入选。

现在已经是一个移动互联的世界。网络作为新的信息终端、新的传播载体、新的媒体形态，正在对经济发展、政治文明、社会生活产生日益广泛而深刻的影响。

四、传播效果研究面临新课题

许多分析大众传播媒介影响有限性的理论，例如个人差异论、社会分化论、社会系统论等，也在相当程度上是研究受众的，为分析现在的互联网用户提供了理论基础。就心理和认知结构而言，每个人的个性都与他人不同，在选择或接收信息时，注意程度、理解方向不会完全相同。这些理论又是以选择性四因素，即选择性注意、选择性理解、选择性记忆、选择性行为为转移的。所有这些理论原来都不是为研究新媒体准备的，这里特别需要另外考察网络的虚拟化、用户的创造性、信息过载对人的思维和心理的影响等新显现的问题。网络用户的活动特点对网络本身发展的影响也将成为重要的研究项目。

在新媒体中，用户可以对信息进行自由选择，包括选择信息内容和信息的接收形式以及接收时间和顺序。网络媒体采用多媒体技术在网上发布信息，这些信息不仅有文本，还能显示图像、声音，供用户自由选用。在信息的编排上，网络媒体除对少数重大新闻事件采取同步传播外，对大多数信息采取异步传播，将各种信息散布在网上，并随时更新，让受众去“点播”，使受众可以随时在网上按自己喜爱的顺序浏览或下载新闻信息。

在新媒体中，新闻传播者与接收者可以在一定程度上进行直接的双向交流。网络的互动性特征为传收双方进行直接交流提供了物质保证，使远隔千里的传播者和接收者可以通过网络（例如电子邮件或电子论坛）进行同步或异步交流。这种双向交流对于传播者而言，通过与接收者的交流，其能够在第一时间内亲身了解接收者的反应与想法，掌握信息的传播效果，以便对自己的传播行为做出正确的评价和修正，并能及时解答接收者的疑问，加强传播的效果。对于接收者而言，除了能在第一时间向传播者表达自己的意见外，还能从传播者那里获得新闻背后的信息。

在传统的大众传播过程中，受众总是被动地接收大众传媒传递的信息。然而，在信息社会里，新媒体可以改变受众的地位和角色。有条件的受众不仅将从被动地接收信息变为主动地获取信息，进而发展为主动地报道甚至发布信息。

此外，新媒体中的用户有其明显的群体特征。与传统新闻媒体的受众群相比，网络新闻信息的用户群在年龄结构、学历层次等各方面都显示出特殊性（尽管随着网络的发展与普及，这种特殊性会日益淡化，网民呈现出大众化发展趋势），这种特殊性决定了这个群体接收新闻信息的一些特殊规律，因此新媒体的效果研究面临着新的课题。

五、新媒体对新闻价值及其实现产生的影响

在以往的学术著作中，学者对新闻价值有这样几种观点：第一种观点认为新闻价值是指新闻的事实和材料本身具有的特殊素质与各种素质的总和，这是从新闻事实的角度来理解的。第二种观点认为新闻价值是选择新闻和衡量新闻的标准，这是从新闻传播者的角度来阐述的。第三种观点认为新闻价值是指受众喜闻乐见的程度以及新闻在实践中产生的影响，这是从受众的角度来理解新闻价值的。

我们这里所指的新闻价值是新闻本身所蕴含的素质，即事实、新闻材料、新闻所具有的能满足人们的新闻需要的功能。新闻价值的要素包括不变因素（真实性与新鲜性）与可变因素（重要性、显著性、接近性、趣味性）。真实性与新鲜性是新闻的两块基石，是衡量一个事实有无新闻价值的主要依据，也是新闻价值的源头。当具备了真实性和新鲜性两个基本要素之后，去衡量新闻价值的大小，就可以从重要性、显著性、接近性、趣味性等多种要素做综合考虑，新闻所含的价值要素越丰富，其新闻价值就越高。

新闻价值与新闻价值的实现是两个不同的概念。新闻价值的实现是指将蕴含新闻价值的事实转变成新闻报道。并非所有具有新闻价值的事实都能被报道出来，新闻价值的实现要受到诸多因素的制约。一条有新闻价值的事实，须经历采写、编辑、传播、接收这些环节，每一个环节都与新闻价值的实现有密切的联系。

同一条新闻，通过新媒体传播，其新闻价值会有什么样的变化呢？

在真实性方面，有人认为，新媒体不像传统媒体一样有自己的新闻采编队伍，所发布的新闻没有经过严格的编辑和真伪鉴别；加上存在不少人人均可发表意见与信息的 BBS、非专业的博客，网络新闻信息的真实性、可信性不如传统媒体。

笔者认为，在网络新闻的真实性上，我们需要具体对象具体分析。发布在 BBS、个人博客上的信息，其真实性在整体上不如传统媒体；但是，在知名网站上发布的信息，其真实性还是得到了网民的充分认可的。新媒体发布信息的迅速性与真实性、深刻性之间并没有必然的矛盾关系。美国一些高校，如加利福尼亚大学洛杉矶分校传播政策研究中心的调查表明，网络新闻的可信度在逐年提高。

在我国，新媒体在新闻传播的客观性、真实性方面往往具有传统媒体所不具备的优势。没有新媒体，“孙志刚事件”“非典”“三鹿奶粉事件”“周正龙拍华南虎事件”等的结局会完全不同。

在新鲜性方面，由于互联网传输速度极快、覆盖面极广，一条新闻在几秒钟内就可以传遍世界。印刷媒体由于受到出版周期等方面的限制，一些刚刚采写出的新闻必须等到下一期报纸或杂志出版才可以刊登出来；广播新闻必须在固定的时间段播出；大部分电视新闻需要先拍摄再进行剪辑等后期制作，方能按顺序展现在观众面前。在网络上却可以随事件发展随时发布最新消息，克林顿绯闻案、印度尼西亚排华暴乱事件、我国驻南联盟大使馆被炸等越来越多的事

件都是先经网络大量报道后，才出现在传统媒体上。一条很有价值的新闻，由于传统媒体“版本”的限制，有可能成为“旧闻”，其价值大大降低；而有了互联网这个渠道，新闻的时效性会大大增强。另外，网络新闻的实时更新使新闻价值得到了充分体现。一些实力雄厚的网络媒体，其网站上的信息随事件的变化而不断更新，不仅有对事实本身的报道，而且有大量即时的新闻分析，帮助人们了解事件的来龙去脉及最新进展，实行全天候跟踪式连续报道。由此我们得出结论：同一条新闻，当它在网络上发表时，其时效性有可能得到更充分的体现，因此其新鲜性与在传统媒体上发表相比，会有所增强。

> **你怎么看**
>
> 新媒体会对新闻价值产生怎样的影响？你怎么看？

在趣味性方面，互联网传播信息采用的是多媒体方式，而印刷媒体传达新闻只能通过文字与图片，广播传达信息只能用声音，远不及互联网生动与丰富。通过新媒体传播的新闻，可以融文字、图片、动态影像、声音于一体，其趣味性得到了充分挖掘。因此，一条新闻通过新媒体传播，其趣味性只会增强。

在接近性、显著性与重要性方面，互联网的影响还不明显，但如何采取相应的措施充分体现新闻的接近性、显著性与重要性是值得研究的课题。

新闻价值必须通过采写、编辑、传播、接收四个环节，才能最后实现。一条新闻的价值借助互联网，可以被更加充分地发挥出来。借助互联网，新闻的采写、编辑、制作过程大大缩短，新闻的时效性能够得到充分体现，新鲜性大大增强，为新闻价值的实现打下了坚实的基础。借助网络，记者可以查找与事件相关的背景资料，对已经报道过的新闻进行分析，选择新的角度，避免重复劳动，将搜集到的资料和自己构思的文章输入计算机，进行简单的编辑，然后直接传到总编室进行审稿、修改，再传到美编那里进行设计、修饰；借助电子邮件，记者、编辑不仅可以获取各种消息源提供的新闻线索，减少有可能遗漏的信息，而且能够采访远在千里之外的被采访者；借助数码相机，记者可以大大简化传统的图片处理过程，影像不需经过感光材料和扫描工序，将数码相机与计算机相连，图片便可以即时在计算机上显示，也可以用图像处理软件处理图片。

由于网络的覆盖面极广，新闻传播的渠道也较为通畅，新闻本身所蕴含的价值可以被充分挖掘出来并得以实现，新闻价值的实现程度较传统媒体要高。传统媒体由于受版面、节目播出时长等条件的限制，不仅在报道内容上相互雷同，而且也很难在极短时间内形成大的规模以及引发强烈的效应。另外，由于网络的开放性与自由度的拓展，原先在传统媒体上由于种种原因不能发表的或推后发表的新闻，在网络上可以得到全方位、多角度、及时的公开传播，使原本得不到充分体现或根本无法实现的新闻价值得以实现。

新闻价值的实现与新闻传播者、新闻传播过程有着很大关系，与受众也有着直接联系，只有受众接收，新闻价值才能实现。互联网良好的互动性可以使读者充分了解、认识新闻的价值。读者在网络上看到新闻后，可以发电子邮件或利用 BBS 等形式就事件本身发表自己的看法，或从别的角度对新闻进行补充报道，或对新闻的编辑处理提出自己的建议，编辑由此可以及时了解读者对哪些新闻比较感兴趣，并能够及时解答读者的疑问。

第 2 节　新媒体研究的理论模型

目前，新媒体产业得到了飞速发展，产生了巨大的社会影响力，已经渗透到政治、经济、科技、教育、文化等社会各个方面。但是，新媒体的基础理论在全球范围内都十分薄弱。

目前被国际学术界认可并广泛采用的新媒体理论模型主要有以下几个。

一、创新扩散理论模型

创新扩散理论是美国学者埃弗雷特·M. 罗杰斯（Everett M. Rogers）于20世纪60年代提出的一个关于通过媒介劝服人们接受新观念、新事物、新产品的理论，侧重大众传播对社会和文化的影响。目前创新扩散理论在西方学术界亦被广泛应用到新媒体研究中。

> **概念**
> 创新扩散理论是美国学者罗杰斯于20世纪60年代提出的一种关于通过媒介劝服人们接受新观念、新事物、新产品的理论，侧重大众传播对社会和文化的影响。

罗杰斯认为，创新是一种被个人或其他采用单位视为新颖的观念、实践或事物；创新扩散是指一种基本社会过程，在这个过程中，主观感受到的关于某个新事物的信息被传播，通过一个社会构建过程，某创新的意义逐渐显现。

1962年，罗杰斯研究了多个有关创新扩散的案例，出版了《创新的扩散》一书，他通过考察创新扩散的进程和各种影响因素，总结出创新事物在一个社会系统中扩散的基本规律，提出了著名的创新扩散S形曲线理论。

《创新的扩散》一书将创新扩散这一过程分为知晓、劝服、决策、证实四个阶段，并提出了创新扩散的基本假设（见图2-1）。

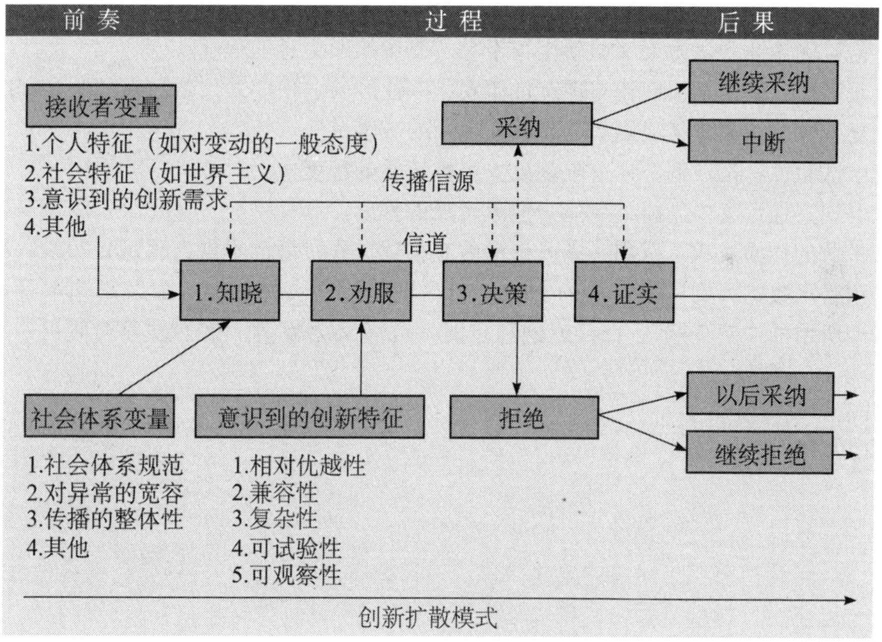

图2-1 创新扩散理论模型

资料来源：罗杰斯．创新的扩散［M］．北京：中央编译出版社，2002：10.

20世纪七八十年代，创新扩散的研究转向在社会和文化境况中研究传播媒介和受众。编码与解码、传媒与社会发展等注重双向性和宏观层面的研究成为热点。

（一）个人创新性的类型

罗杰斯将“个人创新性”分为五种不同类型的采用者（adopter）：先驱者（innovator）、早期使用者（early adopters）、早期大多数（early majority）、晚期大多数（late majority）以及迟缓者

(laggards)。

(1) 先驱者是采用“创新”的先锋，但是过于快速接受“创新”常显示出其喜好冒险与鲁莽的特点。

(2) 早期使用者常具有意见领袖的特质，其审慎的特性与领导能力对后续的采用者有着决定性的影响，因此，这类采用者对“创新”的推广影响深远。早期使用者所具有的工作热忱、人际关系及影响力，使其成为担任一个组织内“创新媒介者”的最佳候选人。

(3) 早期大多数在深思熟虑后接受“创新”。

(4) 晚期大多数是多疑的一群人，在对“创新”的相关疑虑消除后逐渐接受“创新”成为采用者。

(5) 迟缓者则是传统、保守的，是非到万不得已不会去采用“创新”的那一群人。

(二) 创新扩散的过程

(1) 知晓：接触创新并略知其如何动作。

(2) 劝服：有关创新的态度形成。

(3) 决策：确定采用或拒绝一项创新活动。

(4) 证实：投入创新运用，并强化或撤回关于创新的决定。

(三) 影响采用率的创新特征

(1) 相对优越性：认为某项创新优越于它所取代的旧主意的程度。

(2) 兼容性：认为某项创新与现有价值观、以往经验、预期采用者需求的共存程度。

(3) 复杂性：认为对某项创新的理解和运用的难度。

(4) 可试验性：某项创新在有限基础上可被试验的程度。

(5) 可观察性：某项创新结果能为他人看见的程度。

创新扩散的传播过程可以用一条S形曲线来描述。在扩散的早期，采用者很少，进展也很慢；当采用者人数扩大到居民人数的10%～25%时，进展突然加快，曲线迅速上升并保持这一趋势，即所谓的“起飞期”；在接近饱和点时，进展又会减缓。整个过程类似于一条S形的曲线，如图2-2所示。

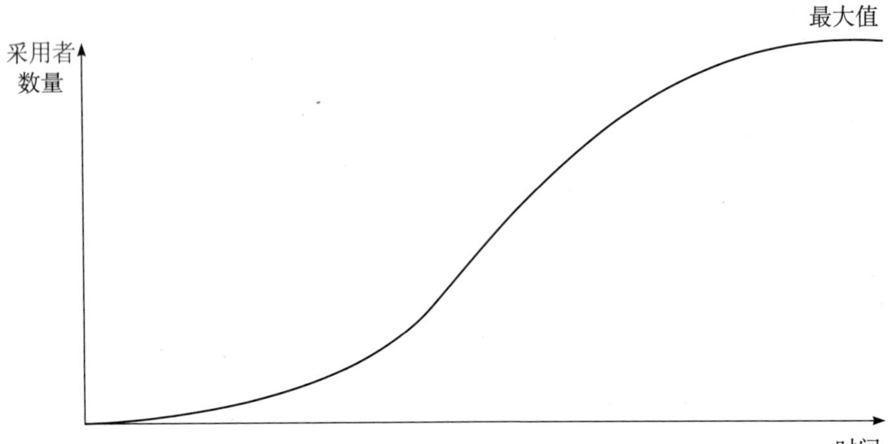

图2-2 创新扩散模型S形曲线

资料来源：罗杰斯．创新的扩散［M］．北京：中央编译出版社，2002：12.

在创新扩散过程中，早期使用者为后来的起飞做了必要的准备。这个看似势单力薄的群体能够在人际传播中发挥很大的作用，劝说他人接受创新。在罗杰斯看来，早期使用者就是愿意率先接受和使用创新事物并甘愿为之冒风险的那部分人。这些人不仅对创新初期的种种不足有着较强的忍耐力，还能够对自身所处各群体的意见领袖展开游说，使之接受以至于采用创新产品。之后，创新又通过意见领袖们迅速向外扩散。这样，创新距其"起飞期"的来临已然不远。

罗杰斯指出，创新事物在一个社会系统中要能继续扩散下去，首先必须有一定数量的人采纳它。通常，这个数量是人口的10%～20%。创新扩散比例一旦达到临界数量，扩散过程就会起飞，进入快速扩散阶段。饱和点（saturated point）的概念是指创新在社会系统中一般不总能百分百扩散。事实上，很多创新在社会系统中最终只能扩散到某个百分比。当系统中的创新采用者再也没有增加时，系统中的创新采用者数量（以绝对数量表示）或创新采用者比例（以相对数量表示）就是该创新扩散的饱和点。

罗杰斯认为，创新扩散总是借助一定的社会网络进行，在创新向社会推广和扩散的过程中，信息技术能够有效地提供相关的知识和信息，但在说服人们接受和使用创新方面，人际交流则显得更为直接、有效。因此，创新推广的最佳途径是将信息技术和人际传播结合起来加以应用。

二、技术接纳模型

技术接纳模型（technology acceptance model，TAM）是1989年戴维斯（Davis）在菲什拜因（Fishbein）和埃捷（Ajzen）的理性行为理论（theory of reasoned action，TRA）的基础上提出的用以研究用户对新媒体接受的一个模型。根据理性行为理论，消费者的行为是由消费者的行为意向决定的，而消费者的行为意向又受其行为态度的影响。TAM被广泛地应用于新媒体研究，尤其是用户的行为意向研究。所谓行为意向（behavioral intention）是指个体企图执行特定行为的主观概率，它是个体从事某种行为的意愿强度。按照TAM模型，用户使用新媒体的行为意向受到其态度（attitude）、有用性感知（perceived usefulness）、易用性感知（perceived ease of use）的共同影响：态度是指个体对特定行为喜欢或反感的程度；有用性感知是指个体相信使用一个特定系统能提高其工作绩效的程度，可以直接影响参与意向；易用性感知则是指个体相信使用特定系统能够省力的程度，它通过有用性感知来影响行为意向。TAM在国际传播学界亦被多次引用。TAM有两种常见的表述，如图2-3和图2-4所示。

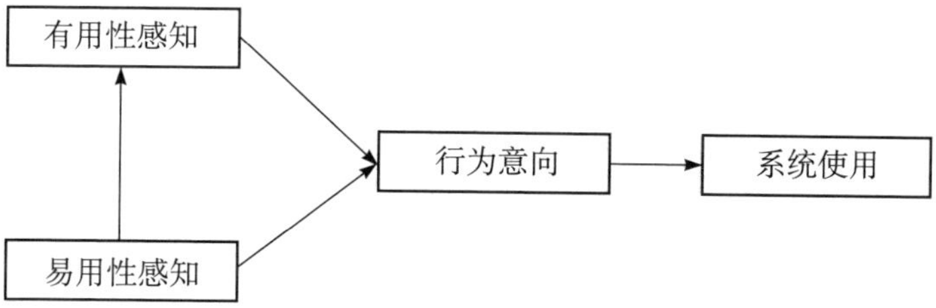

图2-3 技术接纳模型

资料来源：FISHBEIN M，AJZEN I. Belief，attitude，intention，and behavior：an introduction to theory and fesearch [M]. New Jersey：Addison-Wesley Publishing Company，1975：23.

三、计划行为理论模型

计划行为理论（theory of planned behavior，TPB）能够帮助我们理解人是如何改变自己的

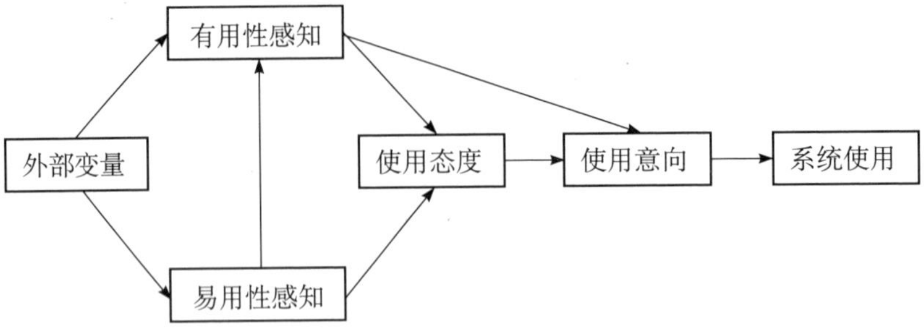

图 2-4 技术接纳模型基本框架

资料来源：FISHBEIN M，AJZEN I. Predicting and changing behavior：the reasoned action approach [M]. New York：Psychology Press，2010：43.

行为模式的。该理论认为人的行为是经过深思熟虑的计划的结果。

计划行为理论是由埃捷提出的，继承了埃捷和菲什拜因共同提出的理性行为理论。埃捷研究发现，人的行为并不是百分之百地出于自愿，而是处在控制之下。因此，他将理性行为理论予以扩充，增加了一个对自我“行为控制认知”（perceived behavior control）的新概念，从而发展成为新的行为理论研究模式——计划行为理论。

（一）计划行为理论五要素

（1）行为态度（attitude）是指个人对某项行为所抱持的正面或负面的感觉，亦指由个人对此特定行为的评价经过概念化之后所形成的态度，所以态度的组成成分经常被视为个人对行为结果的显著信念的函数。

（2）主观规范（subjective norm）是指个人对于是否采取某项特定行为所感受到的社会压力，亦即在预测他人的行为时，那些对个人的行为决策具有影响力的个人或团体对于个人是否采取某项特定行为所发挥的影响作用的大小。

（3）知觉行为控制（perceived behavioral control）反映个人过去的经验和预期的阻碍，当个人认为自己所掌握的资源与机会越多、所预期的阻碍越少时，其对行为的知觉行为控制就越强。其影响行为的方式有两种：一是对行为意向产生动机上的影响；二是直接预测行为。

（4）行为意向（behavior intention）是指个人对于采取某项特定行为的主观概率的判定，它反映了个人对于某一项特定行为的采取意愿。

（5）实际行为（behavior）是指个人实际采取行动的行为。

埃捷认为所有可能影响行为的因素都是经由行为意向来间接影响行为的表现。而行为意向受到三项相关因素的影响：其一是源自个人本身的态度，即对于采取某项特定行为所抱持的态度；其二是源自外在的主观规范，即会影响个人采取某项特定行为的主观规范；其三是源自“知觉行为控制”。

一般而言，个人对于某项行为的态度越正向，个人的行为意向越强；对于某项行为的主观规范越正向，个人的行为意向也会越强；如果态度与主观规范越正向且知觉行为控制越强，则个人的行为意向也会越强。反观理性行动理论的基本假设，埃捷主张将个人对行为的意志控制力视为一个连续体，一端是完全在意志控制之下的行为，另一端则是完全不在意志控制之下的行为。而人类大部分的行为落于此两个极端之间的某一点。因此，要预测不完全在意志控制之下的行为，有必要增加行为知觉控制这个变项。不过当个人对行为的控制越接近最强的程度，或是控制问题并非个人所考量的因素时，则计划行为理论的预测效果是与理性行为理论相近的。

（二）计划行为理论主要观点

（1）非个人意志完全控制的行为不仅受行为意向的影响，还受执行行为的个人能力、机会以及资源等实际控制条件的制约，在实际控制条件充分的情况下，行为意向直接决定行为。

（2）准确的知觉行为控制反映了实际控制条件的状况，因此它可作为实际控制条件的替代测量指标，直接预测行为发生的可能性（如图2-5虚线所示），预测的准确性依赖于知觉行为控制的真实程度。

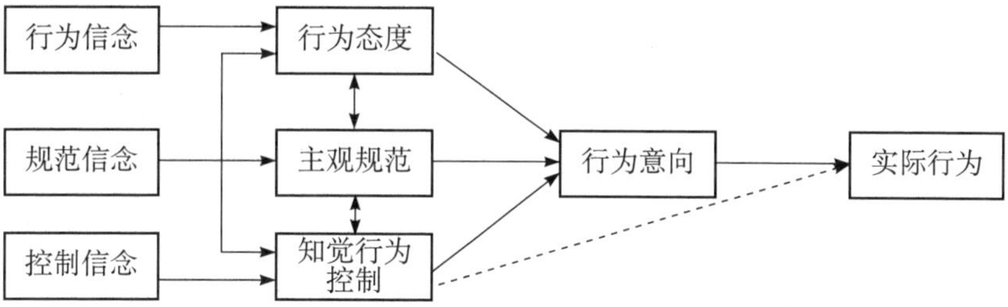

图2-5　计划行为理论模型图

资料来源：FISHBEIN M，AJZEN I. Belief，attitude，intention，and behavior：an introduction to theory and research [M]. New Jersey：Addison-Wesley Publishing Company，1975：53.

（3）行为态度、主观规范和知觉行为控制是决定行为意向的三个主要变量，态度越积极、重要他人支持越大、知觉行为控制越强，行为意向就越大；反之就越小。

（4）个体拥有大量有关行为的信念，但在特定的时间和环境下只有相当少量的行为信念能被获取，这些可获取的信念也叫凸显信念，它们是行为态度、主观规范和知觉行为控制的认知与情绪基础。

（5）个人以及社会文化等因素（如人格、智力、经验、年龄、性别、文化背景等）通过影响行为信念间接影响行为态度、主观规范和知觉行为控制，并最终影响行为意向和实际行为。

（6）行为态度、主观规范和知觉行为控制从概念上可完全区分开来，但有时它们可能拥有共同的信念基础，因此它们既彼此独立，又彼此相关。

四、新媒体研究的STIP模型

创新扩散理论模型、计划行为理论模型、技术接纳模型都有着严格的适用范围，创新扩散理论旨在研究新事物的扩散过程，计划行为理论对态度与行为的一致性进行了探讨，技术接纳模型则用于人们对新技术的接受过程。虽然这三个经典模型在新媒体领域有一定的适用性，不过还不能完全满足人们对新媒体产品及技术使用的研究需求。基于对以上模型的梳理、归纳和总结，笔者试图建立一种新的、适用于新媒体研究的理论模型——STIP模型（见图2-6）。

STIP模型认为，用户是否接受并使用一个新媒体产品，主要受到四方面因素的影响：社会制度（social system）、技术特征（technical characteristics）、周围人影响（influence of people around）以及个人特征（personal characteristics）。我们简化了计划行为理论模型和技术接纳模型中从“行为态度”到“行为意向”，再到“实际使用”的复杂过程，直接采用“实际使用”作为结果变量。

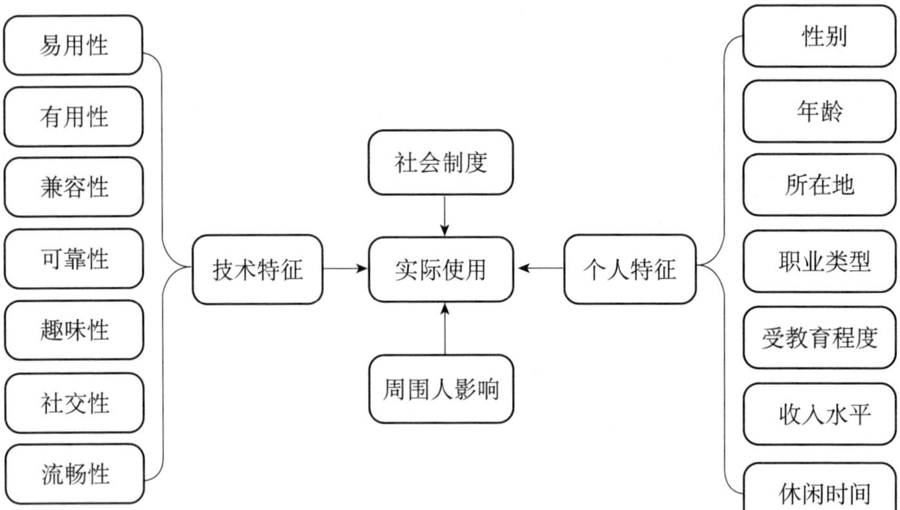

图 2-6 新媒体研究的 STIP 模型图

资料来源：匡文波，吕聪聪，张晗煜. 新媒体研究的 STIP 模型 [J]. 中国人民大学学报，2020，34 (4)：125-134.

(一) 新媒体研究的 STIP 模型的四要素

1. 社会制度 (social system)

在不同的社会制度下，对新媒体产品及新媒体内容的管制程度不同，会影响用户对新媒体的使用。关于不同社会制度下对传媒（报刊）的划分，一般可以分为报刊的威权主义理论 (authoritarian theory of the press)、报刊的自由主义理论 (libertarian theory of the press)、报刊的社会责任理论 (social responsibility theory of the press) 以及报刊的苏联共产主义理论 (soviet communist theory of the press)。① 虽然不同社会制度下传媒的划分方式没有那么绝对，且随着时间的变化也在变化当中，但能达成共识的是不同的社会制度对传媒的管制程度不同，这也会直接影响到用户对某个新媒体产品的接受程度。

2. 技术特征 (technical characteristics)

技术特征是指某种新媒体产品所具备的一些技术层面的特征，也就是能使用户感受到的产品特点，如易用性、有用性、兼容性、可靠性、趣味性、社交性、流畅性。易用性是指这个新媒体产品操作简单、上手容易，大多数人使用起来没有困难和障碍。有用性是指新媒体产品所提供的内容是有用且有价值的，比如能提供一些职场技能、生活妙招、兴趣爱好等方面的有用的信息。兼容性是指某个新媒体产品与用户的学习/工作/休闲方式相符，比如适合现在快节奏、碎片化的信息获取方式。可靠性是指这个新媒体产品是安全可靠的，不会随意泄露用户隐私，不会将数据拿来二次利用和售卖等。趣味性是指这个新媒体产品能满足用户的娱乐需求，能看到好玩、有趣的内容，达到愉悦身心的目的。社交性是指这个新媒体产品不仅能供用户个人使用，用户还能评论或分享里面有意思或有价值的内容，起到社交的作用。流畅性是指这个新媒体产品的使用是流畅的，不会突然被广告打扰或者接收一些很不感兴趣或者质量很低的内

① 西伯特，彼得森，施拉姆. 传媒的四种理论 [M]. 北京：中国人民大学出版社，2008.

容，破坏用户使用的流畅感。

3. 周围人影响（influence of people around）

个体在社会中生活，就会受到周围人的影响，我们将其对个体产生的影响细化为同辈影响和上级影响。同辈影响是指周围同伴对个体的影响，个体或出于耳濡目染的环境熏陶而接受新技术，或因害怕被同伴排挤而做出放弃自我也要顺从群体的选择。上级影响则指社会生活中权威、地位、知识、能力等高出个体的个人或团体对个体的规范。这些规范有时是命令性规范，是上级对下级提出的“认为个体该怎么做”；有时是示范性规范，是个体出于学习和模仿的动机产生的对特定行为主观规范的感知。

4. 个人特征（personal characteristics）

用户的个人特征也影响着其对新媒体产品的接受和使用。一般来说，性别、年龄、所在地、职业类型、受教育程度、收入水平这几个变量在很多研究中都是通用的变量，会影响个体的实际行为。在此，特别加入休闲时间这个变量，因为新媒体的使用要占据用户的时间，而时间和注意力都是当今快节奏工作和生活中的稀缺资源，所以能有多少可支配的休闲时间也直接影响到用户是否使用新媒体，以及使用新媒体的程度如何。

（二）新媒体研究 STIP 模型与前三个模型的联系

STIP 模型中的社会制度主要来源于创新扩散模型中的“社会体系变量”，包括社会体系规范、对异常的宽容、传播的整体性等。在不同的社会制度下，对新媒体产品及新媒体内容的管制程度不同，会影响用户对新媒体的使用。

STIP 模型中的技术特征主要来源于创新扩散模型中的“意识到的创新特征”及技术接纳模型中的“有用性感知”和“易用性感知”。创新扩散模型中的“意识到的创新特征”包括相对优越性、兼容性、复杂性、可试验性以及可观察性，其中的“复杂性”与技术接纳模型中的“易用性感知”以及计划行为理论模型中的“知觉行为控制”，即个体感知到的采取某项特定行为的难易程度，这三者代表同一个意思，因此我们将“易用性”作为 STIP 模型技术特征中的第一点，同时也对其他几个特征进行了取舍，仅保留了有用性和兼容性，并添加了新媒体时代对产品特征的新要求，如可靠性、趣味性、社交性、流畅性。

STIP 模型中的周围人影响主要来源于计划行为理论中的“主观规范”，也就是指个体在决定是否采取某项特定行为时所感受到的社会压力，反映了重要他者（significant others）对个体行为决策的影响。

STIP 模型中的个人特征主要来源于创新扩散模型中的“接收者变量”和技术接纳模型中的“外部变量”。根据新媒体时代用户的需求、心理及生活习惯，采用性别、年龄、所在地、职业类型、受教育程度、收入水平、休闲时间作为个人特征的二级变量。

（三）新媒体研究 STIP 模型的实际应用：以抖音为例

为了验证 STIP 模型在新媒体研究中的适用情况，本研究选取现在比较流行的短视频 App 抖音作为研究对象，分析影响用户接受使用行为的影响因素。

1. 研究假设

在研究过程中我们做出如下假设：（1）社会制度有时会对个体的实际使用行为产生至关重要的影响；（2）技术特征是影响用户实际使用的一个主要因素，包括易用性、有用性、兼容性、可靠性、趣味性、社交性和流畅性；（3）周围人对个体产生的影响也会决定个体的实际使用行为；(4) 个人特征，包括性格、受教育程度和休闲时间等，都决定了个体作为用户对新媒体的接受或留存。

2. 研究方法

STIP模型旨在研究个体对新媒体产品在实际使用中的影响因素，需要以个体为主要研究对象，因此深度访谈的方法更为合适。通过访谈可以知悉每一个受访者的个人情况、所处社会环境及其复杂的内心想法，也能知悉研究者之前所不能预想到的影响因素。我们选取了35个受教育程度、职业、年龄和生活城市都不同的用户进行半开放式深度访谈，对一些问题进行适当的拓展和追问，以获取不同人群对抖音App的态度和使用习惯。

3. 研究结果

通过分析深度访谈搜集到的资料，我们的研究假设基本得到了证实。

首先，关于社会制度对用户使用行为的影响，来自英国、缅甸等国家的受访者认为抖音在这些国家不受限制，与在国内使用无差别，这是保障抖音在海外传播的先决条件。

其次，关于技术特征对吸引并留存用户所起的作用，很多深度访谈的用户表示他们乐意接受抖音的原因包括操作简单、界面简洁，所以经常在通勤中或者睡前使用；很多用户通过抖音获得工作技能的提升或实用的生活技巧；抖音App的出现是与用户的生活状态兼容的；抖音内容有趣，可以满足休闲娱乐所需；抖音可以满足用户社交需求，互相分享有趣的短视频也是当下一种比较流行的社交方式；界面播放的流畅性直接影响使用感受；隐私保护和安全性也很重要。

再次，关于周围人是否使用抖音对新用户所产生的影响，相当大比例的用户下载抖音的契机都是周围人在用，所以自己出于好奇或出于跟风，也尝试着下载抖音。这部分人或者是从虚拟网络社会（例如微信朋友圈）了解到抖音，或者是在现实生活中看到周围人使用抖音。所以，就新事物的接受和使用而言，周围人的传播和推荐至关重要。

最后，从个人特征对用户实际行为所起的作用可以看出：个性对个体的实际使用有着重要影响。对于乐意接受新鲜事物的人而言，他们更乐于探索互联网上的新产品，并作为“先锋”引领潮流；性别所带来的实际使用行为差别并不明显，但基于对模型拓展性的考虑，依然需要加入这一因素所带来的影响；年龄所带来的影响，最重要的就是其所处的信息社会中的技术层级，是否依然有兴趣、有能力接纳新事物；受教育程度影响了用户对于信息内容质量的评判标准，对于高学历用户而言，其对于内容质量的要求也会更高；互联网对时间和空间的解构使得世界成为一个信息交流、意义分享的广场，从这个意义上说，用户所在地对其影响不是太大；休闲时间充裕的用户更容易接受并使用抖音，而生活忙碌、休闲时间紧张的用户则无暇消遣。

【本章小结】

本章主要阐释了新媒体给新闻传播理论带来的影响，特别指出在传统媒体研究中适用的理论在新媒体研究中需要做出调整；重点分析了创新扩散理论模型、技术接纳模型、计划行为理论模型、新媒体研究的STIP模型。

【思考题】

1. 你认为在网络传播中进行舆论引导有可能吗？说出你的理由。

2. 请你简述创新扩散理论模型、技术接纳模型、计划行为理论模、新媒体研究的 STIP 模型的基本内容并比较其异同。

3. 什么是“议程设置”? 网络中的“议程设置”和传统媒体有何区别?

4. 什么是“新闻价值”? 新媒体对新闻价值的实现有何影响?

5. 你认为在新媒体环境下，社会控制是更强还是更弱了? 为什么?

6. 请选择一种新媒体研究的理论模型，分析抖音等短视频何以能够在网络传播中得到广泛使用。

第 3 章　新媒体用户特征研究

由于新媒体的互动性，在传播过程中，传播者与受众间的界限十分模糊。在通常情况下，新媒体用户既是传播者又是受众。因此，在新媒体研究中，对新媒体用户的研究，尤其是对网民的定量分析，一直是西方学术界研究的热点。

第 1 节　新媒体时代的受众理论：从受众到用户

丹尼斯·麦奎尔（Denis McQuail）是英国传播学家，荷兰阿姆斯特丹大学传播学终身教授。他的著作《受众分析》是一本系统性、综合性较强的理论专著，也是迄今为止西方传播研究界最全面地总结和探讨受众问题的著作。但是到了新媒体时代，受众已经转型为用户。用户强调信息传播的互动性，不只被动接收信息，而且主动发布信息。

一、受众、网络受众和网民

受众，简单地说，便是接收信息的人。传统上的受众是观众、听众、读者的统称。受众，在传播过程中是信息到达的终点（信宿），此过程可以简要表示为：信息→新闻传播者→大众传媒→受众→极少量的信息反馈。在这里，受众是与新闻传播者相区别的一个相对固定的群体，在信息传播过程中，他们只能被动地接收新闻传播者所传播给他们的完全一致的信息内容。而在受众选择性很大的新媒体中，有条件的受众摆脱了被动的地位，成为与从前的新闻传播者一样主动的信息传播参与者。

受众既包括大规模信息传播中的群体，即报刊的读者、广播的听众、电视的观众，也包括小范围信息交流中的个体。随着新媒体的出现，受众中又加入了一类新的成员：网络受众。受众的定义在网络上被赋予了新的含义。在新媒体中，无论是信息发布者还是受众，他们首先都是网络媒介的共同使用者，有条件的受众既可以在网上接收信息，也可以发布信息。所谓网络受众，我们可以将其定义为新媒体的信息接收者。这些信息接收者可以是个人，也可以是组织、团体或国家。

由于新媒体具有主动性和互动性，网络受众也有着传统媒体受众所不具备的许多新的特点。新媒体中的传播者和接收者可以在瞬间进行角色转换，这种转换尤其在 BBS、电子邮件、网上聊天中表现得十分明显。在新媒体的许多情况下，信息的传播者和接收者在动态上难以清晰区分，两者的界限比较模糊。当然，新媒体中的传播者和接收者在静态上还是能够区分的。

"网民"泛指上网者，上网者除了通过浏览等方式接收信息外，还经常通过 BBS、电子邮件、网上聊天等方式发布和传播信息，即同时扮演传播者和接收者的角色；只有上网者处在单纯的接收信息的状态时，我们才能称之为"网络受众"。网民和网络受众是两个联系十分紧密的概念。网民有时既接收信息又发布信息；从外延上看，网络受众是网民的子集，或者说是其组成部分。在逻辑上，研究网民必然包含了对网络受众的研究。

显然，在理论研究和实践中，都难以将网民与网络受众两者截然分开。本书的网民研究也可以理解为网络受众研究。由于新媒体具有互动性，传播者与受众之间的界限十分模糊，两者角色可瞬间转换，因此应该用“用户”一词取代“受众”。

从20世纪90年代开始，新媒体的崛起产生了巨大的社会影响。国内外一些调研机构和企业对网民做了大量的调查，积累了大量的数据。国内有著名的中国互联网络信息中心每半年一次的调查，中国社会科学院、国内的一些高校和一些市场调查公司，国外著名的 Nielsen/NetRatings、NetValue、Jupiter Media Metrix、IDC 等网络调查公司和机构也做了大量的网民调查。

目前的受众理论是基于传统媒体产生的，难以合理解释网民现象。从受众角度看，新媒体具有选择性、主动性和互动性的特点，这些传统大众传播方式所不具备的特点使得原有的受众理论亟须更新。

二、新媒体的互动性

无论是施拉姆（Schramm）还是马莱兹克（Maletzk）都强调受众社会结构的传播模式，受众反馈几乎都是一种“延迟”行为，大众传播中的反馈不能像人际传播中的沟通那样得到及时的回应，而且，就传播资源、传播能力以及传播时间而言，传受双方是不平等的，反馈在大众传播中是一个薄弱的环节。尽管在现代大众传播中，传播者充分注意到受众的反馈意见，诸多媒介设置了一系列渠道，实现了传受之间的直接对话，但是这种沟通仍然不能及时、准确、全面地反映所有受众的意见。

与传统媒介最大的不同是，互联网实现了类似于人际交流的双向信息传播模式，即互动性的模式，这是对旧有传播方式的一个革命性的变革。互联网是双向、多向交流的媒体，互动性是新媒体较之传统媒体的一大优越性。在新媒体中，受众享有了前所未有的参与度，由被动变为主动，随心所欲地从媒体中“拉”出所需信息，也可以参与媒体的传播活动。这样，媒体和受众形成了充分的双向交流。

新媒体的互动性使得传播者与受众之间的关系发生了一定的变化。新媒体的互动性带来受众的主动性，在新媒体活动中受众的参与性大大加强。

传播学理论认为，任何传播行为，尤其是大众传播都应该是双向的，只有及时获得受众反馈才有可能获得理想的传播效果。由于受到经济技术条件的限制，传统媒体的传播方式基本上是单向的，受众处于被动接收的地位，而网络的互动性则使新媒体的传播过程成为一个闭合的回路，这有助于媒体便捷、低成本地搜集受众反馈信息，从而提高传播效果。目前，许多新媒体在自己的网页上设立了可以联机填写的调查问卷。这类调查涉及方方面面，既有对社会热点问题的看法，也有对某媒体的评价和看法。传统媒体虽然也很重视对受众的调查和搜集受众反馈，但与新媒体相比，其反馈和整理速度要慢很多，为此花费的成本也要高得多。

三、新媒体带来受众获取信息的主动性

20世纪90年代中期，互联网的规模快速扩张，成为全球最大也最流行的计算机信息网络。互联网的迅猛发展已将世界各国、各地区连成一片。它打破了传统的地缘政治、地缘经济、地缘文化的概念，形成了虚拟的以信息为主的跨国界、跨文化、跨语言的全新空间。在这种情势下，受众的地位及其反馈发生了根本性的转变。新媒体中受众的主动性表现得十分明显。在新媒体中，受众能够主动地选择自己感兴趣的、需要的媒介信息，他们积极地使用媒介，而不只是被动地听任媒介的摆布。

在传统的大众传播过程中，受众只能被动地接收大众传媒传递的信息。在新媒体中，受众

可以对信息进行自由选择，包括选择信息内容和信息的接收形式以及接收时间和顺序。目前网络信息是名副其实的海量，不仅有文本，还有图像、声音，供受众自由选用。在信息的编排上，网络媒体除少数重大新闻事件采取同步传播外，对大多数信息采取异步传播，将各种信息散布在网上，并随时更新，让受众去选择，使受众可以随时在网上按自己喜爱的顺序浏览或下载新闻信息。新媒体改变了受众的地位和角色。有条件的受众不仅将从被动地接收信息变为主动地获取信息，还将进而主动地报道甚至发布信息。

传统的大众媒体是点对面的传播，传者处在中心控制地位，受众较少有主动选择的余地，受众的个性化受到一定程度的限制。广播、电视的线性传播带给受众的是强制性，它迫使受众只能按时间顺序线性地看下去。传统的大众传媒发送信息有两个特点：一是单向的推送式，媒体把经过编排了的信息推送给受众；二是点对面式，一家媒体向众多受众推送同一种信息。媒体发送信息的特点决定了受众获取信息的方式。这种方式一方面是被动的，受众不管愿意与否，只能接收既定的信息；另一方面是群体性的，受众无论喜恶如何，只能接收同样的信息而别无选择。

新媒体打破了传统大众传媒的单向传播模式，从而使信息发送有了双向互动和点对点的特点。这种传播特点决定了受众获取信息的方式。这种方式首先是主动的，受众从丰富多彩的网络中自己拉取信息；其次是个性化的，受众根据自己的需要想选择什么就拉取什么。这种从群体向个体的转移无疑增强了受众的自主性。

在新媒体中，受众不再是被动接收信息，而是主动发现、处理信息。传播者与受众之间的关系发生了根本的变化，“受众中心”替代了“传者中心”，受众地位得到了充分的尊重。

四、新媒体对受众接近权的突破

接近权指大众即社会的每一个成员皆应有接近、利用媒介发表意见的自由。首倡这一理论的美国学者巴隆（Barron）认为，“为确保大众的言论自由，必须由宪法确认大众‘接近’媒介的权利”[①]。从理论背景上来看，它是对媒介作为社会公器这一基本性质的再次确认。随着实践的发展，古典自由论的观点被证明流于理想化而实不可得，人们对媒介的权力忧心忡忡。这一理论企图削弱体现在媒介身上的过于浓厚的权力色彩。

> **概念**
>
> 接近权是指大众即社会的每一个成员皆应有接近、利用媒介发表意见的自由。

从传播学角度来看，对受众接近权的强调有比较突出的意义。

一是有利于提高传播效率。一种有效的传播模式不仅要包括从传播者到受众的信息流动，也应该包括从受众到传播者的信息反馈。只有实现传播者与受众之间的信息互动，才能使传播者的传播更好地满足受众的需要，更充分地被受众接受。而要建立畅通的反馈渠道，就必须保证受众的媒介接近权，使受众可以对媒介的报道进行纠正或补充，提供新的事实，并发表自己的意见看法。

二是有利于建立健康积极的媒介环境。传播理论认为，在客观环境和人们对它的认知之间存在着一个信息环境，这主要依靠大众传媒来构造。这个虚拟的媒介环境能在多大程度上接近真实，依赖于传播者的修养、良知和观察力。如果受众不仅被动地接收信息，还可以主动参与到媒介环境的构造过程中，无疑将对传播者的行为产生有效的约束。

三是有利于妥善地解决信源和传播者之间的关系。在信源和传播者之间一直存在一个悖

---

① 张国良．传播学原理［M］．上海：复旦大学出版社，1995：171.

论。理论上讲，信源是传播的真正源头，传播者的传播活动依赖信源。但在实际操作中，因为传播者握有选择权，反而变成信源依赖于传播者才有可能使信息被受众知晓。受众接近权的提出理顺了两者的关系。当受众主动接近媒介时，受众转为信源的角色，并为信源赢得了一定的主动性和独立性。从社会发展角度来看，受众接近权则成为实现现代民主制度的重要途径。

尽管在理论上受众接近权有着积极意义，但是在现实中要真正实现它还面临着诸多困难。有学者企图借助于法律来保障受众接近权。实际上，法律保障依赖于现实的物质基础，缺乏基础便难以实施。这种现实困境表现在：

（1）传统的大众传媒的时间和版面的限制性决定了受众的意见和客观事实不可能全部被反映。

（2）传统媒介的高度选择性、时间和版面的限制让媒介对信息进行选择被普遍认可。而媒介出于自身立场和利害关系的考虑，必然在选择时有所偏重和回避，这使受众的意见和客观事实很难获得公平对待。

从实际运作角度来看，目前，传统媒介和受众对接近权的认可程度都还不高。辟出专门版面刊登读者来信的报纸不多，有的只是在报纸中缝。广播电视上热线电话类的节目差不多都属于传播者的议程设置，受众意见是被限定和被选择的。理论上媒介应反映舆论，实际上媒介成为舆论代言人，真正的舆论（社会普通公众的言论）离媒介很远。媒介的这种现实状况也影响了受众参与的积极性。

网络这一新技术的诞生使我们看到了走出困境的希望。首先是网上勃兴的 BBS 使用户可以自由发送信息、交流观点、展开讨论，为民间信息和意见提供了一个重要集散地。传统媒体开始建立网站，开设各种网上论坛，为获得点击率想方设法吸引用户参与，不再忽视大众意见。在电子论坛中，受众对媒体的接近已达相当高度。

网络对实现受众接近权的积极意义在于以下几点。

（1）新媒体打破了传统媒介的信息准入特权。传统媒介作为庞大的信息机构，人们赋予了它监视环境职能的同时，也赋予了它选择的职能。这样就产生了大大小小的媒介把关人，这些把关人拥有信息准入的特权。符合把关人利益的信息被传播，符合公众利益而与把关人利益相违背的信息则可能被忽略，把关人（媒介）利益超越了公众利益。这样的结果可想而知，强势力量可以利用媒介，处于弱势地位的声音却难以接近媒介。

网络技术使人们期待已久的大众传播过程中的互动不再那么艰难，并以其开放式结构和海量存储能力为各种信息和意见的进入与碰撞提供了空间。对于受众来说，网络技术最大的意义可能在于提高了他们在传播过程中的地位，他们由被动的接收者变成主动的参与者。网络较低的准入门槛（一定的技术、文化和物质条件）在为大众发表多样的意见提供园地的同时，其实也就打破了传统媒介的信息准入特权。

（2）网络使个人意见获得有力传播。“大道不传小道传”曾经是在大众传播统治下处于弱势地位信息的唯一选择。个人意见想要产生较为广泛的社会影响，希望是渺茫的。网络的出现则改变了这种状况。古典自由论所极力倡导的“观点的自由市场”，几个世纪后在网络上得到了实现。

（3）网络使传统媒介的权力受到制约和监督。自从传播学的社会责任理论提出以来，人们一直都在探讨如何监督媒介的问题。人们寄希望于媒介自律、媒介管理、媒介教育和公众监督等渠道。但细想，媒介的权力并非一种实在赋予的权力，它是依靠媒介在信息传播中的特殊地位，作用于社会舆论而产生的特权。因此，监督媒介权力，只有先打破媒介在信息传播过程中的垄断地位。现在，网络承担起了这个角色，我们已经在不止一个案例中看到大众传媒所制造的舆论氛围被打破。

网络正在实现受众接近权。网络成为信息传播的另一种渠道，因为种种原因而没有进入大众媒介的一部分信息，可以首先在网络上找到存身的空间，并可以获得一些浏览者的关注，于是传统媒介所制造的权力空间被打破了。

网络使弱势信息获得被接收和沟通交流的机会。大众传播学中著名的“沉默的螺旋”理论在网络时代有望被挑战。通过网络，在大众传播中处于弱势地位的信息，有可能绕过大众传播的环节在网络中乃至网络外产生一定的影响。

当然，网络上信息准入的宽松也会产生一些负面效应，最主要的就是信息的可信度低。一部分人无事生非、制造信息垃圾使人们难辨真假，这从整体上降低了新媒体的影响力，同时也影响其更好地实现受众接近权。

五、新媒体挑战“沉默的螺旋”理论

“沉默的螺旋”是德国学者伊丽莎白·诺埃勒-诺依曼（E. Noelle-Neumann）于 1974 年在一篇论文中最先提出的。1980 年，她在《沉默的螺旋：舆论——我们的社会皮肤》一书中对这一理论进行了系统的阐述。诺依曼认为，舆论的形成与大众传播媒介营造的意见气候有直接关系。大众传播有三个特点：报道内容的类似性——由此产生共鸣效果；同类信息传播的连续性和重复性——由此产生累积效果；信息到达范围的广泛性——由此产生遍在效果。这三个特点使大众传媒为公众营造出一个意见气候，而人们由于惧怕社会孤立，会对优势气候采取趋同行动，造成一方声音越来越大，而另一方越来越沉默下去的螺旋式过程。

尽管这一理论夸大了人的心理中从众行为和趋同心理的作用，但它在一定程度上反映了大众传媒对舆论形成所起的重要作用。同时，诺依曼还把舆论比作社会的皮肤，以表明大众传播媒介在维持社会整合方面所起的重要作用。

在“沉默的螺旋”理论中起重要作用的“从众心理”会因为网络时代的到来而有所改变。从心理学的角度来说，从众心理的产生主要是由于认知失调和对孤独的惧怕。从认知失调理论看，群体的压力会让人感到失调，而从众是减少失调的一种有效方法。但是在网络中，网民的身份往往是匿名的，而且多数网民群体并不是稳定的，在这样的群体中，网民如果感到失调，便可以通过转换群体的方式来逃离让他感到失调的环境。因此，相对来说，在网络环境中，从众心理发生的机会应当较少。从人害怕孤独这方面来说，这种心理往往在人们的生活圈子较小的时候表现得比较强烈，这时一旦人在意见上陷入孤独，往往也意味着他在其他方面也陷入孤独，而且这种局面没有积极的办法可以扭转。但是当人们的交往能力随网络技术得到扩展时，人们的交往空间也得到了极大的扩展，因此，消除孤独的方式也变得多种多样。这时，人们往往不是消极地采取从众措施以保护自己，而是积极地在网络中寻找盟友。

网络时代被认为是一个尊重个体的时代，它更承认个人意见的表达与个性的发展，所以相对来说，传统的从众心理可能会表现得较弱。网络社会将是一个舆论更分散的时代，“沉默的螺旋”理论虽然在新媒体中未完全失效，但是受到了冲击与挑战。

你怎么看

作者认为“沉默的螺旋”理论虽然在新媒体中未完全失效，但是受到了冲击与挑战。你怎么看？

六、社交媒体用户数剧增，用户彻底取代受众

根据腾讯发布的 2019 年第一季度的业绩报告，截至 2013 年 3 月，微信及 WeChat（微信国际版）的合并月活跃

账号数达 11.12 亿，同比增长 6.9%。社交及其他广告收入增长 34%，营收 98.98 亿元，主要来源于微信朋友圈、小程序及 QQ 看点的广告收入。2024 年 5 月 14 日，腾讯发布的 2024 年一季度业绩报告显示，截至 3 月 31 日，微信及 WeChat 的合并月活跃账户数达到 13.95 亿，几乎覆盖了全中国的人口，稳居“国民第一社交 App”的位置。

根据微博发布的 2018 年第二季度财报，截至 2018 年 6 月，微博月活跃用户数增至 4.31 亿，移动端占比达到 93%。同时，微博日活跃用户数增至 1.9 亿。截至 2023 年第二季度末，微博月活跃用户达到 5.99 亿，同比净增 1 700 万，日活跃用户达到 2.58 亿，同比净增 500 万，二季度微博的月活跃用户中来自移动端的比例达到了 95%。

2018 年 7 月 16 日，抖音官方正式宣布，抖音全球月活跃用户数超过 5 亿。这是抖音首次对外公布自己的全球月活跃用户数据。截至 2023 年 5 月，抖音月活跃用户数已超 7 亿，月人均使用时长达到 36.6 小时。

根据微博发布的 2023 年第四季度及全年财报，微博 2023 年全年总营收为 125.15 亿元，2023 年 12 月的月活跃用户数为 5.98 亿，同比净增约 1 100 万用户，移动端用户占月活跃用户数的 95%。2023 年 12 月的日均活跃用户数为 2.57 亿，同比净增约 500 万。

FastData 与雨果跨境联合发布的《2023 上半年 TikTok 生态发展白皮书》的数据显示，截至 2023 年 6 月 TikTok 全球下载量已突破 35 亿次，成为全球第 5 大最受欢迎的社交 App。前 4 名分别是脸书、油管、Instagram 和 WhatsApp。

截至 2018 年 12 月底，脸书月度用户数量达 23.2 亿。推特 2018 年第四季度日活跃用户数则为 1.26 亿，与脸书的 12 亿日活跃用户数比相形见绌。截至 2023 年 4 月脸书的月活跃用户数为 29.89 亿，相当于地球上总人口的 37.2%。

显然，社交媒体用户数剧增，“用户”的概念将彻底取代“受众”的概念。

第 2 节　网民的基本特征分析：由精英走向大众化

在传播学的受众研究中，定量研究方法起到了重要作用，传播学史中著名的有关受众的理论基本上建立在对大量一手数据的定量分析和研究的基础之上。在新媒体日益兴盛的今天，对网民进行定量研究显得十分迫切和重要。

依据中国互联网络信息中心公布的《中国互联网络发展状况统计报告》的数据，以及在互联网上获得的 NetValue、Nielsen/NetRatings、Jupiter Media Metrix、IDC 等知名网络调查公司和机构的调查数据，笔者对网民进行了以定量研究为主、定性研究为辅的研究，发现了网民的几大特征和趋势。

互联网在发展的初期在很大程度上是“精英”的“专利”。这里所说的“精英”是指受教育程度较高、经济收入较高的年轻的单身男性，从历次的中国互联网络信息中心公布的《中国互联网络发展状况统计报告》中就可以得出该结论。国外早期的调查报告也得出了同样的结论。一般的研究也认为，初期网民的群体特征为：信息需求大，年轻，受教育程度高，收入高，身处发达地区，以男性和白领为主。

但是，通过对大量的历次数据及国内外数据的对比研究，笔者发现随着互联网的日益普及，网民已经开始呈现出大众化趋势。

一、中国网民数量增长分析

中国互联网络信息中心第一次公布《中国互联网络发展状况统计报告》是在 1997 年，此后每年统计和公布两次。截至1997年10月31日，中国互联网用户人数是62万。中国互联网络信息中心报告中将“网民”定义为：平均每周使用互联网至少一小时的中国公民。

2012年1月16日，中国互联网络信息中心发布的第29次《中国互联网络发展状况统计报告》（简称《报告》）有以下几点。

截至2011年12月底，中国网民规模达到5.13亿，全年新增网民5 580万；互联网普及率较上年年底提升4个百分点，达到38.3%；中国手机网民规模达到3.56亿，同比增长17.5%。与前几年相比，中国的整体网民规模增长进入平台期。

截至2011年年底，中国网站规模达到229.6万，较2010年年底增长20%。经过一年多的下跌之后，在2011年下半年，网站规模呈现出稳步回升的势头，有望进入一个新的增长周期。与此同时，国家顶级域名CN域名的注册量也开始转身向上：2011年年底，CN域名注册量达到353万个，较2011年6月上涨0.7%。

2011年，网络视频的使用率呈逆势上扬的态势，网络视频行业的发展势头相对良好。《报告》显示，2011年，网络音乐、网络游戏和网络文学等娱乐应用的用户规模有小幅增长，但使用率均有下滑。相比之下，网络视频的用户规模则较上一年增加14.6%，达到3.25亿人，使用率提升至63.4%。

用户规模的增长对网络视频行业而言是一个良好的信号，但就行业发展而言，网络视频仍面临着较大考验。《报告》指出，由于各大视频网站需要靠聚合数量更多、质量更好的版权内容来获取高流量，因此网络视频业版权价格提高、运营成本大幅攀升，但同时视频广告价格较低，其他盈利模式无法在短时间内培养成熟，因而网络视频行业整体处于亏损状态，这一现状目前还很难改变。

2011年，我国团购用户数达到6 465万，年增长高达244.8%。团购用户热情不减，但团购网站数量却在下半年开始下滑。《报告》分析指出，由于团购服务本身存在低门槛、弱约束等问题，加之团购网站前期投入资金较大，遭遇资本市场整体转冷，市场负面因素显现，导致团购网站数量大幅下降。流量虽大，人气虽足，但是团购网站仍面临盈利难的尴尬局面。《报告》认为，网络团购经过2011年的行业“洗礼”后，将寻找新的均衡和稳定。以购物网站、旅行预订为代表的其他互联网服务商的进入将挤压小型团购网站的生存空间，而定位清晰、有核心竞争力的团购网站仍将受到市场的青睐。

根据中国互联网络信息中心2015年发布的《报告》，截至2014年12月，我国网民规模达6.49亿，互联网普及率为47.9%。我国手机网民规模达5.57亿，较2013年增加5 672万人。网民中使用手机上网的人群占比由2013年的81.0%提升至85.8%。

中国网民数量呈指数增长的原因很多，以下因素起了很大的推动作用。

（1）中国经济实力增长，上网费用下降。中国经济实力一直在高速增长，人们的购买力日益增强，而电信部门又调低上网费用，使上网人数大增。中国民众上网将变得越来越便宜。

（2）随着产业技术进步和网络运营商的重组及竞争的加剧，网络接入的软硬件环境在不断优化。3G技术的推广，使得手机作为网络终端使用更为便利。同时，网络接入和用户终端产品的价格不断下降，产品性能和用户体验的日新月异，也使得网络使用的门槛不断降低。

（3）公众上网较为积极。随着社会经济的发展，人们的生活水平不断提高，对物质的需要达到一定满足后，社会交流和信息获取成为精神生活的重要成分。现代社会的人际交流方式更加间接，网络作为媒体和交流工具填补了人们在日常生活中信息和社会交流的空缺。另外，受金融危机影响，大批农村外出务工人员返乡，其对网络的了解和熟悉会向周边人群传递，这种人际传递的乘数效应也提升了农村地区人群的上网意识。

（4）中国教育事业的发展使得计算机网络知识和技能在迅速普及。目前中国网民规模持续增长，但与互联网发达国家相比，我国的互联网普及率还不高，网络信息化的优势还没有充分发挥。但是，随着国家经济实力的快速发展，网络基础设施的不断完善，互联网普及率也会随之攀升。

2019 年 2 月 28 日，中国互联网络信息中心发布的第 43 次《报告》显示，截至 2018 年 12 月，我国网民规模为 8.29 亿，互联网普及率达 59.6%；我国手机网民规模达 8.17 亿，网民中使用手机上网的比例为 98.6%；我国农村网民规模为 2.22 亿，占整体网民的 26.7%。

2024 年 3 月 22 日，中国互联网络信息中心发布的第 53 次《报告》显示，截至 2023 年 12 月，我国网民规模达 10.92 亿人，较 2022 年 12 月新增网民 2 480 万人，互联网普及率达 77.5%。

二、世界互联网用户的发展

2000 年，很多人可能才刚刚接触互联网，甚至可能还不知互联网为何物。转眼十几年过去，互联网用户迅猛增长，不仅在用户数量上实现了飞跃，在互联网普及范围上也有突破。

2000 年，全球互联网用户共计 3.61 亿，这个数字只是脸书 2010 年用户数量的三分之二；2000 年时，互联网用户超过百万的国家有 38 个，2010 年，互联网用户超过百万的国家达到 95 个；2000 年时，互联网用户超过 1 亿的国家数量为零，2010 年，中国和美国两个国家的互联网用户均已超过了 1 亿。

这 10 年间，印度、巴西、俄罗斯和尼日利亚的互联网发展迅速，把韩国、意大利、加拿大和澳大利亚挤出了十强。

中国和美国在 2010 年时互联网用户均已超过 1 亿。值得注意的是，2010 年日本互联网用户 9 910 万，而日本总人口数是 1 亿多，互联网渗透率相当高。

中文互联网数据研究资讯中心 2011 年 12 月 31 日发布的报告显示，互联网仅仅覆盖了亚洲 24%的地区，但亚洲已经拥有了超过 9 亿网民，占世界网民总数的 44%。亚洲已经有 27 亿手机用户，用户使用的手机中有 15%为智能手机，使用手机上网的人有 6.23 亿，占手机用户总数的 23%。

> **概念**
>
> 互联网渗透率是指使用互联网的网民与总人口数之比。用于表达互联网渗透到普通民众生活的程度。

日本的手机上网及手机媒体最为发达。2010 年 10 月互联网统计和市场调研机构 comScore 对日本、美国和欧洲五国（英国、德国、法国、西班牙、意大利）的移动用户习惯进行了调查。调查显示，超过 75%的日本移动用户使用手机上网，超过了美国和欧洲移动用户；21.3%的美国移动用户使用手机登录社交网站；而 81.7%的欧洲移动用户使用短消息服务。

国际电信联盟（ITU）2011 年 1 月 27 日发布的报告显示，到 2010 年年底，全球网民数量已经达到了 20.8 亿，而 2009 年年底这个数字为 18.6 亿，也就是说在短短的一年时间里全球网民数量增加了 2.2 亿。2010 年年底全球手机用户数量为 52.8 亿，而 2009 年年底为 46.6 亿，在一年时间里全球手机用户数量增长了 6.2 亿。

2010 年全球人口数量约为 68 亿，手机用户的普及率已经相当高了，而网民数量也占据了差不多三分之一的比例。国际电信联盟的数据报告显示，有 57%的网民是发展中国家居民，而手机用户数量和网民数量增长最快的也是发展中国家。

国际电信联盟 2015 年 1 月发布的研究报告显示，2014 年全球网民已突破 30 亿人。2014 年全球互联网使用率继续稳定增长，平均年增长率 6.6%。其中，发达国家互联网使用率增长

8.7%，发展中国家则为3.3%。从2009年到2014年，五年间发展中国家的互联网用户数量已经增加一倍，三分之二的网民现在都生活在发展中国家。

2019年1月31日，We Are Social和Hootsuite发布了2019年数字报告，报告显示，截至2018年12月31日，全球人口数量为76.76亿人，其中手机用户51.12亿人，网民43.88亿人，有34.84亿人活跃在社交媒体上。

2019年3月4日在2019年巴塞罗那世界移动大会（MWC Barcelona 2019）上发布的2019全球版GSMA《移动经济》旗舰报告系列显示，截至2018年年底，全球共有51亿人使用移动服务，占全球人口的67%。到2025年，移动用户将接近60亿。

Statista的最新数据显示，截至2023年1月，全球有51.6亿互联网用户，占全球人口的64.4%。其中47.6亿人是社交媒体用户，占世界人口的59.4%。从国别与地区看，在爱尔兰、挪威、沙特阿拉伯和阿拉伯联合酋长国，99%的人口使用互联网，与之相反的是朝鲜，该国普通民众的网络使用率几乎为零。亚洲是全球网民数量最多的地区，网民数量超过29亿，欧洲以约7.5亿互联网用户排名第二，中国、印度和美国在互联网用户数量上领先于所有其他国家。

根据法新社2023年7月20日发布的《全球社交网络用户近50亿》，近50亿人（48.8亿）活跃在社交网络上，占世界总人口的60.6%。

Statista数据显示，2018—2023年，全球电商营收从1.52万亿美元增长至3.15亿美元，增幅达到惊人的107%，并且该增长趋势预计将延续至2028年。截至2024年初，全球手机用户数将达到56.1亿，全球互联网用户总数为53.5亿，即全球人口中超过66%的人正在使用互联网。

三、创新扩散理论模型与中国特有的“2 000万现象”

按照传播学界的共识，如果一种媒介的使用者人数超过总体的20%亦即五分之一以上，它就跨越了“普及”的门槛。以美国为例，为达到这一标准，广播用了38年，电视用了13年，而网络只用了5年。根据创新扩散理论的S形曲线理论，一种新产品或服务在其潜在市场中占据10%～25%份额之际，扩散率就将急剧上升。

此外，手机正在成为媒体工具，促使网民数量飞速增长。短短几年，在中国，不仅手机的使用已经大大普及，手机的功能也大大扩充，它已由最初单一的双向语音通信工具，变成媒体信息的接收端和个人信息的发送端。尤其是第三代智能手机技术的完善与普及，使得手机正在成为互联网的延伸。手机技术的发展、手机功能的增强、手机新品的不断推出将使其媒体工具的特性越来越明显。手机不仅是人们随时随地获取信息的工具，而且是新闻记者及时快速传递新闻信息的利器。由于中国智能手机用户数量已经居世界第一，能够上网的手机的大量使用，将极大地促进中国互联网的普及。

在中国的经济领域，有所谓的“2 000万现象”：彩电、冰箱、空调等均在用户数量达到2 000万以后迅速走向大众化，中国手机的普及更加印证了“2 000万用户往往会带来雪崩效应”的观点。中国网络自突破2 000万用户后开始向低收入、女网民倾斜，也印证了这一趋势。

综合上述数据和分析，可以得出结论：互联网在迅速普及，并呈现出大众化趋势。而且，越是发达的国家和地区，网民的大众化特征越明显；越是欠发达的国家和地区，网络的“精英”特征越明显。

第3节　网民的心理和行为特征分析

根据中国互联网络信息中心发布的第53次《中国互联网络发展状况统计报告》，截至2023年12月，我国网民规模达10.92亿人，互联网普及率达77.5%。规模如此庞大的网民具备哪些特征呢?

一、网民的类型与心理

网民可以按照不同的标准进行分类。不同类型的网民有着不同的上网心理和行为。

(一) 地域

不同的国度、地域，其气候、文化、风土人情也不同，对网民的心理和行为有重大影响。

有调查显示，中国人上网爱聊天，美国人常查地图，法国人爱写博客。当一个中国网民打开电脑开始聊天的时候，一个美国网民可能正在查找他的一个商业伙伴办公地的行车路线，而一个法国网民可能正在自己的博客上“奋笔疾书”。不同的上网习惯不仅反映出一个国家互联网的发展水平，也反映出一个国家的网络文化。

(二) 性别

男性网民和女性网民在上网心理和行为上均有较大差异。男性比较侧重于理性，喜欢搜寻科技、新闻、军事等类信息；女性则比较侧重于感性，喜欢浏览时装、美容等信息，上网聊天的女性多于男性。

美国互联网调查机构皮尤互联网与美国生活项目（Pew Internet & American Life Project）于2005年12月所做的调查显示，与女性相比，美国男性在网上更愿意浏览天气情况，了解新闻、体育、时政和财经方面的消息。他们还常常利用互联网的下载功能，下载音乐和软件。另外，男性网民还把互联网的娱乐功能发挥到了极致，他们用网络听歌、下载音乐和视频节目等。美国女性网民则更喜爱电子邮件。她们喜欢发邮件给亲友，告诉亲友自己看到的新闻、自己的计划和担忧等。她们喜欢用这种方式来维系和家人、朋友以及同事间的关系。而且她们更愿意在网上了解宗教信息，并对健康或一些个人问题感兴趣。研究还发现，在很多事上，如查阅旅游信息和查找电话号码等，男性和女性都会想到借助互联网的帮助。

(三) 年龄

不同年龄的人会有不同的上网心理和行为。新媒体应针对人们的年龄差异，发布不同内容的信息，设计不同形式的页面，最大限度地满足不同层次的网民的心理需求。

(四) 支付能力

经济支付能力是直接影响网民上网动机和行为的重要因素。一个收入不高的人不太会花很多时间去上网聊天。

(五) 教育水平

教育水平直接影响网民上网获取信息的心理和行为。受教育程度不同的人对网上信息的需求和兴趣也不同。受教育程度越高的人，花在娱乐上的时间越少，而花在阅读新闻、科技信息上的时间越多。

此外，不同职业、社会地位的网民也有着不同类型的信息需求。

二、网民的普遍心理分析

不同类型的网民虽然在具体的信息需求上有所不同，但是某些心理却具有较大的普遍性。与传统媒体的受众心理相比，以下是网民表现突出的心理特征。

（一）参与性心理

与传统媒介的受众不同，网民不仅仅是接收者与旁观者。网民更多地加入传播过程中，他们可以提出自己对信息的需求，可以对传播的内容提出看法，也可以将自己认为有价值的信息放到网上传播。参与性不仅仅意味着传播者与网民之间界限的模糊，也不仅仅意味着网民地位的提高，它还意味着网上信息内容的多元化与复杂化。

由于新媒体的互动性，网民自主性心理增强，网民已不再仅仅满足于一般性的浏览阅读，他们还通过 E-mail、BBS、网上聊天等方式参与传播活动，发表意见，提出建议，展示自我的思想感情和喜怒爱憎。

（二）个性化心理

传统媒介的传播方式是“点对面”的，个体只是作为受众中的一员存在，任何一个传媒组织都不会针对某人的特别需求来进行传播。在传统大众传媒中，个体的个别需求通过个体自己在“大众化”的信息产品中进行挑选而得以部分满足。受众有一定的决定权，但挑选余地是很小的。

网民可以更加自由地选择自己喜欢的网站、信息或服务。更重要的是，网民的媒介消费行为在时间和空间上有更多的自主性。网民不必再根据电视台、电台的时间表来安排自己的行动，也不一定要在某个固定的空间里看电视。在传统媒体时代特别是电视时代，人们的生活规律往往更多地受到媒体节目的影响。例如，为了收看一个自己喜欢的电视节目，人们也许不得不放弃其他社交活动。而在网络时代，人们对于自己的日程有了更多的决定权。

（三）虚拟环境下的匿名心理

与传统媒体的受众不同，网民在网络这一虚拟环境下接收网络信息或服务。网络给他们提供了一种充分放开自己的环境。在匿名的状况下，网民的需求与其在物理世界的需求会发生一些偏离，或者说，他们会更多地追求在物理世界里无法满足的需求。

你怎么看

网民的从众心理会因为网络的隐蔽性而有所减轻吗？你怎么看？

概念

在社会心理学中，匿名心理指的是在一种没有社会约束力的匿名状态下，人可能失去社会责任感和自我控制能力。

匿名心理，在社会心理学中，指的是在一种没有社会约束力的匿名状态下，人可能失去社会责任感和自我控制能力。而网络环境，虽然也是一种匿名状态，但一般情况下，网民都有自己的代号，如果是在一个比较稳定的社区里，每个人的代号也是相对固定的。如果一个人做出了违背大家意愿的事，他就可能遭受冷落甚至被赶出社区。另外，每一个上网者都有 IP 地址，对于网络管理者来说，他们可以通过 IP 地址来查找某一个违法行为的责任人。在网络进一步发展的情况下，网民会更加体会到，IP 地址实际上使他们在某种意义上不再是匿名的。这会促使他们加强对自己的约束。所以，网络的匿名并不是完全意义上的匿名。在大多数情况下，网民只有在面对自己时，才更有可能失去自我控制能力，例如浏览色情网站。

此外，网民还具有一定的从众心理，当然由于网络的隐蔽性，从众的压力较在传统媒体环境下有所减轻，从众心理有所弱化。

三、网民上网目的分析

国内外的调查都表明，网民上网的首要目的是获取信息，尤其是新闻信息，其次是游戏娱乐，常用工具是电子邮件和搜索引擎。

历次的中国互联网络信息中心的调查结果都显示，网民上网的主要目的依次是：获得各方面的信息、学习计算机等新技术、工作需要、休闲娱乐。网民最常使用的网络服务是搜索引擎；网民在网上获得的最主要信息是各类新闻。

国外的调查也得出了类似的结论。在美国，互联网已经成为美国人首要的信息来源。美国人最常用的是电子邮件，其次是浏览各种信息，新闻只是他们所浏览的各种信息的一部分。美国人主要是把互联网当成为自己提供服务的工具，当美国人需要新的信息的时候，他们的第一反应就是去互联网查。

网民在网上获得的最主要的信息是各类新闻，但是，与传统媒体的新闻信息需求相比，网民的新闻信息需求至少有以下几个新特点。

1. 信息来源很多，选择余地很大，接收时的主动性和互动性很强

这对于人的发展和社会的进步是十分有利的。而新闻媒体只有按照新闻规律和传播规律进行运作，才能在众多的传播者中脱颖而出，获得受众的青睐，从而实现其使用价值和经济价值。

2. 在大量的信息面前，受众需要在选择上获得帮助

传媒的信誉和品牌的质量对受众的选择会有很大的影响。

3. 独立思考和判断的能力加强，个人的独立自主性也相应增强

网民眼界开阔，文化程度高，独立思考、判断的能力强，盲从度低。这与生活的多元化、各种选择机会的丰富多样相结合，个人的独立性和自主性便会很强。因此，受众对传媒质量的要求更高，且不易被欺瞒和愚弄。媒体必须时时处处、方方面面都保持其真正的高质量，才能不断地吸引受众。

4. 对媒体的需求增强，需求的个性化程度提高

由于受众的经济能力越来越强，文化程度越来越高，因此消费能力大为增强。又由于社会联系多，生活、工作等各种活动的社会化程度提高，人们对信息、娱乐、生活指导等的需求以及自我表达的需求既多又强，受众和广告主对媒体的依赖程度不断提高，因而媒体消费欲望也会相应增强。许多受众会不满足于只接触一种日报、几个广播电视频道和少数网站。因此，广告会大量增加，并具有更强的针对性。所有这些都将给媒体带来新的机遇，同时又为传媒市场的进一步细分创造了条件。

另外，受众需要更优质的服务，包括符合他们个性化需求的传播。这使传媒小众化趋势更强。因此，媒体必须增强自己的特色，进一步提高对特定受众的针对性。

随着经济的发展，越来越多的网民开始关注经济信息。

此外，随着网络的普及，许多网民上网的态度已经由重“量”转为重“质”。

四、网民上网动机分析

动机的原始含义是引起（或发动）动作，心理学则把人们经常以愿望、兴趣、理想等形式表现出来的，激励人们行动的主观因素称为动机。动机是行为发生的先导和条件。网民上网的动机主要有以下几种。

（一）求知

求知，是以对知识、信息的追求为目的的一种动机，它是网民中最普遍、最常见的一种心理活动。发展自己、完善自己是人们普遍存在的一种需要，求知动机正是这种需要的心理反应。网民利用互联网，可以获取外部信息，监视环境，通过新媒体了解外部世界，了解国内外大事，了解别人的见解，决定自己的行为。网民在网上求知的过程中往往是主动寻求信息和知识，这与传统媒体受众的被动接收信息截然不同。

（二）消闲娱乐

娱乐，是以追求精神享受和放松为目的的一种上网动机。用户通过新媒体可以增加见闻，满足好奇心，打发时间，寻求刺激，寻求快乐，放松情绪，消除烦恼和疲劳，释放日常生活带来的种种压力和烦恼。

非功利性的网上视频点播和网络游戏虽然不能与人的生存发展相关，但它能使人的身心从繁忙的工作中恢复过来，使人们从日常利害关系中解放出来，是对自我个性各个方面的丰富，可使人自我发展和自我提高。

（三）求名动机

求名动机是以追求自己成名、获得成就感为特征的一种上网动机。许多网民乐于在网站、BBS上发表见解，就是出自此动机。

（四）求便

许多网民进行网上购物，就是一种求便心理在起作用。网民在网上购物不仅要求交易迅速方便，而且要求送货上门。

（五）逃避动机

新媒体可以使网民逃避现实，不理会常规的工作。网民可以利用互联网在他与周围的人之间建立一个缓冲带，以摆脱他人的打扰和制约。在逃避动机中起作用的不是“合群倾向”而是“离群倾向”。事实上，逃避已经成为许多人上网的理由。一些网民在虚拟的网络社区中寻求安慰和解脱，回避现实生活中的矛盾和冲突。互联网成了一些人的避风港。对现实不满的人，或有心结的人，更容易到虚拟的网络世界中寻找支持和寄托。例如，一些女性喜爱网上聊天室，把它当成寻求现实中无法获得的浪漫的途径，或是抱怨其丈夫的一种方式。

事实上，网民上网的动机十分复杂，网民上网往往是多个动机综合作用的结果。从中国互联网络信息中心以及国外的统计数据中可以看出，在互联网发展初期，网民上网的主要目的是获取信息；但是随着网民的大众化，为休闲娱乐而上网的网民比例已经逐步上升为第一位。

中国互联网络信息中心2005年7月发布的调查报告是一个分水岭。其数据表明，就网民的上网目的来看，获取信息第一次由第一位降低为第二位（37.8%）；为休闲娱乐（包括网络游戏、在线点播等）而上网的人首次上升为第一位（37.9%）。这印证了新媒体的娱乐化趋势。

新媒体娱乐化的主要原因在于网民结构的大众化。网络正在由“精英”（年轻富有的高学历男性群体）的“专利”转化为大众化媒体，网民结构呈现出大众化趋势。从社会心理学的角度分析，与精英相比，大众更喜爱娱乐信息。网民结构的大众化造成了新媒体的娱乐化趋势。

网络游戏热也促进了新媒体的娱乐化。此外，宽带的普及带来了新媒体的多媒体化，也加速了新媒体的娱乐化，网络不仅已经成为重要的新闻媒体与广告媒体，而且正在成为新兴的娱乐媒体。

新媒体的发展趋势是上网方式的宽带化、无线化，新媒体的娱乐化，网络新闻的多媒体化，新媒体与传统媒体界限的模糊与整合等。

五、网民行为特征分析——网民注意力呈现“马太效应”

调查显示，网民的注意力越来越集中在少数的知名网站，呈现出“马太效应”。

所谓“马太效应”（Matthew effect），是指好的更好、坏的更坏，多的更多、少的更少的一种现象。其名称来自《圣经·新约》中的一则寓言。在《圣经·新约》的“马太福音”第25章中有这样一句话：“凡有的，还要加给他，叫他有余；没有的，连他所有的也要夺过来。”

1968年，美国科学史研究者罗伯特·K. 莫顿（Robert K. Merton）提出这个术语，用以概括一种社会心理现象：相对于那些不知名的研究者，声名显赫的科学家通常得到更多的声望，即使他们的成就是相似的。同样地，在同一个项目上，声誉通常被给予那些已经出名的研究者。例如，一个奖项几乎总是授予最资深的研究者，即使所有工作都是一个研究生完成的。

> **你怎么看**
>
> 网民的注意力为何会呈现“马太效应”？

莫顿将“马太效应”归纳为任何个体、群体或地区，一旦在某一个方面（如金钱、名誉、地位等）获得成功和进步，就会产生一种积累优势，有更多的机会取得更大的成功和进步。

此术语后为经济学界所借用，反映贫者更贫、富者更富、赢家通吃的收入分配不公的现象。

在新媒体领域，“马太效应”指的是网民虽然越来越多，但是，他们经常访问的网站却越来越集中在少数几个网站上。包括美国媒体调查研究公司Jupiter Media Metrix在内的多家调查机构发布的报告称，谷歌、推特、脸书以及油管四个网站吸引美国网络用户驻足浏览的时间占所有美国用户上网时间的一半还多，即四家网站瓜分了网民半数线上时间。Jupiter Media Metrix公司的研究显示，在如今的互联网媒体市场上，网站规模越大就越可能获得成功。该研究还显示，AOL与时代华纳合并的同时，很多小公司却因为资金匮乏而倒闭。互联网媒体市场的大部分份额将被几家大网站瓜分。这些大型网站都因其丰富多彩的内容及周到的服务吸引了数量众多的网民，因此，它们已经成为广告主在选择广告载体时所必然要考虑的对象。

【本章小结】

本章主要阐释了新媒体时代的受众理论，特别强调由于新媒体的互动性，“受众”的概念已经过时，应该使用“用户”的概念；指出在传统媒体研究中适用的理论在新媒体研究中需要做出调整，并分析了网民的心理和行为特征。

【思考题】

1. 试分析网民大众化的原因。

2. 试分析网民上网的心理特征。

3. 非常时期网民的行为特征有哪些?

4. 试分析创新扩散理论模型与中国特有的“2 000 万现象”的关联。

5. 你如何理解“受众”和“用户”这两个概念的区别? 为什么在新媒体环境下，人们会更多地采用“用户”一词替代“受众”? 你认为新媒体环境下是否还存在“受众”，为什么?

6. 相对于传统媒体，你认为网络传播对“受众接近权”的积极意义有哪些?

7. 什么是“沉默的螺旋”? 你认为在网络传播中，“沉默的螺旋”效应是否发生了变化? 为什么?

8. 请列举你生活中使用频率前三的新媒体平台，并分析这些新媒体平台用户的主要使用动机及其原因。

第 2 单元
新媒体的类型和形态

第 4 章　新媒体的类型

新媒体将人际传播和大众传播融为一体，是一种全新的传播类型。我们在深入研究新媒体时可以比照传播学流行的分类方法，将其细分为网络人际传播、网络群体传播、网络组织传播、网络大众传播等，并对其进行深入研究。

第 1 节　网络人际传播

人际传播是网络中最常见的传播形态之一。对网络人际传播的需求使网络日益成为人们生活的一部分。人际传播也与网络中的其他传播形态相互交融、相互作用。今天，网络上的人际传播是十分频繁的。在互联网上，人和人的互动通过电子邮件、网上聊天等形式进行。目前在中国，微信聊天已经成为网络人际传播的主流方式，微信聊天的内容我们放在第 7 章“微信”中讨论。

一、电子邮件

电子邮件（electronic mail，E-mail）是互联网上非常早也是非常重要的应用之一，世界各地的人们通过电子邮件联系在一起，人们通过电子邮件互相传递信息，进行网上交流。电子邮件已经成为现在人们互通往来的一种常用方式。电子邮件通信是一种将电话通信的快速与邮政通信的直观相结合的通信手段，与电话通信以及邮政通信相比较而言，电子邮件有其得天独厚的优点。

（一）电子邮件的特点

电子邮件具有速度快、价格便宜、操作方便、一信多发甚至还能发送多媒体信息等诸多优点。

1. 传输速度快

电子邮件通常在数秒钟内即可被送至全球任意位置的收件人的信箱中，比电话通信更为高效快捷。例如，发送一封国际电子邮件只需要几秒钟，而邮寄一封信件需要花上一周的时间。接收者在收到电子邮件后的短时间内回复，发送者立刻就可以收到回复的电子邮件，双方交换一系列简短的电子邮件就像一次次简短的会话。

2. 非常便捷

与电话通信不同，电子邮件采取的是异步工作方式。它在高速传输的同时允许收信人自由决定在什么时候、什么地点接收和回复，发送电子邮件时不会因“占线”或接收方不在而耽误时间，收件人无须固定守候在线路另一端，可以在用户方便的任意时间、任意地点收取，从而打破了时间和空间的限制，给人们提供了更大的自由空间。

3. 成本低廉

电子邮件最大的优点还在于其低廉的价格，用户花费极少的上网费用即可将重要的信息发送到远在地球另一端的用户手中。

> **你怎么看**
> 你认为电子邮件安全吗？

4. 信息多样化

电子邮件发送的信件内容除普通文字内容外，还可以是软件、数据，甚至是录音、动画、电视或各类多媒体信息，而且电子邮件可以很容易地更改内容。

5. 有广泛的交流对象

同一封电子邮件可以通过网络极快地发送给网上指定的一个或多个成员，这些成员可以分布在世界各地，但发送速度与地域无关。与任何一种其他的网络服务相比，使用电子邮件可以与更多的人进行通信。

6. 比较安全

如果目的地的计算机正好关机或暂时从网络断开，电子邮件软件会每隔一段时间自动重发；如果电子邮件在一段时间之内无法递交，它还会自动通知发信人。

（二）电子邮件的传输原理

电子邮件的传输是通过电子邮件简单传输协议（simple mail transfer protocol，SMTP）来完成的，它是互联网的一种电子邮件通信协议。

电子邮件的收发过程类似于普通邮局的收发信件。邮件并不是从发送者的计算机直接发送到收信者的计算机，而是通过邮件服务器来传递邮件，邮件服务器在收到邮件后将其存放在收件人的电子邮箱内。邮件服务器通常是执行多任务操作系统的计算机，它提供24小时的电子邮件服务，用户只要向邮件服务器管理人员申请一个账号，就可使用这项快速的邮件服务。邮件服务器在硬盘上为用户分配一定的存储空间作为用户的“信箱”，每位用户都有属于自己的电子邮箱，并确定一个用户名和用户可以随意修改的口令。电子邮件的存储空间包含存放所收信件、编辑信件以及存档信件三部分空间，用户使用口令开启自己的信箱，并进行发信、读信、编辑、转发、存档等各种操作。其系统功能主要由软件实现。不过，因为电子邮箱容量有限，所以用户应注意定期对电子邮箱中的信件进行处理，以腾出空间来接收新的电子邮件。

电子邮件不是一种“终端到终端”的服务，而是“存贮转发式”的服务。这正是电子邮箱系统的核心，利用存贮转发可进行非实时通信，属异步通信方式，即信件发送者可随时随地发送邮件，不要求接收者同时在场，即使对方当时不在，仍可将邮件立刻送到对方的信箱内，且存储在对方的电子邮箱中。接收者可在他认为方便的时候读取信件，不受时空限制。在这里，“发送”邮件意味着将邮件放到收件人的信箱中，而“接收”邮件则意味着从信箱中读取信件，信箱实际上是由文件管理系统支持的一个实体。

二、网上聊天

随着上网人数的增加，越来越多的人加入了网上聊天的行列。网民以极大的热情体验着网上聊天这种交流方式。事实上，网上聊天是借助网络这一特殊媒介进行的人际传播。在聊天室里，人际传播的网络十分复杂，并且具有不确定性。目前网络聊天的主要工具是基于智能手机的社交类App，尤其是微信。

一个上网者可以同时与多个对象聊天，或者在不同时候与不同的对象交流。在不同的交流情境中，他扮演的角色可能是不同的，与某些对象聊天，他们显示的是自己优秀的一面；与另外一些对象聊天，他们则可能更多地展示出阴暗面。网上聊天中角色转换的便利性也使一些人可以发泄自己在现实生活中被压抑的欲望，特别是当这些欲望与社会规范相冲突时。

网上聊天的特点使它比物理世界的人际传播更轻松，并且可以成为紧张的现实生活的泄压阀，甚至使人们暂时忘却现实生活中的烦恼与痛苦。但是，如果将其作为逃避现实的手段，日久天长，其负面效果就会越来越明显——一些人不能很好地处理现实中的人际关系与矛盾，一些人与身边人的交流日益减少。

网上聊天对人的社会化过程也有着重要的影响。社会化是一个人由“自然人”成长为“社会人”的过程。在这个过程中，个体要学习语言、知识、技能、行为准则以适应社会环境。社会化的一项任务是将一致的社会文化价值观传达给个体，使个体接受与维持社会规范，以保证社会的运行。但网络的特点决定了它很难形成像现实世界那样强烈的社会规范，有很多行为也难以受到法律的明确约束。

2024 年 5 月 14 日，腾讯发布的 2024 年一季度业绩报告显示，微信及 WeChat 的合并月活跃账户数达到 13.95 亿，几乎覆盖了全中国的人口，稳居“国民第一社交 App”的位置。

即时通信使用率以及用户数的上涨主要得益于手机即时通信的发展。手机即时通信是移动互联网应用中使用率最高的服务。即时通信软件手机预装与智能机手机应用市场的发展为手机即时通信软件的使用带来了便利，从而带动了手机即时通信使用率与用户数的增长。而专为智能手机设计的以语音内容、实时拍照、视频、定位服务（LBS）、位置交友、流量统计等功能为特色，且与其他互联网应用互联互通的新型手机即时通信产品，迎合了用户的新需求，进而提升了手机即时通信的用户量。

手机即时通信领域的巨大潜力使得电信运营商、手机制造商、互联网企业、软件开发商，乃至新进入市场的创业者都欲借助这块市场获得巨大收益，通过掌控即时通信市场进而掌控移动互联网入口。未来，新型手机即时通信用户数仍存在着较大的上升空间。但在市场中，寻求产品差异化、开发垂直领域市场将成为必然趋势。

第 2 节　网络群体传播与网络组织传播

网络群体传播是临时松散的非正式群体在互联网上的传播活动，如 BBS、同学录等。网络组织传播是指正式组织内基于计算机网络的传播活动，如企业内部局域网。

组织是指人们为了达到某种共同目标、协调彼此的行为并联合起来所形成的社会团体。组织是为了实现一定的组织目标而设置与成立的。它具有专业化的部门分工、职务分工和岗位责任制，组织系统的阶层制或等级制等特点。一般来说，组织传播不像人际传播和群体传播那样随便，它往往采用更加正式的方式。

> **概念**
>
> 网络群体传播是临时松散的非正式群体在互联网上的传播活动，如 BBS、同学录等。
>
> 网络组织传播是指正式组织内基于计算机网络的传播活动，如企业内部局域网。

一、BBS

（一）BBS 的特征

作为网络媒介特有的产物，BBS（电子公告牌）是一种互动传播媒介。在 BBS 中，每一个 ID（internet identification，网络身份）都可以被看作一个传播装置，这个装置既可做“信源”又可做“信宿”。信源与信宿的身份自由转换，真正实现了信息的互动。

运用传播学的理论不难发现，网民在 BBS 中进行对话的交往行为，在传播类型中属于人际传播的范畴。但是，BBS 中的人际传播与传统面对面或者通信及电话交谈式的人际传播又存在着很大的区别。其表现有：

(1) BBS 中的人际传播缺乏语境支持。由于缺乏对对方性别、年龄、身份的了解以及表情、声音等的辅助，讨论者必须时刻做到尽量明白无误地用文字表达其所说的内容，因此讨论者需要使用大量文字以补充语境，而且要尽量减少积极修辞以防对方误解。

(2) BBS 中的人际传播具有公开性，接受公开监督。在公共空间进行活动的讨论者，除对话的双方外，尚有无数的"潜伏者"(lurkers) 在"监视"对话。因此，讨论者的话语不仅仅针对确定的对话人，还针对大量匿名的"听众"。

(3) BBS 中的人际传播是 ID 与 ID 之间的传播。ID 不仅掩盖了使用者的性别、年龄、籍贯，更隔离了人与人之间的感知。在 BBS 中，讨论者依赖虚拟平台与对方交流，而无法通过触觉、视觉、嗅觉等本能来感知对方的存在。当讨论者通过电子媒介交换符号信息时，其也被简化为一个 ID。ID 的所指是昵称、发文数、话语符号等电子数据库，而其作为人的复杂且瞬息万变的信息则被忽略不计。

BBS 之所以能够包容多个层面的传播类型，在于其超强的互动性。BBS 就像一张动态的网，网中的信源和信宿并不固定，只是网中节点的两个状态。假设某个节点处于信源态，当无数节点处于信宿态时，则构成大众传播；当一定数量具有特定身份的节点处于信宿态时，则构成公众传播；当数量很少的身份固定的节点处于信宿态时，则构成人际传播。因此，与其说 BBS 提供了新的传播方式，不如说它提供了新的传播结构，为其他的传播类型提供了新的传播空间。这种复合型的传播方式为其创造出多元化的舆论空间奠定了基础。

(二) BBS 塑造舆论的多元空间

BBS 为人们带来了无限广泛的舆论空间。在这个空间里，人们以匿名的身份互动。作为新媒体的一部分，BBS 必然影响传统的大众媒体。在议程设置方面，BBS 影响议程设置的方式主要有以下几种。

第一，在 BBS 中不同媒体的议程设置彼此冲突。互联网技术的发展为媒体和受众提供了信息全球化的新语境。在互联网中，政治、经济以及意识形态等因素已不再能控制信息的传播范围。这意味着，网民不再满足于只依赖本国媒体构建的形象，而是依赖于全球媒体构建的形象。因此，与传统大众媒体不同，在网络中，媒体的议程设置可能会受到其他媒体议程设置的干扰。尤其对于两国关系等问题，本国受众不信任本国媒体或者不满足于本国媒体报道时，更希望获得其他国家媒体的消息。譬如在 2001 年 4 月中美撞机事件爆发后，不断有人在 BBS 中转载美国媒体 CNN、美联社的消息供讨论者参考。这一方面满足了信息透明的需求，另一方面也使得两国媒体的议程设置相互影响。两国媒体共同的议程可以得到受众的信任，而不同的议程必然会相互干扰，降低议程设置的效果。对两国媒体而言，谁更能获得网络受众的信任，谁的议程设置才会更有效。

第二，媒体议程设置受到二级传播的重构。在 BBS 中，受众依据自己的文化意识形态将媒体议题过滤，以构成 BBS 中的效果议题。从传播的角度看，BBS 上消息的流通过程可以归纳为：

媒体→受众 1→BBS→受众 2

来自媒体的消息首先抵达受众 1，然后受众 1 再把它发布在 BBS 中，从而使更多的受众——受众2——获得这一消息。在这个过程中，受众1的作用是通过一切合适的媒介将BBS中的受众与社会环境的相关部分连接起来，因此，它应当属于二级流动传播（two-step flow of communication），这个过程体现了受众与媒体的互动。

第三，媒体议程设置还受到其他公众议题的影响，网民可以自己制造议题。在BBS中，并不是媒体提供什么议题公众便议论什么议题。出于舆论的需求，讨论者可能会自己制造议题。譬如2002年1月出现的“天津艾滋病人扎针”的消息在国内各大BBS中广为流传，这些公众议题填补了媒体议题的“缺陷”。

由于网民可以自己制造议题，它解构了官方媒体的“舆论一律”，受众可以在BBS中拥有更多的知晓权、传播权、对媒介的接近和使用权以及选择媒介服务的权利。

在“非典”（SARS）流行初期，信息发布并不透明，但是在BBS中，在2002年12月底就有相关的报道。只是从整体上看，BBS的可信度低，没有引起人们的普遍关注。

面对传统主流媒体的沉默，网上有人大声指责。当一种危害公共安全的事情发生时，媒体尊重民众的知情权与剥夺民众的知情权是两种完全不同的处理方式。当然，尊重民众的知情权并不意味着民众能对事情做出正确判断，但起码是对民众生存状态的一种关怀，是对民众在社会环境中的地位的一种尊重。真正的媒体在面对如灾难或公共安全这样一些传言时，应该把来龙去脉告诉公众，从保护民众的角度看，这是媒体应该做的，也是有效消除传言的最好方式。

所以，当主流媒体做了“沉默的大多数”时，主流媒体之外的BBS受到了人们的关注，因为它为受众提供了更为民主的舆论空间。BBS空间信息传播的快捷性、BBS特有的议程设置功能使得民众拥有相对更多的知情权、质疑权，拥有更多的占有和传播信息的权利。

事实上，当人们通过主流媒体了解到的“民意”与BBS中的“民意”不符时，对主流媒体的信任必然会降低。所以，媒体在反映民意时，将不得不以BBS为参照物，从而促进媒体报道与公众的互动，增强公众的话语权。

一些国家的媒体，尤其是传统主流媒体，正处在被政治权力控制与被资本拉拢的时代。政治权力与社会资本的结盟决定了媒体信息传播的方向、领域和性质，在某种程度上让很大一部分消费不起或者说消费能力严重不足的弱势群体被遗忘。一方面，国家政治权力控制着媒体的运作，界定了新闻报道原则：什么不能报，怎么报，什么只能报一点；另一方面，媒体要步入市场经济，要在市场竞争中生存下来，于是把眼睛盯住社会资本的控制者——广告主，尽量报道能引起颇具消费能力的群体注意的新闻，以吸引广告主的资本投入。广告主自然关心的是广告是否实现了视听和阅读效果，他们并不关心社会弱势群体的生活。媒体的新闻报道间接地被广告主所控制，远离了弱势群体。广告主与政治权力的结盟使一些媒体经受了双重压力，使得媒体在发展过程中受到诸多阻碍，难以做到真实、客观、公正。

BBS在一定程度上为弱势群体提供了表达意见的空间，实现了为受众而存在，而不是主要为某个媒介组织、某种集团利益的需要而生存。传统媒体在很大程度上受制于广告主以及政治经济因素，而BBS天性比较自由独立，对政治或者经济实体的依赖较少，这就使得BBS在舆论引导上少有“舆论一律”的束缚。

BBS建设与维护的低廉成本使得社会中的各个团体以及个人都可以拥有自己的传播媒介，使得更多的社区、团体和个人拥有了对信息发送和接收的支配权，从而促进了小众传播的发展。

理想的媒体应当为公众提供意见市场，但是由于受到政治、经济以及技术等多方面的限制，传统的大众媒体并没有真正为公众开辟出意见批评与辩论的场所。大众媒体缺乏有效、高效的互动机制，无法提供完善的互动讨论的可能。借助大众传媒，一般公众很难获取面对面直接交流的可能，意见市场很长一段时间主要由各利益集团的代言人如政党领袖、学者、商业巨头等占据，他们发表意见及参与讨论，普通人很难直接参与。与大规模的、单向的、垄断性的官方媒介相比，小规模的、双向的、参与性的媒介更合乎社会理想，多元化的价值体系、小规模的双向互动性、传播关系的横向性以及平等性等都是BBS突出的特点和优势。

第四，传统的大众传媒均是单向式传播信息，信息被把关人过滤，很可能出现意识形态上的偏差，又加上纸介传媒的篇幅限制，很难使信息的报道及相关讨论极大丰富化、彻底深度化。

依赖互联网的互动技术，BBS为公众提供了一个超越时空的舆论多元空间。从传播学的角度来看，这也是基于BBS的三个主要特点而定的：首先，BBS是一个自由的平台，它为网友提供了平等的畅所欲言的机会；其次，BBS议题丰富，话题广泛，可以说是包罗万象，甚至无法预先设定；最后，BBS高度互动，它将新闻信息传播和发表多元意见的形式有机结合在一起。

BBS最大的特点是每一个用户既是信息的获取者，也是信息的提供者，而且用户可以匿名提供信息。借助互联网上BBS的这一特性和功能，用户在很大程度上实现了个人表达自由和言论自由。

尽管BBS在一定程度上接近于理想的公共空间，但其并不能完全摆脱政治、经济、语言文化及意识形态因素的影响。所谓物以类聚，人以群分，有研究发现，当某个ID的话题在某BBS中得不到响应时，该ID可能就会脱离该BBS而转到其他BBS中去。因此，BBS在开辟公共空间的同时，也同样在切割公共空间。

二、社交网站

> **概念**
>
> 社交网站，英文缩写为SNS，起源于美国，专指旨在帮助人们建立社会性网络的互联网应用服务。

社交网站，又称社交网，英文名称为SNS（social network site）。SNS起源于美国，专指旨在帮助人们建立社会性网络的互联网应用服务。

在互联网领域，SNS有三层含义：social network service、social network software和social network site。social network service中文直译为社会性网络服务或社会化网络服务，意译为社交网络服务。中文中网络的含义包括硬件、软件、服务及网站应用，四字构成的词组更符合中国人的构词习惯，因此人们习惯上用社交网络来代指SNS（包括social network service的三层含义），用社交软件代指social network software，用社交网站代指social network site。

社交网站的含义很广泛，除了基于计算机终端的SNS，它还包括手机等移动终端所提供的已成熟普及的信息载体服务，如包括短信（SMS）、彩信、飞信等即时通信方式在内的移动互联网功能也逐步被纳入社交网站的范围。

社交网站源自网络社交，网络社交的起点是电子邮件。互联网本质上就是计算机之间的联网，早期的电子邮件解决了远程的邮件传输问题，至今它也是互联网上最普及的应用，同时也是网络社交的起点。BBS则更进一步，把“群发”和“转发”常态化，理论上实现了向所有人发布信息并讨论话题的功能（疆界是BBS的访问者数量），从单纯的点对点交流成本的降低，推进到了点对面交流成本的降低。即时通信（IM）和博客（blog）则提高了即时效果（传输速度）和同时交流能力（并行处理）。

如果说在网络社交的起点——电子邮件时代，网络仅仅可以满足人们5%的社交需求，那么今天丰富的社交网站，如脸书、推特，则可以把这个数字至少提升10倍。

但是，社交网站的安全性存在很大的隐患。社交网站用户更容易遭遇财务信息丢失、身份信息被盗和恶意软件感染等安全威胁，而且其严重性可能超乎用户自己的想象。社交网站已经成为黑客的一个巨大目标。

与社交网站密切相连的一个概念是网络社区。网络社区是指包括BBS、贴吧、公告栏、群组讨论、在线聊天、交友、个人空间、无线增值服务等形式在内的网上交流空间，同一主题的网络社区集中了具有共同兴趣的访问者。

网络社区就是网络化、信息化的社区，是一个以成熟社区为内容的大型规模性局域网，涉及金融经贸、大型会展、高档办公、企业管理、文体娱乐等综合信息服务功能需求，同时与所在地的信息平台在电子商务领域进行全面合作。

三、正式组织中的网络传播

（一）组织内的网络传播

正式组织内的网络传播主要指基于一个企业（或单位）的内联网（intranet）平台的传播。

现代企业呈现出集团化、多元化的发展趋势，同一企业往往跨越不同的地区、国家，所生产、经营的产品也往往涉及多个领域。这些企业需要及时了解分散在各地的分公司的经营状况，同一企业内不同部门、不同地区的员工之间也需要及时共享、交流大量的企业内部信息。另外，企业与客户之间以及企业与其合作伙伴之间也存在着大量的信息交流。

内联网是指运用互联网技术于企业内部网络。内联网以企业内部网络为基础，以国际统一标准的WWW为界面，提供了良好的用户接口，可使用任何一种Web浏览器在网络的任一节点方便地得到所需的信息。内联网通过适当的安全措施可直接接入互联网。利用电子邮件，企业员工和合作伙伴可以方便地传递信息，并可进行远程信息传送，将企业总部的信息传送到用户的工作站上进行处理。可以说，电子邮件已成为中型以上企业员工传递信息的一种最重要的手段，促进了企业管理信息系统（MIS）的应用，如一般的人事、财务管理系统等，并使企业逐步迈入无纸化办公。新闻组讨论的应用使企业员工可就某一事件通过网络进行深入讨论，且讨论结果会自动记录在服务器中。在Web上开展商贸活动，可以扩大企业的影响，并可接受订单，提供产品展览、销售的信息服务等。

> **概念**
>
> 内联网是指运用互联网技术于企业内部网络。

Web的发布技术，如电子邮件、新闻组等技术使得企业信息的发布与搜集更加方便，易于管理。信息流通刺激创意的产生，也使得跨功能与跨企业的沟通协调更容易进行。对于高度要求信息整合与程序配合的流程及供应链管理，方便的沟通工具可以发挥很大的促进效果。内联网可以实时连通企业各组织、各成员，提高管理工作的效率和信息反馈的速率。建立全面涉及企业内部产、供、销以及生产、经营、管理等主要环节的网络信息系统（NIS），可全面提高企业管理工作的质量和效率。

内联网的最大优势是实现了信息的共享，这使过去许多组织中下行传播占主导地位的现象被改变，上行传播变得更容易实现。在传统的组织内部，特别是在企业中，信息的掌握程度是与权力相对应的。例如，中层管理者通过限制上、下级的信息沟通来保持自己的权力。而在内联网中，信息可以得到最大限度的共享，并且可以自由流动，因而不会停滞在管理层中的任何一级。内联网的使用使组织的结构从金字塔式演变成网络式。

【知识窗】 内联网带来组织结构的转变

约翰·奈斯比特（John Naisbitt）把金字塔式的等级制度向网络式结构的转变视作社会发展的十大趋势之一。奈斯比特认为，“网络组织”的主要目标是共享信息。因此，它可以提供一种官僚制度永远无法提供的东西——横向联系。“网络的存在可以促成自助，交换信息，改变社会，提高生产力和工作环境的质量，并且分享资源。网络的结构可比任何其他现有的组织以速度更快、更富有情感、更节省能源的方式传递信息。”① 奈斯比特所指的“网络组织”泛指各种组织，但组织结构的变革更多的是从企业这样的组织开始的。内联网的应用给这样的变革提供了契机。

内联网有可能对传统的传播手段产生冲击，例如，组织成员可能更喜欢电子邮件而不是面对面的交流方式。使用内联网作为传播渠道，既可能增加成员间交流的热情，拓宽交流范围，也可能削弱传播中的非语言辅助信息，进而影响传播效果。

（二）组织外的网络传播

互联网是实现组织外传播的一种重要方式。组织外传播根据信息流动的方向主要分为两种：一种是组织的信息输入活动，即组织为进行目标管理和环境应变决策而从外部广泛搜集和处理信息的活动；另一种是信息输出活动，比较常见的是通过互联网来宣传本组织，包括公关宣传、广告宣传和企业识别系统（CIS）宣传。

借助社交网站（如脸书、推特）进行对外信息传播、营销推广是近年来企业的一个新动向。

第3节　网络大众传播

互联网是一种大众传播媒介。1998年5月，在联合国新闻委员会年会上，网络被正式作为“第四媒体”提出，时任联合国秘书长的安南也指出，在加强传统的文字、声像手段的同时，应利用最先进的“第四媒体”，以加强新闻传播工作。

计算机网络作为一种媒体，其发展可以追溯到20世纪60年代的联机情报检索服务系统。著名的联机情报检索服务系统有始建于1966年、1972年投入商业性运营的DIALOG系统，1965年建立、1973年投入商业性运营的ORBIT系统，成立于1976年的BRS系统，成立于1975年的ESA系统等。这些联机情报检索服务系统便是一种新媒体。然而，我们今天谈及的新媒体，往往是指基于互联网的文化传播载体。

有人认为世界上第一家网络报纸是美国得克萨斯州的《沃斯堡明星电讯报》（1982），更多的人认为世界上第一家网络报纸是1987年于美国创刊的《圣何塞信使报》。当时，这家位于硅谷腹地的报纸捷足先登，把纸质报纸的内容悉数搬上了互联网，开创了网络报纸的新纪元。此后陆续有报纸上网，但远没有形成热点。截至1994年年底，美国上网的报纸不过几十家，全世界也不超过100家。其主要原因是当时网上信息的发送和接收在技术上都还没那

① 奈斯比特．大趋势：改变我们生活的十个新趋向［M］．北京：新华出版社，1984：27.

么便利。1994年12月，美国网景通信公司推出了其划时代的软件产品——互联网浏览器Netscape Navigator 1.0，极大地方便了人们在网上的搜索与浏览，因而激起了第一次用户上网的高潮。

世界上第一份中文网络报刊《华夏文摘》于1991年4月在美国创刊。中国第一份网络报刊《神州学人》于1995年1月创办，由当时的国家教育委员会主办，通过中国教育和科研计算机网向全球发行，主要是为出国留学人员提供服务。1995年10月20日，《中国贸易报》也开办了网络版。

中国新媒体1995年以来的发展历程分为以下几个阶段。

（一）酝酿发展阶段（1995年10月—1997年5月）

这是中国网络新闻传播发展的初始阶段。其特征表现在：(1) 上网媒体数量少。据国务院新闻办公室1997年10月统计，截至1997年5月，以各种形式上网的新闻媒体约为36家。(2) 上网媒体一般无独立域名，多借助网络公司和科研机构的技术力量，委托网络服务提供商进行制作。(3) 上网信息一般为单一的文字信息，无多媒体信息。(4) 不能定时更新信息。(5) 缺少即时互动功能。(6) 除人民网这样极个别的网站外，基本上无数据查询功能。(7) 中国新闻最高管理机构还没有对新闻媒体在互联网上的运作进行直接管理。

（二）加速发展阶段（1997年6月—2000年）

加速发展阶段的主要特征是：(1) 上网媒体的数量迅速增加；(2) 广泛采用独立域名，建设并运行独立网站；(3) 尝试使用多媒体信息；(4) 定时更新，频率加快；(5) 开发使用网络互动功能，加强与读者的联系；(6) 开发网络动态数据查询功能；(7) 多版本、多语种、多站点的建立。

此阶段突出的成果表现在：(1) 品牌化。不少网站建立了自己的声望和品牌效应，在网民心目当中建立了自己较为权威、科学、规范和先进的传媒形象，这种品牌资源也将成为新媒体更好地进行新闻服务和其他综合类服务的优势资本。(2) 独立化。在酝酿发展阶段，很多网络新闻媒体属于“翻版网站”[①]，如报纸、广播、电视、杂志的电子版和网络版。在加速发展阶段，已有很多这样的电子版或网络版对自己提出了更新、更高和更远大的要求，把网络版和电子版改进成独立的和更加具有网络运作特征的网站，反映在名称上是建立独立域名，或以“某某网”“某某在线”来命名。

（三）大浪淘沙阶段（2001—2004年）

加速发展阶段也暴露了盲目发展、网站普遍亏损的问题。而大浪淘沙阶段的最大特征就是网络泡沫的破灭。由于网络广告的收入十分有限，经营成本高昂，许多网站面临生存危机，盈利成为商业网站的第一追求。收费服务、短信收入、网络游戏、电子商务成为新媒体的主要业务。大浪淘沙后的幸存者成为新媒体的主力军。

（四）用户生成内容阶段（2005—2009年）

从2005年起，网络媒体进入了用户生成内容阶段。这个阶段有两个特点：一是用户上网

---

① “翻版网站”是指报纸将其纸质版的内容原封不动地拷贝到其所建的网站上，就像是报纸纸质版的“翻版”一样。

目的的娱乐化，二是 Web 2.0 的兴起。

中国互联网络信息中心 2005 年 7 月发布的调查报告表明，网民的上网目的过去一直是获取信息占第一位，而该次调查显示，以休闲娱乐为上网目的首次上升为第一位。

娱乐化的标志之一是以娱乐为导向的腾讯超越了以严肃新闻集成为特征的新浪，成为中国访问量最高的门户网站。

发达国家的网民行为也出现了娱乐化趋势。以日本为例，互联网流量跟踪分析公司 comScore 于 2009 年 2 月发布了一份关于日本娱乐网站的研究报告，该报告称日本有近 74%的网民曾经访问娱乐类型的网站，日本网民在这些网站中花费的时间占日本网民总上网时间的 15%，娱乐网站成为日本最受欢迎的网站类型。

Web 2.0 也在这一时期内迅速普及，驶入高速发展的轨道。

（五）移动互联网阶段（2009—2017 年）

3G、4G、5G 等新一代互联网和移动通信技术的研发、智能手机等技术产品的流行，彻底打破了移动互联网和有线互联网的界限，新媒体进入了移动互联网阶段。第五代移动通信技术（5G）正在发展。5G 具备低成本、低能耗、安全可靠的特点，传输速率大幅提升。5G 将使信息通信突破时空限制，给用户带来极佳的交互体验，极大地缩短人与物之间的距离，快速地实现人与万物的互通互联。

（六）短视频阶段（2018 年至今）

2018 年春节后，抖音开始迅速“起飞”，仅用 4 个月时间便新增用户达 1 亿。2023 年 3 月 2 日发布的第 51 次《中国互联网络发展状况统计报告》显示，截至 2022 年 12 月，我国短视频用户规模首次突破 10 亿，用户使用率高达 94.8%。短视频与第一大互联网应用（即时通信）使用率间的差距由 17.4 个百分点缩小至 2.4 个百分点。从 6.48 亿跨至 10.12 亿，过去五年，短视频用户“疯涨”。其中，2019 年、2020 年的年新增用户均在 1 亿以上。

截至 2023 年 6 月，我国网络视频用户规模为 10.44 亿人，较 2022 年 12 月增长 1 380 万人，占网民整体的 96.8%。其中，短视频用户规模为 10.26 亿人，较 2022 年 12 月增长 1 454 万人，占网民整体的 95.2%。

在短视频市场中，抖音、快手、视频号已经形成了三足鼎立的发展态势。短视频不断丰富内容，带动用户规模增长和黏性加强，成为移动互联网时长和流量增量的主要来源。此外，短视频还与直播、电商、教育、旅游等行业相互加成，逐步渗透至网民的生活全场景。

【本章小结】

本章主要阐释了新媒体中网络传播的类型，包括网络人际传播、网络群体传播、网络组织传播、网络大众传播，重点讲授了网络中的大众传播的发展历程。

【思考题】

1. 试分析 BBS 在中国政治生活中的角色。
2. 试分析网络人际传播的特点与方式。

3. 试比较作为大众传媒的网络媒体与广播电视媒体的异同。

4. 试分析博客、微博、专业媒体的关系。

5. 网络人际传播有哪些特点？其与面对面的人际传播有何区别？

6. 试举两例网络群体传播与网络组织传播的代表性案例，并分析其传播特点。

7. 网络大众传播的发展历程有哪几个主要阶段？

8. 网络大众传播与传统媒体的大众传播有何区别？

9. 请分析在微信的使用中，网络人际传播、网络群体传播、网络组织传播与网络大众传播四种传播类型分别如何体现。

第 5 章　Web 1.0 时代新媒体的主要形态

Web 1.0 采用的是技术创新主导模式，信息技术的变革和使用对于网站的新生与发展起到了关键性的作用。新浪以技术平台起家，搜狐以搜索技术起家，腾讯以即时通信技术起家，在这些网站的创始阶段，技术性的痕迹相当之重。Web 1.0 的盈利都基于一个共通点，即巨大的点击流量。无论是早期融资还是后期获利，依托的都是为数众多的用户和点击率，以点击率为基础上市或开展增值服务，受众群众的基础决定了盈利的水平和速度，充分地体现了互联网的眼球经济色彩。

Web 2.0 源自 2004 年 3 月美国奥莱理（O'Reilly）公司与 MediaLive 公司的一次头脑风暴会议。奥莱理公司副总裁戴尔・朵菲提（Dale Dougherty）在会议上指出，同互联网“崩溃”的说法迥然不同，互联网比其他任何时候都更重要，令人激动的新应用程序和网站正在以令人惊讶的规律性涌现出来。他认为，那些当初幸免于网络泡沫的公司，其模式都具有相似性，互联网正在经历一种新的变革。在分析了这项新技术与新型网站的模式后，他与公司总裁提姆・奥莱理（Tim O'Reilly）创造性地提出了 Web 2.0 的概念。

概念

Web 2.0 是以互联网作为跨设备的平台，其应用程序充分发挥平台的内在优势，软件以不断更新的服务方式进行传递，个人用户通过组成群体贡献自己的数据和服务，同时允许他人聚合，以达到用户越多、服务越好的目的。

提姆・奥莱理在其发表的文章中为 Web 2.0 给出了定义：Web 2.0 是以互联网作为跨设备的平台，其应用程序充分发挥了平台的内在优势，软件以不断更新的服务方式进行传递，个人用户通过组成群体贡献自己的数据和服务，同时允许他人聚合，以达到用户越多、服务越好的目的，通过这种“参与架构”，创造出超越传统网络页面技术的内涵，引发丰富的用户体验的网络效应。①

Web 2.0 与 Web 1.0 的区别在于，Web 1.0 是由网站主导生成内容，而 Web 2.0 是由用户主导生成内容。

随着区块链等技术、数据确权保护、人工智能的发展和应用，Web 3.0 时代的互联网将会更加自由、去中心化、分布式、安全和智能，带给我们更加便捷和高效的用户体验。

本章我们将研讨 Web 1.0 时代新媒体的主要形态。在随后的第 6 章至第 9 章中，我们将研究 Web 2.0 时代新媒体主要的新形态。

第 1 节　搜索引擎

Web 1.0 时代，新媒体的主要形态之一也是普通网民最早接触的新媒体运用之一，便是搜索引擎。

一、搜索引擎的定义

搜索引擎（search engine）是指在互联网环境中的信息检索系统。

---

① O'REILLY T. Web 2.0：compact definition?[EB/OL].（2005-10）[2023-07-24]. http://radar.oreilly.com/2005/10/web-20-compact-definiton.html.

随着网络技术的飞速发展，互联网上的信息资源量越来越庞大，用户越来越难以准确快捷地获取所需信息，从而产生了所谓的信息焦虑。互联网搜索引擎以其基于关键词匹配的信息检索机制为用户在瞬间搜寻出所需的相关信息，成为缓解人们信息焦虑最为有效的工具。

概念

搜索引擎是指在互联网环境中的信息检索系统。

但是，现有的搜索引擎存在覆盖率低和查准率低的缺陷，无法充分满足用户对信息的快速性与有效性的要求。元搜索引擎通过调用多个搜索引擎来实现搜索，能较好地解决现有搜索引擎的缺陷，但仍然存在智能化程度低、搜索结果的易用性差、无法满足个性化需求等问题。

未来的智能搜索引擎将采用机器学习的方法研究文本信息的自动搜集、抽取与分类等处理过程，由此可以减少大量的人力资源需求，并提高信息处理的效率和精度。

二、搜索引擎的原理

搜索引擎并不真正搜索互联网，它搜索的实际上是预先整理好的网页索引数据库。

搜索引擎的目的是帮助人们寻找信息资源。在互联网环境下，其典型实现是基于关键词匹配的信息检索机制。搜索引擎主要由四部分组成：搜索器、索引器、检索器和用户接口。搜索器的功能是在互联网中发现和搜索信息，它要尽可能快、尽可能多地搜集各种类型的信息，同时还要定期更新已有信息，避免死链接和无效链接。索引器的功能是理解搜索器所搜索的信息，从中抽取出索引项，用于表示文档以及生成文档库的索引表，建立起自己的索引数据库。一个搜索引擎的有效性在很大程度上取决于索引的质量。检索器的功能是根据用户的查询在索引库中快速检出文档，进行文档与查询的相关度评价，对将要输出的结果进行排序，并实现某种用户相关性反馈机制。用户接口的作用是输入用户查询、显示查询结果、提供相关性反馈给用户。

搜索引擎起源于传统的信息全文检索理论，即计算机程序通过扫描每一篇文章中的每一个词，建立以词为单位的倒排文档，检索程序根据检索词在每一篇文章中出现的频率和每一个检索词在一篇文章中出现的概率，对包含这些检索词的文章进行排序，最后输出排序的结果。

搜索引擎的原理可以看作三步：从互联网上抓取网页→建立索引数据库→在索引数据库中搜索排序。

WWW 搜索引擎实际上是一个专用的 WWW 服务器，它存有庞大的索引数据库，搜集了全世界上百万甚至上千万个 WWW 主页的信息。搜索引擎通常采用一种被称作 robot（或 spider、crawler 等）的自动跟踪索引程序，自动跟踪浏览网页信息，然后对浏览结果进行加工处理（主要是为 WWW 主页上的文字信息建立索引，索引信息包括文档的 WWW 地址，每个文档中单词出现的频率、位置等），形成一个庞大的数据库。

概念

Robot 是指一个在网络上检索文件并自动跟踪该文件的超文本结构并循环检索被参照的所有文件的软件。

WWW 搜索引擎一般根据用户输入的关键词，在数据库中查询相关信息，然后将结果提供给用户。一个完整的搜索引擎系统还需要一个检索结果的页面生成系统，也就是要把检索结果高效地组装成互联网页面（见图 5-1）。

三、搜索引擎的类型

搜索引擎可按不同的标准分类，包括按查询类型、覆盖范围和引擎功能划分。

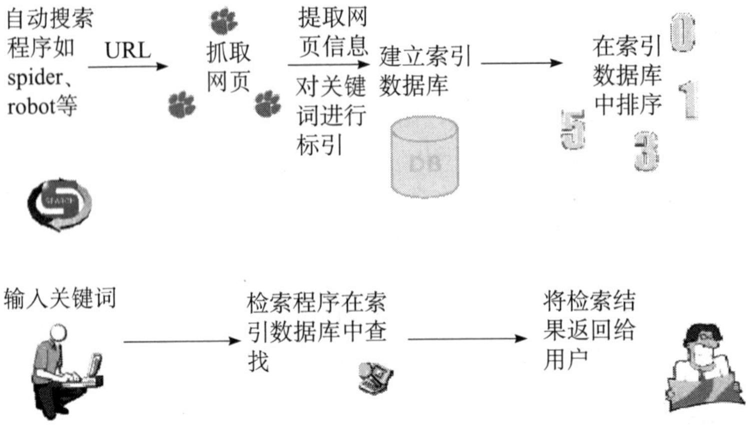

图 5-1　搜索引擎的工作原理

(一) 按查询类型划分

同传统检索系统可划分为分类检索和主题检索一样，搜索引擎也可按查询类型分为分类型搜索引擎（即范畴层次搜索引擎，list-based search engine）和词语型搜索引擎（words-based search engine）两大类。但是，分类型搜索引擎通常带有关键词索引，词语型搜索引擎通常带有范畴层次索引，以弥补分类法和主题法各自的不足。

(二) 按覆盖范围划分

搜索引擎按覆盖范围可分为通用搜索引擎和专业搜索引擎两大类。

(三) 按引擎功能划分

搜索引擎按引擎功能可分为常规搜索引擎和多元搜索引擎（meta search engine）两大类。常规搜索引擎是单一引擎。多元搜索引擎是多个单一引擎的组合，对同一个查询可同时在多个搜索引擎上进行，或组合指定的搜索引擎查询，或在单一搜索引擎上查询，可综合输出查询结果，也可分别输出每个搜索引擎的查询结果。

【案例】 魏则西事件

魏则西事件是指2016年4月至5月初在互联网上引发网民关注的一起医疗相关事件。

2016年4月12日，西安电子科技大学22岁学生魏则西因滑膜肉瘤病逝。他去世前在知乎网站撰写治疗经过时称，在百度上搜索出武警北京总队第二医院的生物免疫疗法，随后在该医院治疗，病情不仅没有好转，还被贻误。

这家医院是在百度上搜索到的，排名领先，疗效“说得特别好”。他在文中还提到，当时武警北京总队二院的医生曾经对他说该院与国外大学合作，“有效率达到百分之八九十，看着我的报告单，给我爸妈说保我20年没问题”。结果却被网友告知生物免疫疗法是被国外临床淘汰了的技术。

魏则西事件使百度陷入网络舆论风暴。

四、搜索引擎尚待解决的问题

（一）缺乏检索词汇控制

网络检索工具大都采用自然语言标引和检索，其必然结果是同义词得不到控制，词语间相互关系得不到揭示，最终影响检索效果。而网络信息的数量大、变化大、涉及面广，现有的受控语言难以适应网络信息标引和检索的需要。

（二）自动标引有局限性

自动标引不可能像人工标引那样进行甄别和选择，而主要依赖关键词词频等标准判断网络文件的价值。为了弥补自动标引所带来的不足，大多数网络检索工具都先后增加了“评论”栏目，由专门的雇员选评各行业和各学科的最佳网络信息。如雅虎的“Cool Sites”、Excite 的“Site Reviews”和 Lycos 的“Top 5% Sites”等都属于这类评论。

（三）缺乏检索专业信息的能力

网络检索工具不根据专业划分检索范围，这与传统的检索工具截然不同。每个学科都有自己独特的词汇和用语，因此特定的专业检索工具应该使用与之相应的标引和检索语言，而这一点是包罗万象的网络检索工具难以做到的，所以需要研制专业网络检索工具。

（四）把关人缺失

由于网络信息的发布存在把关人缺失问题，网络上的信息良莠不齐，因此，通过搜索引擎获得的信息从整体上看缺乏准确性、权威性、科学性，需要用户对信息内容进行甄别。

五、互联网信息检索策略

（一）基本检索策略：布尔逻辑检索

几乎所有的检索系统都具有布尔检索功能，布尔运算符包括 AND、NOT、OR。比如，检索式：engine AND (car OR truck)。

用“A AND B”进行查询的结果是既包含查询词 A 又包含查询词 B 的文章。

用“A OR B”进行查询的结果是至少包含 A 和 B 中一个查询词的文章。

用“A NOT B”进行查询的结果是包含查询词 A 而不包含查询词 B 的文章。

（二）范围限定

二次检索：对于再次检索，可以重新开始在整个索引中检索，也可限定在前次检索结果内，仅优化检索。

时间范围（时间限制）：雅虎系统设定检索时间范围为最近三年，用户也可在一天到三年的时间范围内进行选择。

语言限制：AltaVista 可以查询基于 25 种语言的信息，其中包括英语、日语、汉语、德语等。但是查询时不能用含有双字节的字符（如汉语、日语等）进行查找。如果查找汉语信息，可用英语查找，并将结果限定在汉语中。

（三）智能检索/概念检索

Excite使用智能概念检索（intelligent concept extraction）技术，通过发现词与概念间存在的关系，会自动加入一些检索词。如输入“elderly people financial concerns”，除找出精确匹配这些词的文献外，还会找出有关“economic status of retired people”“the financial concerns of senior citizens”等节点。这些概念关系是从文献本身中获得的，并且不断从它所索引的新文献中进行更新。雅虎、AltaVista也提供类似的检索方法。概念检索实现了受控语言，即同义词、广义词或狭义词的一部分功能。

（四）字段限定

字段限定指限定词语在文献中出现的部位。大部分系统都可进行字段限定，但是字段的数目和表示方法稍有不同。

（五）词语检索

在一串词的前后加双引号（“ ”）或用连字符连接，可限定检索结果中的词语必须以同样的顺序出现且相邻，如“China economic development”。

（六）其他

字母大小写：有些系统区分字母大小写，如AltaVista、Infoseek；有些系统不区分大小写，如雅虎。

名词检索：有些系统对名词检索有特殊规定，Infoseek要求人名或地名的首字母大写，如查找电影明星Rock Hudson，假如不大写首字母，则检索系统还会找出有关rock climbing、rock music、Hudson River等的资料。

六、检索结果输出

相关度：找到所有匹配结果以后，大部分系统都按相关性程度降序输出，首先显示相关度高的结果。有些系统还显示相关度大小（百分比）。

大多数检索遵循以下结果显示原则：（1）匹配的词语数目。匹配的词语越多，相关性越高。（2）文献部位。标题中的词比文本和URL中的词权值高。（3）类目综合度。在雅虎类目等级结构中，综合类比专门类权值高。（4）检索词权值。在数据库中检索词出现的频率越低权值越高。

显示格式：大多数系统都可改变显示格式。简短的可只包含标题，详细的可包括标题、摘要、地址、相关度、文件大小等信息。相应地，每页显示的结果数目也会发生改变。

【案例】谷歌

谷歌的目录收录了数以10亿计的网址，这在同类搜索引擎中是首屈一指的。这些网站的内容涉猎广泛，无所不包。谷歌的基本搜索简洁方便，在输入查询内容后敲一下回车键，或单击“谷歌搜索”按钮即可得到相关资料。谷歌只会返回那些符合用户全部查询条件的网页，不需要在关键词之间加上“and”或“+”。如果用户想缩小搜索范围，只需输入更多的关键词，在关键词中间留空格即可。

谷歌只返回包含所有关键词的网页，这些网页的正文或指向它的链接包含用户所输入的所有关键词。

谷歌不仅能搜索出包含所有关键词的结果，还能对网页关键词的接近度进行分析，并按照关键词的接近度确定搜索结果的先后次序，优先考虑关键词较为接近的结果，这样可以为用户节省时间，而无须在无关的结果中徘徊。

谷歌储存网页的快照，当存有网页的服务器暂时出现故障时，用户仍可浏览该网页的内容。如果找不到服务器，谷歌储存的网页快照也可救急。虽然网页快照中的信息可能不是最新的，但在网页快照中查找资料要比在实际网页中快得多。

谷歌会忽略最常用的词和字符，这些词和字符被称为忽略词。谷歌自动忽略“http”“.com”和“的”等字符以及数字和单字，这类字词不仅无助于缩小查询范围，而且会大大降低搜索速度。

使用英文双引号可将这些忽略词强加于搜索项。例如，当输入“柳堡的故事”时，加上英文双引号会使“的”强加于搜索项中。每个谷歌搜索结果都包含从网页中抽出的一段摘要，这些摘要提供了搜索关键词在网页中的上下文。

由于谷歌只搜索包含全部查询内容的网页，所以缩小搜索范围的简单方法就是添加搜索词。添加词语后，查询结果的范围就会比原来“过于宽泛”的查询小得多。如果要避免搜索某个词语，可以在这个词前面加上一个减号（“-”，英文字符），但在减号之前必须留一空格。

可利用谷歌目录根据主题来缩小搜索范围。例如，在谷歌目录的 Science>Astronomy 类别中搜索“Saturn”，可以找到只与 Saturn（土星）有关的信息，而不会找到“Saturn”牌汽车、“Saturn”游戏系统，或“Saturn”的其他含义。

通常，只要在范围较广的查询中添加词语就可以缩小搜索范围。不过，谷歌高级搜索还提供了很多不同的搜索功能。利用这些功能可以做到：将搜索范围限制在某个特定的网站中、排除某个特定网站的网页、将搜索限制于某种指定的语言、查找链接到某个指定网页的所有网页、查找与指定网页相关的网页。在谷歌中还可以设置搜索偏好，包括每个网页上默认的搜索结果数量、界面语言以及查询语言。

除一般网页外，谷歌现在还可以查找 PDF、Word、PowerPoint 等各种类型的文件。如果某个搜索结果是 PDF 文件而不是网页，它的标题前面会出现以蓝色字体标明的“[PDF]”。这样，用户就知道需要启动相应程序才能浏览该文件，单击“[PDF]”右侧的标题链接就可以访问这个 PDF 文档。如果用户的计算机上没有相应程序，谷歌将带用户进入一个可以免费下载该程序的网页。对于 PDF 文件，常见的“网页快照”将被“文本文件”所替代。文本文件是 PDF 文档中的纯文本内容，不带任何格式。如果用户只想查找一般网页，而不要 PDF 文件，只需在搜索关键词后加上“-filetype：pdf”就可以了。

单击“类似网页”时，谷歌便开始寻找与某一网页相关的网页。在一些词后面加上冒号对谷歌具有特殊的含义，其中的一个词是“link”，查询“link”即可显示所有指向该网址的网页。例如，“link：www.google.com”将找出所有指向谷歌主页的网页。但是，不能将“link:”搜索与普通关键词搜索结合使用。

另一个在后面加上冒号对谷歌有特殊的含义的词是“site”。要在某个特定的域或站点中进行搜索，可以在谷歌搜索框中输入“site：×××××.com”。

在谷歌中按下“手气不错”按钮将自动进入谷歌查询到的第一个网页，用户将完全看不到其他搜索结果。使用“手气不错”进行搜索表示用于搜索网页的时间较少而用于检查网页的时间较多。例如，要查找斯坦福(Stanford)大学的主页，只要在搜索字段中输入“Stanford”，然后单击“手气不错”按钮，谷歌将直接进入斯坦福大学的官方主页www. stanford. edu。

谷歌有智能型汉字简繁体自动转换系统。这个系统不是简单的字符变换，而是简体和繁体文本之间的“翻译”转换。例如简体的“计算机”会对应繁体的“电脑”。当搜索所有中文网页时，谷歌会对搜索项进行简繁体转换，同时检索简体和繁体网页，并将搜索结果的标题和摘要转换成搜索项的同一文本，以便于阅读。

谷歌的错别字改正软件系统会对输入的关键词进行自动扫描，检查有没有错别字。如果发现用其他字词搜索可能会有更好的结果，它就会提供相应提示来帮助纠正可能有的错别字。例如，搜索“互连网”，谷歌会自动提示“您是不是要找：互联网”。如果点击“互联网”，谷歌将以“互联网”作为关键词进行搜索。

谷歌的错别字改正软件系统建立在互联网上所能找到的所有词条之上，它能够提示常用人名及地名的最常见的书写方式，这是一般的错别字改正软件所不及的。

谷歌给中英文单词互译带来了极大的方便。只需输入一个关键词（“翻译”“fy”和“FY”任选其一）和要查的中（英）文单词，谷歌就会直接显示所查单词的英文（或中文）翻译。

在谷歌中，可以通过添加英文双引号来搜索短语。双引号中的短语（比如“like this”）在查询到的文档中将作为一个整体出现。这一方法在查找名言警句或专有名词时显得格外有用。

一些字符可以作为短语连接符使用。谷歌将“-”“\”“.”“=”和“...”等标点符号识别为短语连接符。

在使用谷歌查寻城市地图或具体地址时，只需要在搜索框直接键入城市名或在地址后加上“地图”，或直接输入具体地址。

谷歌为用户提供了一个内置计算器，只需要在搜索字段中输入算式，按一下回车键或者“搜索”就可以了。这个计算器可以用来做所有简单的计算、一些复杂的科学计算、单位换算，并提供各种物理常数。

谷歌能够提供与原搜索相关的搜索词。这些相关的搜索词是根据过去谷歌所有用户的搜索习惯和谷歌提供的计算两个搜索词之间相关度的独家技术而产生的。这些相关的搜索词一般比原搜索词更常用，并且更可能产生相关的结果。只需点击谷歌提供的相关搜索词，谷歌就会自动转到这个词的结果页。

在用谷歌查询天气和天气预报时，只需输入一个关键词（“天气”“tq”和“TQ”任选其一）和要查询的城市/地区名称即可。谷歌返回的网站链接会提供给用户最新的当地天气状况和天气预报。

用谷歌查询股票价格和股市行情非常方便。只需输入一个关键词（“股票”“gp”和“GP”任选其一）和想查询的股票证券名称或其六位数代码，谷歌就会返回其链接，让用户只要一次点击便能得到有关股票证券的详尽资料。

用谷歌查询邮政编码或电话区号，只需输入关键词（“邮编”“yb”和“YB”任选其一；“区号”“qh”和“QH”任选其一）和要查的城市地名或邮政编码或电话区号即可。谷歌会提供相关的所有信息，包括所在地的省/市名称、邮政编码及电话区号。

用谷歌查询手机电话号码归属地，只需直接输入要查的号码即可（不需要任何关键词）。谷歌能自动识别以13开头的11位数字为手机号码。

用谷歌直接查询农历日期、节气和农历节日，只需键入关键词（“阳历”“公历”“阴历”“农历”或它们的拼音缩写“gl”“nl”等）加上日期即可；也可以直接输入节气名称、农历节日名称，加上年份或“去年”“今年”“明年”。

要在谷歌中查看字词或词组的定义，只需键入“define”，接着键入一个空格，然后键入需要定义的词。如果谷歌在网络上找到了该字词或词组的定义，则会检索该信息并在搜索结果的顶部显示它们。

通过包含特殊操作符“define:”，并使该操作符与需要其定义的字词之间不留空格，还可获得定义的列表。例如，搜索“define:HTML”将显示从各种在线来源搜集到的“HTML”定义的列表。

第2节 门户网站

门户网站是Web 1.0时代新媒体的另一主要形态。甚至可以说，网络媒体的早期发展史几乎就是一部门户网站的发展史，从美国的雅虎到中国的新浪、搜狐和网易，它们的每一个动作或多或少都会影响这个行业。不仅如此，门户网站的模式还深入地触及了整个网络媒体模式，为网络媒体的模式创新打开了思路。

一、门户网站的概念

门户（portal），原意是指正门、入口，现多用于互联网的门户网站和企业应用系统的门户系统。门户网站是指通向某类综合性互联网信息资源并提供有关信息服务的应用系统。门户网站最初提供搜索服务、目录服务，后来由于市场竞争日益激烈，门户网站不得不快速地拓展各种新的业务类型，希望通过门类众多的业务来吸引和留住互联网用户，以至于门户网站的业务包罗万象，成为网络世界的“百货商场”或“网络超市”。

概念

门户网站是指通向某类综合性互联网信息资源并提供有关信息服务的应用系统。

从现在的情况来看，门户网站主要提供新闻、搜索引擎、网络接入、聊天室、BBS、免费邮箱、影音资讯、电子商务、网络社区、网络游戏、免费网页空间等。在我国，典型的门户网站有新浪、网易和搜狐等。

目前人们所理解的门户网站主要是指一些综合性质的网站，也就是与那些专业性较强、涉及内容较为单一的垂直类网站相对的网站。二者的区别似乎可以形象地理解为超级市场与专卖店之间的区别，前者的品牌及商品类型众多，后者却较为单一。但是如果严格地从互联网门户概念的诞生以及门户字面意义来讲，各种类型的网站都可成为门户网站，因为从字面上来理解，门户本身应该就是一种手段、媒介，人们通过这个媒介领略大千网络世界。

二、门户网站与新闻网站

我们今天所谈论的门户与当初雅虎初创时所说的门户已经有了很大的不同。那个时候，大多数网民面对茫茫网海无从下手，正是雅虎这种以提供搜索服务为主的网站扮演了引网民“入门”的角色，成为网民进入互联网的“门户”。将提供新闻服务作为门户网站的主业乃至核心竞争力，这其实只是后来的事情，原本就与门户网站的“本质”或者“正根”没有什么关系。因此，今天在门户问题上，有些网站极力强调新闻业务的重要性，似乎不做新闻甚至少做新闻就是对门户的“背叛”，有些不知所云。相反，简单回顾门户网站的起源和历史，可以让我们清楚地看到，无论是搜索还是新闻，都只是门户网站发展的一个阶段，门户网站可以从搜索服务演进到新闻服务，未必就不能从新闻服务演进到别的什么服务。随着网络媒体的发展，原先的门户网站不一定再将搜索作为主业（如雅虎和搜狐），而提供搜索引擎服务的又不一定非门户网站不可（如百度和谷歌）。

新闻网站指以经营新闻业务为主要生存手段的网站，包括国家大型新闻门户网站（如新华网、人民网等）、商业门户网站（如网易、新浪等）、地方新闻门户网站（如长江网、大江网、大洋网等），还有各种行业门户网站（如湖北美食网、中国化工网）。

从互联网的发展史中我们可以看出，目前门户网站通常做新闻业务，而新闻网站的主业则只是新闻业务。

第3节 电子商务网站

电子商务（electronic commerce），是以信息网络技术为手段、以商品交换为中心的商务活动（business activity）。

2017年中国电子商务交易规模继续扩大并保持高速增长态势。数据显示，在全年29.16万亿元的电商交易额中，商品类电商交易额为16.87万亿元，服务类电子商务交易额为4.96万亿元，同比分别增长21%和35.1%。全国网上零售额达7.18万亿元，占据全球份额的半壁江山，成为中国电商发展的一大亮点。而伴随着电商的发展，移动端网络支付也在悄然改变着传统支付习惯，2017年非银行支付机构发生网络支付143.26万亿元，同比增长44.32%。

2024年3月22日，中国互联网络信息中心发布的第53次《中国互联网络发展状况统计报告》显示，截至2023年12月，我国网民规模达10.92亿人，较2022年12月新增网民2 480万人，互联网普及率达77.5%。

一、世界电子商务市场

根据总部设在英国伦敦的数据分析和咨询公司GlobalData的报告，2018年至2022年，中国网上零售额的年复合增长率为11.2%，2022年达到13.8万亿元人民币。按交易金额计算，2022年中国占全球电子商务市场的33.9%。紧随其后的是美国，2022年网上零售额为1.8万亿美元，而英国以2 874亿美元的交易金额位居第三。2023年，全球电子商务市场中，中国依然保持第一的位置。报告显示，2022年全球约25.6亿人参与网购，电子商务零售额突破5万亿美元，约占零售总额的五分之一。

根据美国市场研究公司Imarc Group的数据，2023年全球十大电子商务公司分别如下。

1. 亚马逊（Amazon）——电子商务巨头

在电子商务领域，亚马逊是一个无可争议的行业巨头。1994年由杰夫·贝佐斯创立的亚马逊，已经从一家网上书店转变为一家电子商务巨头，提供无与伦比的产品和服务。其1.65万亿美元的市值反映了其主导地位和创新能力。它还在继续扩大产品范围，重塑全球消费者的购物方式。

2. 沃尔玛（Walmart）——零售巨头数字化转型的成功典范

拥有实体店的传统零售巨头沃尔玛已经成功地拥抱了数字革命。沃尔玛的电子商务业务增长迅速，市值达3 610亿美元。利用其广泛的供应链和全渠道方法，该公司已经巩固了其作为数字商务领域关键参与者的地位。

3. 阿里巴巴——亚洲电子商务巨头

经常被称为“中国亚马逊”的阿里巴巴，已经成为全球电子商务领域不可忽视的力量。阿里巴巴的电子商务平台已经改变了中国及其他地区人们的购物方式，其多样化的生态系统涵盖了从电子商务、云计算到数字娱乐和金融科技等的方方面面。

4. 美团——一体化生活方式平台

起源于中国的美团通过将各种服务整合到一个平台上，重新定义了电子商务。虽然美团主要以外卖服务闻名，但随着其在旅游、休闲和娱乐领域的扩张，其市值已达到1 370亿美元。它提供整体生活方式体验的能力为它在电子商务领域赢得了突出的地位。

5. 拼多多

另一家来自中国的公司拼多多以其创新的团购模式脱颖而出。拼多多平台注重价格实惠和社交互动，鼓励消费者组队以折扣价购买产品。其独特的运营方式已经带来了极高的市值，展示了协作购物的力量。

6. 京东商城（JD. com）

京东商城已经巩固了其作为技术巨头的声誉。京东商城在自动化、物流和供应链技术方面的投资使其脱颖而出。它致力于提供无缝的购物体验，这在中国和全球消费者中都引起了共鸣。

7. Shopify

加拿大电子商务平台Shopify授权企业家建立和发展他们的在线业务。其用户友好的界面和全面的工具套件使其市值达到420亿美元。通过让个人进入电子商务领域，Shopify实现了在线零售的民主化。

8. Flipkart——印度电子商务巨头

印度电商巨头Flipkart吸引了快速增长的数字市场的关注。凭借400亿美元的净资产，Flipkart的战略合作伙伴关系、创新产品以及对客户满意度的承诺为其在竞争激烈的环境中取得成功做出了贡献。

9. 易趣（eBay）——在线拍卖的先驱

易趣是电子商务领域的先驱，向世界介绍了在线拍卖的概念。易趣平台市值为280亿美元，仍然是买家、卖家联系和参与交易的中心。它持久的传统和对促进消费者对消费者商务的承诺为它赢得了这份名单上的一席之地。

10. Sea Limited

Sea Limited是一家新加坡公司，在电子商务、游戏和数字金融服务等多个数字领域都取得了成功。Sea Limited拥有270亿美元的市值，能够提供多样化的产品，满足消费者不断变化的需求，是电子商务领域的重要参与者。

二、中国电子商务市场面临重新洗牌

2023年11月23日，以“数字贸易，商通全球”为主题的第二届全球数字贸易博览会在杭州国际博览中心开幕，大会发布了《中国数字贸易发展报告（2022）》（以下简称《报告》）。《报告》显示，中国可数字化交付服务进出口额规模再创历史新高，在全球竞争中已成为全球规模最大、最具活力的电子商务市场。2022年，中国可数字化交付的服务进出口额为3 727.1亿美元，同比增长3.4%，规模再创历史新高。其中，出口2 105.4亿美元，同比增长7.6%；进口1 621.7亿美元，同比下降1.6%；实现顺差483.7亿美元，增长175.4亿美元。跨境电商进出口额达2.11万亿元人民币，同比增长9.8%。其中，出口额达1.55万亿元人民币，同比增长11.7%。

截至2022年，中国市值超10亿美元的数字贸易企业已超200家。《2022全球独角兽企业500强发展报告》显示，在全球独角兽企业500强中，中国企业已达到227家，比上年增加12家，连续四年居全球首位，估值合计达到10.7万亿元人民币，同比增长19.3%。

近年来，拼多多进步神速，中国久未变动的电商行业竞争格局也开始重新洗牌。截至2023年12月31日，拼多多市值达到13 768亿元，与阿里巴巴市值仅相差190亿元，为京东市值的4倍。2023年，拼多多市值年增长率超91%，达到13 768亿元，位居最新中国市值500强第6名，排名上升了11位。阿里巴巴全年市值缩水14.46%，为13 958亿元，位居最新中国市值500强第5名，比拼多多的市值仅多了190亿元。而京东2023年市值缩水则达到了47.84%，市值为3 242亿元，位居最新中国市值500强第35名，排名下降了15位，市值仅为拼多多的四分之一左右。

目前国内电商市场已经形成阿里巴巴、京东、拼多多、美团、抖音等平台多足鼎立的竞争格局。2013年，初创期的今日头条找到腾讯战略投资部门，希望争取到融资。不过张一鸣口中的“算法推荐”没能打动对方，腾讯战投团队不相信一个新闻聚合平台有足够大的潜力。10年后的2023年，抖音集团营收已然超过腾讯，营收增速甚至是腾讯的3倍还多。字节的王牌也早已不是今日头条而是抖音——中文互联网最大的流量平台之一，最主流的内容消费平台之一，也是最主流的电商平台之一。

三、中国电子商务企业耕耘国际市场

根据中国海关的统计，2023年我国跨境电商进出口额为2.38万亿元，增长15.6%。其中，出口1.83万亿元，增长19.6%。我国跨境电商的发展离不开速卖通（AliExpress）、希音（SHEIN）、Temu及TikTok Shop等跨境电商平台的飞速增长，商业模式在市场竞争中迅速迭代。以上“出海四小龙”背靠中国优质供应链，以高性价比及社交营销策略扩大用户群，在发达和发展中市场均赢得一席之地，海外用户规模迅速增长。

阿里巴巴旗下的全球速卖通带动了阿里巴巴的海外市场整体业绩。2023年中报数据显示，阿里巴巴2023年上半年国际数字商业收入较2022年上半年同比增长47%。

国海证券研报显示，2017年至2022年，希音的营收高速增长。其中，2022年的营收达到227亿元，较2021年增长45%。希音业绩的飞速增长与以“小单快反”的模式实现低价的策略有关。具体来看，希音利用实际市场需求来预测销售和控制生产，对不同款式进行少量订单的试销，通过“测款”来判断市场需求，热销款式加大产量，滞销款式则立即停产。希音在美国、巴西、墨西哥等市场中的表现较为突出。点点数据显示，2023年，希音下载量最大的国家为巴西，占比超过10%。

在国内市场迅速增长的拼多多以其高效的经营效率和创新的“全托管”经营模式在海外市场复制了一个新的“拼多多”——Temu，并迅速在美国、欧洲等发达市场取得了相当大的市场份额。Temu的迅速崛起与其巨额投入、高效运营以及创新的“全托管”模式密切相关。

Temu的全托管模式，是指由公司的电商平台全权承包店铺运营、物流履行、售后服务等复杂环节，商家仅需负责产品的供应。这种模式可以通过在大量供应商中挑选最具性价比产品的方式掌握定价权。

营销方面，除了巨量广告营销外，Temu还沿用了拼多多的“拼团”模式，先后在美国和其他新市场上线各种基于社交裂变的优惠的促销活动，鼓励消费者通过拼团的方式获得更低的价格。

TikTok Shop 起源于短视频平台 TikTok。TikTok Shop 依托于 TikTok 的社交媒体，让购物变得更为社交化。目前，其业务范围已迅速扩展到美国、英国、印度、印度尼西亚等全球多个国家。

中国电商“出海四小龙”的强势崛起已经对海外电商巨头形成了竞争压力，成长最快的 Temu 在美国本土市场的用户规模甚至已经能够和亚马逊平分秋色。点点数据的监测显示，自 2023 年 12 月起，Temu 在美国市场的日活用户数稳定在 2 500 万附近，已超越亚马逊。2023 年 12 月 31 日，Temu 在美国的活跃用户数约为 2 450 万，而亚马逊同日活跃用户数约为2 300 万。

手机应用下载一度超越亚马逊的希音成立于 2008 年。公司起初主要以企业对企业（B2B）模式经营，提供服装批发生产服务。随着时间推移，希音逐渐转变为以企业对消费者（B2C）为主的线上零售平台。在英文世界，希音在挑战 Zalora、亚马逊；在中文世界，竞争对手包括淘宝、天猫。希音通过极低廉的价格和极快迎合时尚的方式，成功吸引了全球年轻消费者的注意。低价位、多样化的产品选择和全球化的市场策略让它在国际市场上取得了成功。其利用社交媒体、时尚博客和明星代言等手段积极推广，并采用先进的供应链管理和数据分析技术，以提高生产效率并满足市场需求。

希音的成功有三个突出因素：（1）拉平世界。工厂坐落在广东、江西、湖南等战略地点，极接近各类成衣原材料供应商，夸张到缺货 10 多分钟内就能补给。除了选址地理优势，它还采用自动化、分段运输和全程智能管控，用高效物流拉平世界，把发货供应速度推到极致，以领先同行。（2）降低质素要求，主攻极平价市场。近 20 年来快时尚（fast fashion）成为主流，讲求的就是快速转换，成衣用料质素、耐用度最不重要，只要够便宜、够新、够快，就受消费者青睐，根据每季新款去抢购。牌子与牌子之间为了竞争抢夺最大市场，减少讲品牌故事，反之就要不断斗快，推陈出新，跟趋势，舍弃产品差异化。希音借人工智能及早发现流行趋势，并小批量生产不同款式的产品，进行市场测试，再通过终端销售数据反馈，得知应主打什么设计。这个周期不过一两个星期，真正做到“唯快不破”。（3）网站和手机应用程序使用了长留模式。近年来不少网站、手机应用程序都试行了长留模式。这是改变用户体验的行销策略，引导用户在网站或应用程序进行某些操作，让他们停留得更久，特别是希音核心目标客群中的年轻人。通过持续发出通知（提醒用户可用折扣）、游戏化方式奖励多次登录的客户（提供个性化优惠）、关联个性化推荐、赠品优惠等，迅速滚动网站和应用程序，以增加黏性。

除了希音外，Temu、TikTok shop、速卖通背后都站着国内互联网巨头，分别代表着拼多多、抖音集团和阿里巴巴。中国跨境电商巨头的出海本质上是国内制造业的外输。与以往不同的是，现在不仅是商品的输出，更多是产业链的输出。无论是美国还是东南亚，来自中国的新兴跨境电商平台都在当地市场刮起了一阵阵旋风，迅速革新了本土的商业面貌和竞争格局，甚至改变了人们的消费习惯，这是新的全球化切面，生动迷人而充满诱惑。

中国庞大的国内消费市场和完备的供应链体系为电商平台的诞生提供了丰厚的土壤，中国互联网公司经过多年本土激烈的市场竞争发展出了强劲的竞争力。中国的互联网公司走向海外，不仅有助于消化国内制造业产能、大规模贡献就业，也为全球消费者提供了种类丰富、物美价廉的商品，是一场双赢。

不过，也要清醒地认识到，中国企业走向全球，都会面临包括本土化政策在内的诸多风险。以华为为例，从非洲国家到欧美，走的是农村包围城市的路线，从初期的本地化政策挑战到后期遇到制裁，一路都在“升级打怪”。华为的解决方法是深度本地化，通过与当地政府、企业、消费者的沟通不断优化经营策略，必要时甚至在价格上做出让步。不仅华为，海尔、海信等出海企业也都遭遇了各种阻力，包括宁德时代与福特合作建设的美国电池工厂也经历了一波三折，这些都是经常会遇到的问题。

【本章小结】

本章主要阐释了 Web 1.0 时代新媒体的主要形态，包括搜索引擎、门户网站、垂直网站、电子商务网站，重点讲授了搜索引擎的原理与检索技巧。

【思考题】

1. 列出你最常用的搜索引擎，并简述其基本检索策略。
2. 你认为目前国内外主要搜索引擎服务中存在哪些问题？应当如何优化或改善？
3. 在网络搜索引擎的使用过程中，当用户在确定检索之前刚开始输入关键词时，往往会自动出现一些“相关”的词语以补全搜索词条。你认为这种搜索引擎的“自动补全”功能可能产生哪些传播问题？为什么？
4. 如何对网络信息进行过滤和分析？
5. 你最喜欢的门户网站是哪家？谈谈你的理由。
6. 请你分析淘宝网的优势与不足。
7. 你认为电子商务平台相比线下商贸活动的主要优势有哪些？网络购物过程中会涉及哪些传播活动？这些传播活动相比面对面购物的场景而言有何优势？
8. 请简述我国电子商务平台的发展过程及其运营模式的主要变化，并谈谈你认为目前我国的电子商务平台在信息与用户服务方面存在哪些问题。
9. Web 1.0 时代的新媒体传播具有哪些主要特征？

第 6 章　博客与微博

博客（blog）具有网络群体传播和网络大众传播的双重特点。

博客的历史在国外最早可以追溯到 20 世纪 90 年代。作为一种新的网络交流、沟通形式，博客大受网友的青睐。

微博客（即微博）问世后，因其简便易用，发展势头很快超过博客。

第 1 节　博客

在博客短暂的发展史中有两件事不得不提。第一件是 1998 年的“德拉吉报道”（Drudge report），它让世界第一次真正感受到了博客的力量。1998 年 1 月 17 日夜里，麦特·德拉吉（Matt Drudge）在他的网站“德拉吉报道”上发布了一条令人震惊的消息：“在付印前的最后一分钟，星期六晚上 6 点，《新闻周刊》杂志抽掉了一条重要新闻。这条重要新闻注定将动摇华盛顿的地基：一位白宫实习生与美国总统有染。”这就是后来世人皆知的“克林顿与莱温斯基绯闻案”（见图 6－1）。“德拉吉报道”率先捅出克林顿与莱温斯基绯闻案，被认为是最早的、成功的政治博客，在整整半年时间内引领了美国的政治议程。这则报道在新闻史上创下了一个个人网站长时间设定社会焦点话题并使传统主流媒体蒙羞的先例。

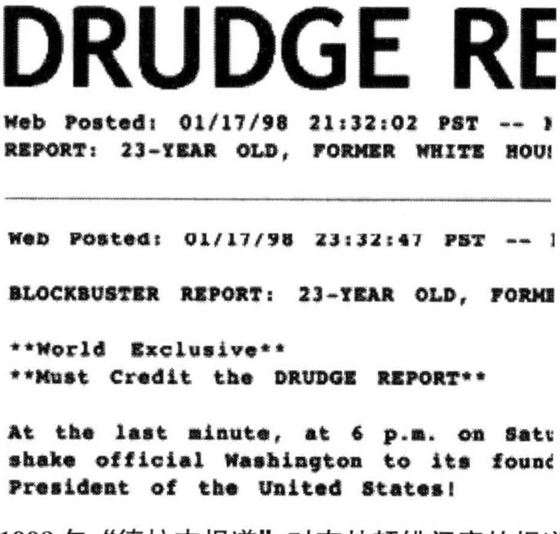
DRUDGE RE

Web Posted: 01/17/98 21:32:02 PST --
REPORT: 23-YEAR OLD, FORMER WHITE HOU

Web Posted: 01/17/98 23:32:47 PST --

BLOCKBUSTER REPORT: 23-YEAR OLD, FORME

World Exclusive
Must Credit the DRUDGE REPORT

At the last minute, at 6 p.m. on Satu
shake official Washington to its found
President of the United States!

图 6－1　1998 年“德拉吉报道”对克林顿绯闻案的报道（局部）

另一件是 2001 年的“9·11”事件，这是博客发展的分水岭。正是这场恐怖袭击，使人们重新认识到了生命的脆弱、人与人沟通的重要，也对最实时、最有效的信息传递方式有了全新的认识。可以说对“9·11”事件最真实、最生动的描述不在《纽约时报》上，而在那些幸存者的博客日志中；对事情最深刻的反思与讨论，也不是出自哪一位著名记者之手，而是在诸多博客当中。

正是在这两大事件之后，博客为越来越多的人所熟知，用户队伍迅速壮大。博客力量的日益壮大引起了广泛的关注，主流网络媒体纷纷开始吸引博客加盟，以免落伍。企业界把博客形式引入企业内联网和公司网站。

自 2002 年起，方兴东等人开始在中国大力推广博客，他们将 blog 翻译成“博客”，并创建了国内第一家较有规模的专业博客网站——“博客中国”（www. blogchina. com）。博客真正进入寻常百姓视线、媒体的版面主要源于两个人及其引起的事件：王吉鹏和互联网反黄事件、木子美和她的性爱日记事件。王吉鹏在2003年发出其挑战三大门户网站、批评网络色情的文章《网站CEO的下一个称呼》；木子美在同年发布个人性爱传记《遗情书》。此后，博客和网络色情批评立刻成为媒体关注的风暴眼，传统媒体和网络媒体竞相报道。在这股冲击波的强力推动下，不仅王吉鹏和木子美的博客迅速成为中国最知名的博客，这种新的网络传播方式也为越来越多的普通网民所关注。

一、博客的概念

博客是英文单词blog的音译。Blog是weblog的简称，即web和log的组合词，weblog就是一种在网络上的信息记录形式，简称“网络日志”。Blogger或weblogger是指习惯于日常记录并使用weblog工具的人，国内普遍翻译成“博客”。事实上，博客不仅指使用weblog的人，也可以指提供weblog的服务或工具。人们一般将在网络上利用博客工具创建博客网站、写网络日志的现象称为博客现象。

博客概念主要体现在三个方面：频繁更新（frequency）、简短明了（brevity）以及个性化（personality）。其更规范、更明晰的形式界定为：（1）网页主体内容由不断更新的、个性化的众多“帖子”组成；（2）内容按时间顺序排列，而且一般是倒序方式，也就是最新的放在最上面，最旧的放在最下面；（3）内容可以是各种主题、各种外观布局和各种写作风格，但是文章内容必须以“超链接”作为重要的表达方式。

从技术层面上讲，博客就是个人主页或个人网站。一般而言，创建个人主页或个人网站，我们首先需要注册一个独立的个人域名；其次，需要一个IP地址；最后，需要一个空间，这个空间可以由独立的服务器提供，也可以许多个人主页共享一个服务器的空间，服务器还要有操作系统、底层数据库等。创建一个博客，从技术层面上讲，与创建一个个人主页是一样的。但是，博客不需要单独注册域名，利用泛域名解析技术和数据库技术，系统可以自动生成与服务商域名同根的二级域名。博客主页和其他主要页面都可以利用服务商提供的现成模板，不需要博客创建者自己设计，也无须考虑操作系统、底层数据库设置等技术问题。博客不需要注册域名，不需要自己设计制作页面，甚至不需要花钱租赁空间，理论上可以做到零成本。正是因为如此，博客才在出现之后获得了很大的发展。

二、博客的特点

（一）博客从形式到内容都是自由和开放的，个人的思想与言论在这里可以得到原初的呈现

在现实生活中，人们往往因为社会环境、社会角色、社会地位与社会关系的制约而在具体的场域、不同的情境说各种不同的话，习惯了戴着各种面具说话和办事，更多地隐藏自己内心真实的思想或只在自己的私人领域表达与交流。博客则不同，它提供了一个没有束缚的空间，也提供了主体充分表达自我的可能：网络的虚拟性使主体可以隐匿其真实身份，无障碍地表达心中的真实思想与感受；网络的开放性使主体可以随时传播自己的文章、作品与观点，并且瞬间传遍全球；网络的互动性使主体可以方便地与人交流、沟通与互动。

（二）博客在一定程度上左右着网络甚至社会舆论

博客在国外出现之初，就表现出了不同凡响的社会价值。麦特·德拉吉在披露克林顿与莱

温斯基的绯闻案时就被传统的新闻界认为“不准确、不道德”。但博客最终以其对事实的追求与对真相的披露赢得了不同寻常的公信力。在对伊拉克战争的报道中，博客报道客观中立，找回了主流媒体在战争中失去的中立原则。博客行为独立自主，在揭露事实真相方面具有独特的优势。2002年，有博客披露了美国参议院多数党领袖洛特的种族主义言论，导致他被迫辞职。

（三）博客具有共享性

用博客方式产生的知识，以共享方式扩散。每个博客都有固定的网址，所有网民都可以通过这个网址阅读文章，最大限度地实现个人资源共享。

（四）博客具有互动性

博客以留言的方式进行交流，传者和受者可以实时互动，成为真正意义上的对话者。博客打破了传统媒体中单向的传播方式，信息的发出者也可以是接收者，具有双重性。这种互动性可以调动人们积极参与的热情，实现一些在现实中受限制而不能参与的交流。

（五）博客具有大众化特征

在技术层面，博客满足了“四零”（零技术、零成本、零编辑、零形式）条件，将最简单实用的形式免费提供给使用者，人们只需选择简单的模板，就可以创建属于自己的博客，使用博客几乎不产生任何费用。正因为博客的“零进入门槛”，几乎任何人都可以拥有自己的博客；相比之下，在传统媒体中只有社会精英才有话语权。

（六）博客具有娱乐性

许多博客出于自娱自乐而创作，并非完全为了获得经济报酬，写作源于内心冲动，强调感性，是一种自由体验式写作。博客文章没有文体限制，没有字数、质量要求。博客同时具备记者、编辑和出版者三种身份，实时写作、自我校验。

（七）博客具有草根性

无论在技术、形式还是在商业模式上，博客都平淡无奇，然而这也正是它的草根或平民气质所在。成为一名博客，没有很高的技术含量，没有任何新技术，不需要注册域名，不需要租用服务器空间，不需要许多软件工具，不需要许多网页制作知识。博客是一种傻瓜式的工具，就如同人们拿到纸和笔就可以写、画一样。

（八）博客具有感性化的特点

博客写作源于内心冲动，是一种体验式写作，作者在一片属于自己的天空里随性翱翔，任思维自由驰骋。博客文章无内容限制，没有字数要求，甚至也不苛求质量，只需手指与键盘配合便可用文字捕捉自我刹那间的所思、所想、所感。这种强调感性的特质特别适合现代人的需要。因为在生活节奏不断加快的消费社会里，现代人会产生“无家可归感”，尤其是在大都市里游走的孤独人群，常常感觉自己如一叶浮萍，飘飘悠悠找不到落脚的地方。这里的“家”，不是指身体居处的物质空间，而是哲学意义上的“家”，即精神上的平衡、安宁、和谐之所在。博客借助电脑和网络技术为现代人提供了一个精神交流的场所，成为博客人心灵寄托的“居所”。

三、博客对新闻传播的影响

在博客的发展过程中，对克林顿与莱温斯基绯闻案、“9·11”事件和伊拉克战争的报道是几件具有标志性意义的事件。1998年1月17日，德拉吉的博客网站成为世界上第一个报道克林顿与莱温斯基绯闻的地方；2001年“9·11”事件爆发后，以戴夫·温纳（Dave Winer）的Scripting News为代表的个人博客网站成为人们获取信息的重要来源。在国内的博客发展中存在两种趋势：一是以博客中国为代表的专业化、专栏化，二是以中国博客网和Blogbus为代表的“私人日志”式。前者专业板块多、专栏作者多，涵盖了社会、网络产业、经济、文化等多层面，以权威性和深度见长。后者大多是以个人主页形式呈现的、连续更新的、较为完整地记录个人生活的网络日志，它基本以个体生命的感悟、个体经验的传达为主，呈现出鲜明的私人性和个性化特征。

博客这一新媒介的出现影响了传统的传播方式，并对既有的传播学理论产生影响，而由库尔特·卢因（Kurt Lewin）提出的“把关人”理论就是其中之一。由于新媒体的匿名性，人们可以自由地在网上发布自己认为有用的信息，这些信息可以是传统媒体未予披露的新闻内幕，也可以是传统媒体众多信息的集纳，甚至个人生活的所见所闻等，这使得过去大众传媒组织所特有的把关特权开始为广大的公众享有。因此在网络时代，把关人机制出现了漏洞。尤其是博客的大量涌现导致这一情况更加严重。

你怎么看

作者认为博客的零技术门槛使得每一个人都可以自由、随意地参与到新闻生产中。你怎么看？

传统的大众传播媒体的传播者，无论是特定的社会集团还是媒体组织或媒体工作者，都是传播的主体，是传播行为的发起者，是通过发出的信息主动作用于他人的人。他们始终处于传播过程的上游，对信息的内容、流向、流量以及受传者的反应起着重要的控制作用，是传播特权的拥有者，也就是所谓的“精英”阶层。对于“精英”们传达的信息，广大的公众只能被动地接收。

博客的零技术门槛，使得每一个人都可以自由、随意地参与到新闻生产中。虽然博客无法和大众传媒相比，但是，他们作为新闻信息的补充来源，作为新闻信息的再加工者、整合者以及解读者，已经越来越显现出在新闻生产环节中的独特价值，这就使草根博客们可以在某种程度上不受把关人的限制。因此，有人提出了“市民新闻学”或“公民新闻学”的概念。

四、博客存在的问题

博客给传统道德带来了一系列冲击，其虚拟性弱化了道德规范，信息多元化导致了道德信念的迷失，匿名性导致了道德人格的异化。博客作为一种弘扬个性的新媒体方式，其主要目的应该是发掘个人的社会价值，拓展个人的知识视野，充分发挥网络的知识价值，追求健康、个性、平民精神。而一些人开通博客，仅仅是为了赶时髦、哗众取宠，其做法严重违背博客的基本道德精神。博客对传统道德的弱化、迷失、异化，已成为不容忽视的社会问题。

此外，从新闻传播的角度看，博客仍存在很大局限性，无法替代传统主流媒体。这主要体现在以下几点。

（一）博客仍然需要传统主流媒体

博客的发展离不开传统主流媒体。目前在信源方面博客在很大程度上还要依赖传统媒体，因为许多博客的内容并非原创，而是把传统媒体的消息转发或链接在博客空间里。传统媒体还为博客提供了批判的靶子，离开了报纸和广播电视，博客便失去了批判对象，很多以挑战传统媒体为己任的博客将不复存在。

（二）博客不具备新闻专业性，不是真正的新闻媒体和记者

尽管博客在及时性、目击性、多元化，甚至在某些领域的专业性上具有优势，但是在新闻专业素养方面，博客仍远远不及传统媒体的新闻记者，还不是真正的新闻记者。真正的新闻记者需要具备洞察能力，需要有对现场的处理经验和把握能力以及审慎的态度，博客不可能都成为新闻记者。博客只是碰巧报道了发生在自己身边的事件，并不是真正意义上的自觉的新闻记者。博客文章往往从发布新闻直接跳向发表评论，缺乏平衡性的分析，很容易被不同利益集团操纵。非专业性也使得虚假新闻、误导性内容和错误及失实报道频频出现，影响博客的可信度。

第2节　微博

微博，即微博客（microblog）的简称，是一个基于用户关系的信息分享、传播以及获取平台，用户可以通过Web、WAP以及各种客户端组建个人社区，以简短的文字更新信息，并实现即时分享。国际上最早、影响力最大的微博是美国的推特；国内微博市场份额最大的是新浪微博和腾讯微博。

> **概念**
>
> 微博，即微博客的简称，是一个基于用户关系的信息分享、传播以及获取平台，用户可以通过Web、WAP以及各种客户端组建个人社区，以简短的文字更新信息，并实现即时分享。

根据2019年6月30日中国互联网基础资源大会提供的信息，我国网民规模已达8.29亿，规模居全球之首，互联网普及率达到59.6%。根据中国互联网络信息中心发布的第42次《中国互联网络发展状况统计报告》，截至2018年12月，中国微博用户规模为3.37亿人。根据微博2022年第四季度财报，2022年12月，微博月活跃用户为5.86亿人，移动端用户占95%，平均日活跃用户为2.52亿。根据微博2023年第二季度财报，2023年6月，微博月活跃用户达到5.99亿，日活跃用户达到2.58亿。

一、微博的发展

第一家提供移动社交网站和微博服务的公司是创建于2006年的美国公司推特（Twitter）。推特的创建理念源于Podcasting公司的一次头脑风暴会议，会上，首任推特董事长受到短信群发服务（TXTMob）的启发，提出将短信群发服务引入网络中的构想，增加传统博客的移动性，让人们可以在任何地点更新。

【案例】 推特的巧妙营销

推特的成功与其巧妙的营销手段分不开。2007年的西北偏南音乐节（South by Southwest Festival，SXSW）是推特的成功触点。西北偏南音乐节是在美国乡村音乐的中心——得克萨斯州的奥斯汀每年春天举办的音乐节，这是美国的大型音乐节之一。推特将两块60英寸（约合152厘米）的等离子显示屏放置在音乐大厅的走廊里，上面展示的是推特的短信息，来参加音乐节的人们用推特记录着彼此的联系方式。在这次庆祝活动上人们大都对推特叫好，仅节日期间，推特的日发帖量就从2万剧增至6万。

该网站最初叫 Twitch（意为抽搐、振动），是形容手机振动状态的一个词，网站的创建者们试图引发用户对无处不在的手机振动声的联想。考虑到 twitch 用作产品名称引发的视觉想象不是特别友好，他们查看字典寻找发音和 twitch 相近的词，最终找到了“twitter”。在英文字典中，twitter 的释义有二：一为“简短、细琐、突然迸发的信息”；二为“小鸟的啁啾”。该词的使用形象地展现了推特的特性并能赋予产品美好的视觉想象。

图 6-2 是推特的一个历史页面，从中可以看出人们在推特上交流的多为日常生活经历。

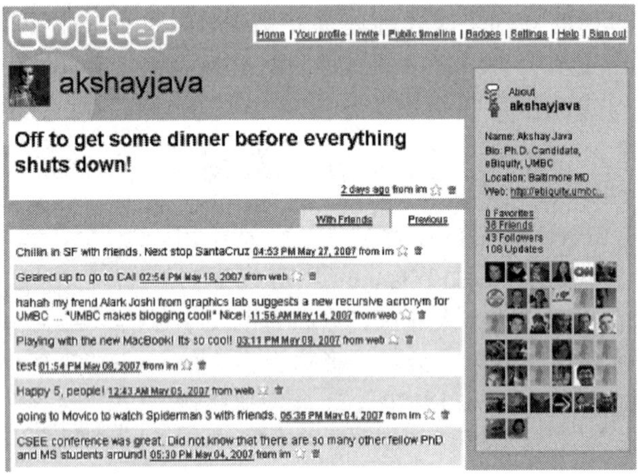

图 6-2 推特页面

推特可以让用户更新不超过 140 个字符的消息（除中文、日文和韩语外已提高上限至 280 个字符），这些消息也被称作“推文”(Tweet)。

微博从诞生之初起，就秉持跨平台数据互动交流的理念。

以推特为例，它支持的输入界面有：Twitter API、脸书等社交网络、即时通信、短信、推特自身界面。而它支持的输出界面有：Twitter API、脸书、即时通信、短信、RSS、推特自身界面等。图 6-3 列出了推特所支持的输入、输出界面。

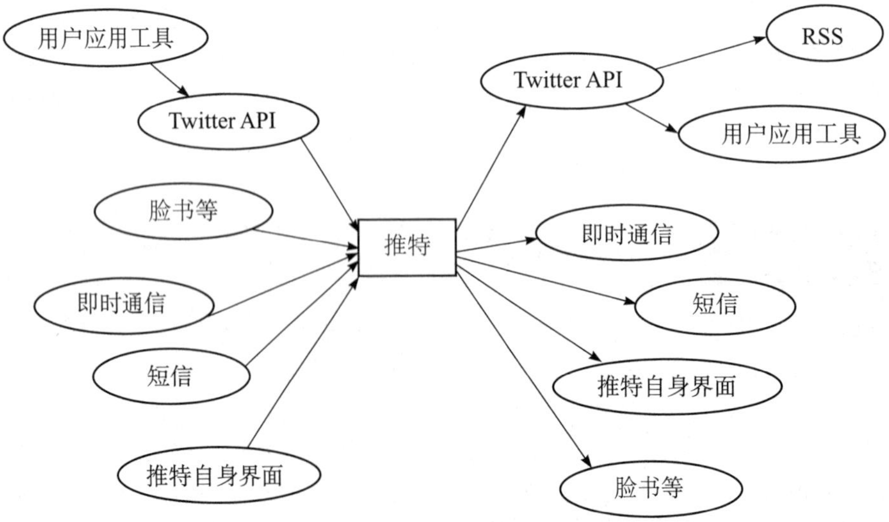

图 6-3 推特支持的输入、输出界面

值得一提的是推特的成功有赖于其开放 API。网站提供开放平台的 API 后，可以吸引一些第三方的开发人员在该平台上开发商业应用，平台提供商可以获得更多的流量与市场份额，第三方开发者不需要庞大的硬件与技术投资就可以轻松快捷地创业，从而达到双赢的目的。第三方应用扩大了推特原有的功能，让推特更好用，从而极大地丰富了推特平台自身的功用。现在，推特超过一半的流量都来自第三方 API。

但是，随着推特的开放 API 发布数量不断增加，其运营过程也开始暴露出一些问题。开放 API 的巨大的访问量引起了推特的种种性能问题，使得推特的稳定性大为降低，为了支持大量的外部 API，推特宕机频繁，这种情况几乎所有推特用户都遇到过。

2022 年 10 月，全球首富埃隆·里夫·马斯克（Elon Reeve Musk）以 440 亿美元现金达成收购社交网络公司推特（Twitter Inc.）的交易。据统计机构 World of Statistics 的数据，2022 年，推特的月活跃用户数量为 3.68 亿。

埃隆·里夫·马斯克，1971 年 6 月 28 日出生于南非的行政首都比勒陀利亚，目前是全球首富。马斯克是拥有美国、南非、加拿大三重国籍的企业家、工程师、发明家、慈善家，特斯拉（TESLA）创始人兼首席执行官，太空探索技术公司（SpaceX）首席执行官兼首席技术官，太阳城公司（SolarCity）董事会主席，推特首席执行官，美国神经连接公司（Neuralink）创始人、OpenAI 联合创始人，美国国家工程院院士，英国皇家学会院士，本科毕业于宾夕法尼亚大学经济学和物理学双专业。

2023 年 7 月 23 日，马斯克发布推文称，将要更换推特的“蓝鸟”图标为“X”图标；7 月 24 日，马斯克再发推文，宣布推特网址由 twitter. com 迁移到 X. com；同日，马斯克将自己的头像更换为“X”字母，侧面公布了推特的新 logo。7 月 31 日，推特应用在 App Store 正式更名为 X。推特的新旧 logo 如图 6－4 所示。

图 6－4　推特的新旧 logo

2023 年 7 月 29 日，马斯克发布推文宣布 X（原名推特）的月活跃用户数量在下滑之后已经回暖，并且已经超过了 5.41 亿人，同比增长了 47%，创下了新的历史纪录。

二、微博的优势

微博有不少优势，主要表现在以下几个方面。

（一）简单易用

微博的内容只是由简单的只言片语组成，对用户的技术要求门槛很低，用户可以通过手机、电脑等方式来即时更新自己的个人信息。

（二）主动性强

只要轻点“关注”，即表示用户愿意接收某位用户的即时更新信息，用户不想继续接收特定用户的信息时，点“取消关注”便不会再接收来自特定用户的信息了。

（三）及时性强

微博网站的即时通信功能强，在没有电脑的地方，只要有手机也可即时更新自己的内容。一些大的突发事件或引起全球关注的大事，如果有微博客在场，他们便会利用各种手段在微博上发表出来。

（四）发布平台的开放与多样性

可以通过手机、IM软件（Gtalk、MSN、QQ、Skype）和外部API接口等途径向微博发布消息。

作为博客之后的一种新型媒介形态，微博的诞生也引发了学界、业界的广泛关注。有人认为微博带来了Web 3.0时代的春天，有人认为微博的出现对于新媒体的发展而言是一次巨大的跃迁，在微博上真正实现了Web 2.0时代都不曾有过的即时互动。

微博的社会意义在于推动社会的民主化，促进企业营销。但是，微博亦是一把双刃剑。微博的不足正在制约其发展。

三、微博对新闻业的影响

（一）微博成为重要的消息来源

微博支持多界面的信息输入和输出，尤其是它与手机的结合，使其具备了成为一种重要的消息来源的条件。

【案例】 微博在伊朗“绿色革命”中扮演重要角色

微博在2009年伊朗的“绿色革命”的信息传播中扮演了重要的角色，以至于人们把这次运动称为“推特革命”。

2009年伊朗的“绿色革命”是一场大型的反政府群众运动。在2009年伊朗总统选举中，官方宣布马哈茂德·艾哈迈迪-内贾德以绝对优势成功连任，但是反对派总统候选人、前总理米尔·侯赛因·穆萨维认为选举存在严重舞弊，要求重新选举。从6月13日凌晨开始，大批民众走上街头抗议选举不公和艾哈迈迪-内贾德政府。由于穆萨维用绿色作为竞选颜色，因而示威群众大多身穿绿衣或者佩戴绿色丝带、头巾等，并挥舞绿旗，因而该场运动被称为“绿色革命”。

“绿色革命”是伊朗革命以来伊朗国内最严重的冲突，同时，这场运动的一个很大的特点就是对微博技术的广泛应用。伊朗政府进行信息管制，封锁和驱逐媒体，导致有关伊朗国内局势的信息不能及时传递出去。但是伊朗民众利用新兴的网络工具，如推特、脸书、油管和代理服务器，将示威和政府镇压的实况报道出去。所以很多人也称这次运动为“推特革命”。

伊朗“绿色革命”是在重大政治事件中，正常采访途径受到阻碍的情况下，利用微博获取新闻信息的典型事例。

在一些特殊的环境中，由于客观技术条件等的限制，新闻记者有时候也不能及时获得消息。比如在太空探索中，记者要对宇航员进行采访需要克服较多的条件制约，要经过的程序也很多。但利用微博来和宇航员进行沟通，可方便地获得更多的一手信息。2009年5月，美国宇航员迈克·马斯米诺利用推特发送哈勃太空望远镜修护的过程，是推特首次在太空中得到应用。

【案例】推特获取信息显优势

越来越多的用户在推特上发布所亲历的突发事件。

2009年1月，美国航空公司的飞机与飞鸟相撞，被迫降落在哈德逊河上。在媒体到达现场前，前往营救的船只上的一位乘客拍下了当时乘客疏散撤离的情景并发布到推特上。

2008年，《新科学》曾经指出，在紧急情况下，推特在获取信息方面的优势要大于传统媒体和政府提供的紧急服务。比如在2007年10月美国加利福尼亚州大火中，一些推特用户每隔数分钟就发布即时信息使亲朋好友得知自己的状况以及现场大火情况。美国红十字机构也开始使用推特来发布当地险情的相关数据和方位。2009年4月，美国政府机构也用推特发布H1N1流感病例数据。

2008年4月，美国加利福尼亚大学伯克利分校的新闻系研究生詹姆斯·巴克和他的翻译因为拍摄了埃及当地的反政府示威活动而被捕。在前往警察局的路上，巴克用他的手机发送了“arrested”（被捕）一词到推特上。他在推特上的48位关注者得知情况之后立即联系加利福尼亚大学伯克利分校、美国驻埃及大使馆以及多家媒体机构。加利福尼亚大学伯克利分校为他聘请了律师，第二天巴克即获释。

以上案例都说明，新媒体时代的记者，如果忽视微博，就等于丧失了一个重要的信息渠道，更等于在媒体融合时代的新闻业中失去竞争力。

（二）微博在一定程度上影响重大新闻事件发展

在重大新闻事件中微博扮演着越来越重要的角色，新闻工作者不应忽视这股力量。

【案例】奥巴马在总统大选中利用微博

在2008年的美国总统大选中诞生了美国历史上首位黑人总统——奥巴马。当选总统后，奥巴马被人们称为首位“互联网总统”。在竞选中，奥巴马非常重视微博的沟通交流功能。其实奥巴马的民主党竞争对手希拉里也在推特上建立了个人主页，但是，希拉里仅仅把推特当作单向信息发布平台，而不是交流工具。

贝拉克·侯赛因·奥巴马（Barack Hussein Obama，1961年8月4日—　），美国民主党籍政治家，美国第44任总统，美国历史上第一位非洲裔总统。1991年以优等生身份从哈佛大学法学院毕业，1992年至2004年在芝加哥大学法学院教授宪法，2007年2月10日宣布参加2008年美国总统选举，2008年11月4日当选美国总统，2009年10月9日获诺贝尔和平奖，2012年击败共和党总统候选人罗姆尼成功连任，2017年1月20日卸任。

奥巴马的推特有专人维护，并不会主动关注任何人，而一旦有人关注了奥巴马的推特，这些人就会被加为好友。当这些好友发表一些关于奥巴马的言论时，奥巴马的推特会主动回复，这拉近了奥巴马与普通选民的距离。而希拉里却很少主动追踪回复她的关注者。到竞选后期，奥巴马获得了15万关注者，而希拉里仅有6 000多。

由此可见，微博使得名人与普通人的零距离、感性接触成为现实。传统的网络传播方式，比如电子邮件，虽然也提供了便捷的沟通方式，但是，电子邮件私人性较强，而且这种信息反馈方式往往有点“冷冰冰的”。

第45任美国总统唐纳德·特朗普（Donald Trump，1946年6月14日—　）以其口无遮拦的批评著称于世，除了经常在媒体上“语出惊人”爆出猛料之外，他还很善于利用“新媒体”资源与公众交流，因此被称为“推特总统”。

特朗普平均单日发推200条，其中37条为原创帖文，平均7分12秒发一条。特朗普在受弹劾时期，曾创造个人最高发推纪录：单日发推142条。

特朗普竞选美国总统最为成功的地方就在于他熟练利用了新媒体，绕开传统媒体直接与民众对话，进行政治动员，最终一路披荆斩棘，击败所有对手，成功入主白宫。

2021年1月6日，在美国国会清点总统大选选举人票期间，部分特朗普支持者暴力冲击国会，造成至少5人死亡，多人受伤。特朗普超8 000万粉丝的推特账号也被暂停使用，之后推特认为特朗普的言论存在“进一步煽动暴力”的风险，于是将他的账号永久停用。2022年，马斯克收购推特成为该社交媒体平台的老板，于11月宣布解封特朗普的账号。2023年8月24日，在美国社交媒体推特上沉寂超过两年半的特朗普再次发帖。帖子发布后仅5小时，就获得了6 100万的阅读量，势头更甚当年。

作为一种社交网络，微博围绕着关注者的理念进化发展，某一用户选择了关注某个微博客，该微博客的更新就会以逆时序出现在该用户的主页上。关注者关注一个人并不需要双方的相互确认，而且关注者可以通过各种方式，如手机等，即时获知被关注者的更新。从系统论的观点来看，关注者和被关注者之间可以看作一个系统，在这个系统里，信息从微博支持的各种沟通渠道得以传递。从信息数量上看，微博使从被关注者流向关注者的信息量增加；从信息内容上看，微博上名人的信息更加日常化，更能满足关注者对名人全方位了解的欲望，甚至于满足他们的一定程度的“偷窥欲”。从信息流向上看，在微博里，信息的传递方式是互动的、双向性的。在一个系统里，“熵”的存在使得系统趋于无序、混乱，而信息——“负熵”能通过减少或消除不确定性来使系统内部达到有序、平衡。微博里，信息的数量、内容、双向流动等都比传统网络传播模式更加有利于消除“熵”，使关注者和被关注者构成的系统趋于良性发展。

了解这一点，能使我们对微博在重大公共事件中发挥的作用及其影响力的来源有更深刻的了解，从而在新闻采写中善于利用微博，甚至通过微博里的互动方式对事件的发展进行一定程度的预测。

（三）微博是媒介组织传播产品的新方式

微博短小精悍的特点使其也成为实时新闻更新的重要来源。新闻机构使用微博发送重大新闻的链接、发布头条以及简短网址。在这个方面，推特可以算是传统RSS的替代品。

此外，新闻媒介组织还可以利用微博发现潜在受众。在微博里，如果一组节点相互间的联系要比与节点外的联系明显密切得多，那么我们可以笼统地把它称作一个“群落”，这些群落常常因共同的兴趣而形成。用户在某一群落中的行为可能与其进入另一群落时的行为大有不同。比如，在某一群落里，一个人可能是活跃的信息源，而在另一个群落里，他扮演的却是信息搜寻者的角色。

利用一定的技术手段，我们可以通过确定一些社群来实现新闻产品的定点传播。比如，通过电脑数据分析，我们发现某群人之间的交流频率非常高，他们交谈的关键词可能包括工作、

Xbox、电子游戏等。他们探讨着共同的兴趣——电玩，同时也会在微博上分享个人感受和经历。那么媒介组织就可以将收集到的关于电玩的最新信息发送给他们。

2009年4月30日，推特对其界面进行改版，增加了搜索栏以及热门话题。热门话题是用户在帖子里讨论最多的短语，短语会实时更新。由此，微博具备了另外一个重要功能：除了让用户得到关于自己社交圈或者所关注的圈子的消息，还可以通过向用户展示整个网络最受人关注的焦点，使用户得以及时感知外部世界的整体状况。

这项功能的开发对于克服社会学家们提到的媒体细分化所导致的“信息茧房效应”有积极作用。所谓“信息茧房效应”是指20世纪90年代以来越来越明显的一种社会现象：人们通常选择接收那些符合自己既有判断标准、自己易于接受的信息。人们企图借助这所“茧房”来逃避现实生活的某种不确定性，减少不得不做出的众多选择。

> **概念**
>
> “信息茧房效应”是指20世纪90年代以来越来越明显的一种社会现象：人们通常选择接收那些符合自己既有判断标准、自己易于接受的信息。人们企图借助这所“茧房”来逃避现实生活的某种不确定性，减少不得不做出的众多选择。

美国前总统奥巴马的法律顾问、哈佛大学法学院桑斯坦教授在其著作《信息乌托邦》中提出了“信息茧房”的概念。在信息传播中，因公众自身的信息需求并非全方位的，公众只注意自己选择的东西和使自己愉悦的通信领域，久而久之，会将自身桎梏于像蚕茧一般的“茧房”中。桑斯坦认为，“信息茧房”以“个人日报”的形式呈现，伴随着网络技术的发达、信息的剧增，公众可随意选择想关注的话题，可依据喜好定制报纸、杂志，每个人都可为自己量身打造一份“个人日报”。当个人被禁锢在自我建构的信息脉络中，个人生活必然变得程序化、定式化。

桑斯坦解释说，生活在“信息茧房”里，公众就不可能考虑周全，因为他们自身的先入之见将逐渐根深蒂固。一些国家就出于这个原因走向灾难。对于生活在信息茧房中的领导人和其他人而言，一个安慰是这是一个温暖、友好的地方，每个人都分享着共同的观点。但是，其重大的错误就是舒适的代价。对于私人和公共机构而言，茧房可以变成公众一种可怕的梦魇。桑斯坦指出，在互联网出现之初，麻省理工学院的传媒与科技专家尼古拉斯·尼葛洛庞帝（Nicholas Negroponte）就预言了“我的日报”——一种完全个人化的报纸的出现。在其上，每个人都可以挑选他喜欢的主题和看法。对于社会普通公众中的某些人而言，这是一个真正的机会，也是风险，有时会给商业和民主带来不幸的结果。

在桑斯坦看来，网络的广泛使用，让每个人都能获得自己所喜欢的信息。假如说一个社会也是如此的话，各个社会群体便会分裂。这样的一种思想偏狭将会带来各种误会和偏见。正是因为消息是免费获取的，所以在无数的新闻面前，公众必须做出取舍。假如每个人都只按照自己的心意选择自己喜欢看的消息，那么，每个人的世界图景都只是他们所希望看到的，而不是世界本来应该拥有的样子。“信息茧房”的提出，不乏思想渊源。早在19世纪，法国思想家托克维尔就发现，民主社会天然地易于促成个人主义的生成，并随着身份平等的推广而扩散。微博有可以过滤自己不感兴趣的信息和人的功能，有可能会导致其使用者被分化为越来越小的、与社会其他部分没有什么共同点的兴趣群体。而人们话题的实时更新，为使用微博的人打开了一扇关注外部社会的便捷窗口。这无疑是信息传播扩散方式的一大进步。

（四）微博与媒介组织的网络口碑营销

口碑是人们口口相传的对某一事物的评价。在市场营销中，口碑是一个顾客与他人分享关于某一公司、产品、服务的细节，对其进行评价的互动过程。口碑得以形成有赖于人们的社交网络，人们往往更相信来自自己社交圈子的信息。口碑往往是市场营销中最难控制和影响的方面。随着互联网的发展，口碑对企业形象、产品形象产生的影响越来越大。

微博被用来提供产品信息，或者把潜在顾客吸引到媒介组织的网站或者博客上。一些媒介组织会雇用商业机构监控微博上关于自己产品和竞争对手产品的信息，以实行精确营销。

利用微博监控工具，媒介组织还可以跟踪对自己的产品或服务有不良评价的用户，及时介入解决问题，化解尚处于酝酿期的危机。此外，媒介组织还可以通过微博的投票、调查工具等获得实时反馈。

在激烈的同行竞争中，无论是想保持优势地位还是维持生存，媒介组织都必须靠良好的企业形象。微博作为网络口碑的重要传播方式，对于媒介组织形象的树立和维护，起着不容忽视的作用。

（五）微博在媒介组织内的应用

微博有望成为一种新的组织内沟通媒介。在过去几年里，随着远程办公的发展，组织内传播由传统的面对面传播，转向越来越依赖利用电子邮件、即时通信等的在线网络传播。但是，随着企业扁平化管理、精减裁员等所带来的工作压力的增大，电子邮件、即时通信等虽然便利，但是可能会对工作造成干扰，因此一些公司明令禁止在办公时间使用即时通信工具。

随着越来越多的用户在微博上发布近况，微博可能成为媒介组织内员工的非正式沟通渠道，满足组织成员的信息需求以及社交、情感需求。在信息需求方面，媒介组织成员间可以分享有用的机会信息，交流职业心路历程，维护共同的利益基础等；在情感需求方面，微博可以通过展示工作以外的多彩生活，让媒介组织成员共享生活体验，从而成为媒介组织内部公众的情感纽带。

四、关于微博的冷思考

（一）发布信息随意性强，真实性没有保障

微博上发布的信息的传播缺少传播学中所说的把关人的把关，微博信息均未经核实，网民发布信息随意性强，真实性没有保障。微博上的各种虚构事件进一步凸显了微博信息可信度低的问题。

有人热烈地颂赞微博以140字的“微内容”带来了“微革命”，但是微博上个人发表的声音与意见，其真实性依然难以得到确认。在自我表达的同时，微博上的言论仍然面临着失范的危险。微博进一步催生了大众书写与表达的欲望，但是这种书写是零碎的与片段式的，内容呈现出多元化、琐碎、没有标题等特征。微博上的信息是博主自己发布的，具有私密性与公开性，这些没有经过认证、筛选的信息甚至有可能引发社会恐慌，扰乱社会秩序。

微博用户发布信息时所处的环境往往充满着不确定性与随意性。这直接导致微博用户在发布信息时往往蜻蜓点水般地一带而过，很少去深思熟虑。加上微博网站对用户的发布状态没有过多的限制与要求，因此用户表达会更加随意，这种状态往往会导致用户的表达缺乏节制。

你怎么看

微博上信息的可信度是高还是低？你怎么看？

微博流言的盛行及广泛传播深深阻碍了它作为时代记

录者的公正角色。这意味着在微博中找寻有价值的新闻点不仅如同大海捞针，而且即使在各类庞杂的信息中找到了有价值的新闻，也未必就能确定它的真实性。

【知识窗】“僵尸粉”

“僵尸粉”指极度不活跃的用户，多是被人注册来增加粉丝数或制造垃圾微博账户。“僵尸粉”的大量存在使得网民对微博网站或频道、知名微博客产生了信任危机。据《北京日报》2011年5月27日报道，有网民选取了新浪微博中10位名人的微博作为统计对象，发现他们的粉丝中“僵尸粉”约占17%，其中直指李开复的粉丝中有近百万为“僵尸粉”。“僵尸粉”的界定标准有三条：已注销、粉丝数低于5个、微博数低于5条。只要满足其中任何一条的微博账户就可被认定为“僵尸粉”。

（二）微博具有草根性，实质是娱乐化平台

概念

“僵尸粉”指极度不活跃的用户，多是被人注册来增加粉丝数或制造垃圾微博账户。

每条微博限定在140字以内必然导致信息传播的碎片化。一方面，单条微博信息十分有限，但是微博信息总体上却又具有海量性，两者之间存在尖锐的矛盾。这一矛盾，造就了微博的草根性和娱乐性。在微博上，140字的限制将平民和莎士比亚拉到了同一水平线上。

不少微博过于关注甚至有意暴露个人隐私，尤其是明星的隐私，微博甚至已经成为娱乐圈的“微观江湖”。作为一种公共传播的私人媒介，微小的个人事件特别是名人的个人生活、情感事件都可能会被微博用户曝光。目前，访问量最高的微博几乎都是娱乐明星的微博，微博实质上成为娱乐化平台。如果一些未经核实的事件被网民盲目转发，极容易造成微博用户集体娱乐公共事件。

（三）微博已经成为商业炒作的工具

通过微博进行商业炒作提升人气是微博的一种重要功能。作为一种网络沟通方式，微博有别于传统的网络营销，它反映了公司与客户之间沟通方式的多元化，增加了公司与客户群体之间相互了解的可能。由于微博用户登录采取匿名制，微博信息又处在实时更新状态，再加上其真实性难以考证，微博网站也就最终成为虚假信息的制造工厂和传播源。而在网络平台上以秒为单位不断刷新的海量信息中，难免存在一些别有动机的人故意歪曲事实。

微博营销存在着很多缺憾。首先，微博需要有足够的粉丝量才能保证传播效果，因为人气是微博营销的基石。其次，由于微博里内容更新几乎是无时无刻的，所以如果发布的信息没有及时被粉丝关注，就很有可能被湮没在海量信息中。最后，一条微博信息往往只有几十个字，信息含量非常有限。所以其信息仅限于在微博平台上传播，很难像博客文章那样被大量转载。因此微博营销走向了另外一条道路——炒作。只有通过商业化炒作，微博才能达到其营销的目的。

（四）容易导致社会不稳定

微博用户能够在第一时间获得信息并且更新博文，但是微博这个舆论先锋极有可能在发布正确信息的同时传播许多不准确的消息，甚至是虚假的消息。一些微博用户为了赚取更高的利

润还会借网民之名，打着正义的旗号，造谣生事，煽动网民，甚至不惜采用散布黄赌毒信息、制造虚假新闻、披露隐私、发布不良智力游戏等方式吸引网民的参与，引诱和拉拢未成年人以提升其微博的传播力。与此同时，微博谣言传播行为无法得到及时的法律监管和社会监督。而微博的匿名性和开放性更是掩盖了微博的责任缺失问题。

基于微博自身的快捷分享，为信息的病毒式传播提供了便利条件。也正是这些特征使得微博成为假信息的发源地与集散地。微博传播是一个交谈双方不断建构话语文本与解构话语文本的过程。传播过程中信源模糊，遇到敏感事件网民往往又没有足够的判断力，很可能会导致谣言进一步传播。谣言的传播一旦失控，其引发的后果将难以预料。

技术的进步往往在政治事件中扮演催化作用。许多人将发生在突尼斯、埃及等国的“茉莉花革命”① 归因于互联网，尤其是脸书和推特等新媒体。微博在2011年埃及革命中成为会聚抗议力量的重要工具。它有效地放大了反对派的力量与声音，促使骚乱横扫全国。尽管穆巴拉克随后采取了极端手段，立即屏蔽了脸书和推特，切断了埃及全国的互联网及移动通信，但是，与突尼斯发生的情况一样，一切都已经太晚。

(五) 缺乏有效的盈利模式

全世界所有的微博网站如果独立核算都亏损。推特用户的增长速度虽然令人吃惊，但是仍然处于亏损状态。其收入主要来源是开放即时信息供谷歌、微软必应等搜索引擎做即时消息搜索。

目前国内微博的盈利模式主要是“免费＋广告营销”，即免费供网民使用，向企业收营销费用。此外，一些微博网站通过加粉丝、转发博文、评论和炒作话题等方式获取一定的收益。认证是提升微博关注度的方法，不少微博网站的认证渠道都不够透明。这时候就有很多人提供付费认证服务，他们通常通过“内部”关系来完成认证，价格从几十到几百不等。

没有明确的盈利模式是当下中国微博发展的一个瓶颈。虽然当下关于草根利用微博赚钱的金点子层出不穷，但是在所有微博网站中，还没有一个是盈利的，大多数微博网站仍然停留在跑马圈地的时代。一方面微博比较零散，界面较混乱，其信息的碎片化程度较高，对于营销传播的技巧要求也相对会更高。另一方面，微博信息可信度较低。这些都决定了在微博上投放广告可能会难以获得持续的关注，因为客户群体从微博上难以获得具有较大吸引力的服务体验。

当前，根据埃弗雷特·罗杰斯的创新扩散理论，微博已经走过了获知、说服、决定、实施、确认五个阶段，越过发展高峰，正步入下降阶段。

你怎么看

作者认为，只有通过商业化炒作，微博才能达到其营销目的。你怎么看？

【本章小结】

本章主要阐释了博客的特点、博客对新闻传播的影响、博客存在的问题，重点讲授了微博的发展、优势及对新闻业的影响，分析了微博存在的问题。

① “茉莉花革命”，指2010年12月至2011年年初在突尼斯、埃及等北非和中东的阿拉伯国家发生的政治剧变。

【思考题】

1. 请简述博客的主要特点。
2. 请你分析博客对新闻传播的影响。
3. 你认为博客上传播的新近发生的消息是否属于新闻？博客能否替代新闻媒体？
4. 请分析微博的优势与不足。
5. 微博相比博客而言具有哪些优势？
6. 请谈谈你对微博内容泛娱乐化的看法。
7. 微博中的热点话题往往会引发社会舆论和广大公众的参与讨论，对社会舆论环境具有重要影响。结合目前我国网络空间的现状，请谈谈你认为应该如何改善微博中的内容治理。

第 7 章　微信

微信改变了很多人的生活方式和信息传播方式，带给人们前所未有的信息便捷、黏合便捷和生活便捷。微信作为时下最热门的社交信息平台，也是移动端的一大入口，正在演变成一大商业交易平台，其对营销行业带来的颠覆性变化开始显现。

第 1 节　微信的发展

微信是腾讯公司打造的一款社交软件，是由张小龙所带领的研发团队开发出来的，2011 年 1 月 21 日正式推出。微信支持跨通信运营商、跨操作系统平台通过网络快速发送免费（需消耗少量网络流量）语音短信、视频、图片和文字，同时也可以使用通过共享流媒体内容的资料和基于位置的社交插件。微信提供公众平台、朋友圈、消息推送等功能，同时将内容分享给好友以及将用户看到的精彩内容分享到微信朋友圈。微信与支付宝一起还成为中国最重要的移动支付平台。

2023 年 8 月 16 日，腾讯发布 2023 年第二季度财报，财报显示，该季度营收 1 492 亿元，上年同期营收 1 340.34 亿元，同比增长 11%，市场预期 1 519.55 亿元；第二季度净利润 261.71 亿元，去年同期为 186.19 亿元，同比增长 41%。根据财报，截至 2023 年 6 月 30 日，微信及 WeChat 的合并月活跃账户数达 13.27 亿，同比增长 2%，微信已经实现了对中国人口的全量覆盖，稳坐“国民第一社交 App”宝座。微信用户增长，得益于视频号、小程序和朋友圈用户使用时长的增长。视频号总用户使用时长同比几乎翻倍。小程序的月活跃账户数超过 11 亿，其中作为中国领先的休闲游戏平台的小游戏贡献显著，并产生了高毛利率和具有平台经济效应的分发和广告收入。笔者认为，微信能够成为“国民第一社交 App”，还得益于微信支付的普及，以及三年新冠疫情期间健康码的使用。

新冠疫情催生了健康码。健康码是以实际真实数据为基础，由市民或者返工返岗人员通过自行网上申报，经后台审核后即生成的属于个人的二维码。该二维码作为个人在当地出入通行的电子凭证，实现一次申报，在申报当地通用。2020 年 12 月 10 日，国家卫健委、国家医保局、国家中医药管理局联合发布《关于深入推进“互联网＋医疗健康”“五个一”服务行动的通知》，明确要求各地落实“健康码”全国互认、一码通行。由于健康码是基于微信和支付宝平台使用的，这迫使很多原本不用微信的老年群体成为微信用户。

一、微信概况

微信是一个为智能手机提供即时通信服务的免费应用程序。根据微信官网（http：//weixin.qq.com/）发布的信息，截至 2013 年 3 月 15 日，微信的注册用户已达 4 亿；2013 年 11 月，微信注册用户量突破 6 亿。用户可以通过微信与好友进行形式上更加丰富的类似短信、彩信等方式的联系。微信软件本身完全免费，使用任何功能都不会收取费用，使用微信时产生的上网流量费由网络运营商收取。截至 2019 年 4 月，微信及 WeChat 已经拥有 11 亿活跃用户。

微信用户数、用户活跃度的持续增长主要源于三个方面的原因：第一是微信群功能、支付功能的不断完善；第二是同京东、搜狗等垂直领域的伙伴达成合作，深化了运营优势；第三是在国际市场上持续推动用户参与度。

微信不是国内第一款移动互联网即时聊天工具，其设计理念也非原创。微信的创意来源于加拿大 Kik Interactive 公司推出的即时通信软件 Kik。Kik 是通过手机用户本地通讯录与联系人直接建立连接，同时实现免费通信聊天、状态同步等多种功能的社交软件。其设计理念越过移动通信自身的硬件壁垒、通信公司运营壁垒以及社交网络障碍，使得个人手机、平板电脑等移动终端成为社交平台。它操作简单、即时性强、推广迅速、资费低廉。Kik 的应用方式虽然非常简单，但它实现了高效、自然的在线沟通。通过使用 Kik，用户无须面对面就可以充分了解到信息是否真正到达沟通的另一方和是否有反馈。虽然这一款软件在当时还不能发照片、不能实时对讲或者发附件，但却连接了现实世界和虚拟世界，使移动终端成为新的社交节点。随后，全球类 Kik 产品不断问世，至此，基于手机通讯录的即时通信工具粗具规模。

国内第一款类 Kik 产品是小米科技推出的米聊。该产品主张“熟人关系”，在米聊联系人中，百分之百是互联网圈内好友。米聊在普通用户中接受程度并不高，主要用户是互联网 IT 界人士，也许是因为米聊基本上是在业界口口相传，欠缺一些面向大众的推广。

微信在 2011 年 1 月正式推出后，其发展速度远超微信团队自身的预期，也超出外人的想象。2011 年 11 月初，微信用户数超过 3 000 万；一个月后，这个数字已达 5 000 万，数倍于其先行者、竞争对手。面对诸多类似的通信、社交类产品的激烈竞争，微信的快速发展源于其强大的优势：一是对比移动的手机短信，它除具有短信实时推送的功能外，推送内容的类型还呈现多媒体的特征，且在费用上较手机短信有比较优势；二是其背后腾讯强大的技术和资金支持；三是原有的庞大的 QQ 用户群基础和当时开发的手机号码注册交友，明确了微信的强关系属性；四是微信能适用于多手机机型平台；五是微信自身的不断完善。

微信的海外同类产品不少。2011 年 6 月 23 日，NHN 日本公司（NHN 是一家韩国互联网公司，拥有韩国排名第一的搜索网站 Naver 和最大的网络游戏门户网站 Hangame）发布的手机聊天软件 Line，推出后三个月下载量超百万次，六个月下载量超过 1 000 万次，七个月下载量超过1 500 万次。Line 的用户已经从日本、新加坡、中东、中国的港澳台地区延伸到了欧洲，并在瑞士、澳洲、德国、新西兰等国家和地区手机应用下载中名列前茅。它在日本本土还开启了天气预报、餐厅查找等生活服务功能。微信也在积极抢占海外市场，目前该程序有包括俄语、印尼语、葡萄牙语以及泰语等多个不同语言的版本，它在东南亚的增长最快，同时也在其他市场稳步增长，其中包括东欧和中东市场。

【知识窗】 Line、钉钉、WhatsApp

Line 是韩国互联网集团 NHN 的日本子公司 NHN Japan 推出的一款即时通信软件。2011 年 6 月正式推向市场，目前全球注册用户超过 4 亿，多数来自日本和泰国。

钉钉（DingTalk）是阿里巴巴集团专为中国企业打造的免费沟通和协同的多端平台，提供 PC 版、Web 版和手机版，支持手机和电脑间的文件互传。2017 年 12 月 27 日，阿里旗下的钉钉正式公布，注册用户超过 1 亿人。

2024 年 1 月 9 日，在钉钉 7.5 产品发布会上，钉钉正式发布了基于 70 万家企业需求共创的 AI 助理产品，促使 AI 的使用门槛进一步降低，让人人都能创造AI助理。钉钉总裁叶军宣布，截至2023年年末，钉钉用户数达7亿，企业组织数达2 500万，软件付费企业数达12万。

WhatsApp（WhatsApp Messenger）是一款用于智能手机之间通信的应用程序。WhatsApp借助推送通知服务，可使用户即刻接收亲友和同事发送的信息。用户可从发送手机短信免费转为使用WhatsApp程序，发送和接收信息、图片、音频文件和视频信息。2017年第四季度WhatsApp每月活跃用户数突破15亿，每天发送信息的总次数达到600亿次。到2022年，每月有180多个国家的超过20亿人在使用WhatsApp。截至2023年底，全球有超过5 000万家企业使用WhatsApp，每月有超过27亿人使用WhatsApp，这使其成为全球最受欢迎的移动通信应用程序之一。

二、微信的传播优势

微信是移动互联网的代表性产品。移动互联网（mobile internet，MI）是一种通过智能移动终端、采用移动无线通信方式获取业务和服务的新兴业态，它将移动通信和互联网络两者结合为一体。

微信极大地促进了网络人际传播与人际沟通。人际沟通指的是两人或者两人以上面对面或凭借简单媒介如书信、电话等非大众传播媒介进行的信息交流活动。麦克卢汉认为，媒介塑造和控制着人类的连接方式、行动的规模与形态。媒介起到一种中介作用，而中介正是媒介最基础的本质。这种中介处于人与人之间、人与现实之间，媒介与人体的器官、中枢连接起来，并向外扩展，形成对“人的延伸”。媒介的每一次变革都将改变人们对外界的感知和理解方式，从而彻底地改变社会。微信的广泛应用冲击了之前所有的人际沟通方式，为现代人带来了前所未有的交流体验，引发了人际沟通领域的革命。

保罗·莱文森（Paul Levinson）认为，说话与走路是人类两种基本的交流方式，唯有手机的出现，才实现了这两者的真正结合。数字化、互动性是手机的基本特征，其最大的优势是便携性和私密性，作为网络媒体的延伸，兼具互动性好、信息获取即时等特质。作为手机媒体的原始形式，短信具备传播成本低廉、传播及时且能保存编辑、既能同步交互也能异步交互等优势。

微信正在悄然改变着人际沟通方式，其优势是其他媒体无法比拟的：微信本身是免费的；相较短信，微信的语音和视频传播功能使信息传播者与接收者双方之间的沟通更直接、更真实；相较QQ与电子邮件，微信又具有更高的到达性；相较微博平台，用微信沟通更为私密。具体地说，微信的传播优势如下。

（一）人性化设计，操作便捷

腾讯微信官网上的广告语曾为“极速、新奇、方便，带给你拇指沟通新体验”。这条广告语点出了微信的第一个便捷之处：“会说话的短信”。而“说”的操作并不复杂，只需用户在对话时按住手机屏幕相关键，将自己想说的话说出去即可。简单的操作深得用户心意，也极大程度地扩展了微信的用户基础。

微信打破了传统网络交流的固定范围。通过微信，用户可以与QQ好友、手机通讯录联系人，甚至微博的用户进行交流。这样跨平台的交流更加便捷，用户使用一种工具就可以与存在于不同平台和圈子的用户进行沟通，节省了用户熟悉不同产品的时间，提高了沟通效率，也拉近了用户之间的距离，衔接了用户的网络与现实生活。

微信推出 Web 版本后，用户可以不再使用传统的用户名密码登录方式，而是使用手机扫描二维码登录，开创了国内 Web 端扫描登录的先河。

微信可以实现让用户永远在线。微信不占内存，资源消耗很少。从理论上讲，QQ、飞信也可以永远在线，但用户的手机不可能永远不充电、不换电池。另外，手机用户的网络在室内 Wi-Fi 与室外 GPRS、3G 间切换，网络的变换会造成信号不稳定，变换一次 QQ 掉线一次，假如信号不好则更加影响使用体验。而这些问题微信都避开了，它可以真正躲在手机后台长久地运行。

（二）多媒体传播

微信可以实时传播文字、图片、音频、视频，全方位、立体地展示传播内容，使信息形式和结构发生本质的变化，使具有不同阅读或收视习惯的受众的需求都得以满足。

3G 时代智能手机得到迅速普及，以智能手机终端为主要载体的手机媒体具有巨大的发展空间。微信具有语音、文字、图片、视频等多样的传播方式，为媒体传播提供了技术支持和传播平台。

微信的语音和视频传播方式使得人际传播的双方能够充分地表达自己的情感，即自我表达。自我表达是传播者把自己的情绪、心思、感情、态度及地位、身份与对方进行交流的一个过程。自我认识和让他人与自己相互认识是人际传播中的两个内容。人际传播活动能否顺利进行，取决于传播双方能否充分地相互认识、相互理解，而这又取决于双方的自我表达是否充分。面对面的交流仍然是人们觉得最真实和亲近的交流方式。传统即时通信工具基本都是使用文字符号进行信息传播的，其缺陷是无法运用其他辅助的表达手段；同时，交流的背景信息被消减。只使用文字表达，看不到表情和肢体语言；没有声音，感受不到语气、语调。这样的交流缺少对信息的直观感受，传播的质量受到影响。而微信正好弥补了这些缺陷，其视频和语言聊天功能为人际传播提供了必要的背景信息，能给双方更多情感情绪上的感染，在传达信息的同时使传播的内容更加生动；并且"说"短信不仅给用户带来了独特的体验，更方便省时，增加了用户发布信息的能力，还加大了微信的信息量。

微信综合运用语音、文字、图片、视频等多种方式，使得传受双方可以进行充分有效的自我表达，多元化的传播方式满足了用户的各种需求。而"摇一摇"、"搜一搜"、实时对讲机功能更是对社交平台的创新，丰富了用户的社交体验，使传播效果准确且生动。

（三）系统开放，免费使用

微信支持腾讯微博、QQ 邮箱、QQ 同步助手等插件功能，支持 Android、iPhone、Windows Phone、Symbian（塞班）、Blackberry（黑莓）平台的手机之间相互收发消息，几乎所有即时通信用户都能使用它。

微信使用几乎是零资费，性价比非常高。微信可以跨运营商和跨手机操作平台互发"免费"短信，短信通过使用 GPRS 流量发出。30M 流量可以发送上千条语音信息，而目前运营商的短信标准收费为 0.1 元/条，相较之下，微信的资费可以忽略不计了。因此微信对传统短信和飞信产生了非常大的冲击。

（四）用户黏性高

为了推广微信，腾讯旗下产品全线联合，从 QQ 聊天面板到 QQ 邮箱，不遗余力。从传播模式看，微信的传播主体非常明确，就是手机 QQ 用户。与米聊等需要注册信息的即时通信工具相比，微信通过QQ、QQ邮箱、QQ音乐等相关联，可以直接登录并且在QQ好友里添加好友，可以接收离线信息，这些优势更增加了用户黏性，使微信得到了更大范围的普及。

（五）传播主体——双向性、互动性

从传播学角度来看，微信传播以点对点的人际传播为主，具有双向性和互动性。

微信的传播主体即用户群体非常精确。微信主要依托智能手机移动平台，基于腾讯，手机QQ用户是其主力军，除通过从QQ好友中选取传播对象外，用户还可从手机联系人中选取传播对象，传受双方容易产生双向关注。

由于微信传受双方选取自QQ好友和通讯录，因此信息传受双方关系亲密。微信的主要功能是类似于电话联系的语音对话，从用户的心理和习惯来说，使用语言进行聊天的传受双方关系会更为密切。在精确化的交际圈中，微信的传受双方以亲人、朋友、同事为主，这也就决定了双方通过媒介传递与反馈信息的互动性更强。

（六）传播内容——私密性、即时性

由于传受双方的强人际关系，微信信息交流内容也更为私密。在微博上，粉丝可以看到所关注用户发布的相关信息，传播者传播的内容是给所有认识或者不认识的人看的，内容是公开的。微信在添加好友、建立朋友圈时，只有选择通过加入手机和用户关系的验证，才能与其互动聊天或者在朋友圈状态中留言。尤其在朋友圈中，用户的好友可以看到其发布的状态信息，且信息互动只停留在传受双方的移动终端上，只有传受双方能够听到看到，其他用户无法在自己的界面获知。用户在使用这一款软件时的隐私得到了保护，利于私密内容的交流，恶意骚扰和垃圾广告则无法介入。

另外，微信整合了QQ和微博的功能，其内容发布具有即时性。只要用户在线，就能够对信息进行快速接收和反馈，且微信还支持QQ离线消息接收，在信息传达上比较迅速。

（七）传播渠道——多媒体平台集成共享

在未来，以智能手机终端为主要载体的移动媒体具有巨大的发展空间，未来的信息传播媒介也将会是多媒体平台的优化集成。

除对手机基本功能的最大化利用外，微信同时实现了传播渠道的拓展和优势平台的集中。微信相继推出了二维码、LBS定位等功能，其中二维码是身份认同，在摄像头前扫描即可辨认用户身份信息，LBS定位功能则可以用来找朋友。另外，微信已经打破了手机通讯录、QQ通讯录、QQ邮箱、QQ微博等产品间的壁垒，实现了平台的跨越，表现出了移动互联网时代成为平台型产品的潜质。优势平台的集聚共享基本上将人们日常使用的所有通信工具都囊括在内。微信可以说已经成为全媒体时代的新生力量。

（八）用户分析——全方位、立体化的社交网络

微信是以强人际关系为主要社交关系的。作为一款基于手机端的通信软件，微信是以个人人际关系为核心，通过强关系和弱关系两种方式进行信息的生产和传递的。从微信强关系来看，微信最基本的关系网络都是基于现实生活关系的，这种关系都带有相互关注的特性，双方主要以点对点方式沟通信息。从微信弱关系来看，微信提供了许多功能，可以扩大社交范围。弱关系所传递的信息一种是用户信息，可以通过查找“附近的人”“摇一摇”等功能接触陌生用户；另一种是通过App和公众平台等方式接收来自陌生用户的信息。

微信用户社交范围可以分成熟人交际圈、千米交际圈和陌生人交际圈三类。熟人交际圈代

表的是近距离交际圈、强人际关系圈，千米交际圈和陌生人交际圈代表的是中距离和远距离交际圈、弱人际关系圈。这三类社交圈表明微信的社交圈从熟人推向了陌生人。微信通过实现三个断面的全面覆盖，形成了全方位、立体化的社交网络，人们可以根据需要更加精确化地分配社交精力。

（九）传播效果——扩散性、准确性

1. 一对多传播的简单扩散能力

首先，微信上的公众账号具备简单的广播能力，微信提供了公众账号的关注功能，有些“大号”的粉丝数可达千万级，可以实现简单的广播功能。其次，微信朋友圈也渐渐成为新的分享平台。与微博的公开信息分享不同，微信的朋友圈是一个熟人圈的信息分享，是一个充分稳固的关系链，用户发送至朋友圈的信息可以被圈内所有朋友共享，实现了一对多的信息扩散。

2. 点对点的准确传播能力

微信以点对点的人际传播为主。点对点传播可以使信息到达率几乎达到100%。而微信主打的语音聊天，点对点的传播类似于现场直播，通过声音来传达情感，能够更好地把握传受双方的心理，传受双方的关系会更加亲密。在精准的微信交际圈内，传受双方以强人际关系为主，传递与反馈的信息内容真实而准确。

总之，微信给人们的生活方式带来了变化。微信官网上写的广告语是“微信，是一个生活方式”。以微信为代表的新的信息传播媒介的产生改变了人类的生活方式和生存方式，它为用户建立了从熟人到陌生人的全方位、立体化的社交网络，同时满足了人们的情感需求。

媒介的使用与需求理论认为：受众能够主动选择信源，而不是简单、被动地接收媒体所传送的信息；是人在利用媒体，而非媒体在利用人，即便媒体对人产生影响，也是人主观选择接受媒体的影响；人可以通过多种选择来满足自己的需求，这些选择受控于人际关系和心理活动。“微信控”现象的产生，其根源是个体的需求得到了满足。

马斯洛需求层次理论认为，人有生理需求、安全需求、归属与爱的需求、尊重需求、自我实现需求，后来他又在后两者间增加了认知需求和审美需求。想要获得或维系爱情、友情、亲情，或者证明自己的优势和展示个人的特长从而获得他人尊重，或者得到理解、支持与认可，以实现自身价值并获得自我满足，都离不开建立在沟通基础上的人际交往。

现实社会的多种复杂因素左右人际沟通，会使部分人产生交往障碍，自我价值需求无法得到满足。基于微信的人际沟通，部分是建立在陌生人关系圈基础上的，弱化了身份、地位等因素对交流的限制，平等的话语地位最大限度地保证了表达的真实性；间接性的人际沟通，过滤掉了肢体、表情等语言，保全了对方面子，弱化了尴尬感，消除了顾虑，使人更能吐露真实想法。以微信为媒介的人际交往，可以提高自我认可程度，形成自尊、自信和自我肯定的主观感受。

同时，现代人生活节奏快，生存压力大，渴望与人交流，但在现实生活中，多数是“沉默孤独的一代”。微信则为陌生人的交往提供了情感表达需求得以满足的平台。交流与交往的身体的缺位使具有不同性格、不同性别、不同文化程度的人相互结识并充分进行自我表达，使现实中孤寂的心灵得到安慰，把人从紧张的心理状态中解放出来。微信的另一部分交流是建立在熟人关系圈中的，这种交流巩固了熟人关系，也迎合了中国人含蓄委婉的交往特质。

三、微信存在的问题

（一）信息过载

微信信息过载主要是指微信推送可能会造成的垃圾信息问题。微信的信息传达方式是通过实时推送来完成的，推送让用户不会遗漏任何信息。然而，正如垃圾邮件一样，如果微信信息推送功能被滥用，就会降低用户体验，不可避免地给客户带来困扰。同时，许多传统媒体纷纷希望通过微信扩大自己的影响力，因而试水公众平台。但如果用户关注的公众平台较多，而媒体每天推送的内容高度相似，则容易使用户产生不耐烦甚至厌恶的情绪。对用户来说，过载之后的信息就变成了垃圾。

（二）国家安全与个人隐私保护

在主流的通信软件中，微信的安全性相对较差。从苹果系统上的 iMessage、广为人知的 WhatsApp 再到俄罗斯的 Telegram、斯诺登代言的 Signal、来自瑞士公司的 Wire，还有 Line、Kakao Talk、FB Messenger 等，无一不默认使用端对端加密或提供端对端加密选项。端对端加密意味着聊天对象双方协商生成一个加密密钥，只有双方才有能力解密，任何第三方，包括通信服务器，即使获取了聊天数据，也无法解密内容。相反，使用 SSL 加密（根据微信“隐私服务协议”，微信采用了 SSL 加密技术保护信息安全）或者私有的加密协议，理论上服务器还是能够查看所有信息，无法保证用户聊天信息的安全性。

> **你怎么看**
>
> 微信虽然在很大程度上方便了人们的日常工作和生活，但信息过载、社交压力、强制扫码、隐私泄露、私人时间的减少、在线工作的延长等问题越发明显，对此你怎么看？

虽然微信在添加好友需认证、朋友圈可设置可视范围等功能上对用户隐私起到了一定的保护作用，但社会上利用微信进行不法活动的案例仍屡见不鲜。微信涉及用户个人数据、隐私信息，如果保存和管理不得当，例如，对通讯录和手机备份资料没有进行安全设置或妥善保管，则存在隐私泄露的可能性。另外，用户在利用 LBS 功能做人际关系拓展的同时，也存在个人信息泄露的问题。

第 2 节　微信的社会影响

微信，是数字经济下的重要产品，以社交关系链为核心，通过连接、协调、赋能的平台力量，将新技术、新应用、新模式深度植入工作生活及社会治理，促进互联网惠及更多民众，持续拉动信息消费，不断带动相关就业，推动人与人、与设备乃至社会深度互联，为经济社会转型升级与和谐发展带来积极的影响。微信还成为最重要的移动支付平台。

一、意见领袖多样化

日常生活中存在着可以通过传播信息对别人的行为产生一定影响的人物，即意见领袖。研究发现，无论对报纸、杂志还是电视、广播，意见领袖的接触频度和接触量都远远高于和大于一般人。因此，大众传播中信息并不是直接“流”向一般受众的，而是要经过意见领袖这个中间环节，即大众传播→意见领袖→一般受众。这就是两级传播。

新媒体的出现使得意见领袖们可以不再借助于大众传播这个环节，它为意见领袖们提供了更为方便的传播手段，可以说新媒体催生了自媒体。只要你拥有话语权、拥有信息，你自己就是一个媒体，能吸引到关注你信息的人来关注你，随之产生影响力。微信作为很好的自媒体平台，吸引了非常多的自媒体人入驻。平等的话语权和操作简单、开放的公共平台使得越来越多的“意见领袖”纷纷涌现，他们的职业、阶层变得更加多样化。

【知识窗】 强联系和弱联系理论

美国社会学家马克·格兰诺维特于1973年在其论文《弱联系的力量》中提出了强联系和弱联系理论。他认为，每个人接触最频繁的是自己的亲人、同学、朋友、同事，构成了一种十分稳定的、传播范围有限的社会认知，即“强联系”（strong ties）现象；同时，还存在更为广泛的、更为肤浅的社会认知，例如被无意间提到或者打开媒体偶然看到或听到的一个人。他把这种关系定义为“弱联系”（weak ties）。

微信通讯录中的人都是用户自己熟知至少是知晓的人，属于所谓的“强联系”现象。从强联系和弱联系理论出发，可以理解为什么微信中的新闻信息信任度高：微信属于强联系传播，所以用户对其中的新闻信息更加信任。

二、构建“熟人-熟人”和“熟人-陌生人”的多维社交网络

微信对于构建多维度的社交网络具有重要价值。如果对人们现实生活中的社交关系进行归类，可以通过实际距离将社交圈分为熟人社交圈、千米社交圈和陌生人社交圈。微信是从相对稳定的熟人群体，基本是朋友、同事、亲戚出发，然后再逐渐扩展到陌生人层面。首先，微信可以与QQ、手机通讯录等无缝对接，只要好友有微信账号，就可以通过通讯录直接添加好友或者邀请好友开通微信。这为微信打开了以手机通讯录等为代表的熟人强关系社交圈。而且由于微信全媒体的传播方式使得熟人社交圈的关系得到维护，熟人之间变得更加亲密和私密，因此它在“熟人-熟人”的人际传播方面具有无可比拟的优越性。这也是微信推出之初便迅速发展的重要原因。其次，微信又逐渐把社交圈扩展到陌生人层面，相继推出了基于LBS的查看“附近的人”功能，能够查找距离用户1 000米范围内的其他用户，这个范围属于一个可视范围，用户可以查看附近用户的头像、昵称、签名及距离，进而与其他用户产生联系。而“摇一摇”等功能可以拓展弱关系链（即陌生人），最终构建一个“熟人-陌生人”的多维度社交网络。

三、带来企业营销新变革

（一）微信带来企业营销的新变革

微信具备强大的LBS定位和二维码扫描等功能，其强大的功能和社交关系链衍生出了巨大的商机。随着精准营销概念的引入，微信的点对点精准营销优势表现得更加明显，为移动互

联网的发展带来了一场营销革命。

1. 基于LBS技术和查看“附近的人”功能，挖掘潜在客户，实行精准营销

微信查看“附近的人”功能原本是微信2.5推出的陌生人交友功能，却被一些商家用来对商业活动进行宣传，对于一些小商家进行促销活动有较好的效果。商家点击查看“附近的人”后，可以根据所处的地理位置查找周围的微信用户。在这些附近的微信用户中，除了显示用户姓名等基本信息外，还会显示用户签名档的内容，所以商家可以利用这个免费的广告位为自己的产品打广告，对附近的用户进行信息展示，甚至主动向用户打招呼，如果符合用户的需求则能够产生较高的销售转化率。

例如，海口K5连锁便利店就充分利用此功能进行了新店开业的促销。K5海甸分店位于海南大学附近，促销针对大学生群体展开。活动期间，K5便利店将个性签名设置为“K5便利店海甸分店今日开业酬宾，回复微信立即免费赠送礼品”。用户只要搜索到K5便利店，回复微信之后即可到店领取奖品。还有一家叫“饿的神”的快餐店在午间向“附近的人”打招呼，宣传自己的快餐生意，需要订餐的用户点击“附近的人”后，可以马上在微信上回复完成午餐订购，生成一份超越空间的电子传单。企业依托腾讯QQ和手机通讯录同步的优势，通过点对点的关注和推送，可以更好地完成对目标用户群的企业文化信息发布、新产品功能发布信息推广、节假日优惠活动信息宣传、售后服务信息提示等多项服务信息的发送。

2. 基于O2O模式和二维码扫描功能，开展品牌病毒式传播，发展电商业务

移动互联网时代，二维码的商业用途越来越多，微信也顺应潮流结合O2O（online to offline）开展商业活动。二维码方便用户通过扫描或在其他平台上发布二维码名片，拓展微信好友。用户可以通过扫描识别二维码身份来添加朋友、关注企业账号。而企业可以设定自己品牌的二维码，用折扣和优惠来吸引用户关注，开拓O2O营销模式。二维码抽象的图案连接了线上和线下，通过摄像头的扫描就能够轻松获得相应的信息。它在线上可与商家产生联系，在线下能进行消费，充分体现了移动端在O2O发展上的优势。

微信主推业务之一的“微生活会员卡”也是基于二维码扫描功能的。所谓“微生活”，其内涵就在于将微信融入具体的日常生活中来，提供本地化服务。用户只需用手机扫描商家的独有二维码，就能获得一张存储于微信中的电子会员卡，享受商家提供的会员折扣和服务。例如，北京市朝阳大悦城就利用二维码开展了微生活会员卡的大型活动，用户只需使用微信扫描朝阳大悦城专属二维码，就可以免费获得朝阳大悦城的微生活会员卡。凭借微生活会员卡可以享受到众多优惠特权。商场内的众多商户成为大悦城微生活会员卡的支持商家。

再如，用户先通过大众点评网寻找附近美食，之后再在微信上寻找该商家的公众号并添加，商家便能够提供订餐和导航服务，消费者在结账时可以扫描店内的打折二维码，把优惠信息分享到微信朋友圈等社交平台，甚至能成为该店的微信会员，并获得微信优惠券。朋友在关注其他人的同时，就可以知道其偏好和关注。这样企业就借助微信个人关注页和朋友圈实现了品牌的病毒式传播。

3. 基于公众平台和朋友圈功能，打造全新社交关系网，开创企业口碑宣传新方式

微信公众平台在精准性和专业性方面更上了一层楼。微信公众平台拥有丰富的功能，可以发送包括文字、图片、音频、视频等各种信息。对于企业来说，所有信息可直接到达用户，实现企业对用户的点对点精准营销。企业完全可以将微信制作成“会员刊物”。面对主动选择关注的微信粉丝，企业可以通过充满文化气息的互动和特色内容，将品牌文化传达给这些现有或潜在客户。微信公众平台后台可以看到用户的系统、性别和地域等信息，未来还可能提供更加丰富的信息。作为一款移动社交应用，微信还提供了更大的公众平台与个体用户进行互动的可

能性。这为企业和用户之间建立了全新的社交关系网。目前许多企业和商家都已经开通了公众平台与用户进行联系和互动。例如星巴克，用户发送一个微信表情，星巴克账号就会选择一首代表某种心情的音乐，加上一段视频通过微信发送给用户，同时还会给用户发送咖啡品种和文化的介绍，充分展示其品牌的人文关怀，进一步构建品牌文化。

而朋友圈功能让微信的私密社交能力被激活，成为分享式口碑营销的最好渠道。移动社交分享在移动商务中一直是热门。在移动互联网上，以首批与微信合作的“美丽说”App应用为例，它通过开放平台的“对接”，用户无须离开聊天窗口，就能看到大图、价格、购买链接、“美丽说”社区热度信息，既得到了朋友分享的信息，又可以继续轻松聊天。用户通过微信把“美丽说”上面的商品一个接一个传播出去，达到社会化媒体上最直接的口碑营销效果，其灵活性受到用户、企业与商家的喜爱。微信4.0版本中朋友圈分享功能的开放，使用户可以将手机应用、PC客户端、网站中的精彩内容快速分享到朋友圈，并支持网页链接方式打开，这为企业的口碑宣传提供了一种全新的宣传方式。

4. 基于数据统计功能，开启大数据时代定制服务营销新模式

2013年8月29日，微信宣布微信公众平台增加数据统计功能。该功能增加后，登录微信公众平台就可以看到，后台界面上增加了“数据统计”的新菜单，菜单中包括用户分析、图文分析和消息分析三大项。用户可以查看从2013年7月1日起的数据情况。数据统计功能从属于用户分析。用户分析分为用户增长和用户属性两部分，其中用户增长包含新增人数、取消关注人数、净增长人数和累积人数四个要点，而用户属性部分有性别、语言、省份、城市四个要点。数据统计功能的推出使查看的数据更多更全面细致，微信公众平台的服务水准也更高。数据的公开也使得商业价值可量化，同时商家可以根据数据细分的市场开展定制服务营销。

（二）微信营销的特点

1. 低廉的营销成本

传统的营销方式如电视广告、报纸、宣传海报等通常要耗费大量的人力、物力和财力；而微信营销基于微信这一平台，微信的各项功能都可供用户免费使用，使用过程中仅仅产生少量的流量费。相较于传统营销方式，微信营销的成本极为低廉，几乎接近免费。

2. 大量的潜在客户

微信月活跃用户的数量已经突破13.1亿。随着微时代的到来，微信用户的数量还将不断增加，这意味着巨大的营销市场。越发壮大的微信用户群体将成为企业微信营销的潜在客户，这吸引了越来越多的企业加入微信营销的行列。

3. 精准的营销定位

在微信公众平台中，通过一对一的关注和推送，企业不仅可以向其粉丝推送相关产品及活动信息，还可以建立自己的客户数据库，使微信成为有效的客户关系管理（CRM）系统。企业可以通过用户分组和地域控制，针对用户特点，将信息精准推送至目标用户。

4. 信息交流的互动性

微信的载体是智能手机，这意味着只要手边有智能手机，无论何时何地，企业都可以与客户进行互动，进一步了解客户的需求，进而满足客户的需求。微博营销虽然也可以与粉丝进行互动，但其即时性远远比不上微信营销。

5. 信息传播的有效性

企业利用微信公众平台向客户推送信息，能保证客户百分之百接收到企业推送的信息。另

外，客户是因为对产品或企业感兴趣而自愿扫描企业二维码或输入账号添加官方微信的，因此，当接收到来自企业官方微信的信息时，他们能有效地进行关注。

6. 多元化的营销模式

微信营销有位置签名、二维码、开放平台、朋友圈、微信公众平台等营销模式，这些营销模式各有其特点，企业可以针对不同的营销目的选择不同的模式组合。另外，微信可以支持多种类型的信息，不仅可以支持文字、图片的传达，更可以发送语音信息，这使得企业可以利用微信完成和客户的全方位交流与互动。

四、为传统媒体数字化转型提供平台

基于微信的传播特征，微信公众平台很适合被传统媒体借用进行更为有效的大众传播。微信在给用户提供服务时，是把所有用户视为一个人，这个人没有性别、年龄、区域、受教育程度的属性，他就是一个对象，他包括了所有用户，他是所有用户共同需求的交集。

（一）纸质媒体使用微信情况

《钱江晚报》的微信账号在众多纸媒中最早突破万人大关，最早尝试报纸微信互动。

> **概念**
>
> 微信公众号是开发者或商家在微信公众平台上申请的应用账号，通过公众号，商家可在微信平台上实现与特定群体的文字、图片、语音、视频的全方位沟通、互动。

1. 纸媒"发声"

纸媒通过音频、视频等工具传播新闻资讯、观点评述。"掌上青岛"和《钱江晚报》在运营中都特别注重语音播报这一沟通手段。声音比纯文字更有感染力，而且解放了用户紧盯手机的双眼，接受度高。"掌上青岛"用语音播新闻、播笑话，并招募发掘了多位美女加盟，兼职播天气、讲笑话、教英语等。《钱江晚报》则找到了一批"萌妹子"，用杭州话播西湖新闻，吴侬软语让人倍感悦耳，普通话播即时新闻，也形成了小清新的特色。此外，《钱江晚报》还尝试了明星语音打招呼、喊你起床、给你拜年等创意活动。

2. 互动服务

纸媒与读者的互动以前大部分只依靠热线电话，因而与读者的互动效果一般。而利用微信的即时互动性来维护粉丝群体，做互动服务，提高粉丝活跃度，效果则出人意料，如"掌上青岛"的"缘来有你"交友活动等。

3. 深度报道

纸媒推崇"内容为王"，依靠其专业的采编团队，使深度报道成为其优势。而在微信推送上，粉丝对深度报道的需求同样存在。"掌上青岛"不仅对新闻内容的制作有很高的要求，在新闻延伸方面也花了大量的精力，力求让用户不仅要看新闻，更要收听新闻和参与新闻。雅安地震发生后，"掌上青岛"发挥了巨大的即时信息播报能力及互动优势，拓展了报道深度。比如，该媒体一线记者进入雅安现场直播，只要在微信上输入"地震"两字，就能看到、听到第一时间由前方记者发回的全部文字、音频及视频。而《钱江晚报》则发挥报纸特长，追踪社会热点。比如"雷政富案"，《钱江晚报》特派记者去往雷政富的家乡，回溯他当官前的日子，微信平台则将报纸信息整合并配发相关视频，组成了一组"立体"报道。

（二）微信在广播上的应用

微信以其便携性、速度快、容易操作等特点吸引了众多听众，提高了大家收听广播节目的兴趣，迅速成为电台与听众交流的重要平台。

2012年，南阳人民广播电台交通音乐频率开始在节目中使用微信播报路况，主持人在节目中发动听众用微信发布即时路况信息，利用微信和听众进行节目互动。仅仅两个月，该电台的微信粉丝已经达4 429人，平均每天的微信量达到近千条。随后2月1日，该频率又开创了一档以微博、微信互动为主的新节目《微微道来》，节目以微博、微信上的各类资讯和信息为主，主持人抛出话题并演绎内容，并对部分内容进行简单点评和陈述，一个小时的节目，微信参与量达到150条以上。

微信的火爆现象也得益于广播的先天特性。广播“伴随性”收听的特性，使得汽车特别是私家车成了收听的主要载体，而私家车车主拥有智能手机的比例较大，这为微信的广泛使用奠定了基础。同时，使用简单、听众参与容易、信息发布及时、互动性强等特点都使微信可以和广播在短时间内融合，促进电台与听众的沟通，增强电台的影响力。

(三) 微信在电视媒体中的应用

电视媒体大都有着高黏性的群众基础，在做内容方面有深厚的经验和人才储备，也有积淀已久的内容量可以重组输出，推送的主题新闻可以提供更深入的资讯、更深度的报道、更独到的视角、更多元的观点。电视媒体利用微信的优势，可为用户提供有价值的内容。很多电视和栏目媒体都纷纷开通微信公众号推广电视节目，尤其是发布节目预告的相关信息，及时准确地推送节目预告能够为收视预热。同时电视媒体通过微信与粉丝互动，培养了年轻观众的黏性。

(四) 媒体类公众平台的发展

从平台功能来看，公众平台的主要功能包括多媒体信息大规模推送、定向推送、一对一互动、多样化开发和智能回复等。这些功能为公众平台的实际运营带来了媒体、营销、客服、公共服务等应用方向。当前的微信公众平台可细分为新闻阅读类、综艺明星类、科技数码类、生活购物类、影音娱乐类、社区交友类、文化教育类、地方政务类、公关名人类等几大类。

媒体类公众平台运营主体主要包括四类：第一，门户网站频道，如腾讯科技、新浪科技等；第二，传统广电及平面媒体，如央视、《南方周末》等；第三，独立科技媒体，如虎嗅网等；第四，自媒体，如知名媒体人。整体来看，门户网站及独立科技媒体等互联网属性较强的运营主体已经探索出了一套较为成熟的运营套路，它们依托门户网站已有的内容资源，对现有内容进行了多渠道分发及创新，对新应用、新平台的适应性较强，不论是在运营理念、功能探索上，还是在与用户的互动和对需求的把握上，都表现出较高水平。传统媒体虽然在创新性、功能利用上还有很大发展空间，但是对新媒体应用的敏锐度也已经大大提高。

但媒体类公众平台的运营也存在一定的问题。微信以平等、私密性互动关系见长，用户对公众平台定向推送过来的资讯接受起来比较困难，如果内容不符合兴趣，很容易就会取消关注。如果用户关注的公共平台过多，也会造成信息过载的现象。信息过载意味着用户会有意识过滤和筛选公众平台推送的消息。虽然微信的推送是定向的，到达率几乎是百分之百，但是垃圾信息过多，各个公众平台定时发来各种“通知”，只会带给用户不良体验，促使用户取消原本加以关注的品牌，而取消的方法又非常简单。因此，传统媒体应当把更多精力投入用户研究、数据分析、用户需求把握，评估现有用户对不同内容的喜好度，同时要重视推送形式的重要性，保持多变，发挥创新意识，才能保留用户的关注。

(五) 传统媒体与微信的融合发展

由于互联网技术的不断发展，以微信为代表的新媒体的出现和发展对传统媒体带来了巨大的冲击，它们的出现打破了处于相对稳定状态的传媒格局，新兴媒体与传统媒体之间的竞争日趋激烈。虽然传统媒体以及门户网站、论坛等都在发挥着传递公共信息的职能，但是传统媒体也具有数字移动媒体所不具备的品牌优势和信息加工能力。因此相互之间取长补短、相互融合发展是一个必然的趋势。

首先，传统媒体可以借助微信实现其固有品牌的病毒式传播。传统媒体可以设立公共平台，借助个人关注页和朋友圈发布最新信息，进行较好的自我宣传，把受众引导到自己的网站上。只要用户在线，就能够对信息进行快速接收和反馈。2011 年 12 月微信添加了二维码功能，用户可以通过扫描传统媒体平台上的二维码名片加其为好友。这样传统媒体不仅可以提高自身的知名度，还能以“零”成本与受众保持互动。

其次，传统媒体可以利用朋友圈功能成为“原料加工厂”。用户可以通过手机通讯录、QQ和直接查找传统媒体微信号来添加好友。微信上的真实声音可以帮助传统媒体迅速接触受众并了解受众感受，获取其最新动态。在朋友圈中可以了解朋友的动态，传统媒体可以借此广泛了解受众的兴趣点，在此基础上与微信公众号、微博共同构建一个话语的公共领域。如 2013 年 1 月开始雾霾天气持续发生，腾讯网开通专门频道，将报纸、电视、广播信息汇聚在一起，从雾霾的发生时间、范围、程度、原因以及对人类社会的破坏性、预防措施等几个方面进行深入而细致的报道。广大微友用手机扫一下网页页面右下方的二维码，即可了解全面的信息，并可以参加“今日话题”中“雾霾天气的发生，谁之过”的讨论。

最后，传统媒体可以用微信的用户筛选推送功能提高传统报纸媒体信息传播的准确度。今后的市场是细分的市场，传统媒体可以借助微信打造手机上的地方资讯门户或细分行业门户，拓展传统报纸媒体的单一信息传播方式，加强媒体与受众之间的联络，建立社区情感式的深厚关系。

传统媒体还可以借助微信的实时接收特性加强重大事件的报道和突发新闻上的影响力，即时发出权威解读和声音。如作为以内容见长的传统媒体，报纸不能原原本本把纸质版面做成电子版；电视媒体必须考虑到用户对流量的顾虑，不能依赖微信做大时段的视频推送。如果要借力微信，则必须精选内容，注重推送时段、频率和推送形式，做出自己的特色，这样才能留得住用户。

五、将人际传播、群体传播和大众传播融为一体

原始的信息传播方式应该是一对一的，是一种典型的人际传播。人际传播作为人类传播活动的初始形态和典型形式，它的突出特点在于：传播过程中的传者和受者均是个体，没有面向大众，也不涉及任何组织和团体。人际传播在本质上来说是个人之间相互交换精神内容的活动。精神内容交换的质量如何，在很大程度上取决于媒介。书籍传播时代出现了一对多的传播，这是大众传播的端倪。大众传播是专业化的媒介组织运用先进的传播技术和产业化手段，以社会上一般大众为对象而进行的大规模的信息生产和传播活动。

微信传播将即时的人际传播、群体传播和大众传播相融合，传播范围多为手机通讯录中的好友，属于群体传播。个性化的传播操作功能使得微信既具备了大众传播与人际传播各自的优势，又突破了两者的局限。移动终端上的微信不但可以令交流更加即时，其丰富多样的沟通方式也使得信息传播更具精度、深度和广度。联系人间的信息传受由静态向动态转变，具有一级扩散能力，而且传播形式更加个性自主。微信越来越像一个移动的平台，通过“二维码＋账号体系＋LBS＋支付＋强关系链”的 O2O 方式融合了线上线下，既可以与熟人进行多种方式的聊

天，又可以通过“摇一摇”和陌生人交友，开启了人际传播、群体传播和大众传播融合传播的新时代。

第3节 微信与微博的比较

随着信息技术的不断革新与发展，传播时代的主角已不再专属于传统的大众媒体了。移动互联网技术的发展催生了新生的自媒体。微博、微信、陌陌、米聊等，这些伴随着网络时代到来的新鲜“微”事物在大众生活中普及开来。我们似乎来到了一个处处是“微”的传播年代。然而，“微”的能力不容小觑，这些以“微”为特色的媒体或者媒介的影响力和渗透力已经追赶上甚至超越许多传统媒体，成为个人获悉信息、对外交流的一条新通道。

2009年新浪微博诞生以来，其热度和影响力有增无减。随着全民都加入“织围脖”的大军，微博正在引领大家获取更新颖的交流方式，乃至改变网络社交的思维和使用习惯。

2011年，微信闯入平常百姓的生活，成为引领大众，尤其被青年群体追捧的新鲜事物。它的出现除了提供给用户新鲜的体验外，更悄悄地改变着人们的沟通方式。在这个人人自媒体的年代，以微信为代表的即时通信产品，格外引人关注。

虽然微博和微信都是自媒体的代表，但是它们之间存在着一定区别。

一、传播方式比较：微信侧重人际传播与群体传播，微博侧重大众传播

微信侧重人际传播与群体传播，即微信是一对一、点对点的传播，目标群体更具有针对性。微信涉及的传播方式大致可以分为三种：好友之间传播、朋友圈传播以及信息接收。好友之间传播，是指通过微信从通讯录和QQ好友中互相添加为好友的用户之间的点对点双向传播。该类传播传受双方的关系比较稳定，传播方式与手机短信类似。朋友圈传播，是指微信用户可通过手机接收到自己的朋友圈好友动态，也可通过手机拍照发送到朋友圈，并在朋友圈里进行简单讨论，其传播范围跟自己的好友数量相关。微信朋友圈被定义为一种私密性的图片分享平台，限定在相互关注的“朋友”范围内。基于私密性，微信朋友圈的传播功能有“赞”和“评论”，但不支持转发，难以形成大规模传播。信息接收，是指微信用户接收来自腾讯网站推送的新闻广播和来自公众账号推送的信息等，并可以转发给自己的好友或分享到朋友圈。个人账号接收到信息后，分享给好友是一种点对点的传播模式，分享到朋友圈可以进行简单的讨论和点赞的交流，但是由于没有转发功能，微信传播无法形成微博那样的多级链条传播。

微博侧重大众传播，传播对象通常是不确定的陌生的多数人。微博是一个完全开放的信息平台，其传播可以实现一对一、一对多、多对一、多对多的交互传播，信息的发布者无法预知信息的发送和接收。微博既不同于传统的线性传播，又不同于即时通信和手机的点对点传播，也不同于BBS等网络媒体的网状传播，它是一种裂变式传播，微博转发可以将信息转发给更多的用户，也增强了互动性。同时微博发送信息的频率不受限制，支持二次转发，可以大规模传播，传播范围广泛，具有大众媒体的特性。

应该说，微博是通知系统，而微信是通信系统。微博无须双方实线连接或者互动，比如，如果被关注者设置了更为开放的私信权限，那么其粉丝无须与之互粉即可发送私信，系统即可通知对方。至于微信，双方彼此添加才可以实现交流，同一订阅号的不同读者也没有频繁互动，不同订阅号之间的交流也不是主流。这意味着微博承载的依然是传统的广播中心功能，而微信更像是一个I/O系统，承载输入与输出的功能。

二、用户网络社交比较：微信以强人际关系为主，微博以单向关注的弱人际关系为主

从用户的网络社交方面来看，微信以强人际关系为主要社交关系。微信作为一款基于手机端的通信软件，以个人人际关系为核心，通过强关系和弱关系两种方式进行信息的生产和传递。从微信强关系来看，微信最基本的关系网络是基于现实生活关系的亲戚、朋友、同事等关系，这种关系都带有相互关注的特性，双方主要以点对点方式沟通信息。从微信弱关系来看，微信提供了许多功能，可以扩大社交范围。弱关系所传递的信息大致有两种，一种是用户信息，另一种是通过 App 和公众平台等方式接收来自陌生用户发布的信息。微信用户社交范围可以分成三个层次：熟人交际圈、千米交际圈和陌生人交际圈。三个交际圈使微信用户社交圈从熟人向陌生人展开。

相对于微信，微博以单向关注的弱关系人际关系为主。在微博上实现社交的过程极其简单：通过添加“关注”即可成为对方的粉丝，“转发”“私信”等功能也促进了彼此之间的交流。由这个添加“关注”行为所形成的是一种不对称人际关系。微博以单向的跟随关系简化了社交关系，用户可以随意关注他人以接收信息，而不需要形成双向的好友确认关系，这个过程中人群易于集结。

三、传播效果比较：微信信息可信度高于微博

由于微信的传播对象多为手机通讯录中的熟人、朋友、亲属，微博侧重大众传播，传播对象通常是不确定的陌生的多数人，所以微信信息的可信度高于微博。

微信与微博完全是具有不同基因属性的产品。微博有更强烈的传播和媒体属性，而微信有更强的黏性、更好的交流体验，是一条具有私密性的沟通纽带。

微信传播以点对点的人际传播为主，传播基于个人社交关系，好友基本来源于现实生活实际交往人群，微信账号绑定 QQ 号码和手机号码，用户以实名交友为主，导致其传播内容具有个人私密性和准实名制的特征。从产品基础功能来看，作为一款应用于个人社交通信场景的产品，微信天然属于强关系产品，主要是熟人间聊天交流的工具，因此用户隐私得到了严密的保护。微信着眼于点对点的精准定位，这一点决定了微信在产品功能上也做出了限制信息分享的功能限制，这些因素都导致微信的大众传播能力较弱。

微信可以接收腾讯新闻、公众账号信息广播、腾讯微博和朋友圈推送的信息。微信虽然有三种传播方式，用户获取信息的途径多元化，但是各种传播方式在传播频率、传播渠道、传播范围上存在一定限制，导致了微信在大规模群体交互上有先天局限性。微信上的公众号具备简单的广播能力，微信提供了公共号的关注功能，有些“大号”的粉丝较多，可以实现简单的广播功能。但是这些大号的传播量也受到限制。因此，微信公众账号难以实现像微博一样高度互动的大众传播。

较之微信，微博即时化的个人媒体与大众传播机制的特点更为明显。在微博上添加“关注”形成一种不对称人际关系，这种过程很容易将人际关系从熟人的圈子扩展到陌生人，因而使得个人社交范围大大拓宽，粉丝数可高达数十万乃至上千万。松散的社交关系使微博具备了一对多的大规模群体交流的能力，从而使微博大众化传播成为一种现实。微博通过一对多的发布模式，借助转发使其影响力呈几何级增长，赢得了规模性话语权，并且进一步反作用于传统媒体。

微博与微信的具体比较可见表7-1。

表7-1 微博与微信的比较

	微博	微信
传播类型	大众传播 微博更像个人门户网站，具有大众传播特征	人际传播、群体传播为主 微信更多的是朋友熟人间的点对点沟通与信息传播，微信群的信息传播属于群体传播
传播对象	以不确定的“陌生受众”为主	传播对象为“熟人圈子”，即熟知的少数受众，具有个人通信、人际传播、群体传播的特征
传播速度	即时性与延时性并存 博主发布消息后，其粉丝可以实时刷微博查看消息，也可以延迟阅读信息 接收者通过主动刷微博接收信息，接收信息的时效性更多由接收者掌握	即时性更高 微信是一种即时传播，两人或群体之间发布消息后，对方可以即时收到信息 接收者通过被推送接收信息，传播者的信息同步到达在线接收端
传播内容	公共性 微博上的传播内容多以公共性的话题为主，多涉及政治经济、国计民生 微博是开放的扩散传播 传播信息有公开性的特点	私密性 微信上的传播内容多以私密性的个人生活为主，微信是私密空间内的闭环交流，传播信息有私密性的特点 微信近似于一个私人网络，人们是在亲朋好友以及认识的人之间分享信息内容 传播者对有价值的信息，会从强关系到弱关系顺序传播，越有价值的信息被传播者传播的范围会越小
信息类型	140个字以内，可以是图片、文字、链接	不限字数，可以是图片、文字、链接、语音、视频
传播效果	社会效果强，个人效果弱 微博具有大众媒体的性质，其传播内容经过大范围转发易在社会上形成舆论压力，具有强效果，但微博内容对个人用户的传播效果相对较弱 由于有转发评论等功能设置，能看到信息的大量回复，其中不乏谣言传播和灌水现象，容易稀释或混淆真正的传播内容 ID有买卖价值，存在大量的“僵尸粉” 意见领袖营销影响力较弱	社会效果相对弱，个人效果强 微信具有私密空间性质，且传播对象都是认识的人，增加了参与度和互动性。微信属于熟人群体间的信息分享，信息传播信度高，个人传播效果强 在信息的传播及评论等过程中，由于发布信息者是朋友熟人关系，参与人数相对较少，因此大大增强了信息对于用户的可信度，灌水率低，不良信息传播量大幅减少 ID不可以买卖 意见领袖营销影响力更强，好友间的强关系使得微信上的意见领袖可能就是现实中的意见领袖，其观点更有可能影响群体成员，被接受程度更高

续前表

	微博	微信
传播结构	放射状 微博的传播结构图是以用户为原点的放射状图	圆圈加点线状 微信的传播结构图是一个一个的圆圈加上点线的综合图，呈现出不规则性
用户关系	微博用户的粉丝之间多为从未谋面的陌生人，相互之间工作生活无交集	微信用户的好友之间多为亲戚、同学、同事等小群体
开放度	高 能通过转发让很多的人看到，微博用户的关系网是公开的，用户的粉丝有多少、有哪些，用户关注了哪些用户都是公开的	低 微信用户的社交关系网是秘密的，好友之间不可查看对方的好友有哪些
定位功能（LBS）	不支持查看所在位置	支持查看所在位置
产品载体	电脑、智能手机等所有智能终端都使用	手机是微信的主要平台

第4节　微信支付与支付宝

微信能够成为“国民第一社交App”，得益于微信支付的普及。

微信支付是腾讯集团旗下的第三方支付平台。2013年8月5日，财付通与微信合作推出微信支付，微信支付正式上线。2014年1月4日，滴滴打车接入微信支付，3天突破10万单。2014年1月27日，微信正式推出微信红包，并迅速流行开来；2015年5月，零钱用户突破3亿。2016年1月，接入微信支付的线下门店超30万家。2021年9月30日，微信支付与银联云闪付联合发布深化支付合作与互联互通的声明。2023年3月，数字人民币App支付平台新增“微信支付”。2023年5月22日，微信刷掌支付功能正式发布，用户可以在设备上进行刷掌操作。其具体做法是：先在设备上绑定个人微信账号，录入手掌纹样，等消费时，将手掌对准支付设备的扫描区，确认后即可完成支付。2023年7月，腾讯陆续开放微信支付商户网络给VISA等国际信用卡或借记卡组织，方便境外用户在中国内地以常用的信用卡和借记卡绑定微信支付。2023年7月20日，微信支付完成对国际银行卡用户服务的全面升级，境外用户使用微信支付绑定外卡后，可在中国境内的包括餐饮、交通、酒旅、商超等领域的绝大部分商户以扫码与被扫码、小程序支付、免密代扣、App内支付等多种支付方式使用移动支付。2023年12月，《非银行支付机构监督管理条例》公布，将非银行支付机构及其业务活动进一步纳入法治化轨道进行监管。微信支付称，将进一步深刻领会党中央关于金融工作的重要论述和决策部署，牢牢把握金融工作的政治性、人民性，在金融管理部门的指导下，坚持小额、便民宗旨，专注主业、提升服务，更好地满足用户支付结算需求，不断提升服务实体经济质效，为经济社会高质量发展注入更多价值与活力。

微信支付的盈利模式主要有：沉淀资金可用于金融投资、资金周转，以及收取相应的利息；提供简洁的交易渠道，按每笔交易收取0.1%的手续费；按流量收取手续费，微信提现免费使用量是1 000元，超过部分要收取相应的手续费；广告提成；第三方游戏收益。

虽然中国国内移动支付的开拓者是支付宝，但是微信支付已经后来居上超越支付宝，成为中国国内移动支付的主要方式。

2003年，马云为了推进淘宝网购的进一步发展，推出了支付宝服务。从此，一个影响中国人至深的国民级软件诞生，并引领了中国移动支付的潮流。支付宝的出现有其特殊和必然性，是电子商务催化的产物——买卖双方要达成交易，诚信和支付的环节必不可少，诚信是基础，支付是手段。可以说是电子商务平台的出现倒逼了支付宝的产生。而微信支付貌似在已经修建好的城市公路中拔地而起的一座高架，是在有路可走的前提下另辟蹊径开拓的一条快速通道，加快了车辆的通行速度。

支付宝的盈利模式主要有：沉淀资金可用于金融投资、资金周转，以及收取相应的利息；服务佣金，目前第三方支付企业首先和银行签协议，确定给银行缴纳的手续费率，然后，第三方支付平台根据这个费率，加上自己的毛利润即服务佣金，向客户收取费用；按流量收取手续费，支付宝免费使用量是1 000元（实名认证用户10 000元），超过部分要收取5%的手续费；交易抽成，即每笔使用支付宝完成的交易需要缴纳一定的费用；广告提成。

2014年之前，支付宝一直都是第三方支付市场的绝对霸主，其他的支付软件被支付宝远远地甩在后面。然而，2014年的一场春节红包大战，却让支付宝被结结实实打了一闷棍。2014年，在马化腾的谋划下，微信凭借春节的有利时机，发动了著名的春节微信红包活动，以此突袭了第三方支付市场。仅仅两天之内，微信的绑卡量就达到了1亿张，是支付宝需要花8年时间才能够完成的任务。

支付宝影响力下降的背后，其原因是非常深刻的。在客观层面，支付宝的定位是工具型软件，这也注定了支付宝很难增加用户时长。许多人虽然手机里也必备支付宝，但是每天打开支付宝的次数并不多，使用支付宝的时间也并不长，只有在特定的支付或者金融需求下，人们才会习惯性地打开支付宝。一旦人们对支付宝的需求不大，甚至逐渐变小的时候，那么它影响力的下降也将会成为必然。而在主观层面，支付宝营销团队这几年乏善可陈，难以推出亮眼的活动来吸引用户。正是因为支付宝的工具型属性，用户在支付宝上面的使用时长天然地赶不上社交类的软件，比如微信、QQ等。想要保证支付宝的影响力和活跃度，就必须不断推出新的、有吸引力的活动，来增加用户对支付宝的打开频次，创造更多的支付场景。早几年，支付宝的许多新活动或新功能确实非常吸引人，所以支付宝还能时常保持存在感。但现在，支付宝营销团队已经很久没有推出一项现象级的活动了。因此，支付宝关注度的衰减和影响力的下降也就变得不可避免了。

支付宝虽然在国内移动支付市场被微信支付打得节节败退，在海外市场却领先于微信支付。不过，支付宝和微信支付对海外移动支付市场的开拓仍处在起步阶段，即使Apple Pay在美超越了PayPal成为移动支付市场带头大哥，全美市场支持Apple Pay的商家也只有36%。所以在微信支付和支付宝的这场较量中，国内市场仍然是关键。而如今的微信支付已经占尽了先机。

2023年12月，中国人民银行官网发布“非银行支付机构重大事项变更许可信息公示（截至2023年12月）”，公示中显示同意支付宝（中国）网络技术有限公司变更为无实际控制人。支付宝本次调整源于2023年年初蚂蚁集团调整投票权结构，调整后不再存在股东单一或共同控制蚂蚁集团的情形。

【本章小结】

本章分析了微信的传播特征，比较了微信与微博的区别。通过量化分析发现微信的可信度最高，其次为微博。2013 年微信、微博、网络新闻信息、报纸、广播、电视新闻的信任度分别为 63.4%、38.6%、21.7%、19.6%、14.6%、33.9%。2018 年年底量化分析的结果是：微信群是信任度最高的、每天阅读量最多的媒体。微信群被认为是个性化和互动性最强的、更新速度最快的媒体。遇到舆情、热点事件，用户会首选微信群作为获取信息的来源。

【思考题】

1. 请比较微信与微博的异同。
2. 请比较微信与 QQ 的异同。
3. 请分析微信信息可信度高的原因。
4. 请分析腾讯迅速发展的原因。
5. 你认为微信在人际传播、组织传播、群体传播与大众传播中的主要优势分别有哪些?
6. 请从传播学的角度分析微信朋友圈中“三天可见”功能的意义。
7. 请对比微信和微博在传播类型、对象、速度、内容、效果、用户等方面的异同。
8. 目前，微信是中国网络用户规模与活跃度极大的应用之一，你认为传统媒体应当如何与微信进行融合发展以提升传播效果?

第 8 章 社交网站

社交网站（social networking site）是为拥有相同兴趣与活动的人群创建的在线社区。社交网站的发展验证了六度分隔理论（six degrees of separation）。六度分隔理论是一种理论假设，即你和任何一个陌生人之间所间隔的人不会超过六个，也就是说，最多通过六个中间人你就能够认识任何一个陌生人。

社交网站是社交媒体的第一个阶段。社交媒体（social media）指互联网上基于用户关系的内容生产与交换平台。常见的社交媒体主要包括社交网站、微博、微信、博客、论坛、播客等。目前的社交媒体已经进入第二个阶段，即基于智能手机的移动应用软件阶段，代表性的产品是微信、WhatsApp、抖音（包括 TikTok）、快手等。

社交媒体改变了生活，改变了我们与朋友、家人、社区和企业的互动方式。它还引入了更快、更有效的消费新闻和其他类型信息的方式。根据美国 Tridens Technology 公司进行的调查，截至 2023 年 12 月，全球大约有 47.4 亿活跃的社交媒体用户；全球将近 59.3% 的人口至少使用一个社交媒体平台；平均每个网民每天花费 147 分钟在社交媒体上；脸书是使用最广泛的社交渠道，有 29.6 亿活跃用户；5.2 亿人使用 LinkedIn 进行求职；47% 的全球互联网用户表示，与家人和朋友保持联系是人们使用社交媒体的首要原因；46%的社交媒体用户是女性，而 54%是男性。

第 1 节 社交网站的概念、特点及其发展

社交网站是基于互联网的一种服务，它可以让用户在特定的网络系统中构建一个公开的或者半公开的形象，用户还可以在上面列出自己的各种联系人，彼此进行交流互动。

在英文里，social networking site 也经常被使用者、研究者们提及，而且和 social network website 互用。严格地说，在强调点和视野上，这两者是有所区分的。Networking 强调的是一种关系的始发，它常常用于陌生人之间的关系初建。尽管在社交网站上，通过彼此分享、交流，新的关系常常得以形成，但是，这并非社交网站上的主要活动。仅就开拓新的关系网而言，它还不足以把社交网站和其他以计算机为媒介的传播方式区别开。

> **概念**
>
> 社交网站是基于互联网的一种服务，它可以让用户在特定的网络系统中构建一个公开的或者半公开的形象，用户还可以在上面列出自己的各种联系人，彼此进行交流互动。

社交网站一个最显著的特点在于，它使用户能够系统地在网络上将自己现实的社交网络公之于众。虽然社交网站也使一些线下无现实接触的人在社交网站上建立一种线上联系，从而交往到新的朋友，但是这并非人们上社交网站的主要目的。在很多大型的社交网站上，如脸书、MySpace、Bebo，人们主要和他们既有的、线下的、现实的社交群体中的一部分人进行交流。

在社交网站出现之前，相关的应用已经零散出现在一些网站中。比如一些大型的婚介约会网站以及网络社区较早就允许个人创建主页；AIM 和 ICQ 也有“老友”列表（Buddy List），但是这些列表只能由创建列表的用户看到，并未公开。Classmates 虽然支持高中同学、大学同学间的互联，用户却不能拥有自己的主页。

一、第一个社交网站 SixDegrees

按照上文所提及的社交网站的定义及相关特色，最早将各项功能结合起来的社交网站是创建于 1997 年的 SixDegrees，它允许使用者创建个人主页并公开好友名单及链接。SixDegrees 将自己定位为“促进人们彼此联系沟通的工具”，短短几年就赢得了数百万用户，但是由于经营不善，于 2000 年倒闭。

从互联网大气候看，SixDegrees 有些生不逢时。当时尽管涌进“信息高速公路”的网民已经很多，但是比起之后的几年，上网还没有像今天这样成为“常态”行为，完全融入人们的生活，成为人们生活中不可或缺的一部分。一部分 SixDegrees 的早期用户在注册后，没能在网上找到周围的朋友，又对接触陌生人毫无兴趣，久而久之逐渐放弃使用 SixDegrees。

二、社交网站发展的两波浪潮

1997—2001 年是社交网站发展的第一次浪潮。此间兴起的有 AsianAvenue、BlackPlanet、MiGente、Cyworld、LunarStorm 等。

第二波社交网站浪潮则始于创建于 2001 年的 Ryze，这个网站主要面对旧金山的商业圈和技术圈，旨在协助这些群体维护、拓展商业网络。之后，Tribe、LinkedIn、Friendster 也纷纷创立。值得一提的是，它们的创建者和 Ryze 的创建者都保持着紧密联系，他们认为彼此之间是合作而非竞争关系。Ryze 最终无法得以流行，Tribe 靠着一小群热情、忠实的拥护者得以维系，LinkedIn 发展成在商界里颇具影响力的社交网站，Friendster 因其起起落落而成为社交网站历史上一个著名的案例。

> **你怎么看**
>
> 社交网站是社交媒体中的重要一员。一些观点认为，社交媒体拉近了人与人之间的距离，使空间和地理不再成为阻碍；但也有另一些观点认为，社交媒体的使用会对现实中的人际交往产生负面影响，对此你怎么看？

三、一些社交网站的拓展式发展

社交网站在 2001 年后得到大规模的拓展式发展，现在比较有名的社交网站都是 2001 年以后创建的。

韩国的 Cyworld 自 2001 年创建后，影响力不断地向世界各地扩展，分别于 2005 年、2006 年推出了中国、美国版本。

有的社交网站早先只是针对特定的用户群，后来才逐步拓展为开放型社交网站。其中比较典型的是脸书。2004 年刚建立时，它仅对哈佛校友开放，需要使用带有 harvard. edu 的电子邮件地址来注册登录。即使后来它开始支持其他学校校友加入，注册的时候还是需要相关学校的电子邮件地址。这就使得早期的脸书有一定的闭合性，用户对其感知为“亲密、私隐的社区”。2005 年起，脸书逐步向高中学生、企业开放，现在其已成为完全开放的社交网站。而在管理理念上，脸书仍坚持一定程度的限制性原则。比如，要加入某个企业，必须使用企业专属的 . com 电子邮件地址；要加入某个高中群，必须通过管理员的验证。脸书与其他社交网站的相异之处在于其个人主页不会向所有人开放，还有就是它支持个性化页面。

四、现今全球社交网站概况

全球影响最大的社交网站或者软件如下：

脸书：2018 年 12 月月度用户数达 23.2 亿。截至 2023 年 4 月，脸书的月活跃用户数为 29.89 亿，是全球最活跃的社交媒体平台。

微信：腾讯公司打造的一款社交软件，与支付宝一起成为中国最重要的移动支付平台。2023 年 8 月 16 日腾讯发布的 2023 年第二季度财报显示，截至 2023 年 6 月 30 日，微信及 WeChat 的合并月活跃账户数达 13.27 亿，实现了对中国人口的全量覆盖。

Line：韩国互联网集团 NHN 的日本子公司 NHN Japan 推出的一款即时通信软件，目前全球注册用户超过 4 亿，多数来自日本和泰国。

WhatsApp：一款用于智能手机之间通信的应用程序。截至 2023 年年底，全球有超过 5 000 万家企业使用 WhatsApp，每月有超过 27 亿人使用 WhatsApp，使其成为全球最受欢迎的移动通信应用程序之一。

2024 年 1 月 9 日，钉钉总裁叶军宣布，截至 2023 年年末，钉钉用户数达 7 亿，企业组织数达 2 500 万，软件付费企业数达 12 万。

根据 QuestMobile 的最新数据，2023 年 5 月，抖音的月活跃用户规模达到 7 亿多，月人均使用时长达到 36.6 小时，抖音用户中男性占 56.3%，女性占 43.3%，用户年龄段大部分在 25 岁以上，有本科学历，有 55.4%的用户生活在三线及三线以上城市，有 29.2%的用户生活在四线及五线城市。

仅美国，TikTok 用户数就超过了 1.5 亿。截止 2023 年 6 月 TikTok 全球下载量已突破 35 亿次，自 2020 年以来取得了倍数级别的增长，其中 2022 年达到峰值（该年度全球下载量最高的 App）。目前，TikTok 可在 155 个国家使用，通过谷歌支付和应用商店使用 39 种语言。

2023 年 11 月 21 日，快手科技发布 2023 年第三季度业绩，总营收同比增长 20.8%至 279.5 亿元，平均日活跃用户同比增长 6.4%，达 3.866 亿，平均月活跃用户同比增长 9.4%达 6.847 亿。

第 2 节　社交网站对社会的影响

社交网站对社会的影响并非都是正面的。如今的社交网络被一些学者比作英国哲学家杰里米·边沁于 1791 年设计的“全景式监狱”。这个概念也通过福柯的《规训与惩罚》一书而广为人知。“全景式监狱”是一座环形建筑，中心有一座高塔，监狱的管理者只需待在高塔上便可以监视到所有囚室。在这种监狱中，犯人处于持续的、无时无刻不被“监视”的状态中，而不像以往的监狱那样，只在出操、吃饭等特定的时间段里被看到。边沁的监狱在那个年代只停留在蓝图里，但它在互联网时代却变成了现实。实名制代替了匿名性，身份信息在各个 App 之间交错链接，使我们每个人都好像活在一座圆形的监狱中，它甚至比能够在现实中被观看到的监狱更加可怕。

一、六度分隔理论与社交网站

社交网站的建立理念基于六度分隔理论。

六度分隔理论（six degrees of separation）又称为六度空间理论、小世界现象、小世界效应。该理论假设世界上所有互不相识的人只需要很少的中间人就能建立起联系。1967年哈佛大学的心理学教授斯坦利·米尔格拉姆（Stanley Milgram）根据这个概念做过一次连锁信件实验，尝试证明平均只需六个人就可以联系任何两个互不相识的美国人。这种现象并不是说任何人与人之间的联系都必须要通过六个层次才会产生，而是表达了这样一个重要的概念：任何两个素不相识的人之间，通过一定的联系，总能够产生必然联系或关系。显然，随着联系方式和联系能力的不同，实现个人期望的机遇将产生明显的区别。

> **概念**
>
> 脸书（Facebook）是美国的一个社交网络服务网站，创立于2004年2月4日，总部位于美国加利福尼亚州门洛帕克。其主要创始人是马克·扎克伯格（Mark Zuckerberg）。2019年7月2日，其市值为5 509.16亿美元。

社交网站上人际关系的含义已经远不止“熟人的熟人”这个层面，比如可根据相同话题、相同爱好、相同学习经历，甚至根据周末出游的相同地点把大家聚合在一起等。通过SNS，用户可以便捷地创建自己的社会网络，玩游戏、看视频，并创建网站、网络电台、网络电视频道，甚至逛商店等，因此很受年轻人喜爱。社交网站仅仅基于个人的服务器便可满足多人一起工作和娱乐的需要，甚至使上百人聚在一起召开会议、讨论问题、共享照片、欣赏音乐成为可能，彰显了“社会化网络”中的“社会化”的真义。社交网站的出现真正动摇了“物理实在”与“虚拟实在”之间的障碍，因为其价值来源于真实性。

在社交网站上，用户之间的关系被称为“朋友”“联系人”“粉丝”“追随者”等，不一而足。要成为“朋友”，一些网站要双方相互确认，但是也有一些网站只要一方的确认即可。往往单方认同者会被称为“粉丝”或者“追随者”。所以，在社交网站上，笼统地使用“朋友”会造成一定程度的误导。用户可以点击好友名单上的链接到达特定的好友主页上。一些社交网站赋予用户选择权，决定是否公开自己的好友列表，如在MySpace、LinkedIn，用户可以隐藏自己的好友列表。

社交网站通过诸如兴趣、政治观点、行为等使得原来素昧平生、远隔千里的陌生人也能相互联络，结成朋友。同时有数据表明，大多数社交网站支持既有社会关系在网络上的延伸、维护和持续。比如在韩国，Cyworld已成为人们日常生活中不可或缺的一部分。一项调查显示，85%的受访者使用Cyworld的主要动机是维持和加强既有的社交关系，即使某些线下关系链条很弱，比如上某一选修课的一面之缘。加强既有的社会关系这一维度成为社交网站与新闻组等早期互联网应用的重要区别之一。

二、社交网站与自我中心的彰显

尽管不同的社交网站采用不同的技术，形成了各自的特色，但相同的是社交网站的一个最重要的特色——社交关系的公开呈现。在注册社交网站的时候，用户会被要求填写一些表格或者回答一系列问题，诸如年龄、住址、兴趣等，一些网站还鼓励用户上传个人照片。于是个人主页成为在社交网站上展示自我的重要手段。

社交网站的兴起暗示着在线社区的一个转向。基于兴趣、爱好的BBS、网络社区仍然存在并显示着蓬勃的生命力，但社交网站存在着在本质上不同的理念：它们主要是围绕人，或者说是围绕人与人之间的关系而构建。在社交网站里，兴趣并非其主旋律。

BBS、网络社区围绕话题而建构，话题与话题之间通常是一种逆时序的线性结构，话题与回复之间呈现的是一种金字塔式结构；而在社交网站里，结构主体是人。在互联网上，人与人之间的等级秩序并不明显，由此，社交网站中人与人之间交错联结，呈现一种网状的系统。人们摆脱客观事件的束缚，个体在自己的页面中都有较大程度的自我操控能力，决定着什么被展现、如何展现，从而使得自我得到彰显。

三、社交网站与现实人际传播的回归

恩斯特·卡西尔（Ernst Cassirer）曾经说过："只有在我们与人类的直接交往中，我们才能洞察人的特性。要理解人，我们就必须在实际上面对着人，必须面对面地与人交往。"① 卡西尔道出了一个朴素的真理：只有在人与人的真实交往中，人才能理解自己，理解他人，理解社会。

社交网站鼓励实名制，在这个意义上，它实现了网络虚拟世界向真实世界的回归。在之前的 BBS、网络社区中，用户匿名注册之后所扮演的往往是一种虚拟角色。这种匿名状态往往使人放弃自我约束，很容易诱发出人天性中的破坏性。这也是网络群体事件，比如人肉搜索中出现的一些诽谤、侵犯他人隐私、肆意侮辱他人人格行为的深层原因。在社交网站中，实名制实现了现实角色的移植，物理世界中的身体属性、社会属性和地域属性依靠实名制得以在虚拟世界中继续构成主体，物理世界中的角色规范继续有效地影响着主体，这都有效地杜绝了匿名制带来的"网络暴民"等不符合道德规范的现象。

社交网站在本来难分真假的网络世界中告诉人们网络不是完全虚拟的，它也可以真实。

四、社交网站促进人际关系的构建、维系及良性发展

心理学专家指出，现代都市生活节奏越来越快，人与人之间的距离越来越远。在社交网站中，通过导入 QQ 和 MSN 的好友名单、雅虎和 Gmail 等邮箱联系人，以及通过使用一些搜索功能，用户不仅可以找到自己的同事、大学同学，甚至连一些小学、幼儿园同学都能找到。

社交网站甚至通过简单游戏的方式把大家联系在一起，大家互相"买卖"，争抢"车位"，"偷菜"，还可以发起投票，讨论一些好玩的话题。虽然是在虚拟的世界里，但对社交网站的用户来说，他们在社交网站上是真实存在的。

社交网站为了吸引用户创造出形式各异的活动方式，以促进用户间的交流。以曾在中国白领中较流行的开心网为例，开心网中有"姓名缘分""婚外情""朋友比较"这几个组件，朋友间通过透露、传播一些看似隐私的信息来减少疏远感，提高亲密程度。开心网上还有一些小道具，比如"动他一下"，是开心网上加强版的"打招呼"的一种动作，另外还有十多种动作能准确表达发送人的心态，增强接收人的感受。

从网站的界面设计来看，社交网站中的房子、宠物以及它们的笼舍，都被设计得活泼有趣，与理性、冰冷的办公室氛围形成了鲜明的对比。

为了进一步增强现实感，一些社交网站还提供"虚拟物品"赠送服务，有免费的，也有收费的礼品，还可以匿名赠送。腾讯的 Qzone 就从虚拟物品中获得了巨额利润。

社交网站通过以上各种方式，让用户能更紧密地保持和朋友之间的关系。

五、社交网站与个体的边界管理

桑德拉·佩特罗尼奥（Sandra Petronio）提出，人际关系中的各方不停地管理公共领域和

① 卡西尔．人论［M］．上海：上海译文出版社，2004：10.

私人空间之间的边界。所谓的“边界”指的是在思想和感情上是否愿意和他人分享的界限，或者可以理解成私密性和非私密性事务之间的界限。保持一个封闭的边界可以带来更大的自主权和更多的安全感，而开放的边界会导致更为亲密的关系和更多的共享信息。通过对边界的管理，建立起更加宽泛的关系网络，传播效果会更好。

相对于先前的互联网服务，社交网站能够提供给人们比较有效的边界管理手段。比如，BBS等过于偏向公众化，而即时通信又过于偏向私人化，这常常使得与人分享和保护自己的需求产生矛盾，甚至陷入透露信息不安全与发布信息无人分享的窘境。而社交网站较好地解决了这一问题。它将个人空间和公共空间相结合，同时拥有个性的博客以及各种交友、用户搜索、论坛群等。用户可以通过隐私设置让好友之外的人无法浏览自己的主页信息，他们可以放心地在自己的小圈子内管理、发布自我信息，同时及时了解朋友们的最新情况，还可以通过“朋友的朋友”与网内搜索、交友功能不断拓展自己的人际关系，在自我透露与好友信息的获取中不断增进相互间的情感，深化拓展人际关系。

六、社交网站与名人

对于名人来说，社交网站给他们提供了一个与支持者互动交流、加深彼此理解的平台。

以MySpace的发展为例。较早的社交网站，如Friendster，鼓励人们注册，但对乐队等在社交网站上安营扎寨、进行公关的支持力度并不大。相反，MySpace则善于利用著名人士，尤其是一些流行音乐歌手来拉拢用户，手段之一就是鼓励乐队和支持者在社交网站上交流互动。

第3节　社交网站带来的一些问题

无论在哪个国家，信息安全问题、成年和未成年人的性交往、违法事件等围绕社交网站的各种争议都挥之不去。社交网站甚至在一些国家和群体中受到排斥。比如，一些公司在办公时间屏蔽社交网站。MySpace被美国军方所禁，服役人员不能对其进行访问；加拿大政府禁止其职员访问脸书；美国国会则提议立法禁止青少年在学校和公共图书馆访问所有社交网站。

下文将阐述社交网站带来的一些主要问题。

一、虚假身份对社交网站造成的困扰

你怎么看

社交网站中的虚假个人身份究竟是有利于还是不利于人们之间的相互交流？

上文提到过，社交网站最大的亮点就是以既有社会关系为基础，拓展用户的真实交际圈，力求回归现实中的人际传播。统计数据也表明，人们在社交网站上的好友多为线下有联络的朋友。但是，也不排除一些人制造虚假的身份，有甚者假冒名人，通过社交网站达到各种各样的目的。

一个明显的例子就是Friendster上假冒者的泛滥。Friendster在北美市场的式微有技术方面的因素，也有因其管理不善导致假冒者对用户体验的损害方面的原因。

二、隐私

对网站的信任程度以及使用的目的也会影响所分享信息的完整、真实程度。比如脸书用户对脸书的信任程度要高于MySpace用户对MySpace的信任程度，因而前者更乐意在社交网站

上分享信息。

社交网站个人主页及其链接的数据都可以通过特定的技术自动搜集。美国有些学校专门提醒年轻人注意保护自己在社交网站上的隐私，不要让陌生人从个人主页上的信息如家乡、出生日期、地理经纬度等中获得过多隐私，甚至让他人推测出身份证号。

另一方面，开放式平台是 Web 2.0 的要素之一。很多社交网站都允许应用程序开发者实现平台提供者没有提供的功能，允许应用程序开发者重构或替代平台提供者所提供的不尽如人意的功能。

比如，美国的旅游网站巨头 Expedia 以 300 万美元的价格收购了脸书上的应用程序——“我去过的地方”（Where Have I Been）。任何脸书注册用户都可以将此应用程序添加到脸书个人主页，还可以在此模块所显示的世界地图上标记出其个人旅游的历史轨迹，喜欢的国家、城市以及想去的地方。在开通后仅三个月的时间内，“我去过的地方”便在脸书获得了 240 万的用户。由此可见，此应用程序的潜力在于它轻松地在娱乐氛围的环绕下，发掘了大量对旅游感兴趣的用户，并储备了相关用户的数据资料。而这些资料恰恰是收购“我去过的地方”的 Expedia 公司所需要的。

无论是社交网站运营方还是应用程序开发商，若对搜集来的用户资料不能妥善、依法处置，都很容易使用户隐私遭到不法利用。

三、角色冲突

社交网站里公开的朋友列表，提供给用户一个用户群，从而建立了一种对应的行为模式；好友的数目、分布、社会经济地位等都会影响使用者的行为。然而，当自己的上司、同学、密友、老师同时出现在社交网站时，用户在不同对象面前扮演的不同角色可能会产生冲突。

所谓角色冲突（role conflict）是指当一个人扮演一个角色或同时扮演几个不同的角色时，由于不能胜任而发生的矛盾和冲突。角色冲突大体可以分为两类：角色间冲突和角色内冲突。角色间冲突是指一个人所扮演的不同角色之间发生的冲突。角色内冲突是指同一个角色，由于社会上人们对于他的期望与要求的不一致，或者角色承担者对这个角色的理解的不一致，而在角色承担者内心产生的一种矛盾与冲突。

在社交网站里，同一用户身上产生的主要是角色间冲突，表现为两种情形。第一种情形是空间、时间上的冲突。比如当一位老师出现在脸书上，他的学生看到自己老师不同于站在讲台上的一面时会产生何种想法，这对于师生关系又会产生怎样的影响。

> **概念**
>
> 角色冲突是指当一个人扮演一个角色或同时扮演几个不同的角色时，由于不能胜任而发生的矛盾和冲突。

第二种情形是行为模式上的冲突。比如，当一个人改变了旧角色，担任了新角色，并且新的角色与旧角色有性质上的区别时，也会产生新旧角色之间的冲突。比如某个社交网站的用户，之前在学校与同学相处时，可能比较随意、放松；大学毕业后进入公司，在上司面前展示的是兢兢业业、沉着稳重的一面。面对先后两种对象，他的说话方式可能会有很大的差异。但是，在社交网站里，由于上司、同学同时看到自己的一言一行，这个用户可能在选择表达方式时会产生某种矛盾心理。

四、现实关系的疏离

有学者提出，社交网站上的交往很可能制造了一种“虚假的真实”，事实上是对真实社会交往的逃避。社交网站的兴起再次提醒我们，当某个媒介制造的现实比真实生活有趣得多的时候，会发生什么？当一个人在开心网上“种花”“偷菜”忙得不亦乐乎时，他会不会已经很久没有跟朋友一起外出郊游了？

你怎么看

社交网站会导致人们之间现实关系的疏离吗？

一些用户沉溺于社交网站中不能自拔，一反生活的常态。比如开心网的一些用户，半夜起床上开心网的农场“收割”“偷菜”，利用上班时间在社交网站上“做买卖赚钱”。为此，中国20多家企业曾联名对员工沉迷于开心网游戏进行警示，严重者将被开除。

五、垃圾广告

广告和其他增值服务是目前社交网站主要的盈利模式。社交网站可以采用植入式广告的模式，让用户在与朋友的互动中接收广告，减轻排斥心理。例如，开心网在停车位上放置宝马的广告，在买房子游戏中内置了万科房地产的广告，都收到了较好的广告效果。

另外，社交网站还可以利用用户相对真实的数据进行分众式广告投放，准确定位目标人群。在社区交友网站中，用户的性别、年龄、所在城市、工作场所、收入层次及爱好等都有详细记载。如果社交网站根据用户的差异投放各自喜好的广告，收效将大于传统门户的广告。

但是社交网站上垃圾广告仍频频出现，有些营销机构专门注册虚假账号，骗取其他用户加好友，发布垃圾广告。

如何巧妙利用优势，在吸引广告主增加利润的同时又不招致用户的抵触、反感，减少垃圾广告，这些都是社交网站发展中需要面对的问题。

【本章小结】

本章主要阐释了社交网站的概念及特点，重点讲授了社交网站对传播的影响，分析了社交网站存在的问题。

【思考题】

1. 请分析社交网站对传播的影响。
2. 请分析社交网站对青少年网民的心理影响。
3. 请简述我国社交网站的发展历程及其特点。
4. 请分析哪些因素影响着社交网站用户的自我呈现。
5. 社交网站中的信息分享与用户互动行为往往伴随着个人信息隐私的披露，你认为应当如何协调用户的隐私边界？

第 9 章　视频网站

当今，上千万用户生成内容的生产者和消费者正重塑着人们的传统收视行为。

视频网站带来了新的收看模式，改变着社会互动，这既给互联网产业带来了新商机，也有助于提升用户的创造能力。比尔·盖茨曾经预言，互联网视频必将为传统电视业带来一场革命。

第 1 节　视频网站的概念及特点

截至 2023 年 6 月，我国网络视频用户规模为 10.44 亿人，较 2022 年 12 月增长 1 380 万人，占网民整体的 96.8%。其中，短视频用户规模为 10.26 亿人，较 2022 年 12 月增长 1 454 万人，占网民整体的 95.2%。

截至 2023 年 6 月，爱奇艺的日均订阅会员数达到 1.11 亿，总营收 78 亿元人民币，同比增长 17%；会员服务营收 49 亿元，同比增长 15%。

全球最大的视频网站是油管（YouTube），这家视频网站早期位于美国加利福尼亚州的圣布鲁诺，注册于 2005 年 2 月 15 日，由美国华裔陈士骏等人创立，主要功能为让用户下载、观看及分享影片或短片。2006 年 11 月，谷歌以 16.5 亿美元收购了油管，并把其当作一家子公司来经营。根据油管官网的数据，截至 2023 年 4 月，油管在全球拥有至少 25.27 亿用户，其中 45.6%是女性，54.4%是男性。

一、视频网站的概念

视频网站是以传播视频信息为主的网络媒体。

Web 2.0 的一个核心概念是让用户参与创造内容。在短短的时间里，Web 2.0 的应用从文本到图片，很快席卷了音频、视频世界。

目前，视频网站的主流是视频分享网站。视频分享网站是允许用户随意上传并且与公众分享他们的视频短片或者邀请访客的网站。

> **概念**
>
> 视频网站是以传播视频信息为主的网络媒体。

> **概念**
>
> 视频分享网站是允许用户随意上传并且与公众分享他们的视频短片或者邀请访客的网站。

视频分享网站是脱胎于 BBS 的一种社交网站，网络用户可以通过视频分享网站上传、搜索、观看视频文件。视频分享网站建设的初衷是在越来越多的人观看视频文件的同时，使每个人与全世界分享他的经验及专门知识。

二、视频网站的特点

（一）内容生产速度极快

目前最大的在线电影数据库 IMDb 上保存的从 1888 年至今生产的电影和电视节目大约只有 96 万部。而油管上每天上传的视频就达六七万个，也就是说，仅就数量而言，生产同样数目的视频，油管只需要约15天。

（二）内容来源多样化，草根性与专业性并存

视频网站主要是利用Adobe Flash video技术来呈现各种用户生成的视频内容，包括电影Clip、电视Clip和音乐电视等，也有来自视频博客以及各种简短的原生态视频等。

从技术上看，多数视频网站的内容主要是编码成Flash video（.flv）格式的视频和音频。它们一般也支持无声视频，因而有些内容并没有音轨。还有些内容并非连续拍录的视频，而是由文字或照片做成的幻灯片。技术门槛的降低更有利于视频的上传。

此外，视频网站还会和传统的大众媒体机构合作，共享内容。如油管与CBS（哥伦比亚广播公司）、BBC（英国广播公司）、UMG（环球音乐集团）签订了一系列合作协议，这些公司会定时给油管提供内容。2008年11月，油管又和MGM（米高梅电影公司）、狮门娱乐公司（Lions Gate Entertainment）、CBS签订协议，得以将完整的电影和电视节目（连带广告）放到网上。另一个比较有名的视频网站Hulu也和NBC（美国全国广播公司）、Fox（福克斯公司）、Disney（迪士尼公司）进行内容合作。

（三）视频可植入其他网页

很多视频网站可以让用户在自己网站之外的网页上观看视频。比如油管使用者可以在油管以外的网页上观看其视频，因为每一段油管视频都有个HTML以植入油管之外的网站。用户常常将上传到油管的视频插入社交网站和博客，点击数经由这些外部链接攀升。经常链接视频网站内容的是一些大型社交网站，如Myspace、Orkut、Friendster等。此外用户也常经由视频评论网站到达视频网站的某一特定链接。

（四）用户互动

随着Web 2.0的发展，更多视频网站增加了用户互动特色，鼓励用户更多地参与，然而用户的参与积极性并不高。有美国学者统计，在油管上，仅有54%的视频得到评分，这仅占浏览次数的0.22%。用户发表评论是一种更为积极的参与行为，而油管上的评论次数仅占浏览次数的0.16%。在视频网站中，用户的参与、涉入程度有待提升。

此外，多数视频网站并不提供下载功能。在油管上，只有少数视频，如美国总统奥巴马的每周演讲，可以用MP4格式下载。2009年2月，油管试行一项下载服务，让一些内容合作伙伴免费提供下载服务或者通过谷歌结账平台来收取一定费用。

第2节　视频网站的发展历史

乐视网、土豆网分别成立于2004年和2005年，是中国最早的一批视频网站。

2017年11月10日，乐视网发布公告，称贾跃亭在回函中表示无力履行无息借款与增持承诺。因乐视网及贾跃亭涉嫌信息披露违法违规等行为，2019年4月29日中国证监会决定对乐视网及贾跃亭立案调查。

土豆网2005年4月15日正式上线，是全球最早上线的视频网站之一。2014年1月，“土豆网”正式更名为“土豆”。土豆目前是阿里巴巴文化娱乐集团旗下的视频平台。

一、油管的发展

在美国，最有名的视频网站就是油管。2005年2月，查德·赫利（Chad Hurley）、陈士骏

(Steve Chen) 和贾维德·卡里姆 (Jawed Karim) 创建了这个网站。2006 年 11 月，谷歌以 16.5 亿美元收购了油管，油管变成谷歌位于加利福尼亚州的一个分公司。

油管在网站管理上把用户群分成两个群体，非注册用户只能观看视频，而要上传视频则要成为注册用户。一些争议性的内容则只能由 18 周岁以上的注册用户观看。油管上的第一个视频拍摄的是创建者之一贾维德·卡里姆在圣地亚哥动物园游览的情景，他为视频起了个名字叫《我在动物园里》，并在 2005 年 4 月 23 日上传到网站上。有趣的是，这个视频现在还可以看到。

油管的发展非常迅猛。根据市场调查公司 comScore 的数据，油管在美国在线视频提供商中占据了 43%的市场份额，占据主导地位。到 2009 年 1 月，已有 60 亿个视频上传到油管上，几乎每分钟就有 20 个新节目，而且四分之三来自美国境外，由此可见油管在全球的巨大影响力。Alexa 的数据显示，在网民最常浏览的网站中，油管排在第四，仅位于谷歌、雅虎、脸书之后。

根据油管官网的数据，截至 2023 年 4 月，油管是世界上访问量第二大的网站及世界上使用量第二大的社交平台。人们每天在油管上观看超过 10 亿小时的视频。18 岁及以上的观众平均每天在油管上花费 41.9 分钟。油管观看时间的 40.9%发生在移动设备上。油管的访问者平均每天访问 8.89 页。

【案例】 优酷

优酷由古永锵于 2006 年 6 月 21 日创立并正式上线，现为阿里巴巴文化娱乐集团大优酷事业群下的视频平台。目前，优酷、土豆两大视频平台覆盖 5.8 亿多屏终端，日播放量 11.8 亿，支持 PC、电视、移动三大终端，兼具版权、合制、自制、自频道、直播、VR 等多种内容形态。业务覆盖会员、游戏、支付、智能硬件和艺人经纪，从内容生产、宣发、营销、衍生商业到粉丝经济，贯通文化娱乐全链路。优酷目前活跃用户数 1.5 亿，90%是“90 后”和“00 后”。

易观千帆数据显示，2020 年至 2022 年，优酷 MAU (月活跃用户数) 分别为 3.26 亿、2.39 亿、1.63 亿，逐年下滑。2022 年 12 月，爱奇艺与腾讯视频 MAU 分别为 5.07 亿、3.96 亿，占据行业头榜和次席，排名第三和第四的分别为芒果 TV 及 B 站，优酷已被挤到第五。

Questmobile 的数据显示，2022 年 2 月，优酷有效月度活跃用户为 2.67 亿，居在线视频第三，领先于芒果 TV 等平台。

二、中国的视频网站

中国国内的视频网站在经营主体、技术、内容和定位上存在诸多差异。有学者按照提供服务的类型，将视频网站分为视频点播/直播类网站、播客/视频分享类网站、视频搜索类网站、商务视频网站、播放器用户端视频网站五种类型 (见表 9-1)。

表 9-1　　按提供服务的类型分类的视频网站

类别	概念	特点	代表网站
视频点播/直播类网站	依靠 VOD 视频点播系统、流媒体技术或 P2P 技术为用户提供在线观看视频服务，是视频网站中最早出现的类型	以传统影视内容为主，技术发展成熟	互联星空 PPLive
播客/视频分享类网站	视频交流平台，网友经简单注册后即可免费把自己储存、制作的视频节目上传、发布、与他人分享交流。在这类网站上注册的用户可以享有自己的主页，成为播客	是投资热点，有大量用户生成内容，用户发展快、黏性低，技术门槛低	土豆网 酷 6 网
视频搜索类网站	提供视频搜索服务，这类网站可对网络上的视频文件进行搜集整理，并具有可供查询的系统	技术含量高、传统搜索引擎占优势，与传统媒体、其他视频网站大量合作	百度视频
商务视频网站	为商务用户服务，形式多样，包括广告、导购、增值服务等*	商务性	家和网 （视频看房）
播放器用户端视频网站	网络影音文件需下载观看	与播放器、下载软件等合作	迅雷 暴风影音

* 方洁．视频网站传播现状探析［J］．军事记者，2008（3）．

从《狂飙》开始，再由《繁花》结束，可以说 2023 年是网播剧集和长视频平台爆发的一年。在长视频爆发的 2023 年，爱奇艺和腾讯视频都已经实现了扭亏为盈。据爱奇艺财报，2023 年第三季度总营收 80 亿元，同比增长 7%；净利润为 4.759 亿元，去年同期净亏损 3.956 亿元，扭亏为盈；日均订阅会员数 1.075 亿，同比增长 6%。

腾讯视频的财报被统一到腾讯平台与内容事业群（PCG）之中，虽然没有具体数据，但是在 2023 年年中，腾讯公司副总裁、腾讯在线视频首席执行官孙忠怀向媒体透露，腾讯视频已实现连续四个季度盈利。

2023 年，优酷站内热度破万剧集数量达到 11 部，大多数为主流赛道中的古偶、现偶等女频向内容及现实主义题材剧集。仅有一部《长月烬明》有效收视率达到 30 亿以上，其余如《追光的日子》《异人之下》撞车《长相思》《莲花楼》、《他是谁》撞车《狂飙》，都未取得理想成绩。剧集品类和内容方向单一、过多把资源投入偶像剧的优酷，在越来越“卷”的长视频赛道掉队似乎成了正常事。除内容失利之外，优酷高层的人事变动过于频繁也是影响其发展的重要因素。2016 年优酷被收购，在随后的七年内连续换了三任 CEO，再加上 2018 年优酷前总裁杨伟东被爆受贿案，2020 年一审判处有期徒刑七年，更是暴露出优酷背后复杂多变的高层氛围，难以沉下心来专心做内容。

第 3 节　视频网站对传播行业的影响

传统的视频点播（Video-on-Demand）由少数的媒体机构采集、制作、生产并向受众传播内容，这些媒体机构往往需要获得政府颁发的许可证才有传播权。由于电视的影响力以及作为一种稀缺资源的发射频率，无论是在中国还是一些发达国家，政府对电视的传播控制比对其他大众传播方式如报纸、杂志等的控制要严格。传播特权给传统视频生产者带来了较强的把关、操控力度。内容的受关注度可以由专业化的内容生产商通过营销手段加以控制。

视频网站重塑了在线视频市场格局。海量的微内容呈现在用户面前，它们瞬息万变，可能转瞬即逝、知者寥寥，也有可能引起人们的极大关注甚至引发主流媒体的热议。在视频网站里，各种内容尤其是用户生成内容的受关注度存在较大的不可预测性。

在电视时代，人们守在电视机旁观看同一节目或连续剧是司空见惯的情景。一些内容的极度流行，抑或另外一些内容的受到冷落，这两个极端在用户生成内容时代都得到了一定程度的中和。用户的观看行为得到个性化发展，媒体使用行为和注意力持续时间也在发生变化。所有这些都极大地影响着市场营销策略、广告投放和搜索引擎。与此同时，由于编辑和把关制度的缺失，用户生成内容对内容的扭曲以及对知识产权的侵犯严重影响着视频网站的发展。

一、视频网站促进了个体的自我表达

在 2005 年油管出现之前，鲜有网民将视频内容放到网上。油管友好、易用的界面，使得用户能在几分钟内将视频传到网上，开创了新的互联网文化。

2006 年香港地区的“公交大叔”事件，是在一辆公共汽车上发生的骂战，其过程被旁边的乘客拍摄后上传到视频网站上，引起大量网民的围观。该视频总收看次数不足一个月已超越 700 万。此事件引起了主流媒体的广泛争论，美国的美联社和《纽约时报》、英国《卫报》，泰国、南非以至阿联酋的媒体都报道了该事件。人们还从多元角度探讨流行文化、网络文化、隐私及版权法、大众传媒的角色等话题。还有韩国的“吉他”事件——一位韩国年轻人用电吉他演奏了德国作曲家巴哈贝尔（Pachelbel）的作品《卡农》。视频没有透露表演者的名字，在该视频的点击量过百万后，《纽约时报》发表报道，称找到了吉他演奏者，叫林正贤（Jeong-Hyun Lim），是一名 23 岁的韩国人，他在自己的卧室里录制了这段视频。

2008 年，油管获得了乔治·佛斯特·皮博迪奖（George Foster Peabody Award），其获奖原因是它是一个“言论者的阵地，体现和促进了民主”。在中国，优酷网网友创作的草根版世界博览会宣传片《周星星大话世博会》在网络上走红，得到了上海世界博览会组织者的关注。这是原创网络视频跻身主流文化的又一见证。

视频网站上形态万千的微内容其实起着一个“过滤器”的作用，留在“滤网”上的往往是制作者认为“有趣、有价值”的事物，无论这些事物是他们自己拍摄下来的，还是别人拍摄他们剪辑截取的。一段电视剧搞笑片段、一位政客的偶然失态、精彩进球片刻抑或自己孩子迈出的第一步……这些都可成为人们茶余饭后的谈资，在社交圈里引发话题。从这个意义上说，视频网站更像一个社交的渠道。

二、视频网站使传统权威对信息的管控力度受到挑战

视频网站给公众提供了一个向大规模受众传播视频内容的渠道。这一方面使公众获得了更加自由、开放的话语权，另一方面，传统权威对于特定事件或问题的信息控制程度也受到了挑战。这方面突出的例子是 2008 年的美国总统大选。在视频网站出现之前，相关的支持或反对活动只能是在当地集合数量极其有限的持相同政见者去影响社区内的其他人，影响往往限于初级群体。视频网站出现后，竞选智囊团对于候选人形象以及相关信息的管理、操控，受到来自油管等视频网站的或正向或反向的影响，因为无论支持者还是反对者都可以建立页面，上传相关的视频。在 2008 年美国总统大选中，总统候选人奥巴马和麦凯恩都在油管上建立了与民众

沟通的渠道，他们在油管上发出提议，征询民众的意见、反馈。此外，油管还联合 CNN 收集网民的提问视频，交由候选人回答和辩论。

三、视频网站的“长尾”

> **概念**
>
> 长尾理论认为，由于成本和效率的因素，过去人们只能关注重要的人或重要的事，如果用正态分布曲线来描绘这些人或事，人们只能关注曲线的“头部”，而忽略处于曲线“尾部”、需要更多的精力和成本才能关注到的大多数人或事。而在网络时代，由于关注的成本大大降低，人们有可能以很低的成本关注正态分布曲线的“尾部”，关注“尾部”产生的总体效益甚至会超过关注“头部”产生的效益。

“长尾”（long tail）这一概念由《连线》杂志主编克里斯·安德森（Chris Anderson）在 2004 年最早提出。长尾理论认为，由于成本和效率的因素，过去人们只能关注重要的人或重要的事，如果用正态分布曲线来描绘这些人或事，人们只能关注曲线的“头部”，而忽略处于曲线“尾部”、需要更多的精力和成本才能关注到的大多数人或事。例如，在销售产品时，厂商关注的是少数几个所谓的 VIP 客户，“无暇”顾及在人数上居于大多数的普通消费者。而在网络时代，由于关注的成本大大降低，人们有可能以很低的成本关注正态分布曲线的“尾部”，关注“尾部”产生的总体效益甚至会超过关注“头部”产生的效益。

网络时代是关注“长尾”、发挥“长尾”效益的时代。在传统媒体时代，受众的特殊需求由于把关人的存在而被层层过滤。由于发行渠道的稀缺，小众化的内容不能在大众电影院放映。这个发行瓶颈在视频网站上得到了很好的解决。视频网站中流通的是虚拟产品，支付和配送成本几乎为零，可以把长尾效应发挥到极致。因此视频网站可以满足细分受众群体的潜在需求，填补利基市场。

长尾理论在视频网站中的应用对于新闻业也是一个重要的启发。由于播放渠道的限制，电视台的很多节目还存在潜在价值，在播出一次后就被归档，无法实现内容增值。尤其是一些制作精良的纪录片或者晚会、重大新闻事件的视频，这些视频资料都存在较大的潜在受众群，具有再利用价值。传统的电视节目制作机构可以与视频网站合作，将增值潜力大的旧内容放到视频网站上，以实现优势资源再利用。

四、视频网站上热门内容的“马太效应”

视频网站的视频内容可以分为三大类。

（一）用户生成的视频

用户生成的视频指业余人士用摄像头、家用摄像机或者手机等设备拍摄他们策划、观察、亲身经历的事件并进行剪辑生成的视频。

（二）用户生成的专业表演

这类视频的拍摄者和拍摄工具与第一个类别相同，但是拍摄对象却是一些专业机构的职业活动，比如乐队演出，歌剧、舞蹈表演等，剪辑工作由业余人士完成。

（三）专业录制节目

这类视频指专业化机构使用专业设备录制内容，并由职业人员对其进行剪辑，有着明确的专业化目的，比如电影、新闻、纪录片等。

一般来说，在视频网站的排行榜上点击量最多的往往是专业录制节目。除非是后来发展成为网络事件的用户生成内容，绝大多数的用户生成内容都未进入网站访问者的视线就被后来者淹没。即使拍摄内容相同，如拍摄对象都是一场专业表演，用户剪辑的视频热门程度往往不及经专业化剪辑的视频。而且，用户剪辑的内容一般要比后者短。

哈佛商学院的一份调查显示，在视频网站上，10%的最热门视频几乎占了点击数的80%，剩下90%的视频大部分是基于用户主动搜索而得到访问。随着视频总量增加和搜索引擎带来的易得性，人们的个性化需求得到更大的满足，然而总的来说，视频网站上的内容还是呈现出了“马太效应”。

在油管上，用户搜索最多的还是那些流行视频，呈现出“热门视频更加热”的态势。其中原因有两个：一是人们本能地希望看到别人已经看过、热议的内容，无论动机是好奇、使自己不落伍，还是寻求和他人交流的共同话题；二是这些网站上的排名、推介等技术系统会把早先人们较为关注的内容列在显著位置，从而使热门内容赢得更多点击，在用户注意力有限的条件下，这也意味着其他内容的潜在流行度会受到相应的影响。视频网站的把关权、控制权也体现在首页推荐中。网站推荐栏就像是报纸的头版，在人们注意力有限的前提下，放在首页的视频无疑更能吸引眼球，点击率和受关注度会得到提升；反之则可能石沉大海。

用户用自己的把关标准把他们认为“有价值”的内容上传到网上，那么，视频上的热门内容又是由什么标准“过滤”出来的呢？很多流行视频的制作者往往也预想不到自己的视频会如此受欢迎。在油管上，曾出现过两个比较典型的受到热捧的用户生成内容：

（1）一个视频是一位三岁的小女孩对着一群人讲解《星球大战》，由她的父亲拍摄下来。该视频被点击500万次。

（2）一位在校大学生创建了一个帮助人们寻找丢失的照相机的网站。为了宣传他的网站，他把CBC专业录制的广播节目和一些自己拍摄的照片剪接起来。和中国的《一个馒头引发的血案》一样，这个视频也引发了人们对其是否侵犯版权的讨论。

初步的研究结果表明，受到热捧的视频一般具备以下的特点：

（1）视频必须达到一定的长度，目前看来是至少三分钟。视频过短会影响意义的表达，也不利于冲突性因素的展开。

（2）有趣。草根性的原创内容尤其需要这一特质。

（3）大众化。从传播学的角度看，亦即传受双方要有共通的语义空间。“《星球大战》女孩”之所以风靡网络，是因为西方人大多看过或听说过这部影片，知道大概的剧情。

五、视频网站上的“内容别名化”

早在传统视频点播服务出现之初，节目提供商就经常提供同一个视频的不同编码版本，以方便使用不同的下行带宽的用户。而在现今的视频网站上，某一流行事件往往会有多个相同或者相似的版本。美国有学者将这种现象叫作“内容别名化”（content aliasing），指的是这些视频内容是基本一致的，只是起了不同的名字而已。一组针对同一事件、内容大同小异的视频及其复制品被叫作“别名视频”。而一组视频里，最早上传到该网站上的叫原始视频。大部分视频都会有一到四个别名视频，多者甚至会有几十上百个别名视频。

视频网站上的内容别名化降低了分配到每一个视频的点击数，这给排名和推荐系统带来了新的难题。对于新闻业而言，追踪某一事件的热门程度不再像传统收视率调查机构的工作那样一劳永逸，因为我们面对的不再是某一个节目，而是一个相同或相似内容的集合体，在这个集合体里，即使内容一模一样的两个拷贝，得到的点击数也可能大相径庭。

大量别名视频的存在，虽然与网络媒介复制成本低、传播扩散迅速有关，但是在一定程度上也说明了视频网站内容同质化状况严重。从节目源这个环节来看，存在的主要问题是节目来源较单一，缺乏资源开发意识。拿中国来说，中国国内虽然有300多家视频网站，但大多数网站的主体节目来源有三：一是国内各家电视台，这些网站对全国各家卫视和部分未上星地方电视台节目进行实时转播。二是影视机构，这些网站购买各影视机构制作的电影、电视剧、动漫版权后重复播放所购产品。三是网友自传的共享视频短片，但这些内容缺乏专业的制作，大多质量不高。①

对于视频网站本身来说，优质、独特的内容是增强受众黏性，吸引广告主和客户的制胜法宝。没有吸引受众的特色频道、特色节目、高品质的网友原创作品，适合网络播出的网络电影、电视剧和其他增值服务，很难提高视频网站的知名度，建立品牌。

六、视频网站的媒体化路线

随着视频网站的发展，其走上媒体化路线的条件越来越成熟，主要体现在以下方面。

（一）热门视频多为专业化制作

视频网站上用户生成内容的质量参差不齐。对绝大多数用户来说，视频网站的海量信息只有极少一部分能引起他们的兴趣。从质量上看，专业化的内容生产机构在生产、制作、加工、发行、市场推广等环节中，无论是资金还是人力物力，都比用户生成内容投入更大，专业水平也更高。更重要的区别还在于它们的生产目的与用户生成内容有着本质区别。专业化影视机构要把内容推向目标市场以赢得最大化的利润，而用户自己制作的视频大多是本着自娱自乐的目的，希望家庭成员、朋友等观赏。

用户生成内容浩如烟海，但在视频网站上受到热捧的内容多为专业化制作的内容。在此意义上，与其说视频网站为人们提供了展示创造力的舞台，不如说它更像一个人们相互分享感兴趣的内容的平台。而随着视频网站的发展，其媒体化的路线也越来越明显。

（二）视频网站的自我推广策略

有人把油管与20世纪20年代到50年代期间的好莱坞相比，因为两者都是让公众展示创造力的平台。好莱坞有大型的影片制作公司，它们资助导演拍摄，并且拥有自己的剧院，从影片生产到放映都拥有一定的控制权。同时，好莱坞还是各种独立工作室成长的土壤，独立影片、小众化电影在这里都有成长的空间。

1927年起，好莱坞的一个重要的推广策略是由美国电影界知名人士发起非营利组织电影艺术与科学学院，每年在美国洛杉矶颁发"电影艺术与科学学院奖"（Academy Awards，奥斯卡金像奖的前身），由演员、导演等专业人士评选出自己领域的最佳影片。

类似地，油管的合作伙伴也包括一些专业制作公司，它们确保部分油管的内容能达到一定的水准并吸引足够的受众。并且，从2007年起，油管也开始设立"YouTube大奖"，以吸引眼球，自我推广。

在中国，2009年，土豆网与中国电影集团公司联合启动土豆映像节，扶持民间视频制作力量，打造网络视频交易平台。我们可以预见，土豆网正慢慢通过此类活动将自己打造成集制作、播出、交易为一体的综合性平台，而不仅仅是单纯的播出平台。从好莱坞到油管，再到土

---

① 胡玲．视频网站内容创新的对策研究［J］．新闻界，2009（4）．

豆网，展示的平台向越来越多的大众开放。

(三) 视频网站自制内容彰显媒体化特性

2007年4月，一次对美国各大媒体和娱乐公司高层管理人员的访谈揭示，媒介集团的高管们认为这个行业最大的威胁来自视频网站上的用户生成内容。视频网站媒体化经营之后，将拥有自制内容并掌控话语权。

在中国，视频网站也将走媒体化路线，从而使自制内容获得话语权。比如土豆网与包括电视台、影视公司、文化机构在内的超过2 000家内容提供方实现了密切合作。改版后土豆网大大增强了对自制节目内容的投入力度。它还筹划组建覆盖全国各大城市的采编团队，用网络视角记录广大网民所关注的大小娱乐事件。除与传统电视台抢播热播剧版权之外，土豆网目前还准备与传统电视台共同投资拍摄一些影片。同时，土豆网还与合作伙伴利用手机互联网用户以及现场直播时的观众互动推出互联网版《百万富翁》。这是一次互联网节目制作的尝试。这些都是视频网站所逐渐展示的媒体化特性。

你怎么看

在网络视频行业的发展中产生了网络节目、网络综艺、网络剧等视频产品，你认为相比传统电视节目与电视剧，网络视频平台的自制内容具有哪些特点和优势？

在2008年的北京奥运会上，网络媒体首次作为主要媒体之一进行了全程报道。各类视频网站的视频节目在奥运会期间都取得了很好的效果。视频网站开始跻身新型的主流媒体。激动网高调参加了2009年6月的第十五届上海电视节和第十二届上海电影节的影视节目展，并进行了全方位的视频报道，其媒体化趋势已非常明显。

(四) 视频网站接收终端的扩展

视频网站走媒体化路线以扩大市场份额的举动还体现在其内容向各种接收终端的扩展上。2007年6月，油管使用RTSP流媒体技术，推出专门针对移动用户的YouTube Mobile，使用户通过智能手机也可以浏览油管视频。为了使用户在苹果电脑、iPhone上也可以观看油管的内容，油管花了几个月的时间将其视频格式转换成苹果的视频标准H.264。2009年1月，油管还推出了“电视YouTube”(YouTube for TV)，这个版本的网站专门为机顶盒设置了其网页的浏览器，使用户可以在PlayStation3和Wii游戏操控器上观看视频。2009年6月，YouTube XL推出，这个网站界面简洁，可以在标准电视屏幕上观看。

视频网站在媒体化方面要想获得成功，还必须全方位地满足细分的用户需求，进一步提升内容整合能力。

七、视频网站上的版权争议

版权是逐步完善视频产业生态链中的重要环节。随着内容产业链的健全发展，版权会实现更广范围内的深度合作关系，在一个市场化的产业链中找到合理的平衡点。

上传非法内容的视频网站陷入两难境地。有数据统计，油管上近10%的内容在上传前都未经许可，因而油管常因其某些内容侵犯知识产权而饱受争议。网站并不对用户发布的内容进行事前审查，在上传视频的时候，用户会被告知：除非完全是自己制作之内容，否则电视节目、音乐视频、录制音乐会或者广告等内容未经同意不得上传。油管的网站指南上也提供知识产权的相关内容，协助使用者判断其上传的视频是否侵犯版权。尽管如此，油管上的侵权内容仍不计其数。为此，美国维亚康集团、意大利传媒集团 Mediaset 以及英格兰足球超级联赛等都与油管打过官司，认为油管在阻止侵权内容上传方面疏于作为。其中维亚康索赔金额高达10亿美元，因为油管上有15万个未经授权的视频片段，并被浏览了“惊人的15亿次”。油管回应“协助版权人保护其作品远非其法律义务”，但是自从维亚康起诉事件后，油管引入了视频 ID（Video ID）系统，这个系统可以将网民上传的视频与版权内容数据库相对照，从而在一定程度上减少了侵权行为。

在中国，早在2003年，国家广播电影电视总局（现为国家广播电视总局，简称广电总局）就颁布了《互联网等信息网络传播视听节目管理办法》，并确立了许可证准入制度；2004年颁布修订版。但直到2006年年底，政府才开始正式实施对网络视听节目的监管。目前，在广电总局已颁发的许可证中，多数被授予广电系统下属网站，少数被授予电信和门户网站，其他网站都在等待广电总局的审批。监管的加强让国内大多数视频网站面临生存危机。

对于视频网站来说，“收视率”高的节目的版权，包括电影、电视节目、专题片，它们或者买不到，或者没钱买。也有一些视频网站从创立之初就坚持购买版权，但这需要巨大的资金投入和内容提供商的支持。国际版权方都紧盯着中国的视频网站，如美国电影协会（MPAA）曾主动定期发出侵权节目链接给国内各大视频网站，并评估删除进度。日本 NHK 电视台曾与国内主要视频网站交涉，每月数次向网站提出删除要求。

你怎么看

在网络视频传播中，一些用户会将已有的影视作品进行剪辑、拼贴、解说以形成自制内容进行传播，你认为这种行为是否侵犯了原作品的版权？从平台和政府等管理者的角度应当如何规范这种行为？

总的来说，就版权这一问题，中国的视频网站推进正版化进程的努力是值得关注的。比如，在2008年，土豆网发布“黑豆”高清版，大规模推出正版高清内容，实际上线将近1.5万部正版电视剧、电影、综艺节目，合作伙伴数量超过1 000家，《士兵突击》《命中注定我爱你》《康熙来了》等网友耳熟能详的热播电视剧和综艺节目榜上有名，而且大部分视频具有程度不一的低价或排他权利，这是视频分享行业在正版内容上最领先、最具规模的调整。与采购正版相对应的是，土豆网紧接着发布了“黑豆”高清版视频广告产品，推出了数个图像与视频结合的精致的广告形式。这无疑是一个共赢的模式，能够促使内容商有动力做更好的内容，广告主也有兴趣采用更多的视频广告。用户、内容方、广告方、视频网站之间多方共赢，是一个良性循环的体系。

此外，一些视频网站还在开发“版权通知系统”和“版权标记系统”等多项内容辨认保护的技术。

第4节　长短视频共同发展

2024年3月22日，中国互联网络信息中心在北京发布的第53次《中国互联网络发展状况统计报告》显示，截至2023年12月，我国网民规模达10.92亿人。其中，我国网络视频用户规模达10.67亿人，占网民整体的97.7%。新入网的2 480万网民中，37.8%的人第一次上网时使用的就是网络视频应用。

根据《2023中国网络视听发展研究报告》，爱奇艺、腾讯视频、芒果TV、优酷、哔哩哔哩五大平台占据市场89.5%的份额，市场集中程度依然稳定，然而长期以来的爱奇艺、腾讯视频、优酷三足鼎立态势在2023年有了明显的动摇。

云合数据发布的《2023年Q3剧集网播表现及用户分析报告》显示，2023年第三季度，爱奇艺、腾讯视频、优酷、芒果TV全网剧集正片有效播放量分别为278亿次、254亿次、153亿次、28亿次，其中优酷同比下滑11%，芒果TV同比上升48%，爱奇艺、腾讯视频均超出第三名100亿次以上。

《QuestMobile 2023内容视频化与商业化洞察报告》显示，爱奇艺、腾讯视频、芒果TV、优酷视频、哔哩哔哩月活跃用户分别为4.73亿人、4.16亿人、2.55亿人、2.30亿人、2.12亿人，芒果TV超越优酷成为第三。爱奇艺和腾讯视频已然拥有巨大的领先优势，双强领衔的头部格局逐渐显形企稳。

2023年2月爱奇艺宣布首次实现全年盈利，于11月份披露的爱奇艺三季度财报则显示，其三季度总营收80亿元，同比增长7%，Non-GAAP（非美国通用会计准则）运营利润8.95亿元，较上年同期的5.24亿元增长71%。这份超预期的成绩单意味着爱奇艺连续七个季度保持盈利，说明爱奇艺进入盈利稳定的轨道，再次为行业带来积极正向的信号。

芒果超媒股份有限公司2023年第三季度报告显示，公司第三季度营收35.07亿元，同比下降0.50%；归母净利润5.15亿元，同比增长5.62%，基本每股收益为0.275 2元。从前三季度的表现来看，芒果超媒年初至报告期末营业收入101.96亿元，同比下降0.42%；归母净利润17.66亿元，同比增长5.21%，利润规模已接近上年全年的18.25亿元。

阿里巴巴2023年第二季度财报显示，优酷日均付费用户规模同比增长8%，且优酷通过审慎投资于内容及制作能力，持续改善运营效率，连续六个季度亏损同比收窄。

哔哩哔哩2023年第三季度财报显示，第三季度B站日均活跃用户突破一亿元，总营收达58.1亿元，同时毛利率实现连续五个季度增长，调整后净亏损同比大幅收窄51%。

随着爱奇艺、腾讯视频依次实现全年盈利，优酷、哔哩哔哩收窄亏损，长视频平台“亏损换市场”已然成为过去，行业发展的新阶段已经到来。

中国短视频用户规模和使用率近年来一直保持增长态势，用户规模从2018年12月的6.48亿元增长至2023年6月的10.26亿元，再创历史新高①，用户使用率从78.2%增长至95.2%。截至2023年年底，中国短视频产业规模已近3 000亿元。2022年短视频以10.12亿用户规模位列网络视听的第一大应用，推动庞大市场潜力迸发，短视频领域市场规模达2 928.3亿，占泛网络视听产业市场规模的40.3%，是产业增量的主要来源。第一梯队抖音、快手共同分割59.5%的市场份额，牢牢占据金字塔上层；由快手极速版、抖音极速版、西瓜视频构成的第二梯队占据31.1%的市场份额，值得注意的是，第二梯队均属于抖音、快手旗下；余下的抖音火山版、好看视频、微视等占据不到10%的市场份额。显然，短视频已经成为大视听产业发展的主引擎，成为经济社会、舆论宣传、信息传播、文化建设和广受人民群众欢迎的新型媒介。

总之，中国已经进入爱奇艺、腾讯视频、优酷、芒果TV等长视频网站与抖音、快手、微视、B站、小红书等移动短视频平台共同发展的阶段。

【本章小结】

本章主要阐释了视频网站的概念、发展历史及特点，重点讲授了视频网站对传播行业的影

① 国家广播电视总局发展研究中心，国家广播电视总局监管中心，中广联合会微视频短片委员会. 中国短视频发展研究报告（2023）[R]. 北京：中国国际广播出版社，2023.

响，并分析了“长尾”理论在视频网站研究中的应用。

【思考题】

1. 请分析视频网站对传播行业的影响。
2. 你如何看待视频网站对电视业的影响?
3. 你如何理解网络视频行业中的“长尾”现象?
4. 弹幕是目前网络视频中的一种主要的用户互动方式，你认为弹幕对于视频传播具有怎样的功能和意义?

第3单元
新媒体管理

第 10 章　新媒体的宏观管理

伴随着新媒体在全球的发展，几乎所有国家都认识到在促进新媒体发展的同时也应重视对其进行管理。新媒体是一把双刃剑。如果任由新媒体的负面效应泛滥，就会扰乱社会秩序，破坏社会稳定，甚至直接危害国家安全和人民群众的根本利益。

第 1 节　新媒体带来的负效应

互联网的开放性和便捷性为大众参与新媒体传播提供了方便。任何人都可以在网络上发表任何言论，而不像在报刊等传统媒体上发表文章时那样需要经过编辑的筛选和加工。这种几乎毫无限制的“自由”被一些人滥用，从而导致新媒体中出现不少为法律所禁止或社会道德所不容的行为。鉴于新媒体主要指互联网，下面将主要论述互联网所产生的负效应。

互联网是一个自由且身份隐蔽的地方，网络犯罪的隐秘性非一般犯罪可比。互联网的自由性、开放性和隐蔽性使得网络中的犯罪行为层出不穷，而且难以被发现，网络成了高智能犯罪的温床。

一、信息安全形势严峻

在互联网建立之初，为了防止核打击的破坏，互联网被设计成不需要控制中心就可以工作的样式。因此，在网上不存在可以对传送的信息进行监控、审查和封锁的中心阻塞点，这一效果被称为“迄今为止可以最大限度让大众参与发表言论的形式”。但与整个网络系统的开放性、兼容性相伴而生的是单个网络点的安全问题。网络安全包括四个层次。

1. 国家安全

国家安全即如何保护国家机密不因受网络黑客的袭击而泄露，保证国家机构不受网络黑客的袭击正常运作。

2. 商业安全

商业安全即如何保护商业机密、企业资料不被窃取。对新闻业而言，网络的商业安全在于如何保护新闻信息的内容、背景及消息来源不被他人非法利用。

3. 个人安全

个人安全即如何保护个人隐私（包括电子邮箱密码、个人背景资料、信用卡号码、健康状况等）不被非法利用。

4. 自身安全

自身安全即如何保证接入互联网的电脑不因受网络病毒的侵袭而瘫痪。

目前，国际普遍认同的维护网络安全的途径有两种。其一，技术保护。通过网络主机或在服务器上加装安全软件，对来访信息进行检查过滤。其二，立法保护。制定和完善法律规范，对新媒体行为进行约束。这两种途径在一定程度上起到了监控的作用，但互联网给人类社会带来的前所未有的开放性、兼容性给网络安全保护造成了极大困难。网络安全意识尚未普及，许多用户，尤其是众多个人用户并未采取任何安全保护措施。

网络是一把双刃剑。它给全世界带来了巨大的利益，但同时也会成为黑客和恐怖分子的武器。

“黑客”一词最初是指那些痴迷于计算机的电脑天才，而现在则成了对网络系统非法入侵者的统称。黑客问题已经成了全球关注的世界性问题。以网络安全技术最先进的美国为例，白宫、国防部、中央情报局、联邦调查局、重要军事基地、科研部门、航空航天局、著名企业网站都有被“黑”的记录。从理论和技术上讲，没有哪个网站敢说自己不会被黑客攻破。黑客利用某种技术手段，侵入他人网站，堵塞他人网站信息通道，涂改、删除他人网页信息，犹如蒙面人穿门入室。据美国联邦调查局的调查，在计算机犯罪中，有80%的案例为黑客通过互联网非法侵入别人的计算机网络系统。每年美国政府的计算机系统遭非法侵入的次数达30万次之多，黑客犯罪引起的损失估计有15亿美元。

在针对新媒体的袭击中，黑客是攻击的执行者，计算机病毒则是黑客的首选武器。现在，一些国家已开始组建“黑客部队”，专门用来发动网上攻击。对新媒体危害最大的正是这种有国家和政府支持的“合法”黑客。

当今几乎每天都会产生新的电脑病毒，而且是“青出于蓝而胜于蓝”。计算机病毒是一种计算机程序，具有寄生性、潜伏性、隐藏性和传染性的特点，一旦发作，就会修改计算机系统信息，影响系统运行的稳定性或夺取对系统的控制权。一些恶性病毒会使系统崩溃，甚至毁坏硬件，使整个网站的设备全部报废。

在互联网上严重危害社会和他人的行为，其表现形式主要有两种：一种是在互联网上实施不法行为，袭击网站并在线传播计算机病毒。另一种是利用互联网实施金融诈骗、盗窃、贪污、挪用公款、窃取秘密和其他不法行为，如电子讹诈、网上走私、网上非法交易、电子色情服务、虚假广告、网上洗钱、网上诈骗、电子盗窃、网上毁损商誉、网上侵犯商业秘密、网上组织邪教组织、在线间谍、网上刺探等。其特点是行为的跨国性、公然与隐秘的交织性、无现场性、危险及结果的可修改性和成本的低投入性。虽然世界各国对网络文化垃圾的传播都有一定程度的限制，但要将这些东西从互联网上清除，还需要漫长而艰苦的努力。

中国的网络安全状况不容乐观。近几年来，在中国利用计算机网络进行的各类违法行为正以每年30%的速度递增。此外，国际黑客也频频“光顾”中国网络。更严重的是，许多网民对信息安全缺乏应有的警惕和认识。例如，超过一半的网民不更换自己的电子邮箱密码，1个月换一次密码的只是少数。网络安全专家、中国科学院高能物理研究所研究员许榕生指出，目前中国网络系统其实非常脆弱，提高网络的可靠性和安全性应该成为互联网发展的当务之急。他还说，在美国，网络安全费用占网络工程总费用的20%，而在中国这个数字小于1%。

目前，微软在中国势力庞大，约有九成五的用户都采用微软的Windows系统，但在中国政府近年来积极筹建的电子政务系统上，有官员认为，如果再采用微软的软件，那将来中国的机密政务被外国窃取将易如反掌。因此，为了安全起见，中国电子政务平台开始转向Linux①。依据《中华人民共和国政府采购法》，除个别情况外，在同等条件下，只要中国有的软件，政府就不会购买国外进口的。中国拥有自主知识产权、商品化的通用高性能微处理晶片“龙芯一号”等产品不断问世，标志着中国晶片走上产业化道路，对中国国防、国家安全也将起重大作用。

---

① Linux由理查德·马修·斯托曼（Richard Matthew Stallman）等人研发，是一种自由、开放源码、免费使用和自由传播的多用户、多任务、支持多线程和多CPU的操作系统。因为它是开放源码的，不存在Windows等“黑箱”，所以大家认为它的安全性更高。

2024 年 1 月 30 日，360 数字安全集团发布的《2023 年全球高级持续性威胁研究报告》显示中国 16 个行业深受 APT 攻击影响，教育科研领域受影响最大。该报告显示，截至 2023 年 12 月，全球 APT 组织攻击活动保持高活跃度，全球网络安全厂商以及机构公开发布 APT 报告累计 731 篇，报告中涉及 APT 组织 135 个，其中属于首次披露的达到 46 个。

为应对互联网发展带来的信息安全问题，我国新增设了信息安全专业。1998 年，教育部颁布了《普通高等学校本科专业目录（1998 年颁布）》，信息安全专业正式出现在该目录的《经教育部批准同意设置的目录外专业名单》中。2012 年，教育部颁布了《普通高等学校本科专业目录（2012 年）》，原信息安全专业（071205W）和科技防卫专业（071204W）合并为信息安全专业，属计算机类专业。2020 年，教育部颁布了《普通高等学校本科专业目录（2020 年版）》，信息安全专业为工学门类专业，属计算机类专业，授予管理学、理学或工学学士学位。

人工智能的发展带来了新的管理难题。在内容端，利用深度合成技术和生成式大模型，可以非常容易甚至能够一键生成文本、图片、视频、音频信息，这样一来，一方面在制造谣言上更方便了，另一方面在识别和监测谣言上更困难了。

二、侵犯知识产权

信息生产、加工和处理的计算机化、网络化大大方便了信息的复制和抄袭。正如有人戏称网络内容提供商（internet content provider，ICP）是“网络复制和粘贴”（internet copy and paste）一样，该戏言一针见血地反映出了网络上知识产权保护的混乱状况。侵犯网络知识产权的形式包括抄袭他人的文字作品、网页设计，任意下载、删改、转发和刊登其他网站的信息内容。这导致当前网站告网站、网站告传统媒体、传统媒体告网站、著作权所有人告网站等诉讼案例频频发生。

在网络上，知识产权被侵犯的现象屡见不鲜。一位作者在互联网上维护自己的合法权益往往要付出很高的时间、经济成本，并且承担着较高的败诉风险，因为在网络上对知识产权的侵犯存在零成本、隐蔽性、迅速性、全球性以及罪证难以搜集等特点。简言之，在互联网上侵权非常容易，维权却十分困难且成本高昂。

发表在网络上的作品与发表在报纸上的作品相比，只不过是传播的载体不同而已。后者是以报纸这种传统的纸质媒体为载体进行传播，而前者是以网络这种新型媒体为载体进行传播，二者在本质上是一致的。从网上“下载”网络作品，与摘登其他报纸的作品一样，应被视为“转载”，应依照《中华人民共和国著作权法》（以下简称《著作权法》）第三十四条的规定，对著作权人的合法权利予以保护。

网上信息资源诸如论文、软件、专利、商标、未经授权的资料乃至商业秘密等十分丰富，都易为不法之徒所侵犯。撰写论文、开发软件要投入大量的时间、精力、资金，复制却轻而易举。对于在网络上侵犯知识产权的行为，最有效的措施就是将侵权者绳之以法。

美国 1997 年通过了《1997 年网络著作权责任限制法案》《1997 年世界知识产权组织著作权条约实施法案》《1997 年数字著作权和科技教育法案》；1998 年 10 月又颁布了《数字千年版权法案》。

日本国会于 1997 年 6 月 10 日通过《著作权法修正案》，修正的主要内容是扩大传媒的公开传播权的范围。

1997 年 11 月 12 日欧盟执行委员会针对信息社会著作权制定了履行《世界知识产权组织版权条约》的新规则，其中规定了复制权、公开发行权、著作权管理信息等内容。

在我国，人们对于“公众传播权”同时持有肯定意见和否定意见，但国际趋势和中国司法实践都趋于对该项权利进行保护。

2001年10月27日第九届全国人民代表大会常务委员会第二十四次会议修正的《著作权法》第十条规定：“信息网络传播权，即以有线或者无线方式向公众提供作品，使公众可以在其个人选定的时间和地点获得作品的权利。”这为中国的互联网知识产权保护提供了基本依据。

在人人都能创作短视频的大环境下，我国网络视频作品的数量呈指数级增长，其中版权侵权的问题日益严峻。电子证据的真实性、合法性和关联性的认定问题，是目前审理网络视频侵权案件中的一个难题，因为它比较容易被篡改。

人工智能势头迅猛带来了新的版权难题，目前人工智能版权存在的争议主要集中在两个方面。首先，人工智能大模型在研发过程中涉及使用那些拥有版权保护的内容进行算法模型训练，这是否构成了侵权？其次，人工智能生成的内容到底有没有版权？如果有，归属又是谁呢？

2005年4月国家版权局和信息产业部联合颁布了《互联网著作权行政保护办法》，该法案自2005年5月30日起施行；于2006年5月10日国务院第135次常务会议通过的《信息网络传播权保护条例》，自2006年7月1日起施行，2013年修订。这些法规进一步完善了中国的互联网知识产权保护法律体系。

受法律保护的作品包括《著作权法》第三条规定的各类作品的数字化形式，《著作权法》第十条对著作权各项权利的规定均适用于数字化作品的著作权。将作品通过网络向公众传播属于法律规定的使用作品的方式，著作权人享有以该种方式使用或者许可他人使用作品，并由此获得报酬的权利。

然而互联网知识产权保护之难往往并不是无法可依，而是维权的经济成本、时间成本依然过高，即使赢得了官司也可能导致在经济上破产。而网上侵权的特点往往使违法者能轻易躲过法律的制裁。因此在中国要想有效保护互联网知识产权，还有漫长的道路要走。

三、信息泛滥

互联网使得信息的采集、传播的速度和规模达到空前的水平，实现了全球的信息共享与互动，它已经成为信息社会必不可少的基础设施，将世界更进一步地联结为一体。但与此同时产生的问题是，汹涌而来的信息有时使人无所适从，从浩如烟海的信息海洋中迅速而准确地获取自己最需要的信息变得非常困难。在新媒体活动中，信息的发布、传播失去控制，产生了大量虚假信息、无用信息，造成信息环境的污染。因为在网络上任何人都可以自由发表意见，并且发布的成本几乎可以忽略不计。在某种意义上，每个人都可成为全球范围的信息制造者，从而增加了人们利用信息的难度。这种现象被称为“信息爆炸”（information explosion）。

此问题给人类社会带来了负面效应和潜在危机。信息是潜能巨大的战略资源和取之不尽的财富，如何使信息资源得到有效利用、提高信息的质量，已经成为一个世界性的亟待解决的问题。

网络给每个传统的受众都提供了成为传播者的可能。这提高了受众的地位，打破了传统媒体传播者的单向性，但也带来了传播权的滥用，任何人都可以以任何目的传播任何消息。这其中，有谣言，有色情淫秽信息，有泄密，有危害国家安全的信息，还有侵害社会伦理道德的信息，以及大量色情、暴力、虚假广告等有害信息。这些垃圾信息已泛滥成网络新公害，就像大城市中的工业垃圾和生活垃圾造成环境和生态污染一样，阻碍用户迅速查到有用信息，因而需要得到及时处理。如何排除不良信息的干扰，并从网上过滤出真正满足自己需要的信息，已成为网络受众面临的重要挑战。而在网络信息的海洋中查找所需的信息，绝非一件轻松自在的事。

信息传播的空前自由为人类带来太多的信息，导致信息选择困难，造成信息选择的不自由。因为过多的信息会使人无从入手。阿尔温·托夫勒（A. Tottler）在《未来的震荡》中曾对这种情况做过这样的表述："有时选择不但不能使人摆脱束缚，反而使人感到事情更棘手、更昂贵，以致走向反面，成为无法选择的选择。一句话，有朝一日，选择将是超选择的选择，自由将成为太自由的不自由。"①

人们在享受着网络上丰富的信息带来的便利的同时，也在忍受着"信息爆炸"的困扰。"信息爆炸"已经对社会经济的发展产生了负面的影响。在一些情况下，每天要处理的信息超出人们的分析能力，降低了人们的决策效率，甚至导致决策失误或是难以做出最佳决策。在另一些情况下，搜集信息所花费的成本已超过了信息本身的价值。因为一方面，个人用于接收、处理信息的时间和能力有限；另一方面，大众传媒借助新科技传播信息的时间和能量的无限拓展性，导致信息汹涌而来。大大超过人的处理能力和有效应用的信息引发了一系列社会问题：信息太多导致人们紧张不安；滥用信息造成信息犯罪；信息堆积引起信息危机、信息雪崩，以及对信息的错误判断。

信息的真实性不能保证是阻止互联网正常发展的一大难题。互联网从整体上缺乏传统媒体的把关人。由于网络的开放性、自由性，任何人都可以在网上发布信息，这势必会造成网上信息真假难辨，更有甚者故意乃至恶意散布虚假信息。这些信息在产生、传递过程中没有传统媒体的层层审查程序，没有人对这些信息的严谨性、真实性、权威性把关，而且多媒体技术的发展使得制造假新闻、假照片易如反掌。

人们试图从技术上寻求解决办法。从20世纪90年代中期开始，各国日益将研究重点放在数据库技术、信息挖掘技术、信息标准化技术上，形成了信息获取技术的研究热潮，产生了有许多学科互相交融的新的交叉学科——知识发现。

目前人们获取信息的方法主要有检索（information retrieval）技术，如分类目录型搜索引擎、基于关键词的检索搜索引擎、基于内容的检索等技术。另外，一些网络内容提供商通过智能化的代理服务器，由用户定制感兴趣的信息，从网上将有关信息定期发给用户，帮助用户高效率地从网上提取有价值的信息，这就是邮件列表推送（push）服务。

近两年数据挖掘（data mining）技术的研究成为新的热点。数据挖掘技术是从大量的数据中发现隐含的、前所未知的、对决策者具有潜在价值的知识和规则。这些规则包含了数据库中一组对象之间的特定关系，揭示出一些有用的信息，为经营决策、市场策划、金融决策等提供依据，以此来从数据库的相关集合中抽取出有价值的知识、规则或信息，从而使数据作为丰富可靠的资源为知识归纳服务。数据挖掘是一项正在发展中的技术，它的成果必将对信息获取起到积极的作用。

四、网络犯罪日益猖獗

有人说，在互联网上没有人知道你是一条狗。网络的隐蔽性、开放性、自由性为网络犯罪提供了得天独厚的条件，网络犯罪的例子可以说不胜枚举。

---

① 托夫勒．未来的震荡［M］．成都：四川人民出版社，1985：313.

（一）网络色情犯罪猖獗且呈低龄化特征

许多网民对网络色情存有强烈的猎奇心理，甚至有不少网络色情犯罪者。

1999年9月初，河南省商丘市梁园区人民法院开庭审理并依法做出判决的何肃黄、杨科传播淫秽物品牟利案中，法院以“传播淫秽物品牟利罪”判处何、杨有期徒刑各三年，并处罚金各1万元。它是中国第一例依法判决的“网络传黄”刑事案件。

虽然黄毒自古以来就已经存在，但可怕的是电脑网络使色情内容更容易传播。使用新媒体犯罪，使犯罪成本越来越低，传播手法越来越隐蔽且快速，犯罪者也越来越低龄化。

传统媒体的信息传播方式是单向的，即传者将信息主动推送给受众，受众处于被动的地位，因此政府易于控制网民与色情内容的接触。而新媒体则将这种单向传播方式改变为双向传播，受众的主体地位得到体现，他们可以主动地选取自己所需要的信息。自制力较弱的网民往往会出于好奇或冲动心理刻意地去寻找一些色情、暴力信息。互联网上有许多专门提供色情服务的网站，如世界上著名的色情刊物《花花公子》就以合法的形式在美国进入国际互联网。许多网民在日常生活中无法接触这类色情杂志，因此怀有一种“窥淫”心理。互联网缺乏传统媒体中的把关人，而且网民能够在隐蔽的情况下看到低级庸俗的东西。

有研究资料显示，网民对色情信息的搜索多于对其他网络信息的搜索。网络色情信息的进一步扩散对广大网民的身心健康产生了不良影响，许多人一旦陷入其中就不能自拔。

许多国家进行了相关立法，以应付日益猖獗的网络色情犯罪。例如，由美国前总统克林顿签署的《儿童在线保护法》，要求公共图书馆和学校在电脑上设定电子过滤设备，也就是设定过滤网络色情内容的软件，否则公共图书馆和学校将丧失联邦政府对电脑设备和网络划拨的补助。但是，因为网络犯罪的隐蔽性、跨国性、快速性，其至今未得到有效抑制。

尽管如此，世界各国都在制定限制措施和技术法规，以规范网络行为。如英国政府已使用“防火墙”技术推广色情内容过滤卡；加拿大要求家长在多媒体上加挂V型色情过滤卡和暴力过滤卡。

我们必须加强对信息网络的监控与管理，建立先进的检测机制，“过滤”流入中国的网络信息，以防信息垃圾和犯罪活动的入侵。同时可建立一个以中央网络为枢纽，以各地的局域网、校园网等为支点的网络群，规范网络运作，以防不良信息污染网络。对那些利用新媒体色情信息和黑色信息进行网络犯罪者，必须动用法律武器予以严惩，净化网络空间。

（二）网络诈骗

网络诈骗大多发生在金融领域。在美国和俄罗斯都发生过计算机工作人员通过网络盗窃银行高额资金的案例。

据美联社2002年8月7日报道，美国有关当局说，有多达4 000人利用“9·11”恐怖袭击事件后发生的电脑线路故障，从纽约市的一家信用机构骗取了大约1 500万美元。这些人利用市政信用联合会在恐怖袭击后的一段时间中电脑系统不稳定的机会，不断从自动提款机中提取现金。

据《生活时报》2002年9月6日报道，广西一名农民设的“网络致富”骗局有2 000多人上当。

据CNET网站报道，2007年1月18日，美国加利福尼亚州一个名叫杰弗里·顾狄恩（Jeffrey Goodin）的男子由于利用电子邮件设陷阱骗取他人信用卡密码，被判处101年监禁。他于2006年因涉嫌网络诈骗而被逮捕，并被洛杉矶地方法院陪审团裁定有罪。在实施诈骗的过程中，顾狄恩使用盗来的 EarthLink 账号向美国在线（AOL）用户发送电子邮件，督促收信人到指定网页更新他们美国在线的账户信息，否则将面临中断服务的危险。邮件中提供的网页链接其实就是他设下的一个专门收集信用卡信息的陷阱。顾狄恩是 2003 年《反垃圾邮件法》（CAN-SPAM Act of 2003）公布以来第一个依据该法被裁定有罪的美国公民。

(三) 网络敲诈

据《联合早报》2002 年 9 月 10 日报道，武汉一大学生用电子邮件敲诈李嘉诚 3 亿港元的案件被侦破。网络空间不同于现实生活中的物理空间，物理空间中更多的是面对面的实体行为。相比之下，网上敲诈操作简便，匿名登录，不留痕迹。近几年来，这种犯罪越来越多，情节越来越重。

(四) 非法贩卖

有不少犯罪分子利用网络的隐蔽性、迅捷性、全球性的特点，在网络上非法贩卖武器、毒品等。

据《联合早报》2002 年 2 月 18 日报道，一名被控在曼谷一所大学校园里使用手榴弹进行攻击的泰国学生宣称，他的手榴弹是从互联网上买来的。该爆炸案造成两人受伤，三辆车被毁。起初，警方怀疑被控的学生把手榴弹来源推给互联网，主要是不想让警方找到真正的帮凶。警方追根究底，终于确认手榴弹的来源果真是互联网。

(五) 网络诽谤

在现实中如果有人捏造并散布某些事实，损害他人的人格、名誉，就有可能构成诽谤罪。那么在网络中捏造并散布某种事实，损害了他人的人格或名誉是否也有可能构成诽谤罪呢？答案是肯定的。

在网络的“发祥地”美国，早在 20 世纪 90 年代初，法庭就已经审理过网络诽谤的诉讼，英国和澳大利亚也审理过类似的案件。随着互联网越来越普及，网络诽谤诉讼会越来越多。对此也有人认为，网上出现的诽谤言论，许多都是可以立即进行驳斥的。如在某 BBS 上一出现诽谤言论，被诽谤者可以立刻在 BBS 上进行回应。如此一来，一方起诉另一方诽谤实在没有必要。但也可能存在这样的情况：被诽谤的一方不能或不可能立即进行反驳，他们也许平时并不经常浏览网页，得到的消息是经旁人传达的，或他们并不具备一般的电脑知识，根本不知道如何将自己的言论放入 BBS。

网络诽谤在国外并不鲜见。美国弗吉尼亚州一名大学教授在一宗互联网匿名诽谤案中胜诉，获得 67.5 万美元的赔偿。这是美国首宗网上诽谤赔偿案。

【案例】 美国重判网络诽谤

据《上海青年报》2006 年 10 月 13 日报道，2006 年 10 月，美国佛罗里达州的一个法庭判决路易斯安那州的凯里·博克女士在网络上对佛罗里达州韦斯顿市的休·舍夫女士进行攻击，称其为“骗子”“行骗大师”等，构成诽谤，应支付原告1 130万美元的赔偿金，其中500 万美元为惩罚性赔偿。

（六）网络恐怖主义

“9·11”事件是美国人挥之不去的阴影，恐怖分子利用网络进行攻击的预言又成为人们新的梦魇。在网络化的社会，发生“数字珍珠港”事件不是没有可能。数千个生命在 2001 年 9 月 11 日的那场恐怖袭击中消逝了。爆炸、劫机和其他大规模破坏活动等恐怖分子常用的手段一度成为人们的话题，也成为一些国家的防范重点。在当今的网络世界，计算机也会成为被恐怖分子利用的重要武器。与一般的恐怖主义不同的是，网络恐怖主义以网络为战场，通过网络上的漏洞进行破坏，达到危害人类的目的。现在全球网络恐怖分子已经蠢蠢欲动，他们正在寻找可导致全球恐怖的漏洞。制止网络恐怖主义需要全球各国政府、企业甚至每个人合作，从预防入手，在每个环节采取防范措施，这样才能保证网络世界的安全。

（七）警惕网络暴力

网络暴力就是在网上发表具有攻击性、煽动性和侮辱性的言论，损害当事人名誉。网络暴力亟待运用教育、道德、法律等手段进行规范。

【案例】“网络追杀”事件引发的网络暴力

2006 年，一起发生在中国多家网站上的“网络追杀”事件，引起了国内外舆论的关注。该事件的起因是有人在网上发帖，谴责妻子与网名叫“铜须”的大学生有“一夜情”，并公布了两人的网络聊天记录和“铜须”的 QQ 号。他的帖子很快激起了强烈的反响，攻击偷情主角的“哄客”队伍迅速由数百人发展到数万人，相关网站的点击率迅速飙升。

中央电视台对这一事件做出了反应，批评网民的行为是“网络暴力”，但未就“第三者事件”本身做出道德评价。而网民则在天涯论坛组织起了新一轮的反击活动。“铜须事件”引发海外媒体的密切关注。《纽约时报》《国际先驱论坛报》和《南德意志报》等欧美报纸相继刊发报道，质疑中国网民的做法是对个人权利（隐私权、情感和生活方式选择权等）的严重侵犯。《国际先驱论坛报》以《以键盘为武器的中国暴民》为题，激烈抨击中国网民的“暴民现象”。在西方人看来，这场虚拟事件正在演变成大规模群体性暴力事件，并已成为社会生活中的不和谐音符。

在该事件的整个进程中，在各相关网站，网民的反应几乎是一边倒地愤怒声讨偷情主角。相反的声音十分微弱，被淹没在众口一词的声讨之中。一些网民肆无忌惮地侵犯事主的隐私权，通过各种手段搜出“铜须”的真实姓名、所在学校、手机号、家庭和学校的电话号码、父母的住址、求职简历、他在国外的女友的姓名、他的照片、女事主的照片，并把这一切都公布在网上。凭借这些信息，人们对他及其家人进行了无休止的骚扰和羞辱，使其身心受到严重伤害。网民的语言充满暴力色彩：有人叫嚷“以键盘为武器砍下奸夫的头，献给受害的丈夫做祭品”；有人诅咒让偷情者“死无葬身之地”；有人发布“江湖追杀令”，呼吁全社会封杀“铜须”，堵死他大学毕业后求职的路。一些网民组织虚拟审判，在虚拟世界中以“静坐”“游行”“谩骂”“自杀”等形式集体声讨事主。

互联网是一把双刃剑，具有“善恶双重品格”。“互联网之善”表现出某种令人激动的特性，面对“孙志刚事件”及一系列侵犯百姓权益的案件，正是互联网民意促成了“收容遣送制度”的取消，改善了底层民众的生存状况，显示出互联网的强大能量。但是“陈易卖身救母事件”“虐猫女子事件”“铜须事件”提示，人们有必要建立起合理的网络规则，其核心是划清言论自由与侵权的界限，对侵犯个人权利尤其是隐私权的网上言论，应该有一套有效的监督机制，使侵权者不能逃脱应负的法律责任。

五、网瘾症

互联网充斥着形形色色、无穷无尽的信息，能满足不同个体对信息占有与索取的需求。另外，互联网有开放、平等、相对宽松自由的环境，能使人产生对其他任何事物都无法产生的亲密感、无时空感和无压抑感，因此容易导致使用者上瘾。

网络可以让人们足不出户就能获得自己所要的物品、想要的信息，可以让网民交到一些网友，可以聊天，可以听音乐、看电影，在虚拟的世界中网民的生活似乎比在真实世界更丰富多彩。然而，网络却使网民与生活现实的距离进一步拉大。长期沉溺于网络当中的网民容易产生人际交往障碍，其性格变得孤僻，与他人距离疏远，对人冷漠，容易变得孤独、苦闷、焦虑、压抑，甚至情绪低落、消沉、精神不振。长期沉迷网络易让人产生空虚的感觉，并引发心理常见疾病，如躁郁症、厌食症、强迫症等。痴迷网络者与现实世界接触机会减少，与家庭成员缺乏沟通，造成精神抑郁、情绪低落，生理、心理都受到影响。人们习惯于网上的指令，回到现实世界，有可能出现人与人之间交流的不顺畅。

上网成瘾不仅会危害网民自身的身心健康，还会对网民个人家庭、社会造成危害。为了有效克服网瘾症，专家提出了以下建议：利用业余时间上网，上网时间每天控制在两个小时以内，千万别打破正常的饮食与生活习惯；上网要有明确的目的，要有选择地浏览自己所需要的内容，不要漫无目的；上网过程中应保持平稳的心态，消除猎奇心理，不宜过分投入；别迷信网络爱情，要知道爱情是在现实中的；不要为了打发时间而泡在网上。

但是我们也要反对夸大网瘾症的危害，甚至将其归入精神病的做法。网瘾症从根本上来说是一种媒体依赖现象。

六、数字鸿沟

信息技术的发展还会造成贫富国家的差距进一步拉大，即强者越强、弱者越弱。这在新媒体方面表现得淋漓尽致。一方面，在家庭计算机拥有率较高的西方国家，新媒体发展迅速，个人获取网上信息非常便捷；另一方面，许多第三世界国家的温饱问题与教育问题尚未解决，更谈不上入网或从网上获取信息。这就造成富国容易获得信息，从而能获取更多财富；而穷国信息闭塞，经济更为落后。

目前，世界各国范围较大的基础网络都是由国家统一规划布局并兴建的基础性信息设施。各国综合国力、技术水平各异，网络的发展水平也存在很大差别。传播和技术已日益冷酷无情地把世界隔离成两座营垒。一座营垒由那些受到良好教育且极具经济实力的信息精英把持盘踞，他们是计算机系统的经营者，控制着传播工具。另一座营垒则属于传播圈的“下层阶级”，这里的成员文化水平有限，他们在巨大的传播机器的摆布下过着物质与精神双重贫困的生活。信息成为能迅速接触它并能有效地处理它的人的力量源泉，互联网则加速了弱势更加弱势、强势更加强势的进程。

尽管中国的互联网在短时间内发展得突飞猛进，但如果以网络用户占国民总数的比例与世界发达国家和地区横向比较，就会发现我国网络用户占全国总人口的比例与发达国家和地区的差距还很大。网络的发展和普及取决于综合国力以及国民的科技文化素质。中国作为地域辽阔、人口众多、经济文化发展水平不平衡的发展中国家，将始终面对信息时代数字鸿沟这一严峻问题。

数字鸿沟首先表现在与发达国家和地区的差距上，中国不仅与北美、欧洲诸国差距巨大，而且与亚洲的日本、韩国、新加坡等国差距也甚大。中国内地与香港、澳门、台湾地区也存在很大差距。

我国东部地区和西部地区、中心城市与中小城市、城市与乡村之间，在网络基础设施、网络知识与技能教育、网络用户数量等方面都存在着较大差距甚至巨大差距。

数字鸿沟会造成互联网上各国舆论力量失衡。发达国家尤其是美国舆论主导新媒体，而发展中国家因技术、资金和人才问题在新媒体中的地位甚至低于在报纸、广播、电视中的地位。

各国计算机和网络技术水平的差异使发达国家在互联网上占据了优势地位。相对富足的西方国家拥有较强的网络信息生产能力，新媒体中来自发达国家的声音多，而来自发展中国家的声音少，这就是网络信息传播中语言和文化的不平衡。发达国家利用互联网技术控制发展中国家，并凭借新媒体优势对发展中国家实施信息侵略和文化侵略，宣传和鼓吹其文化，进行文化渗透。网络信息内容中所携带的西方价值观、意识形态冲击着非英语国家和民族的人们原有的思想观念和文化。例如美国在新媒体上的优势地位形成美国文化对小国文化的销蚀和征服，最终形成一种以西方文化为主的全球网络文化，这会造成发展中国家本民族文化的衰落。如何保护和发扬本民族的优秀文化传统，保持全球文化的多样性，已经成为发展中国家亟待解决的问题。

七、网络谣言

谣言，指的是没有相应事实基础却被捏造出来并通过一定手段推动传播的言论。谣言的历史与人类的历史一样漫长，而互联网又推动了谣言的快速传播。在现代环境下，利用灵活无序的网络传播，谣言传播变得速度更快、作用力更强。

> **你怎么看**
>
> 美国学者奥尔波特给出了决定谣言的公式：谣言＝（事件的）重要性×（事件的）模糊性。你认为，还有哪些变量会对网络谣言的传播产生影响？

1947年，美国学者奥尔波特（Gordon Allport）给出了一个决定谣言的公式：谣言＝（事件的）重要性×（事件的）模糊性。他在这个公式中指出了谣言的产生与事件的重要性和模糊性呈正比关系：事件越重要，越模糊，谣言产生的效应就越大；当重要性与模糊性任何一方趋向零时，谣言也就不会产生了。要想终止谣言的传播，就应及时披露事件的真相，所谓“谣言止于真相”。

第2节　新媒体的管理对策

伴随着新媒体在全球的发展，几乎所有国家都认识到在促进新媒体发展的同时也应重视对其进行管理。因此世界上绝大多数国家先后颁布了相关的法规对新媒体传播进行管理和控制。

新媒体的优势是信息传递速度快、信息量大，并且可以与受众形成互动，这些都是报纸、广播、电视等无法比拟的。但是，新媒体的迅速发展也会带来许多垃圾，包括信息垃圾和政治垃圾。如果任由它们泛滥，就会扰乱社会秩序，破坏社会稳定，甚至直接危害国家安全和人民的根本利益。因此，必须对新媒体进行必要的管理，不然将会形成信息漏洞，对其他媒体的管理形成冲击。

上网的隐蔽性决定了对新媒体的控制比对其他媒体的控制要困难得多。最近十几年，新媒体技术的发展突飞猛进，而对其进行的规范管理进展缓慢，于是引发了一系列的管理问题，主要表现如下。

一、互联网监管的难点

互联网泥沙俱下、鱼龙混杂的信息流，必须通过技术、行政及法律手段正本清源。目前，网络已成为全球性的虚拟社会系统，它是整个社会的缩影，因而网络问题的存在具有全球化的色彩，这无疑加大了网络问题的监管难度。对互联网进行监管，存在不少难题。

（一）网民及网络信息的海量性

在过去的 150 年里，人类取得的技术进步超出了之前 2 000 年的总和，网络技术和网络信息也已经渗透到人们生活的各个方面。从纸质媒介到电子屏幕，传播介质的改变带来了信息形式、信息内容和信息量的巨大变化。2020 年，全世界创建、捕获、复制和消耗的数据总量为 59 泽字节（ZB），相当于 59 万亿 GB。具体来说，地球上每天都会产生 5 亿条推文、2 940 亿封电子邮件、400 万 GB 的脸书数据、600 亿条 WhatsApp 消息和 72 万个小时的油管视频。这导致当下受众每天接收的信息远远超出互联网时代之前，形成了信息传播泛化的局面。显然，互联网每天产生的信息量是一个天文数字，给互联网的监管带来了极大的挑战。

（二）传播时间和地点的不确定性

由于网络上的不良信息都是通过计算机随时发布的，大范围的信息的横向整合与提供由系统自动进行，所有的终端、用户都有可能是信息发布主体，而不仅仅是单一的某一家网站；同时，传播者可以在瞬间完成传播信息的任务，而且不留痕迹，然后再换一台计算机或另外一个地方，这都给有关部门的查证、侦破和审理带来了很大困难。

（三）传播者自身具有较高的技术水平

在互联网技术突飞猛进的同时，从事非法行为和恶意传播活动的人所具备的计算机与网络技术水平也在不断提高。一般的黑客都是计算机专家，其计算机技能不低于管理部门和执法机构工作人员的水平。所以，对于破坏互联网安全的黑客们，法律取证成为制裁他们的最大障碍。到目前为止还没有研制出足够有效的工具或产品来对付那些无处不在而又行踪不定的害群之马。

（四）跨国传播挑战司法管辖

新媒体是超越国界的。在网络信息的流动中国界观念是模糊的，用户可以轻而易举地登录世界上任何一个国家和地区的网站、BBS、聊天室，这使网络用户具有了地域上的极端分散性。在网络上从事违法犯罪活动经常会影响很多国家，然而在处理这些违法犯罪行为时，国界的观念是非常清晰的。一旦一国的纠纷涉及国外事务，该国就可能丧失了管辖权，即使发现了违法信息发布者的真实身份或拥有了一定的证据，要把网络犯罪嫌犯绳之以法，首先也要解决如何判定起诉地点，应该适用哪国法律，国与国间或国家与地区间的法律体系发生冲突时如何协调等管辖权方面的棘手问题。

（五）文化传统不一

一国认定有害的信息在他国可能并不被认为是有害的。例如，在英国可以在网上流通的图片，在有些中东国家却被认为是色情的，是绝对禁止的。同样在英国被认为必须要禁止的信息，在另一些国家（如斯堪的纳维亚半岛的一些国家）却被认为是可以流通的。可见，到底怎样来定义有害信息实际上是很难的。文化、道德、法律观念的差异会产生对信息内容的不同认定标准，这给网络信息内容管制带来了巨大的挑战。

（六）政策法规滞后

法律往往落后于科技的发展，新媒体的飞速发展与相关政策法规管理的落后形成鲜明对比。同时，管理机构对于互联网这个全新的媒介暂时还缺乏管理经验，管理手段和方法的更新速度总是慢于网络信息交流新问题产生的速度。一方面是还没有对网络上某些不良信息内容制定管制措施，这种暂时滞后给人一种假象，似乎互联网是一个自由主义的乐园、法律的真空地带、从事违法犯罪活动的天国；另一方面是新出台的法律法规中的某些制度又缺乏现实可操作性，执行起来存在各种冲突或难以实现。

二、互联网信息流通中的政府控制

互联网在把无数信息展现在世人面前的同时也可能会使虚拟空间陷入混乱无序，依靠“冲浪者们”的自律和自我教育并不如想象中那样有效。网络的一系列新的特点和许多暂未界定的新媒体权利使许多原有的法律无法有效地约束网络行为。在互联网的发展中，政府的重要性是不容忽视的，它不仅是互联网的发起者和管理者，还应当是互联网发展的促进者。政府有责任净化网络内容，保障网络安全，增加民众上网机会，使这一新兴媒体得到蓬勃发展。

（一）政府作为互联网的发起者和管理者

在大众传播的发展历程中，政府始终扮演着重要的角色，互联网的出现和快速发展也不例外。最先出现的互联网是美国国防部在20世纪60年代末开发的一个电脑网络，目的在于加强其遍布全球的基地之间的联系。但网络思潮深入人心还是从1992年克林顿与戈尔的竞选活动开始，当时他们的关于“信息高速公路”的说辞使网络逐渐进入公众的视野。从1993年入主白宫开始，克林顿政府开始了一系列建设“国家信息基础设施”（NII）的努力，力图使全美的每个公民最终都能进入这一新的网络。此后英、德等发达国家争相效仿，相继提出了发展本国“信息高速公路”的计划。生怕落后于日新月异的信息时代，世界各国的政府几乎都迅速行动起来，根据新的形势调整或制定发展策略。大量的人力物力被投入建设宽带光纤和其他基础设施、培训专门人才和鼓励市民上网的努力中。和其他许多国家一样，中国政府承担了建设主干计算机网的工作。这样看来，政府在提供启动资金、制定全国性的条例和通用标准方面发挥着巨大作用。

目前，技术上对网络的硬性控制暂时还没有跟上，但这并不意味着互联网是自由主义的乐园。权力组织缺乏管理经验并不意味着它们没有管理能力。互联网可能暂时削弱了控制力量，但硬性的控制将会以同样的科技手段实现。目前，通信运营商有权切断用户的线路，软件的设置可以在一定程度上过滤网络广告，BBS也处在不断严格的监管之下。事实上，对互联网信息流通的控制是无所不在的，所不同的只是隐藏和明显、软性和硬性的区别。一个突出的例子是，1999 年俄罗斯开始要求网络服务提供商安装监管设备，这使安全部门不需要法庭命令就可以监督互联网通信。

（二）监管互联网的实践和争论

在互联网出现之后，一系列新的传播特点和尚未界定边界的新媒体权利使许多原有的法律束手无策。规范互联网的论题在美国、德国、中国、新加坡、法国、澳大利亚等许多国家引起了热烈的争论。这场争论事实上是在言论自由的支持者和相信应当采取信息审查的人之间展开的，焦点逐渐集中在“引起反感的内容”，如淫秽内容上。各国都开始立法管理互联网内容及其使用。

尽管关于是否应该监管互联网的争论还在继续，但事实上，所有国家都对互联网进行了或明或暗的监管。

新浪 2001 年 4 月 18 日报道，美国国会发布报告称，美国政府一直以来违背它自己的网络政策，暗中对政府网站访问者的网上行为进行跟踪。这份报告审查了 16 个政府代理机构，发现政府网站不顾对搜集访问者的个人信息的严格规定，使用 cookies 跟踪记录访问者的浏览和购物习惯。该报告还列举了一些使用跟踪技术的政府服务网站，这些网站的管理人员被政府赋予了特殊的访问权限。美国参议院的政府事务委员会主席弗雷德·汤普森（Fred Thompson）声称，美国国会计划通过立法成立一个专门委员会来监督政府的这些行为。美国国会的调查表明有相当一部分政府网站使用了跟踪设施，其中包括能源部、交通部、教育部和内政部，国家航空航天部也在其中。而根据美国政府的政策，只有在有特殊需要和得到部门领导授权的情况下才能跟踪访问者的网上行为。该报告称，美国交通部有 23 个（其中包括 3 个授权网站）、联邦政府有 15 个、能源部有 11 个、财政部有 6 个、教育部有 4 个网站违反规定搜集个人信息。美国国家航空航天部承认有 3 个网站搜集个人信息，但实际的数目可能更大。

在美国，许多网民和新闻媒体反对对互联网进行监管，而且抨击其他国家管制互联网的行为。然而，“9·11”事件在很大程度上改变了这种观点。“9·11”事件使美国人认为互联网不安全。

CNN 2002 年 9 月 10 日发表的文章称，在“9·11”事件之前，美国联邦政府所属机构大多认为互联网安全无虞，因此把它作为存储公共文件的图书馆以及彼此迅速联系的通信工具，但“9·11”事件之后行政当局意识到，恐怖分子也在利用互联网，并掌握了同样的技术。据 2002 年一项由皮尤研究中心的“互联网与美国生活项目”所做的研究，69%的美国人认为，为了使资料不落入恐怖分子之手，政府可以为所欲为，即使公众将因此丧失自己所需的资料也没有关系。这项研究发现三分之二的美国人认为，政府应该被赋予广泛的权力，来决定应该把何种信息发布到网站上；如果是出于打击恐怖活动的需要，他们对美国政府审查互联网网站的做法并不担心。

在遭受“9·11”事件恐怖袭击一年之后，美国政府和一些私人网站已将一些涉及化学工厂和化学制品、军事基地和其他类似的敏感资料从互联网上删除。即使是那些在以前极力强调公众对政府信息有知情权的人士也认为，如果对打击恐怖主义活动有帮助的话，可以将某些信息从网上删除。

但公民自由团体和政府监督机构的人士争辩说，尽管他们理解一些资料应该被从互联网上清除，但担忧这种“清除”无人监督，而且移除一些公共信息将使公众利益受损。争执双方其实并无根本分歧，问题的焦点是，如何在

你怎么看

对于互联网上的言论，是应当支持言论自由还是应当采取适当的信息审查？

信息资料的公共使用和安全之间做出平衡。

美国人对允许官方限制某些网上信息的容忍度与允许当局窥探电子邮件活动的容忍度是不同的。不到半数的美国人认为，政府没有权力监视私人的电子邮件和互联网通信活动。如果当局打击恐怖主义的政策会导致政府监视公民的网上活动的话，很多美国人就表现得非常担心。这项调查发现，在对待网民的网上活动和网民可获悉何种网上信息方面，“9·11”事件所留下的创伤对人们的看法有着深远的影响。

（三）制定符合实际的传播控制策略

控制和自由如一个硬币的正反面，是不可分割的。但是这里的控制策略的制定，必须结合新媒体的实际情况，不能沿用对传统媒体的控制办法。

互联网的开放性、自由性、互动性和低成本化为网上“噪声”的传播提供了技术上的可能，新媒体的突破地域、时间、信息量界限等特点无疑为新媒体的控制增加了难度。对于传统的大众媒体，国家可以通过制定法律、法规和政策控制媒体的立场，保证其为国家的主流意识形态和广大人民的利益服务。但对于新媒体来说，这种有形的控制手段很难奏效。一方面，每天网络信息都在大规模地更新流动；另一方面，每天又会有大量的新网站出现，国家根本无法实现全面监管，而对于网络自身的特点，国家实施审批登记或经济控制的方法也不具有现实性。

目前对于网络新闻传播，主要有以下几个层面的控制策略。

（1）技术监管。通过信息过滤、邮件监管、自动跟踪等各种技术措施对互联网进行管理，是一种无声的有效方法。

（2）加强新媒体的法律法规建设。这是一种硬性控制手段。目前，世界各国的网络法律法规还缺乏经实践检验后修正完善的过程，立法的类型还很不全面。而且立法毕竟只是形式上的问题，更大的难处在于执法的障碍重重。对互联网信息传播的监管，对违法事实的调查、取证，与国际法律的协调等都是执法部门的新课题。

（3）加强网络道德规范。虽然这只是一种软性的控制手段，但也是一种相当有效的手段，毕竟控制的最高境界是防患于未然。道德与法律一起成为现代社会调节人与人之间关系、规范人的行为、维护社会安定的两大支柱。道德通过舆论、习俗、信念发挥作用，法律通过威慑和惩罚发挥作用。网络作为现代人生存的第二空间理应有自己的一套伦理道德体系。

应该指出的是，网络道德规范的建设与网络本身的内涵有着天然的契合。网络倡导平等、蔑视霸权、要求互助合作、追求公开公正，这一切为网络道德伦理体系的建设奠定了良好的基础。

法律是最昂贵的社会组织工具，它的作用常常产生在事后，这就使得法律失去了人们的信赖，人们不能指望有法律的存在就能随时杜绝违法行为的产生，使得社会经济系统在运行过程中耗费了大量的成本用于实施法律之外的民间保障行为。而道德，如亚当·斯密所说，是出自一种对光荣而又崇高的东西的爱，一种对伟大和尊严的爱，一种对自己品质中优点的爱。道德的实质是同情心，是对同胞的爱和对自我利益的克制，这是受个人利益支配的命令，它是主动的，而不是被迫的。因此，从这种意义上说，我们认为道德自律对媒介或对传播者的作用要大于法律的作用。因为有了道德，人类社会才变得丰富多彩，才会运转有序，才会始终保持积极向上的时代主旋律。

（4）经济制约。经济制约策略指采用税收的增减、产业政策引导等经济手段，培植积极健康的网站，制约不良低俗网站的发展。

（四）互联网监管的效益/成本的思考

事物往往具有两面性，对互联网进行监管是要付出代价的，而且监管越是严格，成本就越高。这里的成本是指广义的社会成本。

中国政府采取监管的决心是坚定的，措施是严厉的。中国政府投入了大量的资源发展互联网硬件，积极成为“互联网大国”，并出台了一系列限制性法规，且建立了网络警察部队。

不过，对互联网信息流通监管得过分严格要付出昂贵的代价。这里的代价则是指广义上的社会代价。

三、对互联网的法制管理

从20世纪末开始，互联网在全球范围内迅速发展，互联网具有传播速度快、传播范围广、信息量大、多媒体、互动性强、检索便捷等巨大的优势，成为引人注目的“第四媒体”。但是互联网中的信息在权威性、可信度、知识产权保护、信息安全性方面不如传统的传播方式，同时在互联网上还存有大量的黄色的、反动的、虚假的信息垃圾。因此世界上绝大多数国家先后颁布了相关的法律法规对网络新闻传播进行管理和控制。

由于网络信息传播具有隐蔽性、连续性、无国界性，其中的有害信息带来了极坏的社会影响，直接危害国家的政治、经济、文化等各方面的正常秩序，所以运用法律手段来管理网络信息是有必要的。网络信息立法的几个重要领域包括：对计算机病毒传播者的处罚，追究非法利用他人私人信息和数据的法律责任，打击在互联网上建立淫秽网站、网页的措施，对网络盗版与网络信息合理使用的界定等。可引以为鉴的法律法规有：美国的《网上儿童隐私保护法》、澳大利亚的《广播服务法案修正案（网络服务）》等。目前虽然已经有了相关的立法，但是总的来看，网络信息内容立法涵盖的范围仍很小，有的领域几乎是空白，对于现在已经发生的一些问题仍然没有可循的法律措施。所以还应该坚持不懈地努力加快网络信息管理的立法步伐，兴利除弊，建立更加完善的网络内容管理立法体系。

美国1996年2月8日颁布的《通信道德条例》规定，不仅通过新媒体发布有害青少年的内容要受到惩罚，甚至知情者也有罪。德国制定了《信息与通信服务法》，为互联网的管理提供了法律依据。

世界上第一部关于互联网的法律是1997年德国的《信息与通信服务法》，该法案提出了网络服务提供商的责任三原则：第一，对自己提供的网上信息内容负全部责任。第二，对网上提供的来自他人的内容只是在一定条件下才负有责任，这个条件就是若知道有关内容违法，并且有可能阻止其传播。第三，对仅仅提供了进入通道的网上信息不负责任。

中国政府已于1996年2月发出通知，要求进入互联网的计算机用户进行登记，以便加强管理，成为率先采取措施规范互联网的国家之一。为了促进中国互联网新闻传播事业的发展，保护互联网站登载新闻业务的合法权益，维护互联网新闻的真实性、准确性、合法性，相关部门制定了《互联网信息服务管理办法》《互联网站从事登载新闻业务管理暂行规定》《互联网电子公告服务管理规定》。在中国，互联网的发展为人们提供了较为充分、及时的新闻信息，但由于缺乏必要的管理规范，一些互联网网站登载新闻信息时不与新闻单位签订协议，不注明来源，擅自转载新闻单位发布的新闻或冒充新闻单位发布新闻，侵犯了这些新闻单位的正当权益；一些互联网站将道听途说的消息编发上网，转发或引用虚假新闻和有害信息，误导公众，混淆视听，造成混乱，损害了受侵害者的合法权益和社会公众的利益。依法规范互联网网站登载新闻信息，使互联网网站能够对公众负责，对社会负责，这既是广大公众的要求，也有利于促进互联网在中国的发展。

2016年11月7日，第十二届全国人民代表大会常务委员会第二十四次会议通过《中华人民共和国网络安全法》（以下简称《网络安全法》），自2017年6月1日起施行。《网络安全法》明确规定：国家坚持网络安全与信息化发展并重，遵循积极利用、科学发展、依法管理、确保安全的方针，推进网络基础设施建设和互联互通，鼓励网络技术创新和应用，支持培养网络安全人才，建立健全网络安全保障体系，提高网络安全保护能力。国家采取措施，监测、防御、处置来源于中华人民共和国境内外的网络安全风险和威胁，保护关键信息基础设施免受攻击、侵入、干扰和破坏，依法惩治网络违法犯罪活动，维护网络空间安全和秩序。国家积极开展网络空间治理、网络技术研发和标准制定、打击网络违法犯罪等方面的国际交流与合作，推动构建和平、安全、开放、合作的网络空间，建立多边、民主、透明的网络治理体系。网络运营者开展经营和服务活动，必须遵守法律、行政法规，尊重社会公德，遵守商业道德，诚实信用，履行网络安全保护义务，接受政府和社会的监督，承担社会责任。任何个人和组织使用网络应当遵守宪法法律，遵守公共秩序，尊重社会公德，不得危害网络安全，不得利用网络从事危害国家安全、荣誉和利益，煽动颠覆国家政权、推翻社会主义制度，煽动分裂国家、破坏国家统一，宣扬恐怖主义、极端主义，宣扬民族仇恨、民族歧视，传播暴力、淫秽色情信息，编造、传播虚假信息扰乱经济秩序和社会秩序，以及侵害他人名誉、隐私、知识产权和其他合法权益等活动。

本书的附录部分收录了我们梳理的十八大以来与互联网信息内容、舆情治理相关的法律法规。

至今，网络领域已经形成以《网络安全法》、《中华人民共和国电子商务法》（2018）、《中华人民共和国数据安全法》（2021）、《中华人民共和国个人信息安全法》（2021）、全国人大常委会两个“决定”和若干其他法律中适用于网络的规定为主干，数十件专门的和其他适用于网络的行政法规以及二十多家主管部门发布的许多部门规章组成的网络法律体系，还有大量位阶更低的规范性文件，说明网络法治还将在实践中检验发展。①

四、网络中的道德伦理约束

网络负效应不是仅仅靠法律和技术就能够解决的。提倡网络文明，加强网络道德建设，是有效管理网络信息的重要保障。强调道德建设的原因之一是法律调整的范围是有限的，法律只是禁止和制裁不法行为，对于网络上形形色色的问题不可能一一解决。为此，网络伦理成为减少网络不良信息的一条重要途径。网络道德包括网络信息经营者的伦理守则或行为规范、网络用户的网络礼仪。业界的信息伦理守则可以约束各个机构、组织、企业人员的信息行为。网络礼仪是对在网络上应该做什么和不应该做什么所做出的规范。网络道德在唤起网络用户的道德感、养成尊重知识产权以及他人隐私信息的习惯、规范用户的网络信息行为、维护网络信息秩序等方面，能够发挥明显作用，甚至在消除有害信息方面可以扮演“准法律”的角色。

越来越多的人认识到自律是管理网络信息的一个重要手段。由于网络特有的自由度和开放性，过于严厉的管制手段反而会影响网络信息资源的正常开发与利用。与政府的直接干预比较，自律有其优势，是一个较适合的政策取向。防止有害和非法信息在网上传播还有待于网络用户本身素质的提高，只有每一个网民的自觉性和责任心都得到提高，才能最终消灭滥用网络的行为。

① 魏永征，周丽娜. 新闻传播法教程［M］. 7版. 北京：中国人民大学出版社，2022：导论15.

人性中有阴暗、虚伪的一面，受法律、道德等规范的约束，一般不会轻易表现出来，但是在缺乏法律和道德规范约束的条件下，人性的阴暗面会不同程度地显现。虚拟化及相对宽松自由是网络的重要特征，它一方面给网民在网上呈现真实的自我提供了条件，另一方面也给非道德行为甚至违法乱纪行为撑起了保护伞。

人们生存和从事一切活动都需要秩序，而道德是社会秩序的主要维护者之一。物理空间是人们长期生活在其中并熟悉的实在，是传统道德的基础；它的道德监督、规范大多是非强制性的，具有柔性特点，其评价主要是人们的是非观、传统习惯和社会舆论。网络中的交往是虚拟的、符号化的、封闭式的，从传播的速度看，具有“时空压缩化”的特点。因此，网络中道德行为的监督和管理方式不同于物理空间，这就使物理空间中的传统道德监督和评价受到了网络道德与评价的冲击。

应该看到，网络时代的传统教育方式的功能和道德传递效果相对减弱，随着现代通信技术及网络的发展，网民以极快的速度接受新的知识或信息，道德观念也随之变化。这就大大拓展了他们思维和行动的空间，同时也增强了道德行为的自由度和灵活性。因此，在现有的环境下如不加强道德责任感教育，由此产生的不良后果是非常严重的。网民是社会中最活跃、最有潜力、最有作为的群体，是社会发展最有生气的动力，他们的道德状况敏锐地反映着社会伦理的发展方向。在网络世界尤其应增强伦理意识和道德责任感，让网民养成良好的道德习惯。遵守网络规范是这一时代赋予网民的道德责任。因此，加强对网民的道德教育、心理调整和行为引导是十分必要的。

作为现代科学技术的成果，网络本身是中性的，无论是良性作用还是负面效应，都是参与其中的人“制造”的。网络可以改变人，人也可以改变网络。我们不能因为网络存在种种弊端而因噎废食，视网络为洪水猛兽。相反，在人类历史跨入一个新的世纪后，我们应该认真总结和反思网络道德问题，充分利用网络的优势，在道德教育方式方面进行一场革命，借助现代科技手段，提高道德教育水平。提高中国网民的道德水平，及时排除各种不利于网络发展的道德困惑，必须借助现代技术手段。

五、技术管理

有效地克服互联网带来的负效应的对策，除了加强政府对互联网的监管、对互联网进行法制管理、倡导文明的网络道德外，还要有技术措施，即以技术对抗技术，进一步加强技术控制。只有采取比网络污染者们更先进、更高超的技术手段，进一步加强技术控污能力，才可能清除这些同样是高科技的产物，如不良信息、垃圾信息，尤其是信息“病毒”污染源。例如对于垃圾信息问题，可以通过开发技术控污产品，采用反垃圾过滤器解决；对于计算机病毒问题，可以培养专门的计算机安全专家，制定病毒防范措施，增强反病毒技术的研究与开发能力，在病毒检测、病毒消除、病毒免疫和病毒预防等方面努力研制新产品；对于色情信息的防范，可以通过过滤软件和分级系统来实现，高新技术的使用在一定程度上可以把网络不良信息屏蔽在用户视野范围之外。

互联网上的电子邮件、BBS系统及电子广告等的设立，原本是以高科技为依托，为用户提供快捷、灵活的信息服务的，现在却成了信息垃圾的传播源。

世界各国正在积极研究开发信息控污技术、反病毒技术，积极防范信息污染，主要包括：(1) 研究确保网络信息真实性的控制技术，如使用口令、数字签名以及在工作站和网络服务器上使用用来鉴别用户的标号，对超界值的检验等，以预防信息的变形与失真。(2) 对于网络上的淫秽信息和意识形态领域的越境信息采用以防火墙为主体的多重信息保护措施予以过滤。(3)进一步研究反病毒技术，在病毒检测、病毒清除、病毒免疫和病毒预防等方面增强反病毒技术的开发，防止计算机病毒对信息的污染和破坏。

互联网管理是一项极其复杂、艰巨而又长期的任务。任何一种管理手段都只能起到一定的作用，而不能够完全解决网络有害信息传播中的问题。不管是通过法律手段、技术产品还是道德教化和自我约束，不管是他律还是自律，每种方法都有一定的局限，都不是百分之百奏效。所以，网络信息内容的监管应该是一种综合管理，在管理模式的选择上应该确立一个综合的管理框架，同时运用法律、政策、技术、伦理等多种管理手段，使它们互相配合，互相协调。只有这样才能最终实现对互联网的有效管理，才能真正建立一个无污染、无噪声的赛博空间（cyber space），才能充分发挥网络信息资源的作用，才能给人类社会带来一个健康、有序的网络信息交流环境。

对互联网的管理，除法律法规管理、道德伦理约束、技术管理之外，还可以通过税收、产业政策等经济手段进行。

第3节　正确看待新媒体的双刃性

以互联网为代表的新媒体虽然是一把双刃剑，但是其对整个社会的物质文明和精神文明的发展的正面意义远远超过其负面效应，不应该有意或无意地将其妖魔化。而且新媒体的负面性往往是对现实社会的折射，很多问题的根源并不在网络本身，而是现实社会问题的延伸。

一、新媒体对社会进步的推动是主流

在人类历史上，科学技术的发展受到干扰和遏制的时候，也经常是人性、人类社会发展很不正常甚至很黑暗的时候。如文艺复兴前的欧洲中世纪就是这样。相反，科学技术正常和加速发展的时候，也经常是人性充分发展、人类社会进步成绩斐然的时候。这是因为科学技术的发展不仅是追求和体现着“真”（科学真理），而且同时是在追求和体现着“善”和“美”（狭义和广义的道德）。人类总是通过科学技术的不断发展，追求和实现着“真”“善”“美”的统一。蒸汽机、电的发明和应用，无线电、飞机的发明和应用，原子弹、航天飞行器的发明和使用等，使人类进入了高度文明的阶段。虽然这些科技成果的出现都带来了新的问题，甚至提供了使人类自我毁灭的可能性，但从总体上看，它们显然推动着人类文明和社会的进步，现代社会的“成熟度”（如公民理念、法律意识、权益概念等）显然也是不断提高的。今天新媒体的发展也势必如此，那种过分渲染新媒体发展的副作用、将新媒体妖魔化的做法是把科技发展与社会进步的正比关系这一大前提抹杀了，是本末倒置了。

作为现代高科技代表之一的新媒体，在“科学技术是第一生产力”的今天，对物质生产活动具有极大的推动作用，从而对社会精神文明的发展产生着积极影响。在物质生产活动领域，新媒体的作用首先表现在它对经济信息传播方式的变革上。电话、广播、电视等传统的信息传播手段尽管也能传播经济信息，但均有明显的不足，有的信息直观性差，有的传播范围有限，有的传播速度不够快，从而影响了信息的交流和传播。新媒体克服了上述信息传输手段的不足。作为一个高度开放的系统，它使地理国界等用来定义空间距离的要素越来越失去其意义；它可以满足人们对文本、图像（包括动态图像）、声音的不同需要；它传输的速度极快，能使任何信息在很短的时间内到达目的地。这种高效的信息传播手段的广泛运用，必将强有力地促

进经济信息的全球性广泛传播，促进经济信息最大限度地得到收集和利用，造就全球范围的大市场，从而促进生产力要素的优化组合，推动生产力的发展。新媒体对生产力的促进作用还表现在其有力地促进了人类物质生产领域的扩大和产业结构的调整。近年来崛起的信息产业就与新媒体的发展需要密不可分。如今，新媒体这一新兴产业正有力地推动着世界范围内经济的发展。西方发达国家特别是美国近几年经济持续增长，其重要原因之一就是信息技术产业得到了飞速发展。

新媒体对人类精神文化活动的影响更不能低估。新媒体促进了学术思想和科学研究成果的广泛传播。电子版图书和报刊的发行、网上数据库的开通、网上书店的开张、数字图书馆的建立、信息资源的共享，为学术思想、科技信息和文学艺术作品的传播提供了前所未有的便利条件。另外，新媒体还使教育模式发生了深刻的改变，也为人们展示艺术创造才能提供了新的场所，为人们充分表达各自的思想和意愿提供了技术基础。这些均有助于个人素质的提高。

在现代社会，人们面对着越来越多的道德难题和精神危机，如人情冷漠、精神空虚、金钱至上、恐怖主义等。但在互联网中，我们却往往能更多地感受到“真”“善”“美”。在互联网中，不论谁有疑难，只要在网上发布求救求助信息，网民一般都会热情地给予无私的帮助。当网民提供这种帮助时，是不期待任何利益回报的。例如，Linux 的设计者不是为了赚钱，而是怀着交流技术、打破微软垄断的理想投入他们的开发，并将源代码公之于众，使之成为免费资源。另外，在互联网中，空间距离的意义弱化，人们交往的频率提高，有利于增进人们之间的相互了解和信任。同时，由于互联网中信息传递的可匿名性，活动主体突破身份、角色、地位的现实差别而实现平等交往。这些都有利于在网络中形成一种平等、互爱、和谐的人际关系。有些人甚至认为，在现在这个金钱至上的社会中，也许只有在网络上才能真正体会到人与人之间的那份赤诚和真情。

综上所述，互联网技术的发展为人类自下而上的发展创造了新的技术基础和实现手段，它是人类实现自由、实现理想的强有力的武器，它所内含的有利于生存和发展的道德价值是难以估量的。

二、不能简单地把互联网问题的出现归咎于互联网的发展

伴随着互联网的诞生和广泛使用而出现的问题是多种因素综合作用下形成的复杂的社会现象。人们忽略其他因素对网络的影响是基于这样一种认识：大家熟悉并生活在其中的空间是“物理空间”，而互联网则是所谓的“虚拟空间”（又称为“电子空间”“赛博空间”）。传统社会中形成的既有道德在网络社会中并不适用，“虚拟空间”中存在着相对独立于“物理空间”的网络道德。对此，我们可加以澄清：把互联网解释为“虚拟空间”，把现实世界解释为“物理空间”，然后把在社会学意义上作为“物理空间”组成部分的“虚拟空间”与“物理空间”割裂开来、对立起来，是完全错误的。其实，网络天地、“虚拟空间”、信息高速公路等，都是始终附着于现实的“物理空间”的，都是现实生活通过技术载体的某种实现、某种表现形式，否则它们就无以存在，毫无意义。“虚拟空间”自身的运行规律只是一种技术规律，只有和“物理空间”结合起来，也就是和处于现实生活中的人的活动结合起来，才具有社会属性和意义。只有以“物理空

> **你怎么看**
>
> 近年来，人工智能技术对网络传播产生了越来越大的影响，与此同时也伴随着各界人士褒贬不一的看法。请结合人工智能对网络传播的影响，谈谈你如何理解“新媒体发展的双刃性”？

间”为基础，以“虚拟空间”为媒介，二者共同作用，作为新的表现形式的网络问题才能成立。脱离“物理空间”谈论网络问题，完全是夸大、曲解了互联网对社会的影响。

互联网中出现的问题深受互联网空间外的其他因素影响。这其中，网络空间中活动主体（一般指互联网技术的研究和开发者、互联网运营商以及互联网的一般用户）素质的影响尤显突出。科学是一种强力的工具，怎样用它，究竟是给人类带来幸福还是灾难，全取决于人类自己，而不取决于工具。

此外，网络中出现的许多问题是可以通过网络自身的发展和完善来解决的。

三、新媒体管理方式的创新

长期以来，我国形成了对于新闻业的严格管理制度，并且收获了大量的经验，可以说，我国目前对于新媒体的管理沿袭了对于传统媒体新闻管理的思路。

（一）新媒体管理制度的不足

由于新媒体是新生事物，因此在管理上存在困难。目前我国的新媒体管理制度存在着许多不足之处，主要表现为以下几点。

（1）规定不够明确、细化，存在的盲点较多。我国目前涉及新媒体的行政法规、规章内容不明确、不细化，存在着许多争议和盲点。一些政策法规可行性不强。

（2）违反行政公平、公正原则，不利于打破垄断。一些规章的制定受部门利益的影响很大，不符合行政公平、公正原则。

（3）存在多头执法的不规范管理模式。目前新媒体行政管理的主体几乎遍及所有政府部门，如信息产业部门、宣传部门、国务院新闻办公室、公安部门、工商行政管理部门、国家版权局、科技部门、教育行政部门、国家新闻出版署、国家保密局等。我国诸多行政管理部门多头管理，分散执法，缺乏执法力度，难以应付新媒体迅速发展中可能出现的各种违法、危害社会安全等行为。

我国目前的新媒体管理制度存在的问题，其产生的根源在于没有脱离传统行政手段和行政意识的桎梏，没有从促进产业发展的角度出发，没有以侧重保护新媒体的最终用户为着力点。这在一定程度上限制了新媒体的活力及无限动力，束缚了新的媒体传播方式给新闻业带来的勃勃生机。

（二）新媒体管理实践中的困惑

新媒体作为高新技术的产物，是在行业的交叉地带发展起来的，横跨多个行业，产业链条复杂。其发展速度之快，带来的问题之复杂，超越了人们目前普遍的认知水平和管理水平，出现了管理责任不明、管理依据不足、管理力量薄弱等问题，也出现了行业发展受利益驱动明显、知识产权保护不力、产业生态环境恶化等问题。下面重点从三个方面展开论述。

1. 管理责任不明

新媒体管理涉及不同行业和产业部门，在管理上存在很多不明确的地方。比如，是按媒体属性由意识形态主管部门来实施管理，还是按产业属性由信息产业部门来实施管理？这些问题都还没有准确答案，不少业务没有明确的管理主体，没有被纳入管理视野。

2. 管理依据不足

以手机报纸、网络电视为例，具有什么样的资格可以开办手机报纸、网络电视？是否现有平面媒体都可以自动获得这种资格？能否允许新的主体运营？如何对新媒体的内容进行把握和引导？新媒体的知识产权问题如何保障？

3. 知识产权保护不力，侵权盗版严重

在新媒体的知识产权保护中，最大的问题是侵权存在零成本、隐蔽性、迅速性、全球性以及罪证难以搜集等特点，简言之，侵权非常容易，而维权却十分困难。

(三) 新媒体管理的变革

新媒体信息数量庞大、内容繁杂、形式多样，信息的发布、传播、处理等具有隐蔽性、传播快、影响面广等特点；信息的发布者、传播者、接收者不容易掌握；参与新媒体新闻传播业务的既有各类企业，又有新闻媒体，主体复杂。所有这些，都使新媒体的内容管理更加复杂。

对新媒体，应当坚持发展与管理并重，通过科学规范的管理促进其健康有序地发展；应当坚持趋利避害，使新媒体为我所用，充分发挥这一新兴传播载体的独特优势。

1. 明确新媒体定位

目前新媒体缺乏作为一种真正意义上的媒体应该具备的丰富的原创内容、健全的采编体系、完善的运作机制、专业的从业队伍，也缺乏作为一种真正意义上的媒体应该具备的公信力和社会地位。新媒体开展跨界技术整合和内容整合是大势所趋，它将创造出一个巨大的媒体市场，因而应将其作为一种独立的媒体加以对待。对新媒体，要从政策上加以明确，从发展上加以引导，从管理上加以规范，打破不同行业和产业的壁垒，在通信业务与传播媒体的互动、互补中找到新的合作和发展模式。

2. 推动新闻媒体拓展新的发展空间

新媒体是一种全新的传媒形态。当前整个互联网正从门户时代向服务时代过渡，从桌面互联网向掌上互联网转型，移动互联网实现终端融合、业务融合和网络融合，预示着互联网产业的重新洗牌，主流媒体完全可以有新的更大的作为。主流媒体要努力适应形势的发展变化，熟悉和掌握科技发展的最新成果，积极运用先进的通信手段，充分发挥自己权威的传播地位、丰富的信息资源、良好的管理经验、过硬的人才队伍，以及稳定的受众群体等优势，转变观念，创新思路，实现传统媒体业务与新型传播手段的有效结合，拓展新的发展空间。

3. 学会运用新媒体，打造新兴舆论阵地

新闻和信息的合理运用是政治成功的关键。合理运用新闻和信息，就必须遵循新闻传播原理，加强对各种媒体的科学掌控和运用。特别是面对现今时代多元化、即时性、多样性的舆论生态环境，必须积极运用新媒体这一最新的传播载体，顺应新闻规律、提高传播技巧、主动设置议程、及时发布信息、努力占得舆论引导的先机、把握正确的舆论导向。

要创新新闻宣传理念。新媒体对传统新闻传播理念造成的冲击开始显现。新媒体受终端显示屏、用户使用习惯等的制约，体现出自身独有的传播特点和规律。从变革传播观念、探索传播技巧关系，到新媒体新闻宣传的成效，关系到新媒体竞争力的强弱。新媒体与传统媒体在新闻宣传中要“求同”，也要“求异”，即在新闻宣传内容的政治方向、价值取向上必须一致，在新闻选择、话语结构、信息形态、传播方式方面则要体现出差异性。

要创新新媒体内容。新媒体要发展壮大、走向成熟，一定要量体裁衣，有适合自身传播的信息内容。要研究用户需求，丰富服务功能，针对用户群体的差异、接受心态和阅读习惯的变化，运用体现新媒体特征的语言、内容和表达方式进行新闻传播，不能照搬、照抄传统媒体的内容。

新媒体相关业务发展很快，要密切关注其发展态势，适时制定发展规划，着手打造主流网站，建设无线互联网上权威的综合信息发布和服务平台，给予必要的政策支持，不失时机地占领新闻传播制高点。

4. 推动行业自律，强化自我约束

要坚决禁止违法和不良信息通过新媒体传播，尊重和保护知识产权，维护公平竞争的环境。

5. 在注重发挥各个部门独立作用的同时，完善协调机制

目前，诸多职能部门已经发挥了一定的作用。然而对于很多交叉问题，尤其是在联合管理时，沟通的渠道仍然不足。由于新媒体本身具有的开放性，其涉及的相关组织必然很多，迫切要求各部门加强职能协调。

对新媒体这一新兴事物，从理论到实践、从内容到技术都还处于探索之中，迫切需要加强相关领域研究，为行业发展提供指导帮助。

（四）尊重新媒体发展的特殊规律，创新新媒体管理的原则

新媒体有其特殊的产业发展规律与技术特点。在制定有关新媒体的政策与法规时，要避免“鸵鸟政策”。

政策制定与立法原则应该顺应和促进新媒体产业发展，规范与发展并重。新媒体可以依据不同的标准分类，按照其与传统媒体的关系，分为不依托传统媒体的和依托传统媒体的。前者管理难度大，但是代表了产业主流与发展方向。后者可以比照传统媒体的管理模式，管理难度小；但是从新媒体发展走过的历程来看，后者受制于已有的管理模式、人员结构、思想观念、资金运作等因素，很难成为新兴产业的主体。我们的政策法规不应该制约后者的发展。

我们目前对新媒体内容的管理存在一个严重问题，就是重“规范”轻发展。政策法规本应该促进新媒体产业的发展，事实却是许多政策法规制约了其发展。

经过多年的发展，以互联网为代表的新媒体已自发形成了相对现实社会独立的准则和行为规范，例如交流的自主权、网络语言的文明等。作为管理主体，应当认识到这种已经存在的规范，并去其糟粕，取其精华，倡导其中好的规范并加以引导，作为管理的辅助手段。

新媒体是零门槛的传播方式，任何人都可能成为传播主体，因此，很难采用传统的审批制进行管理。鉴于新媒体的特殊规律，建议采取“登记制＋追惩制”进行新媒体的管理。

新媒体是没有国界的、是世界的，可以借鉴目前成熟的、成功的国内外新媒体政策与法律法规。新媒体的管理者一样需要富有创新精神。新媒体需要管理，但不是传统意义上的政府管理。如果管理者用传统的管理方法管理新媒体，面临的结果无非两条，要么是产业一管就“死”，要么是管理规则因为操作性不强而形同虚设。

新媒体管理是一项极其复杂、艰巨而又长期的任务。任何一种管理手段都只能起到一定的作用，而不能够完全解决新媒体有害信息传播的问题。新媒体信息内容的管理应该是一种综合管理，在管理模式的选择上应该确立一个综合管理框架，综合法律、政策、技术、伦理等多种管理手段，使它们互相配合，互相协调。只有这样，才能最终实现对新媒体的有效管理，才能给人类社会带来一个健康、有序的新媒体信息交流环境。

第4节　发达国家对互联网的管理

互联网是一个现实社会的缩影，也是最主要的新媒体形式，如何对互联网进行管理是摆在

世界各国面前的一个重要问题。从发达国家的经验教训来看，互联网管理需要统筹运用立法、行政、行业自律等多种手段。

首先，立法是互联网管理的基础，发达国家政府看似很少对互联网实施监管，而事实上已利用法律对互联网上的行为做出了明确的规范。其次，行政是各国管理互联网的重要手段，比较常见的包括内容分级制、内容审查制、网站注册制、税收优惠制等。而行业自律则是互联网管理的必要补充，也是发达国家普遍采用的一种手段。

一、美国的互联网管理

美国政府对于互联网的管理，可以从立法管理、技术监管、自律引导、市场调节几个方面来分析。

美国高度重要安全战略。2003 年 2 月 14 日，美国正式将网络安全提升至国家安全的战略高度，公布了《国家网络安全战略》。美国社会的运转对计算机网络的依赖日益加重，计算机网络已经渗透到美国政治、经济、军事、文化、生活等各个领域。各种业务处理基本实现网络化，美国的整个社会运转已经与网络密不可分；换言之，网络危机将可能导致美国整个社会陷于瘫痪。2005 年 8 月，美国东北部和加拿大的部分地区发生大范围停电事故并引发了电网日常运作的崩溃，社会运转迅速陷于停顿，其中 7 个主要机场和 9 个核反应堆被迫关闭，5 000 多万居民的生活受到了严重影响，位于纽约的世界银行总部也因网络中断而暂停工作，网络安全对国家安全的影响可见一斑。网络系统成为攻击重点。网络攻击不受国界、武器和人员的限制，如何防范网络攻击已成为美国不得不认真对待的重大战略问题。比如，国防部网站是美国的重要核心网站，它的被攻击次数不断增长，已使美国政府忧心忡忡。“9·11”事件发生后，一些恐怖分子利用网络之便向美国计算机网络频频发动攻击，特别对那些要害部门的网络进行破坏，从而危害美国及其盟国民众的安全，“网络恐怖主义”浮出水面。网络安全成为信息技术的薄弱环节。虽然各种杀毒软件和防火墙不断升级，但各种病毒还是不断入侵，网络安全方面的信息技术相对滞后，网络安全始终受到严重威胁。

（一）立法管理

立法管理互联网的做法最早源于美国。虽然美国政府对于互联网的管理一向倡导的是“少干预，重自律”的最低干预的原则，但是自由的氛围也要依托一定的管理控制。美国政府对于互联网所传播的内容的管理主要体现在立法层面的控制上。

美国互联网立法的现状可以从联邦和州两个层次来分析。

（1）从联邦的层次上来看，美国对于互联网所在的电信产业的管理，立法、司法和行政三个体系相对独立，分别行使各自的权力。在立法方面，由参议院和众议院组成的国会作为最高立法机关，对包括互联网在内的电信立法法案进行听证、辩论、表决，从而影响国家电信政策的制定。国会也可通过一些非正式的方式，如控制预算、人事任命、立法、公共舆论等来施加压力，影响政策的制定。在司法方面，美国最高法院、联邦审判法院和申诉法院组成了美国的联邦司法体系，它们拥有对电信管理机构进行监督并解决纠纷的权力。在行政方面，行政机构主要是指由各部门组成的美国联邦政府，对于电信业来说，主要是司法部反托拉斯局和商业部国家电信与信息管理局两个部门。美国联邦政府通过这两个部门对包括互联网在内的电信业进行管理。在联邦层次上，还存在着一些专门负责某个领域的事务，拥有一部分执行权和一部分准立法权和准司法权，直接对国会负责的相对独立的委员会。美国联邦通信委员会就是这样一个专门针对美国的通信政策与通信产业的独立机构。它根据1934年通信法成立，兼有立法、司法和行政执行职能，可以制定规章、仲裁争议、执行各项法规。美国联邦通信委员会在执行有关职责时，要受到联邦司法系统的制约，受法院监督。

在美国的各种机构中，联邦通信委员会是对美国的通信产业最具影响力的机构。在对于互联网络的建设和管理上，美国政府一直扮演的是一个推动者的角色，以联邦通信委员会为代表，美国政府对于互联网的管理基本上采取一种自由的、非管制的态度。

美国的关于互联网的信息法规，既有针对互联网的宏观的整体规范，也有微观的具体规定，囊括了行业进入规则、电话通信规则、数据保护规则、消费者保护规则、知识产权保护规则、诽谤和色情作品抑制规则、反欺诈与误传法规等许多方面。这些法规主要包括：1977年《联邦计算机系统保护法案》、1984年《伪装进入设施和计算机欺诈及滥用法》、1986年《计算机欺诈和滥用法》、1987年《计算机安全法》、1990年《电子通信秘密法》《中小企业计算机安全、教育及培训法》、1991年《高性能计算机及网络法案》、1994年《计算机滥用法修正案》、1996年《电信法》、1996年《全球电子商务框架》、1999年《统一电子交易法》等。

（2）从州的层次上来看，美国的各州是相对独立的，它们的权力主要来自法律的授权，各州都拥有自己的立法、司法和行政机构。美国宪法在规定了联邦和地方的权力与义务之后，各州又通过州议会来确定本州的法律。在美国，各州都制定有自己的宪法或基本法，以此来规定管理本州的主要原则。对于互联网所属的电信业的管理来说，其在各州所处的管理体制和法律环境也是不同的。有的州是把电信业作为一般公共设施来管理的，而有的州则专门制定了本州的电信法，如1995年《密歇根电信法》。1995年5月1日，美国的犹他州率先颁布的《数字签名法》不仅拉开了电子认证立法的序幕，而且是美国乃至全世界范围内第一部全面确立电子商务运行规范的法律文件。

从宪法第一修正案开始，美国法律体系随着互联网和社会的发展同步向前推进，并不断完善。“9·11”事件发生后，时任美国总统的小布什随即签署并颁布《爱国者法案》，针对反恐出台了一系列法律。“斯诺登事件”之后，为在反恐监控与保护公民隐私之间寻求平衡，时任美国总统的奥巴马签署《美国自由法案》，规定美国国家安全局在进行涉嫌恐怖主义活动的相关调查时，必须先获得法院许可，或在紧急状态下才可向通信运营商索取公民的通话数据。

在联邦层面，从2010年6月起，美国国土安全部分布在各地的指挥中心根据联邦法律开始执行“社交网络/媒体能力”项目，对网上的公共论坛、博客、留言板等进行常规监控。在州级层面，各州拥有各自的立法，州级司法机构则按照联邦法律和本州法律，根据本州的实际情况进行监管。另外，美国各地普遍通过公开、透明的方式，充分利用社会力量对网络进行监督，更有利于防患于未然。

（二）技术监管

目前网络舆论控制最常见的技术手段是对内容进行分级与过滤。美国许多比较大的网站都实行内容分级，主要依据是性、暴力、不当言论等的表现程度，只要达到分级程度限制，就会通过技术手段进行提醒、警告和处罚。

在网络内容管理方面，包括美国在内的很多国家都在其对传统媒介信息传播的内容管理模式的基础上，借助许多高科技的手段，针对不同的内容分别采取保护、规范、限制和禁止等不同的措施，对网络内容管理的模式进行进一步的发展和调整。在西方，根据许多国家的法律原则，由媒介所传播的信息（即言论）一般可以划分为政治性言论、商业用语（商业广告）、冒犯性言论、色情言论几个基本种类。由于这些不同种类的言论在法律上的地位各不相同，所以各个国家对其采取的手段和措施也不尽相同。一般来说，政治性言论一般都能受到保护（当然也不能一概而论，譬如纳粹主义的言论在许多欧洲国家就属于被禁止的言论）；而商业用语则可以加以规范；不适于未成年人接触的冒犯性言论可以限制；少数明显具有社会危害性的言论则被明令禁止，如以儿童为表现对象的色情内容等。

美国政府通过各种技术手段进行针对互联网上传播的各种非法信息、不良信息、有害信息的管理，其中有两种主要的科技手段：分级（rating system）和过滤（filtering system）。

（1）分级：对网络信息内容进行分级是一种很常用的网络管理手段。这种手段主要是通过对网络上纷繁复杂的信息内容进行分级整理，使得网络用户在通过搜索引擎等方式查找所需内容时，可以直接取得所需内容，而其他的一些不符合法律规范、道德规范的不正当内容则会直接被屏蔽掉。

（2）过滤：2009年6月，中国政府曾计划要求个人电脑制造商在全部新出厂的电脑上预装互联网过滤软件“绿坝-花季护航”，用于帮助家长避免孩子在互联网上接触色情内容。类似的软件在美国非常普遍，通常为有孩子的家庭设计，以帮助其过滤色情信息。据皮尤互联网与美国生活项目2009年发布的研究报告，超过50%的有青少年的美国家庭和90%的美国公立学校利用了互联网色情内容过滤技术。美国唯一要求互联网审查的联邦法律是2001年制定的《儿童互联网保护法》，该法律的宗旨是过滤色情产品。

美国政府还提供人力、物力、财力方面的支持，帮助培养出一批计算机安全人才，通过对一系列反病毒、反黑客、反垃圾的技术的研发，来积极防治日益猖獗的网络犯罪。

（三）自律引导

美国政府一方面从互联网供应商、经营者、国内外提供者入手，呼吁其遵守互联网行为准则，保障互联网秩序；另一方面，从互联网使用者入手，呼吁他们培养自我保护意识和安全意识，同时也呼吁禁止不良使用行为。这样，既能保障公民的合法权益不受侵犯、个人权利得到维护，又能限制公民侵犯他人利益、危害国家社会。为了营造较好的道德氛围，美国政府不仅向互联网的社区成员进行宣传呼吁，还借助社会团体、组织和国家的力量来保证道德规范的作用得以发挥。

如美国政府一直倡导的有关互联网行为的道德标准，类似于著名的“摩西十诫”，这些道德标准是由美国计算机伦理协会制定的关于计算机道德的十条戒律，这十条戒律通常被认为是每一个网民在进行网络活动时应该引以为戒的不成文的行为规范：（1）不能用计算机危害其他人；（2）不能妨碍别人的计算机工作；（3）不能偷看别人的文件；（4）不能利用计算机进行偷窃；（5）不能利用计算机作伪证；（6）不能非法拷贝软件；（7）不能在未经允许的情况下使用他人的计算机资料；（8）不能非法使用别人的智力成果；（9）想一下你写的程序对社会将产生的影响；（10）遵守计算机使用规则。

（四）市场调节

美国政府管理部门，以联邦通信委员会等管理机构为代表，在对互联网的管理上，以新自由主义、后凯恩斯主义为指导，强调利用私有资本进行发展，依靠市场驱动。美国对于互联网市场的基本管制政策倾向是以不管制为主。政府积极为网络发展营造宽松、安全的良好政策环境，并不断加以调整以适应市场的变革。如1998年5月14日，美国众议院商业委员会以绝对多数赞成的投票表决通过了三年内禁止州政府和地区政府对互联网征收税费的税收优惠政策。同时，美国政府积极向其他国家提出对互联网免除税收和关税的要求，即1998年的《互联网免税法》(Internet Tax Freedom Act)，该法案坚决要求制止对网络贸易采取“歧视政策”，杜绝所有不公平的新税种出现。

美国政府虽然倡导企业在信息市场自由竞争的基本原则，但是也在尽力防止许多公司因商业目的而对互联网行业的垄断，在竞争市场有利于大公司与大消费集团的情况下，注重保护消费者和中小电信经营者的利益。

二、英国对互联网管理的特点

英国互联网发展迅速，主要是由于英国政府大力提倡发展信息通信技术，并采用多种互联网管理手段推动英国信息通信业的发展，使英国的电子发展战略取得了明显的成效。英国国内的信息通信应用水平大幅提高，电子商务、电子政务建设等飞速发展，全面上网运动也已展开。

(一) 英国互联网行业自律唱主角

英国在对互联网的管理过程中始终坚持这样的管制理念：最低限度的管制、基于事实的管制、与市场竞争状况相称的管制。这使英国的网络管理呈现出自由与多元的特色，即以行业自律为主，以行政管理导航，同时加强技术管理，并辅之以必要的法制管理。这是一种倡导提升业界与网络用户素质、以行业自律为主的管理模式，这种管理模式为英国的互联网管理带来了诸多福音。

自我管理在今天英国的网络管理中占据了主导地位，这和英国历来奉行自由主义有密切关系。自律提倡的是伦理道德的自我约束，英国以自律作为提高业界和用户的媒介素养的手段，培养并规范人们的上网行为。由于互联网的开放性，只有培养互联网业界和用户的媒介素养，使其能自我约束行为，才能实现有效的互联网管理。在英国的互联网行业中，这种自我约束体现得非常明显，极具特色。

上网人数激增是英国在20世纪80年代初进行电信改革后的事，当时英国的电信业执行的是“双寡头垄断政策”，对互联网的管理主要依靠行政管理和法制管理的手段。20世纪90年代后，随着互联网的飞速发展，上网人数激增，网络引发的社会问题增多。虽然有行政手段和法律法规做后盾，但英国政府意识到仅依靠现行法律远不足以对互联网实施有效控制。而且，国内法对大多数源自国外的黄色网站无可奈何，因为各国对色情网站的看法不一，英国认为非法的东西，在其他国家则可能是合法的。只有互联网行业实行自我监管，由互联网的各服务商按照行业协约进行自我管理，才能有效控制由网络引发的一系列问题。自1996年后，英国对网络的管理就多偏重于通过行业自律进行自我管理。

英国互联网实行的行业自律有专门的监管机构，即互联网监视基金会(Internet Watch Foundation, IWF)，由独立董事会管理，不受英国政府的管制。行业自律是为了培养业界和网络用户的媒介素养以及开展道德伦理的自我管理。由于英国要实现全民上网，巨大的网民群体使行业自律变得更为重要。

英国互联网行业自律是在现行法律框架下进行的，并且它自有一套以协议形式体现的行业规范，并不能自行其是。此外，英国互联网行业自律重点保护的对象是儿童以及言论自由。

（二）英国互联网行政管理

英国互联网行政管理的主要特点是英国政府一直都在为互联网的发展和管理做政策导航，而政府部门管制下的网络管理机构相对独立。具体表现为：第一，英国政府为互联网管理提供法律依据和政策保障，而具体操作权由政府赋予专门机构执行；第二，具体进行网络管理的机构依法设立，且有较高的权威，是有较强专业技术的管制机构；第三，网络管理机构与政府相关部门的关系，既有其相对的独立性（如政府不干预其具体执法），又有一定的关联性（如许可证的颁发，一般由网络管理机构做初审等基础工作，再由相关部长签发）。

英国互联网的行政管理主要由内政部来负责，而政府负责电信政策的主管部门是英国贸易与工业部（Department of Trade and Industry）。它的主要职责是提出互联网管理的政策和建议框架，并设定互联网管理机构的管制目标和职责，同时还负责频谱的制定和电信经营许可证的发放及其数量的确定，以及电信业的国际法律事务。这是管理互联网的两个行政部门，具体的执行由信息通信管理局（Office of Communication）负责。

英国信息通信管理局是英国信息通信业的主管机构。它是 2003 年年底由五家独立的管制机构——互联网管理局、广播标准委员会、独立的电视委员会、无线局和无线通信局——合并而成的。它是由英国贸易与工业部授权依法而设的，其最主要的职责是维护电子媒体的内容标准，以法律为基础来确保通过持续有效的机制，加强对互联网非法内容的管制。

（三）英国互联网安全技术管理

在网络管理的框架中，安全技术手段是基本的和必不可少的手段之一。英国在这一方面主要制定了信息安全标准 BS 7799①，以这套完整的安全管理标准加上先进的安全技术控制，来实现对网络的技术管理。

网络安全技术管理遵循 BS 7799 信息安全标准。BS 7799 信息安全标准是由英国标准协会（BSI）制定的信息安全管理体系标准，主要针对较大的网络使用者，如企业和组织。这套基于网络安全技术的信息安全标准，在其安全框架内，能有效构建信息安全防护机制，是防止黑客入侵网络、将病毒杜绝于外并将整体安全漏洞降至最低的较为有效的方法。

BS 7799-2 是一个体系规范，可以使用该规范对组织的信息安全管理体系进行审核与认证。通过使用该规范能使组织建立信息安全管理体系，包括以下几个主要步骤：（1）建立信息管理框架，设立方向、信息安全目标，定义信息安全方针，同时管理层应承诺该方针；（2）评审组织的信息安全风险，控制措施需要在信息的价值、所面临的风险和这些风险对组织运营的影响间保持一个平衡；（3）选择和实施控制措施，使确定的安全风险减少到可接受的程度；（4）不同的组织将选择不同的控制措施。

---

① BS 7799 标准于 1993 年由英国贸易工业部立项，1995 年英国首次出版 BS 7799-1，即《信息安全管理实施细则》，它提供了一套综合的、由信息安全最佳惯例组成的实施规则。1998 年英国公布了标准的第二部分《信息安全管理体系规范》（BS 7799-2），它规定了信息安全管理体系要求与信息安全控制要求。BS 7799-1 与 BS 7799-2 经过修订于 1999 年重新发布。1999 年版考虑了信息处理技术，尤其是在网络和通信领域应用的新发展，同时还非常强调商务涉及的信息安全及信息安全的责任。2000 年 12 月，《信息安全管理实施细则》（BS 7799-1：1999）得到了国际标准化组织 ISO 的认可，正式成为国际标准——《信息技术-信息安全管理实施细则》（ISO/IEC 17799-1：2000）。2002 年 9 月 5 日，BS 7799-2：2002 草案经过广泛的讨论之后，终于发布成为正式标准，同时 BS 7799-2：1999 被废止。现在，BS 7799 标准已得到了很多国家的认可，是国际上具有代表性的信息安全管理体系标准。

三、各国普遍高度重视未成年人保护

各国普遍高度重视互联网上色情、暴力等不良内容对未成年人的侵害。为此，几乎所有的国家都制定了专门的在线法律或采用保护未成年人的普遍性法律进行管制。

（一）美国

在美国，两个旨在保护儿童免受不良信息侵害的法律《传播净化法案》和《儿童在线保护法案》，都受到了宪法第一修正案的质询和挑战，表现了面对这一管理难题时传统法律手段的捉襟见肘。

1996年的《传播净化法案》规定，信息传递者"故意"向18周岁以下的接收者传播"猥亵"或者"明显侵犯性"的在线内容将被处以罚金或监禁。然而，美国最高法院认为《传播净化法案》对于"猥亵"和"明显侵犯性"的定义过于含糊，"尽管政府为保护儿童而使他们避免具有潜在危害的信息……实际上禁止了成年人根据宪法被赋予的权利，即接收和向他人传播信息的言论的自由"。因保护儿童而过分压制成年人的言论自由可能引发"寒蝉效应"（chilling effect）。美国政府未能举证说服最高法院。在此问题上除了将沉重的负担置于成年人的言论自由之外，没有其他限制性更小的选择。因此，该法案最终被裁决为违宪。可以看出，美国最高法院谨慎权衡了保护未成年人利益和成年人的言论自由这两方面的因素后得出的结论是：不应该为了达到保护未成年人权益这一规范性目标而过分限制成年人的言论自由。

《儿童在线保护法案》遭遇了大体相同的命运。这一法案规定：出于商业目的传播对未成年人有害的内容要负刑事责任，事先要求用户身份核实（如输入信用卡号）来预防未成年人进入的除外。因为政府未能举证美国公民自由联盟提出的其他方案（如拦截和过滤软件）不能产生同《儿童在线保护法案》一样的效果，2004年6月，美国最高法院裁决："禁止《儿童在线保护法案》的实施，因为它违反宪法第一修正案。"虽然最高法院承认，过滤软件可能会"禁止某些对未成年人无害的内容，而放过一些对未成年人有害的内容"，因而并非完美解决方案，但过滤软件"将对言论的限制加诸接收终端，而不是在源头上进行普遍限制"，从而可能比《儿童在线保护法案》更加有针对性，更加有效。

由此可以看到，在美国，运用法律工具来保护未成年人免受在线不良内容侵害往往不能经受宪法挑战。尽管美国对言论自由的解释，相对于中国，甚至欧洲，有或大或小的差别，我们仍可从中得到一些启发。在新媒体环境下，要在保障言论自由这一基本权利和保护脆弱的未成年网络用户间达成适当平衡是件复杂的事，当面对法律的固有特征——刚性、由政府强制力保证实施、管理内容问题带有"审查"性质时，这一问题变得更加复杂。

美国政府还通过税收优惠的经济驱动促使商业色情网站采取限制未成年人浏览的措施。美国在1998年年底通过《互联网免税法》，规定政府在两年内不对网络交易服务课征新税或歧视性捐税，但如果商业性色情网站向未成年人提供浏览裸体、实际或虚拟的性行为，缺乏严肃文学、艺术、政治、科学价值等成人导向的图像和文字，则不得享受网络免税的优惠。

美国政府敦促家长关注孩子的网上安全问题并给予指导。美国联邦调查局、教育部等有关部门发布指导手册，内容包括家长如何追寻孩子受到网上不法分子诱惑的蛛丝马迹，如何向有关执法部门报告等细则。政府还提供相关网址，开设网上专页和电话专线，发布有关网上儿童色情活动的最新信息，让家长提高警觉。

为了保障未成年人健康上网，通过安全的途径在网上学习和娱乐，美国联邦政府专门开办了一个网站，域名为 kids. us。用美国前总统布什的话说，这个网站“功能有如图书馆的儿童部，是家长可以放心让孩子学习、徜徉和探索的地方”。其所有网页内容均受到有关部门核查，不含任何色情内容，不开设聊天室和即时电子邮件服务，不链接到任何儿童不宜访问的网页。

(二) 英国

英国内政部 2001 年设立了儿童网络保护特别工作组，专门为在网上保护儿童安全出谋划策。英国内政部还开展了名为“如何在网上保护你的孩子”的宣传活动，向家长介绍网络的功能、潜在危险及其可能对儿童造成的危害，提供屏蔽危险信息和网站的途径，帮助家长教育孩子不要沉溺于网络。英国教育和技能培训部也设立了专门网站，向家长提供最新的网络安全信息。英国政府公布了 24 小时儿童热线，家长和孩子可以随时就网络问题寻求帮助。

2004 年多家英国移动运营商联合发起一系列行动，对新媒体内容进行自我规范。O2、Orange、T-Mobile、Virgin Mobile、Vodafone、Hutchison 3G 等运营商联合制定行为准则，涵盖视频内容、在线赌博、移动游戏、聊天室等领域。2005 年 2 月，移动运营商委任和资助的独立移动分级机构（Independent Mobile Classification Body）颁布了商业化移动内容分级框架，确立标准以判断哪些内容不适合儿童（18 周岁以下）。

(三) 澳大利亚

澳大利亚的网络内容管理方案是在 1995 年《广播服务法案》的基础上制定的，于 2000 年 1 月 1 日生效。这一方案的基本组成部分是投诉热线、行业制定的执业规范以及社区教育，具有较明显的共同管理特征。在澳大利亚，媒介内容主管方是澳大利亚传播和媒体总局（Australian Communications and Media Authority），它是由之前的澳大利亚广播总局和澳大利亚传播总局合并而成的。

其初期共同管理策略主要针对广播：各个广播公司要依据执业准则，详细说明广播内容的级别；澳大利亚传播和媒体总局则负责核准和监督。随着新媒体的发展，这一针对传统媒体的体系也被应用于互联网。《广播服务法案》的第四部分指出共同管理实现了公共利益和行业利益的最佳协调：共同管理方案使公共利益得到满足，也不会将不必要的经济和管理负担加诸互联网内容和服务提供商。

澳大利亚网络内容管理方案主要由执业准则以及提供安全保障的法律框架组成。其中，执业准则包括三方面内容：（1）对公共管理者，必须由具有经验和资源的管理当局做出法律评价和决定；（2）对企业，要协助家长加强教育和提升责任；（3）对家长，鼓励使用技术手段，如内容过滤软件和附加内容标签。

澳大利亚传播和媒体总局所代表的政府一方有权通过以下方式进行监督：（1）命令网络服务提供商或内容提供商纠正违规行为；（2）当行业准则不恰当或不能提供必要的安全保护时，有权制定强制标准。

如果说澳大利亚政府的加入为内容管理提供了有震慑力的“硬保障”，那么澳大利亚互联网行业协会发起的“家庭友好网络服务提供商”项目则是通过激励机制充分调动行业的积极性。按此计划，完全遵守准则的网络服务提供商可以在网页上放置互联网行业协会授权的“瓢虫”标识，表明服务提供商对儿童及其家长做出的质量承诺。

随着移动网络的发展，澳大利亚互联网行业协会还对方兴未艾的手机媒体及时做出反应。

2005年5月，该协会修订了三项在网络和移动领域保护儿童的行业准则，其目的在于：提供关于移动内容的明确、有效、负责的内容评价自律体制，特别是保证移动公司和移动内容提供商采取合理措施预防未成年人观看不适宜的移动内容。

澳大利亚由行业推进、政府提供法律保证、授权于终端用户的共同管理模式最大的优点在于管理机制与新媒体行业技术系统和商业模式相协调，从而提高了管理效率。

四、发达国家互联网管理的总体特点

2008年10月，澳大利亚推出了“国家网络安全计划”，斥资1.25亿美元研发网络过滤器并在国内强制推广，以实现对含有违法信息的网站的封锁。2014年9月，澳大利亚参议院通过了一套更严厉的反恐法案，允许澳洲情报机构全方位监控互联网，而泄露国家机密者将面对长达10年的监禁。根据新法案，该国安全情报机构被赋予了更大的权力，在监控某个目标时，可在仅获得一次授权的情况下，登录电脑网络中不限数量的电脑，复制、删除或修改其中的数据。情报机构也有权干扰目标电脑，并通过不是监控对象的第三方电脑潜入目标电脑。

在2001年的“9·11”事件发生之后，法国援引法律，允许法官出于国防原因对加密的电子邮件信息进行解密。法国当局可以要求加密的互联网企业交出他们的代码，以便读取加密的网上信息。在巴黎系列恐袭发生后，法国国民议会投票通过《紧急状态法》修正案，授权政府可在紧急状态下关闭内容不良的社交网站。这条修正案规定，内政部长可采取一切措施，确保中断网络上向公众传递煽动恐怖主义行为的通信服务。

法国2014年通过的《反恐怖主义法（草案）》中曾规定，政府可在不经司法审查的情况下封锁鼓吹恐怖主义的网站，但仍需一定的手续。在如今的《紧急状态法》下，政府封锁不良网站将免除一切手续。

韩国政府委托了一些机构专门负责网络内容过滤，这是由特别的法律规定的，其目的是保护青少年、国家安全以及其他的国家优先权。韩国部委提出了一连串的立法，将创建一个框架用于解决诽谤、“谣言”以及“恶意的帖子”。

韩国国情院提交给国会情报委所属一位议员的资料显示，国情院从1998年起首次引进国外互联网数据包监听工具，目前共拥有31台。数据包监听是一种对在超高速通信网上传输的数据包进行监听的方式，能实时察看特定人访问的互联网网站及检索结果、电子邮件、聊天内容等。

新加坡通过将许可控制和法律压力相结合来管控互联网访问，限制会引起反对的网上内容与行为。新加坡军事情报机构通过一条海底电缆帮助美国、英国和澳大利亚情报机构获取大量数据。这条电缆部分为新加坡电信公司所有，连接超过30个国家和地区，其中包括中国、印度尼西亚、马来西亚、沙特阿拉伯、越南、英国和法国等。

印度宣布淫秽信息的电子出版是违法犯罪行为。印度通常打着安全的幌子，选择性地审查博客和其他内容。印度政府一直致力于推出旨在截听国内网络活动、文本消息和通话记录的“中央监视系统”（CMS）。CMS由印度政府所属的研发机构C-DoT负责建设，具备实时监视9 000多万移动/固定用户和1.6亿互联网用户的能力，不仅能截听通话、分析社交网站数据，还能追踪加密信号。

（一）互联网管理重视立法，但是主要依靠现有法规

互联网所带来的绝大多数法律问题涉及各个法律部门，这些问题的解决最终还是要靠各部

门法律自身的完善来完成，而没有必要建立一个独立的法律部门。

英国非常强调依靠现有的法规，如《刑法》《猥亵物出版法》及《公共秩序法》等。英国互联网管理的法律基础主要是1984年的《英国电信法》和1998年的《竞争法案》，这是两部基于市场准入和反垄断考量的法律。在此基础上，英国管理互联网的法律既有传统法规中的相关条文，如《刑法》中猥亵内容的相关立法以及种族主义内容的相关立法，又有专门的信息通信方面的法案，如《通信监控权法案》《调查权法案》等。

法国管理互联网主要也是利用社会原有的法制基础。法国的民法和商法比较完备，有些只需移植或借用到互联网领域就可以了，而有些则要建立新法规。

（二）国家安全成为互联网管理的重中之重

美国的互联网内容管制模式是最宽松的，但是当互联网触及国家安全时，政府将依法拥有“特殊”的权利。

“9·11”事件后，在反恐高于一切的方针下，在美国被看作特殊时期互联网管理主要法律依据的，一是“9·11”事件六周后颁布的《爱国者法案》，二是时任总统的布什于2002年11月签署的《国土安全法》。这两部法律都大大加强了对美国国内机构与人士的情报侦察，这在以前是不被允许的。

政府和执法机构根据《爱国者法案》获得了很大的权限。政府或执法机构调查人员可大范围地截取嫌疑人的电话通话内容或互联网通信内容，还可秘密要求网络和电信服务商提供客户的详细信息。美国《国土安全法》对互联网的监控更为严密，增加了有关监控互联网和惩治黑客等条款，在此情形下，服务商信誉和客户机密只能让位于国家安全。

（三）一些国家对互联网内容实行强制管理

德国是全球第一个制定互联网成文法的国家，于1997年颁布《信息与通信服务法》，此法为综合性的法案，用来解决经由互联网传输的违法内容，包括猥亵、色情、恶意言论、谣言、反犹太人等言论，更严格地规范了有关纳粹的言论思想与图片等相关信息。

新加坡是主张政府必须强制介入互联网内容管理的国家之一。新加坡根据广播法颁布了《互联网行为准则》与产业标准，由新加坡信息通信发展局管理，最初检查的重点是对青少年有害的色情信息。《互联网行为准则》明确规定禁止那些与公众利益、公共道德、公共秩序、公共安全和国家团结相违背的内容。同时，新加坡传统的《诽谤法》《煽动法》《维护宗教融合法》等相关内容也适用于互联网管理，任何危害国家安全或防卫的内容都被禁止在互联网上交流。

许多国家和地区都实施了内容过滤政策，如欧盟采取技术措施处理有害内容，增强过滤软件和服务的实际效果，确保用户对信息的选择接收权利。

日本总务省与NEC（日本电气股份有限公司）共同开发过滤系统，此系统能够防堵有关犯罪、色情与暴力的网站，并研究如同美国的“反暴力芯片”，希望借此在电脑连接外部网络时，自动防堵青少年与儿童接触不适宜内容。

美国的中小学如今都对学校的电脑实行联网管理。这样可以集中对那些影响儿童身心发育的网站进行屏蔽。华盛顿市所有公立中学的电脑都实现了联网，网络管理员就是华盛顿市教育委员会。该委员会随时可以监控所在辖区的儿童是否在学校的网络上接触了不良内容。

法国也越来越重视对于网络内容的过滤。2006年6月，法国法律增加了“互联网服务供应商必须向用户介绍并推荐使用内容过滤软件”的条款。

各国都有专门的机构对内容（主要是色情内容）进行评估，按等级划分，以判定哪些内容可以在网络上传播，并帮助父母过滤不适合儿童的内容。例如，美国的娱乐软件业实行分级制度，韩国等国亦设立了法律对互联网上的内容进行限制。

此外，反垃圾邮件受到越来越多国家的重视。面对垃圾邮件给全球经济带来的越来越大的损失，各国和地区也纷纷对反垃圾邮件进行立法。比如美国和日本都颁布了《反垃圾邮件法》；欧盟颁布了《隐私和电信指令》，重点打击垃圾信息；澳大利亚于2003年颁布了《垃圾邮件法案》。这些法律均取得了较大的成效。

五、行业自律与实行社会监督是发展趋势

“少干预、重自律”是当前国际互联网管理的一个共同思路。各国越来越强调政府作为服务者的角色，承认政府管理的“有限性”，着重发挥政府的服务和协调职能。在对互联网的监管方式问题上，这一管理原则也得到了较为充分的贯彻，当前各国监管的一个重要特点就是以行业监管为主，政府强制为辅，实行政府与行业的协同监管。政府的职责主要集中在制定相关法规和政策导向上，具体的操作规范则由行业协会等组织来制定实施。比较而言，政府监管具有补充性。以行业为主的协同监管具有较强的可操作性，同时还可以减少政府对行业的干预，减少管理成本。

美国的网络行业组织在发挥日益重要的作用，如美国计算机伦理协会制定了“摩西十诫”、美国互联网保健基金会的网站规定了八条准则、各大论坛和聊天室有服务规则与管理条例等。美国在1998年出台《互联网免税法》，对自律较好的网络商给予两年免征新税的待遇。

美国政府对数字内容市场实行有限监管，联邦通信委员会的权限主要集中在内容的传播方面，更多的监管任务则由行业协会和民间组织来承担。其中重要的有软件和信息产业协会、美国唱片协会、美国电影协会等。行业协会对数字内容市场的发展保护和监管并重。一方面，行业协会代表行业的利益向政府争取尽可能多的权益，同其他行业及国外市场达成贸易协议，采取措施保证本行业的权益不受侵害。软件和信息产业协会以及美国唱片协会、美国电影协会近年来都不遗余力地同盗版行为做斗争，要求政府通过法律禁止盗版行为，对侵权者发起诉讼。另一方面，行业协会作为政府和行业的沟通平台，也不断推动行业实施自律，以确保行业的行为符合国家法律规定和道德要求。对于“违规”者，行业协会代表整个行业向其施加压力，迫使其改正其行为，甚至采取严厉措施使其失去发展机会。再者，行业协会也为行业内成员提供了交流与合作的机会。

欧盟于2004年建立“安全互联网论坛”，广泛吸引了包括企业代表、法律强制机构、决策者以及用户群体代表在内的各界的关注和参加，为各方提供了一个经验交流、借鉴以及共谋对策的平台，对希望建立自律机构的国家给予建议和支持等。

英国对互联网内容进行管理时贯彻“监督而非监控”的理念，主要通过英国网络服务提供商于1996年9月成立的行业自律组织互联网监视基金会来实行。半官方性质的互联网监视基金会在英国贸易与工业部、内政部和英国城市警察署的支持下开展日常工作，主要解决互联网上日益增多的违法犯罪活动问题，如色情、性虐待、种族歧视等，尤其致力于解决儿童色情问题。为鼓励运营商自律，英国互联网监视基金会于1996年9月与由50家网络服务提供商组成的联盟组织、英国城市警察署和内政部等共同发表了《安全网络：分级、检举、责任》，以此作为运营商自律的基础。之后由50家网络服务提供商组成的协会联合草拟了一项运营商行为

守则，作为运营商自律的规范，其主要精神有鼓励新科技使用、帮助家长与教师认识新科技、网络服务提供商有责任确保内容的合法性等。

日本总务省主管媒体的机关主动邀请网络服务提供商、软件开发企业及消费者代表组成自律性组织，并引进分级管理制度，待组织成立并正常运作后，政府则退出该组织，完全由民间组织的力量对互联网内容进行监督并促进行业自律。

重视发挥社会监督的力量，促进互联网市场的健康发展，是各国综合推进互联网产业发展、规范市场秩序的一个较为明显的趋势。与相关机构依职权进行的管理相比较，发挥社会监督的力量，以申请和投诉的方式开展查处比纠正的方式具有更强的针对性，效果要明显得多。目前各国基本都有相关的投诉举报机制，并通过多渠道方便各领域用户使用。

欧盟在打击非法内容方面的主要措施是建立市民热线。公众通过热线举报非法内容，然后由热线网络将相关信息报告各主管部门。市民热线还通过构建专家中心，就何为非法内容等问题向网络服务提供商提供指导。现有的热线网络得到了欧盟的大力支持，并取得了显著成效。

【本章小结】

本章主要阐释了新媒体带来的负效应（主要是信息安全、侵犯知识产权、信息泛滥、网络犯罪、网瘾症、数字鸿沟），讲授了互联网监管的难点及管理对策，讨论了网络实名制，重点分析了新媒体的双刃性，介绍了发达国家互联网管理的经验和教训，分析了网络舆论的特性、引导与规范问题。

【思考题】

1. 试分析新媒体的负效应及其对策。
2. 试分析中国政府对互联网监管的现状。
3. 请分析全球的数字鸿沟现状。
4. 请分析新媒体的双刃性。
5. 目前互联网空间中存在的主要信息安全问题有哪些?
6. 什么是“数字鸿沟”? 你认为互联网是否拉大了“数字鸿沟”?
7. 联系目前互联网空间中存在的现实问题，你认为网络治理中的难点主要有哪些?

第 11 章　新媒体舆论成为社会舆论的主体

新媒体舆论，是指在互联网、手机媒体等新媒体上传播的公众对焦点问题所发表的有影响力的意见或言论，亦是现实民意借助于新媒体的表达。网络舆论，包括有线互联网和无线互联网上的舆论，是目前新媒体舆论的主体。在严谨的理论研究中，网络舆论应该是新媒体舆论的子集；但是在实践中，网络舆论与新媒体舆论不容易严格区分，而且随着无线互联网逐渐成为主流，两者通常被当成近义词甚至是同义词。

近年来，我国相继发生的几件大事被新媒体聚焦并在“虚拟社会”中掀起巨大波澜，引起现实社会的广泛关注，使人们开始关注新媒体舆论的影响力。新媒体已成为中国公众表达民意、讨论公共事务、参与经济社会及政治生活以及进行舆论监督的重要公共平台。当前，新媒体舆论已经成为我国社会舆论的重要组成部分，对政府行为产生着越来越重要的影响。

新媒体作为一种新兴的媒介形式，对社会发展、民众生活的影响力日益增强，逐渐渗透到政治、经济、文化等社会生活的各个领域，并开始在社会发展与大众生活中扮演日益重要的角色。新媒体成为社会公众新的话语平台，伴随而生的新媒体舆论作为一种新的舆论形式，成为社会总体舆论中日渐重要的组成部分。“孙志刚案”“刘涌案”“宝马撞人案”“周久耕事件”“躲猫猫事件”“70 码事件”“邓玉娇事件”“石首事件”等都说明，新媒体舆论已从影响甚微的边缘走到了主流的位置，成为各类社会事件发展进程的重要影响因素和主流舆论的组成部分。

第 1 节　新媒体舆论的特点

网络舆论是指在互联网上流行的对社会问题的不同看法，网络舆论是社会舆论的一种表现形式，是通过互联网传播的公众对现实生活中某些热点、焦点问题所持的有较强影响力、倾向性的言论和观点。

一、新媒体舆论的概念界定

通过检索发现，2000 年前后，我国国内学术期刊和大众媒体上相继出现“在线舆论”“网上舆论”的提法。2003 年，互联网在“孙志刚案”及其他热点事件中扮演了民意表达平台角色，网络舆论成为一种正式的社会现象，并进入公众话语。随着与互联网相对独立的手机媒体等新媒体亦成为民意表达的重要平台，“新媒体舆论”这一概念开始逐步流行。我们认为，新媒体舆论，是指在互联网、手机媒体等新媒体上传播的公众对焦点问题所发表的有影响力的意见或言论，亦是现实民意借助于新媒体的表达。

（一）舆论的界定

舆论是一种极为丰富和复杂的人类精神现象，人们对舆论的定义说法不一。国内外学者就舆论的定义各抒己见，已多达七八十种，但一直未能有一个公认的定义。

关于舆论，古代称之为“舆诵”“舆颂”“清议”，指众人的意见。目前我国多数专家学者也把舆论看成意见，认为舆论是多数人对于某一事件有效的公共意见。刘建明在《社会舆论原理》中指出：“舆论是一定范围内多数人的集合意识及共同意见。”① 李广智在《舆论学通论》中指出：“舆论是社会公众对涉及个人利益事件的意见的自由表达和传播而形成的共同趋向。”② 甘惜分认为，“舆论是社会生活中经济政治地位基本接近的人们或社会集团对某种事态发展大体相近的看法”③。项德生在《舆论与信息》中指出：“舆论，就是社会公众或集团对人们普遍关心的事态所做的公开评价。”④ 喻国明在《解构民意：一个舆论学者的实证研究》中指出：“舆论是社会或社会群体中对近期发生的、为人们普遍关心的某一争议的社会问题的共同意见。”⑤ 沙莲香在《社会心理学》中指出：“舆论是指大家共同关心的有争议的问题上多数人意见的总和，是社会上的众人对某些社会事件的一致反应和判定，是具有代表性的综合性的意见。”⑥ 陈力丹认为，“舆论是公众关于现实社会以及社会中的各种现象、问题所表达的信念、态度、意见和情绪表现的总和，具有相对的一致性、强烈程度和持续性，对社会发展及有关事态的进程产生影响，其中混杂着理智和非理智的成分”⑦。胡钰在《新闻与舆论》中指出：“舆论就是社会中特定群体对特定事件表现出来的特定意见。”⑧

而联合国教科文组织的专题报告《多种声音，一个世界》中给舆论下的定义是：舆论是一种常常难以进行确切的科学分析的集体现象，它是与人的社会性紧密联系在一起的。但是舆论既不是暂时无变化的，也不是从地理角度上构成一个整体的。李普曼在《舆论学》中对舆论做了粗糙的描述：“他们头脑中的想象，包括对于他们自己、别人、他们的需要、意图和关系等等，都属于他们的舆论。”⑨

综合以上不同的观点我们不难发现，舆论具有以下几个特征：舆论应该是公众的意见，舆论必须要有一个焦点，舆论是不断发展变化的，舆论是一种巨大的社会精神力量。具体可参考多伊彻⑩的舆论形成“瀑布模式”（见图 11－1）。

在社会现实中，人们往往把大众传媒或媒介的言论等同于社会舆论，把民意等同于社会舆论，把众意或公意等同于社会舆论。

(二) 网络舆论与新媒体舆论

舆论作为公众发表的集合性意见，在古代社会主要通过口耳相传，舆论的载体也主要是人群自身。现代舆论的形成与大众传播媒介有着密不可分的关系。在 20 世纪 90 年代以前，现代舆论的载体主要是报纸、广播、电视等大众传媒。随着网络作为“第四媒体”的出现，一种新

---

① 刘建明．社会舆论原理［M］．北京：华夏出版社，2002：70.
② 李广智．舆论学通论［M］．哈尔滨：黑龙江教育出版社，1989：4.
③ 甘惜分．新闻理论基础［M］．北京：中国人民大学出版社，1982：42.
④ 项德生．舆论与信息［M］．郑州：河南人民出版社，1992：9.
⑤ 喻国明．解构民意：一个舆论学者的实证研究［M］．北京：华夏出版社，2001：26.
⑥ 沙莲香．社会心理学［M］．北京：中国人民大学出版社，2002：44.
⑦ 陈力丹．舆论学：舆论导向研究［M］．北京：中国广播电视出版社，1999：14.
⑧ 胡钰．新闻与舆论［M］．北京：中国广播电视出版社，2001：112.
⑨ 李普曼．舆论学［M］．北京：华夏出版社，1989：22.
⑩ 艾萨克·多伊彻（Isaac Deustcher，1906—1967）是一位出生在波兰、后在第二次世界大战爆发时迁居英国的犹太马克思主义作家、新闻工作者和社会活动家。他最为人知的身份便是列昂·托洛茨基和约瑟夫·斯大林的传记作者以及苏联时事评论家。他的三卷本托洛茨基传记《先知三部曲》在英国的新左翼中有着巨大影响，迄今仍是举世公认的研究托洛茨基的最权威著作，已被译成多种文字。

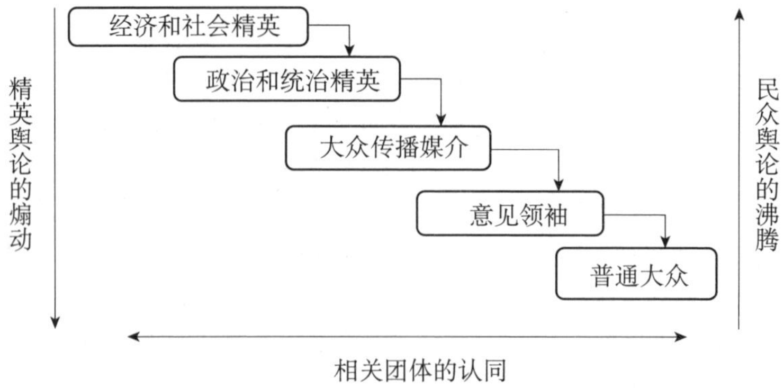

图 11-1 多伊彻的舆论形成“瀑布模式”

的舆论类型——网络舆论也应运而生。

与传统意义上的舆论相比，网络舆论主要是因其传播主体、载体、传播方式和受众特点等而具有不同特征，但作为舆论在网络传播方式下的延伸，它仍然具备舆论本身的性质，因此我们这里将网络舆论界定为：网络舆论是伴随着网络传播方式的流行而兴起的一种特殊的舆论形态，是网民对出现在网络上或社会现实中（两者往往相交）的各种现象、问题所表达的具有共同性的观点、态度、信念和情绪的总和，具有相对的一致性、影响力和持续性，并对社会发展及有关事态的进程产生影响。也就是说，网络舆论是公众意见与网络传播媒介相结合的产物。只要满足方式上以网络媒体为载体进行传播、内容上是公众发表的集合性意见这两个条件，就是网络舆论。

网络舆论的兴起是社会发展过程中的必然现象。目前中国正处于社会的转型期，社会摩擦急剧增加，不同的集团、群体存在不同的利益诉求和文化需求，因此有必要提供一个活跃的公共话语平台，来促使他们充分、合法地发表各自的意见，从而实现沟通、化解偏见、消除冲突。网络正好适应了这一要求，由此形成了活跃的公共话语平台。在网络传媒时代，借助电子邮件、BBS、博客、微博等信息交互工具，网民结合内容讨论、参与媒体建设的热情极为高涨，舆论的影响大大增强。而且网络舆论有相当的言论自由度，许多用户在其中发表自己现实中不愿意说或不敢说的意见，因此网络舆论常常是社会焦点问题的意见集散地，其地位也日益受到人们的重视。

随着手机的普及，手机媒体亦成为民意表达的重要平台。由手机传播的言论更具有开放性和民主性，范围也更具广度和深度，传播速度更加快捷、方便，形式也多种多样，社情民意的表达更加自由和高效，因而手机媒体成为公民参与政治的一个新平台，手机媒体政治参与已成为中国民众政治参与的一条重要途径。因此，包括网络舆论与手机舆论在内的“新媒体舆论”一词逐步开始流行。

作为舆论形式的一种，新媒体舆论必然具有舆论的特征。但是，与传统舆论相比，传播空间的不同，加之新媒体传播机制的影响，特别是传统把关人角色在新媒体传播中部分失效，使得新媒体舆论成为与传统大众媒介舆论有较大差别的舆论形态。

二、新媒体舆论的特性

（一）丰富性与多元性

新媒体舆论的丰富性是指新媒体舆论内容无所不包、无所不及。新媒体所具有的虚拟性、匿名性、无边界和即时互动等特性，使网上舆情在价值传递、利益诉求等方面呈现多元化、非主流的特点。加上传统把关人作用的部分失效，积极健康的、庸俗和灰色的内容都可以找到立足之地，以至于新媒体舆论内容异常丰富。

新媒体本身承载着海量信息，可以超越时空的限制，快速汇总和整合信息并对其进行存储。随着网络技术的发展，网络论坛、博客、微博日益成为活跃的公共话语空间。新媒体舆论包罗万象，既存在轻松话题，也存在严肃话题，既有庸俗话题，也有高雅话题。网络论坛、博客等作为新闻的集散地，可以在最短的时间内呈现世界各地的重要新闻和突发事件，这就为舆论的产生提供了丰富的“议题”；同时网络又是自由互动的交流平台，使得新媒体舆论的内容五花八门、异常丰富。

过去，由于地理位置的自然屏障作用，交通和通信技术相对落后，加上传统媒体把关人的存在，恶意的政治信息难以入侵。但是，互联网的自由性与开放性使得天然的地域障碍不复存在，新媒体舆论的意识形态呈多元化特征。

（二）开放、自由与互动性

在现实社会中，人们处于特定的群体中，个人行为往往会受到各种社会习俗与制度的制约，很多人戴着“面具”。而在虚拟的网络世界中，虚拟的身份与匿名的形式给了人们一种前所未有的平等，让人们感受到空前的安全感。正是这种安全感增加了人们对自我意志的认同，并激发了人们表达与表现的欲望。

新媒体舆论的主体是成千上万分布在不同区域的网民，这些网民通常在网上匿名表达自己的观点与意见，具有很强的虚拟性。网民的匿名性特点决定了新媒体舆论具有开放性与自由性的特点。

新媒体具有即时互动性，其舆论传播过程因而得以持续和完整。新媒体舆论的受众不再是毫无主动性可言的“靶子”，传播者也不再拥有绝对的话语主导权和控制权。而且，在新媒体传播中，传播者与受众的角色模糊，可以在瞬间相互转化。相对于传统媒体的强势，网民个体逐渐成为网上信息发布的主体，个人的力量在增强。

（三）速成性

新媒体舆论的迅速形成得益于新媒体传播的优势。互联网打破了时间和空间的界限，新媒体舆论的速成性主要表现在新媒体舆论形成时间的缩短与空间的缩小上。

首先，与传统媒体相比，新媒体在信息传播过程中省去了印刷与录制等诸多环节，缩短了从媒介议程转向公众议程，也就是形成社会舆论的周期。由于新媒体传播的优势，信息发布速度迅速，并且能够借助新媒体进行快速传播。帖子或言论一旦引起网民的关注，就会被网民反复转载，以惊人的速度扩散。

其次，新媒体的即时互动性使交流成为一个动态的系统，网民能够对网上意见迅速做出反应。这种互动的过程可以迅速使新闻事件成为大众普遍关注的焦点，很快引发并形成舆论。新媒体为网民提供了相互交流的平台，消除了传统媒体信息的传递和反馈过程中存在的滞后问题，使各种意见能在短时间内迅速聚集，并得到整合，进而形成舆论。一些重大新闻和热点问题在网上发布仅几个小时，新媒体舆论便会沸腾。

此外，互联网传播具有广泛性，作为舆论主体的数亿网民虽然散布于世界的各个角落，但在短时间内就可以打破地域的界限与空间的阻隔，实现意见的互动，从而快速形成舆论。

新媒体舆论既可能“兴”“衰”迅速，也可能长期持续。新媒体舆论分为两大类：一类是信息类型的舆论，另一类是观点类型的舆论。由于新媒体传播效率超过一切传统媒体，当重大突发事件发生时，新媒体都会在第一时间予以报道，迅速吸引网民眼球，引发网民表明立场，交流信息，引起共鸣，形成一个主导性意见，并在网上迅速形成舆论。这是典型的信息类型舆论。观点类型、话题类型的舆论，如网上有关社会不公、腐败等的舆论就长期滞留，即使网上删除了引起某种舆论的信息和言论，相关话题仍难以消除。观点类型的舆论一旦形成，在舆论目的没有实现之前，网民不改变原来的观点，舆论往往短期难以消除，它总会在新闻跟帖中、论坛或者博客上出现。

新媒体舆论容易“一边倒”。在很多案例中，多数网民的认识和看法普遍简单直接，不深刻不全面，带有很强的群体盲从性，出现“一边倒”的态势。对于网民普遍关注的问题，如敏感的国际关系问题、社会阴暗面、腐败案件和负面的突发事件等，种种偏激的言论甚至比正面的主流言论传播的速度更快、波及面更广，出现舆论“一边倒”或“关键时刻的雪崩现象”，从而导致网民意见的“高度集中”，即使这些舆论是非理性、情绪性的。

互联网是个开放的、参与性十分强的世界。任何人，不论其社会地位、贫穷富贵、文化高低、性别种族如何，在互联网上一律平等。最突出的是在网络论坛中，所有访问者都能在其上发布自己的消息和对事物的看法。

（四）非理性因素占主导

新媒体作为民意表达的重要平台，在社会中的作用和影响力越来越不可小觑，新媒体舆情也日益成为政府执政所必须参照的“晴雨表”。由于新媒体的匿名性、开放性等特征，有人会把新媒体作为发泄情绪的场所，形成一种情绪型舆论。这种舆论有政治情绪型、社会情绪型、文化情绪型、生活情绪型等。新媒体情绪型舆论有助于党和政府了解真实民意，新媒体在日益成为公共民主生活的“推进器”。

但是情绪型舆论也存在着非理性、消极性、感染性、扩散性的特点。新媒体的匿名性和互动性加剧了新媒体舆论在感性上的膨胀与理性上的匮乏，使新媒体舆论呈现出一定的盲目、冲动、偏激、缺乏理智等特点。

新媒体舆论的非理性还可能造成现实的冲突。新媒体舆论的冲突性是指新媒体舆论的伦理相对主义强化和伦理基础准则的冲突。伦理基础准则有一定的地域性，但互联网是全球范围内的人们共享的，这就造成了在互联网上不同地域间的伦理基础准则会相互冲突。在某些国家和地区，法律与道德上允许向成人提供色情服务，在网上提供色情服务和信息属于合法；而在绝大多数国家和地区，在网上提供色情服务和信息是要受到谴责、反对甚至法律制裁的。新媒体的跨地域、跨国性与各国政府的地理管辖权相矛盾，使得一些在现实世界属于违反法规而会受到制裁的行为，一旦移到新媒体空间，由谁充当制裁主体以及如何制裁就会变得模糊不清。这就造成了新媒体舆论的伦理相对主义强化和伦理基础准则的冲突。

在很多案例中，新媒体舆论具有“群体化”倾向。一方面，群体中的非理性特点在网民中十分严重；另一方面，新媒体聚集的群体极易产生群体认同。通过说服机制，网民会向讨论时的倾向性结果靠拢。这一特点很容易导致言说者的态度偏激，话语权的争夺在一定程度上走向“语不惊人死不休”的极端。

（五）难控性

新媒体舆论的难控性是指在新媒体上要对舆论进行控制是比较困难的。对于传统大众传播媒体的舆论控制，各国政府通过规定大众传播体制，制定有关法律、法规和政策，分配传播资源，对创办新媒体进行审核登记，限制或禁止某些信息内容的传播等来规范。对传统媒体来说，由于把关人的存在，舆论的控制是不难做到的。然而互联网是高度开放的空间，每个人都有“麦克风”，新媒体信息的传播者数以亿计，网上信息的传播不可能都经过新闻出版部门的审批。

在网络上匿名地发送邮件、参加BBS讨论都相当容易，电子邮件也极易被人截取、更改和伪造。新媒体的开放性在理论上使每一个人都成为“新闻发布者”。对于海量的新媒体用户，不可能在“信息高速公路”上检查每一条言论，更不可能对其做出全面的客观评价，这就使得新媒体舆论控制变得复杂和难以操作。新媒体舆论的难控性是新媒体舆论一个最重要的特征。新媒体舆论的丰富性、复杂性、多元性、冲突性等特征都是由难控性派生出来的。

新媒体舆论的调控难度表现如下：

一是新媒体舆论主导权不完全由网站掌握，而是由参与议论的网民数量的密集度和强度决定的。

二是新媒体的开放性使信息传播者往往可以想方设法绕开各种障碍来发布消息，网站管理者也不可能对网上的言论逐一进行检查评价。

三是新媒体舆论具有复杂性。新媒体舆论混乱、无序，自觉舆论与自发舆论并存。网民可以在网上对任何事情畅所欲言，新媒体舆论主要以自发舆论为主。

四是新媒体舆论具有多元性。新媒体舆论的意识形态呈多元化。世界上存在着对立的社会政治制度和意识形态，随着新媒体的发展，地域屏障已不复存在，希望在网上完全控制言论不太现实，网络信息可以从地球上的任何一个地方无限量地向另一个地方传输，这就使新媒体舆论的意识形态呈现多元化特点。

由于“网络水军”的存在，新媒体舆论呈现出容易被人操纵的特点。网络水军受雇于网络公关公司，为他人发帖、回帖造势。网络水军有专职和兼职之分。关于网络水军对新媒体舆论的操纵，我们在后面部分将做详细的论述。

三、新媒体舆论的功能

新媒体舆论的功能表现在诸多方面。

（一）舆论监督

政府决策、法律法规的制定现在都可以通过互联网、手机上传播的舆论来施加影响。如物权法的制定，全国人大常委会就通过网络公开征求意见。一些学者、专家呼吁叫停征收养路费，以及国务院法制办等部门对此的回应也都是通过网络的快速传播而为人们所知晓的。

（二）信息传播

新媒体的存在使得信息的传播速度越来越快，网络的即时传播特性使之超过了传统媒体。如2013年3月，中国政府对缅甸毒枭糯康、桑康·乍萨、依莱、扎西卡四名湄公河案罪犯执行了死刑，仅仅几分钟后，各大门户网站就对此进行了报道。由于新媒体舆论具有集散、传播甚至放大效应，网络成为人们获取信息的重要渠道，过去存在的一些信息不透明、不对称现象得到很大改变。

（三）交流思想

新媒体舆论通常是多种声音并存，使得网络成为各种思想碰撞的场所。2013年1月11日，因被很多人嫌弃长相丑陋、认为受人歧视的四川某大学学生曾世杰，在持续的心理压力下走向极端，在校园湖边杀死一名女生，刺伤两名男生。曾世杰“因丑杀人案”是否要进行精神病方面的司法鉴定，成为法学专家与网民争辩的热点。许多网站开通的辩论台、网上投票等为不同舆论的争辩提供了场所。

(四) 对政府行为产生一定影响

新媒体舆论对政府行为产生的影响主要表现在以下几个方面。

1. 以敏捷反应形成即时性影响

2001年广西南丹矿区特大渗水事故中，正是由于新媒体的披露，黑幕才得以揭开。同样，2003年的“孙志刚案”也是由于新媒体舆论的力量，涉案人员才受到法律的严惩，同时也推动了我国的法制进程。2009年5月7日的杭州飙车案被中国网民称为“欺实马事件”（音同70码，取欺负老实人之意）、河北大学新校区“10·16”交通肇事逃逸案（“我爸是李刚”事件）、“孙伟铭案”、“药家鑫案”等，都产生了较大的社会反响。

新媒体舆论传播更敏捷、更快速，对政府的行政效率提出了更高的要求。广大社会民众有权质询政府，政府也有责任回复民众。面对质询，政府要有更快捷的反应能力和足够的重视，及时公布有关信息，对民众所关心的社会问题予以反馈，以消除民众的疑惑。公众的质疑、猜测大多源于信息的不畅通，极个别是少数部门的乱作为和不作为。

2. 以多元反应形成印证性影响

新媒体的出现使信息可在瞬间从一个地方无限量地向任何地方传输。任何组织或个人都可以在网上找到发布自己的信息的空间。传播的开放性和传播者的多元化打破了传统媒体对舆论传播的垄断。

3. 以海量反应形成复杂性影响

与传统媒体相比，新媒体摆脱了报纸版面、广播电视固定时段和节目容量等诸多限制。由于传播主体的多元化，网络上的每个人都成为潜在的信息提供者，使得网络信息源源不断；同时，数据库的存在使历史信息得以保存，正是信息集纳的广度与深度型积累形成了新媒体舆论的海量信息。

4. 以互动反应形成挖掘性影响

新媒体的快速回应特性使互动成为一种必然的经常性交流方式。在传统媒体时代也有传统意义上的互动，但其范围和影响有限，而且内容也必须受到严格审查，是一种“分时”的互动。而网络将互动变成一种“即时”互动。网络在线调查、即时点评和多渠道的参与使新媒体舆论形成速度远远快于传统新闻舆论。一个热点事件的存在加上一种情绪化的意见，就可以成为点燃一种舆论的导火索。新媒体舆论互动的影响已经得到了中央高层领导的重视和肯定。

第2节　新媒体舆论研究的蝴蝶效应模型

蝴蝶挥动翅膀的力量，看似微不足道，产生的威力却难以想象，最后的结果同样出乎预料。古语有云：“风起于青蘋之末。”这是典型的蝴蝶效应。

一、新媒体舆论演化的蝴蝶效应

(一) 网络舆论蝴蝶效应的定义

从沃尔特·李普曼在《舆论学》中提出“舆论”概念肇始，这一概念呈现出多样化特征，人们普遍认同的一种定义是：舆论指在一定社会范围内，消除个人意见差异，反映社会知觉和集体意识的、多数人的共同意见。其主体是“意见”，舆论的传播也就是意见的流动过程。

如果只把网络视作传播工具，则“网络舆论”可被界定为“在互联网上传播的、公众对某一焦点所表现出的、有一定影响力并带倾向性的意见或言论”①。实际上，这一对“网络舆论”的基本定义超越了简单的技术层面解读，而将其看作社会表达渠道，更加切合我国当下的国情。

蝴蝶效应（the butterfly effect）由美国人洛伦兹（Lorenz）于 1963 年提出。蝴蝶效应说的是复杂混沌的系统无法精确预计和完全控制，虽然个人不具有传统意义上控制者的力量，但都是拥有微妙影响的蝴蝶力量，即“无力者的力量”②。网络舆论蝴蝶效应是对网络舆论产生巨大社会影响的一种隐喻。有学者提出，网络舆论中的“蝴蝶效应”是在网络舆论初始条件不确定的情况下进行意见表达时形成的一种非线性不规则混沌现象。③ 这个定义强调了蝴蝶效应中网络意见表达的“非线性不规则性”及“混沌性”，但将网络舆论初始条件的细微性及引起结果的不确定性省略为网络舆论初始条件的不确定性，忽视了蝴蝶扇动翅膀的本来含义及风暴产生的可能性。也有研究者提出，蝴蝶效应是指日常生活中的“平常”小事，在网络作用场中产生巨大的连锁反应，引起文化界、思想界乃至政界的普遍反响。④ 这种提法实质是在强调“小事”可以演变成舆论“龙卷风”或产生“轰动效应”，注意到了蝴蝶效应的中立性，但作为定义描述得较为宽泛，缺乏对演变过程的分析，失于空泛。

我们认为，网络舆论蝴蝶效应是指微内容经过舆论压力集团——网民对信息的细化与叠加，引发网络媒体与传统媒体的协同效应，经实体社会的相关方反馈后，最终形成舆论的倍增效应。在这个概念中，首先，强调网络舆论产生的初始条件具有敏感性；其次，强调蝴蝶振翅产生的效应并非突然之间的风暴，而是有着自相似性；再次，强调初始条件经过演变产生的结果具有不确定性，而非必然的破坏性；最后，强调蝴蝶效应产生的过程具有混沌性，在无序中可见到有序，分形和迭代即为其秩序。

> **概念**
>
> 蝴蝶效应是指在一个动力系统中，初始条件下微小的变化能带动整个系统的长期的巨大的连锁反应。任何事物的发展均存在定数与变数，事物在发展过程中其发展轨迹有规律可循，同时也存在不可测的变数。一个微小的变化能影响事物的发展，说明事物的发展具有复杂性。

（二）网络舆论蝴蝶效应的要素及特点

在网络舆论蝴蝶效应的演变中，通过对网络事件细节的细化与叠加，可形成信息的树状结构。对于某些热点事件，受众会把知识和认知范围内的情绪和倾向作为增效剂，利用普通网页、新闻通道、论坛通道、博客通道等多种通道，混合放大成新的信息，形成新的舆论。同时自身身份发生转变，从单纯的信息接收者转为同时扮演信息发现者、传送者角色，并向网络中的不同方向、不同群体进行信息反馈，诱发大范围、多层次受众的思想和行为“共振”，借助

---

① 谭伟．网络舆论概念及特征［J］．湖南社会科学，2003（5）．

② 捷克作家哈韦尔提出了“无力者的力量”一词。转引自《混沌七鉴》（上海世纪出版集团，2008）。

③ 李若冰．混沌理论视野下的网络舆论监督特点与管理初探［EB/OL］．［2023－12－29］．https：//wenku.baidu．com/view/1354b9f1a56e58fafab069dc5022aaea988f41ca．html? _wkts_ = 1722818643074&bdQuery =%E6%B7%B7%E6%B2%8C%E7%90%86%E8%AE%BA%E8%A7%86%E9%87%8E%E4%B8%8B%E7%9A%84%E7%BD%91%E7%BB%9C%E8%88%86%E8%AE%BA%E7%9B%91%E7%9D%A3%E7%89%B9%E7%82%B9%E4%B8%8E%E7%AE%A1%E7%90%86%E5%88%9D%E6%8E%A2.

④ 王益富，申可君．网络社会角色心理现象与分析［J］．淮阴师范学院学报（哲学社会科学版），2009（3）．

网络独特的双向互动、多向互动作用，“共振”循环往复，产生叠加效应。[①]“共振”区域不断扩展，“共振”幅度扩大，以几何倍数的扩散速度，呈现出爆发式影响力，最后产生“雪崩”效应，舆论风暴就此形成并不断推进，社会动员功能不断增强。

可见，网络舆论蝴蝶效应的发生有如下三个要素：微内容的发布、网络媒体与传统媒体的协同反应，以及利益相关者的反馈。

网络舆论蝴蝶效应的舆论倍增、指数级放大效果，主要体现在以下几个方面：一是微内容发布者与事件相关者在所拥有社会资源的对比上体现的是弱者之力；二是初始内容之“微”与舆论风暴引起的物质、信息、能量等的变动之大；三是舆论压力集团人数之巨，观点触角之深。

网络舆论蝴蝶效应包括社会事件，其特点是以新闻人物为主体，以媒体尤其是网络媒体为实施权利救济的主要渠道；也包括文化事件，其特点是以某个人物作为某种文化的代表，大众追捧某种异质文化，形成社会舆论。本书重点讨论网络舆论蝴蝶效应中的社会事件。

二、新媒体舆论演化的模型与变量

（一）模型概述

为解释网络传播发生社会影响的演变路径，需要构建一个网络传播蝴蝶效应的演变模型，将看似繁杂的网络传播过程按照信息源、传播主体、反馈主体、反馈指数等要素进行模式化处理。然而，“适用于一切目的和一切分析层次的模式是不存在的”，任何模型都有适用性和局限性。此外，鉴于某些数据的有限性及现阶段研究的限制，本书所构建的模型也只能是一次有益的尝试。

网络舆论蝴蝶效应是非线性系统。在非线性方程中，一个变量的微小变化可能会对其他变量有不成比例的甚至倾覆性的影响。各要素之间的相关性可以在很大范围内保持相对不变，但在某些临界点会发生分裂，系统进入新的状态。同样，在舆论演进的不同阶段，某个变量的微小变化会对其他变量产生影响，造成舆论传播效果的指数级放大，模型的设立具有一定难度。

同时，模型不仅要反映网络与外部世界的复杂联系，还要重现网络传播过程中各种因素在各个阶段的作用及相互影响，将整体与局部、要素与因素、内在结构与外在关系等有机结合起来。最重要的是，网络与外界环境进行交流的方式是复合式的，是点对点的、多对多的、双向的、水平散布的网状模式。在这种网络模式中，哪些因素居于中心位置，需要大量数据和实验才能明确把握。

本书构建的模型既有结构性模式的特点，侧重于描述网络舆论蝴蝶效应发生的结构，又有功能性模式的特点，从传播功能、能量、信息流向等角度，描述传播系统及传播要素间的关系及相互影响。

需要指出的是，网络舆论蝴蝶效应的发生概率与信息本身的重要程度并没有必然联系。一些重要而敏感的事件可能不会进入蝴蝶效应的发生轨道，因为传统媒体已经注入了足够的注意力。同样重要的事件，由于发布平台和解读机制不同，会出现截然不同的效果。因此，网络舆论蝴蝶效应演变模型的一个重要问题是，同等重要和敏感的事件，哪些因素可以解释网络舆论的倍增效应？本书提出一个简单公式，即：网络舆论蝴蝶效应＝网络参与度×传统媒体参与度/相

---

① 任贤良. 舆论引导艺术：领导干部如何面对媒体［M］. 北京：新华出版社，2010.

关方正反馈度（见图11－2）。

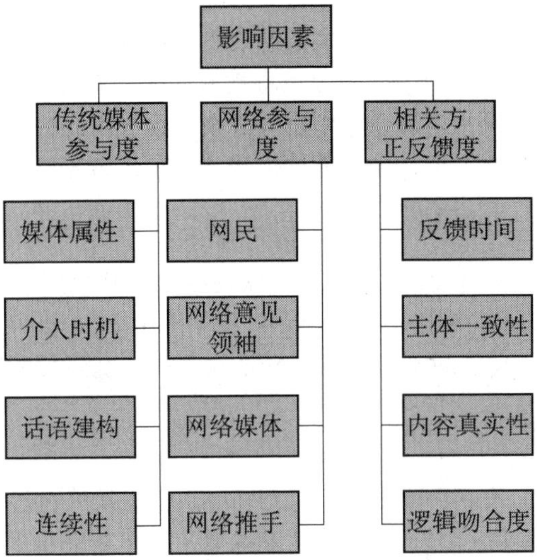

图11－2　网络舆论影响因素

从图11－2中可以看出，这个模型包括以下几个要素。

一是传者。在网络舆论蝴蝶效应中，传者具有多元化特点，包括传统媒体、网民、网络意见领袖、网络媒体、网络推手。网络舆论中传者的特点主要是每种传者，包括网民在内，都具有自我议程设置功能，摆脱了原来纸质媒体的权威地位，摆脱了失语状态。在网络舆论蝴蝶效应中，传者同样可以决定传播的时间、内容和形式，但少了对信息的把关和过滤。

二是受众，即信息的接收者。受众是传播过程中信息的接收者，是传播的对象或“目的地”，同时又是传播的积极主动的接收者和反馈者。传统意义上的受众具有以下特点：人数众多，具有广泛性、复杂性和分散性，以及无组织性、不固定性、不确定性和隐匿性。在网络传播中，受众（网络用户）由隐匿走向公开，由接收者变为发布者。

三是传播媒介。随着技术的进步和对其日益广泛的应用，媒介大规模融合，不仅融合了传统媒体和网络媒体，而且在网络媒体内部又有微博、播客、流媒体等新形式。值得关注的是，突发性新闻事件可能直接从发酵和媒体介入开始，直接发展到爆发阶段；也有一些热点事件由于事件的不断发展，线索的不断提供，形成一波一波的舆论热点。随着便携式终端的发展，网络舆情不再局限于互联网，移动互联网也成为值得关注的领域。

四是传播内容。通常而言，在网络舆论蝴蝶效应的发生过程中，不仅包括原创微内容，也包括纸媒内容，二者交替出现，呈现乘数效应。从数量上看，原创微内容具有小体积、大容量的特点，在短期内集中出现，并且在信息和观点交换的过程中碰撞出新的观点，发现信息的新线索，增长速度惊人。纸媒内容则与前者有交叉现象，其出现速率与前者成正比。从质量上看，原创微内容由于缺乏传统“把关人”对信息的过滤筛选机制，质量上良莠不齐。而纸媒内容虽然在出现时间点上稍有时滞，但由于较为严谨的工作流程及现实社会的诸多约束，因此对观点的平衡和客观也要求更高。二者皆具有井喷和发酵特点。

五是传播方向。网络舆论蝴蝶效应的传播方向最为明显的特点便是多向互动性。网络媒体与传统媒体之间、网民与网民之间、普通网民与意见领袖之间、网络虚拟世界与线下实体社会之间，时刻保持着活跃的互动状态。由于网络媒体的互动性、即时性、多媒体性等特点，信息传播方向在网络共同体的小范围内有明确指向，而在大范围则呈网状发散。

六是传播效果。网络舆论蝴蝶效应传播效果方面最大的特点是指数级放大，突出体现在初始条件与最后结果之间在等级、数量、影响范围等方面的巨大反差，也体现在影响人群数量之庞大、观点冲击力之强等方面。由于网络舆论蝴蝶效应中信息传播呈现短期集中爆发等特点，信息噪声突出。信息噪声的处理过程也是传者与受众、线上与线下、网络媒体与传统媒体交相互动的过程。传统媒体的介入、实体社会的反馈皆扩大了传播效果。

（二）网络参与度

中国互联网络信息中心在第25次《中国互联网络发展状况统计报告》中提出“互动参与指数”，以反映网民的社会参与程度。报告显示，我国网民2009年的互动参与指数为49.0，高于2008年的47.0，也高于美国的45.8。这一特征在各种突发公共事件中突出表现为公众在公共领域中参与程度的提高。

1. 网民的内部协同

网民作为一种自媒体，在起源于微内容的网络热点事件发展过程中扮演了重要角色，具有一系列协同优势。

其一，庞大的用户群＋瞬时传播造就“压力集团”。网络传播由线性传播进化为非线性传播，受众由“聆听者”和“被教育者”演进为拥有几乎与媒体同样的话语权的信息发布者，由传统媒体一人布道的“教堂式传播”变为众人喧哗的“大集市式传播”。庞大的用户基础将网络媒体推上了主流媒介的位置。这种靠体制外监督产生的体制内监督，在当今我国特殊的管理体制下，有着巨大的影响力。

其二，自我赋权意识强烈。赋权一般被定义为“给予权力或权威；给予能力；使能，给机会”。哈佛大学著名管理学家奎因·米勒（Quinn Miller）指出，赋权是指发展积极的自我能力意识，对周围的社会政治环境有批判性的、分析性的理解和认识，同时可以增强个人和集体的资源。网络社群因观点而结成暂时的联盟，对意见的发布和社会动员进行自我赋权。这种赋权不是与政府权力和既有权威部门的简单交接，而是各种力量错综交织和此消彼长的长期博弈过程。

其三，信任度与约束感强。网络舆论复杂自适应系统具有约束力。一是对意见的约束。新的媒介技术赋予人们越来越强的信息“过滤”以及“自我选择”的能力，也使网络公共空间分化的问题凸显。随着舆论的不断推进，网络舆论会自动聚集为针锋相对的两种意见，其他零散的意见会被逐渐排挤出公众视野。这种约束呈现出网络舆论主体的分化倾向，使得舆论主体同质化特点更加明显。二是对未来行动的约束。舆论主体不仅会对事件本身发表看法，而且会对如何发挥网络的社会动员功能提出计划和步骤。两种约束机制发挥何种效力，取决于网络意见领袖在内的组织力和凝聚力。

其四，共享偏好度高。网络舆论蝴蝶效应发生过程中的网民具有较高的共享偏好，乐于将自己的目标、技术和信息与他人分享。即使缺乏直接的收益，信息也能得到广泛共享，这是在线互动的某些特征以及互联网参与者的文化所致。与物理社区的交换文化不同，网络中严格的、双向的、实时的互惠并非必需。对于贡献者而言，提供信息的成本远远低于其能获得的潜在回报，但这种提供使其在网络世界中被奉为信息灵通人士，提高了其自我成就感，且由于接受者众多，形成了规模经济，创造了积极的外在效应。

其五，网络的数据库功能。信息数字化带来的数据库功能和记忆特性为搜索引擎、技术的更广泛应用及网民自我满足信息需求提供了可能。网络记录的个人言行，尽管权威性难以保证，但容量却在不断更新和扩大，经过相互印证后也具有某种权威性。同时，它还具有公开性，任何人只要进行简单注册，就可以从时空两个层面接近信息。在网络事件中，越是经过数据挖掘得到的信息，越具有吸引力；越是被作为他者客观记录的内容，越被视为权威资料。对这些细节进行反思性解读，在许多事件中具有"敲门砖"的功能。

其六，隐性议题的发掘。信息需求具有立体性，既包括与事件本身高度相关的细枝末节，又包括其发生背景、前因后果等制度性反思。这就使得一个网络事件的"信息树"格外庞大。

2. 网民内部协同效果影响因素分析

其一，自我议程设置效果。在网络舆论蝴蝶效应发生后，网民通过论坛、博客、新闻点击、新闻留言等方式，对某些重要问题进行反馈、讨论、传播，达到自我设置议题的目的，促使传统媒体、权力部门来关注热点事件，引导热点事件的解决。议程设置主体变化后，议程设置的力度并没有减弱，而是在和传统媒体的交互性设置中，议程主题传播的范围更广，影响更大。在传统媒体中，议程设置沿着议程设置者→媒体→受众的单线程方向流动，网络媒体则是网民↔网络媒体↔传统媒体议程设置者↔传统媒体的环形立体流动。① 不容忽视的另一面是，在依靠意见的自由市场难以掌握充分的信息时，议程设置主体的更迭也会滋生流言，使得网络暴力在网络媒体和传统媒体的交互推波助澜中肆意横行。

其二，议题转换次数。互联网凭借技术特性在信息扩散和动员方面具有无与伦比的优势，其能否建构有效的公众舆论，则取决于网络舆论的分割程度。一方面，网民态度的极化降低了这种分割程度，舆论形成初期，网民意见的极化程度越高，越容易形成具有影响力的舆论，进入传统媒体的选择体系。另一方面，在舆论形成后期，网络舆论是否具有一致性和持久性，则取决于隐性议题的发掘。网络舆论具有共同目标，在运用一定的网络技术共同完成这个虚拟目标，甚至进行线下行动时，这种分割程度也会在共同行动目标、步调中得以弥合。这在一定程度上弥补了网上公共行动风险带来的冲击。

其三，舆论——信息树的立体化程度。在网络事件发生之始，信息需求会呈现井喷趋势。众多网民通过微内容集聚，思维方式呈树状。网络舆论总是从一个中心点开始的。每个关键词都成为一个子中心，合起来以一种无穷无尽的分支链的形式向四周放射，或者归于一个共同的中心。

其四，与网络历史事件的关联度。网络事件在经过一定时间的发酵之后会形成一个热点，之后由于缺乏新近信息的刺激而处于冷冻状态，即既未完全被网友忘却，也由于没有新的刺激而无从再次"冲高"。在这个新闻节点上，如果有类似事件发生，也会发挥联想机制的作用，再次形成新闻热点。

联想机制发挥作用的另一个体现是跻身网络事件的门槛不断提高。换句话说，发生网络舆论蝴蝶效应的阈值不断提升。随着社会极端事件的不断发生，天然偏爱"坏消息"，甚至以"坏消息就是好消息"为职业信条的新闻媒体对某些曾经敏感的新闻产生了钝感。同样地，网民的新闻敏感性和社会同情心及责任感也在日益发生的网络事件的门槛前钝化。

3. 网络意见领袖

网络意见领袖是指以互联网为平台，经常为网民提供信息、观点或建议并对网民施加个人影响的人物。博雅公共关系公司（Burson-Marsteller）研究小组（2005）调查发现，网络上有一批"e-influentials"，意即网络意见领袖。他们通过在聊天室、论坛、公司网站和博客上进行

① 焦德武．网络议程设置与网民自我赋权［J］．淮南师范学院学报，2009（6）．

信息传播而创造或改变舆论、建构潮流、引领时尚。

网络舆论蝴蝶效应中的舆论领袖是指能够敏锐感知和判断网络舆论微内容发布的重要性，能对事件形成自身鲜明观点，影响其他网民持久关注，实现信息落地，从虚拟世界走向现实参与的人群。权力分散到个人之后，最重要的资产不再是原有的金钱、地位，还包括想象力、人格特性和决策力。

【知识窗】 意见领袖

意见领袖最早是由传播学者拉扎斯菲尔德在20世纪40年代提出的。意见领袖是团队中构成信息和影响的重要来源，并能左右多数人态度倾向的少数人。他们不一定是团体正式领袖，但往往消息灵通、精通时事；或足智多谋，在某方面有出色才干；或因有一定的人际关系能力而获得大家认可。在消费行为学中，意见领袖特指为他人过滤、解释或提供信息的人，这种人因为持续关注程度高而对某类产品或服务有更多的知识和经验。家庭成员、朋友或媒体、虚拟社区消息灵通的权威人士常常充当意见领袖。

（1）网络意见领袖三要素。

意见领袖是指在人际传播网络中经常为他人提供信息，同时对他人施加影响的“活跃分子”，他们在大众传播效果的形成过程中起着重要的中介或过滤的作用，由他们将信息扩散给受众，形成信息传递的两级传播。与传统意见领袖相比，网络意见领袖面临的环境更加复杂，信息接收量更大，意见形成和传播的门槛也更高，就像一场没有终点的信息竞赛。传统媒体中意见领袖与三个因素有关：一是体现了某些价值观，对于追随者具有吸引力；二是获知大量信息的能力；三是社会联系，即该人认识谁。美国加利福尼亚大学伯克利分校的萧强教授认为，网络活动中的“代表性人物”或者“发言人”应该具备以下几种要素：拥有发言平台，言说可以形成身份认同，身体力行，某方面的“专家”及私人品行可靠。换句话说，“基于对公共领域关注的价值观”“认知、判断和行动力具备优势”及“社会联系的广泛性”是网络舆论领袖的三大要素。

其一，价值观具有草根性。与以往社会资本较为丰富、社会地位较高、拥有精英式价值观的传统意见领袖相比，网络舆论意见领袖产生范围更广、草根性更强。从产生途径看，网络意见领袖是通过非政治制度渠道，如网络发帖数、点击率、影响力等文化和心理因素自然选择的结果，而不是由正式制度安排——组织任命或选举产生的。网络意见领袖的价值观具有鲜明的草根性。已有的网络舆论意见领袖评选结果也证明，具有草根性价值观是网络舆论意见领袖的重要条件之一。当然，我们并不否定官员身份无法代表公共利益，而是强调在当前的社会条件下，基于公共理性、关注公共领域的草根意见领袖更能获得响应。

其二，对网络信息具有认知力，对网络事件具有判断力和行动力，在认知、态度、行动三个层面具有权威性和可靠性。在认知方面，主要强调对信息的高度熟悉和准确运用；在行动方面，重点在于身体力行，勇于承担责任和压力。

其三，社会联系的广泛性。网络意见领袖的身份在某些网络舆论蝴蝶效应中与现实社会的职业、兴趣和爱好可能会重合，这有利于他们更好地利用自身所拥有的知识、技能、经验和人脉资源。

根据以上三个要素，现阶段网络舆论中的“意见领袖”的来源大致可以分为三类。第一类是传统意见领袖往网络舆论世界的迁徙，这部分人群包括作家、学者、艺术家及传统媒体记者。第二类是其他行业的业余观察家和自由撰稿人。他们在实体社会中也是某个行业的专家，只不过不属于传统的文化圈，在网络舆论中摆脱了行业局限，利用自身的知识资源发挥影响力。第三类是自由职业者，甚至无业游民。这部分人群的草根性最强。

(2) 网络意见领袖的行为动机。

分析网络舆论意见领袖的行为动机，一个重要视角是知识权力的新特征。网络社会的权力呈现出知识化、扁平化和分散化三个特征。权力知识化的第一个表现是权力来源的知识化，它是一种非强制的权力，是一种“软权力”。托夫勒曾经说过，在支撑权力的支柱——暴力、财富和知识之中，知识产生高质量的权力，不仅用于惩罚、奖赏、劝说，还用于转化，具有更大的灵活性。只是权力的凸显不仅改变了权力的形式，也改变了权力的运用方式，具有全新的劝诱性、共享性特征。运用知识权力可以努力控制信息的生产和流动，还可以推销自己的价值观念，争夺对“博弈”规则的支配权。因此，分析网络事件中的网络意见领袖的行为动机，主要有以下两点。

一是作为虚拟社会资本的网络威望。网络意见领袖的威望是通过他在网络事件中对蝴蝶效应的产生和推动来发挥作用的，而网络威望也是他在事件中耗费心力和体力的最大收益。网络威望的获得能够满足他在潜意识中对成为权威和英雄的需求，虽然这可能对现实生活并没有实际的改变，甚至有时会带来负面影响。虚拟社会资本的一个典型例子是，人们觉得通过扶持有意义的事业会提升自尊，做一些有助于他人的事情会令自己的心情更好。

二是作为社会实体资本的商业利益。网络意见领袖会被商业利益所诱惑，如许多论坛编辑都与网络推手有较为稳定的合作关系。当网络推手追求满足私利或是某个企业或组织的利益时，知名论坛的编辑一面为了满足制造网络热点的工作需要，一面也为了获取网络推手的商业利益，在充当重大网络舆论连锁反应孵化器和推动者的同时，也在许多网络文化事件中助长了低俗文化的泛滥和推广。

(3) 网络意见领袖的影响因素。

网民在舆论酝酿和发酵过程中容易受到权威暗示效应的影响，更容易成为民间“意见领袖”的追随者。在网络舆论发生连锁反应的过程中，网络意见领袖发挥效应的决定因素包括以下几个方面。

一是事实的模糊度与网络意见领袖在舆论蝴蝶效应中的作为呈正相关。网络事件的发生，实际上是网民在网络意见领袖的带领下，力图打破信息不对称，实现网络信息链的供求平衡的一场博弈。博弈中的双方，一方是信息需求方，将网络视作社会资本的有机组成，争取对网络权利的完整运用，对有关事件的信息要求知情权和参与权，提出了诸多信息需求；另一方是信息供应方，把持传统信息资源，将信息看作既有权力一部分。双方的力量越不均衡，网络意见领袖的用武之地也就越大。在有争议的新闻事实不清晰的情况下，网络意见领袖便会形成自身的独立判断，发布可能含有合理想象与偏见、成见等因素的见解，并在网民中引发共鸣，使得网络舆论与实体社会的互动走出虚拟世界，造成事态的扩大。

二是网络技术的发展与发达与网络意见领袖发挥作用的大小呈正相关。日新月异的通信技术使网络意见领袖的影响力日益增强。搜索引擎等技术的出现大大增强了信息的透明度。尽管难免出现侵犯个人隐私等负面行为，但搜索引擎、人肉搜索等技术使得个人的任何行径几乎都无法逃离恢恢网络，增长了意见领袖的行动能力。

三是网络意见领袖的稳定性与网络舆论蝴蝶效应呈正相关。网络意见领袖在网络舆论蝴蝶效应中的表现具有稳定性。某些人群重点关注某一类议题。尤其是当具有公共性的社会议题出现时，他们会在最短的时间内利用网络搜索引擎等技术，掌握尽可能多的新闻细节，整合多方网友意见，对事件发出最有影响力和推动力的评论，并对下一步的行动提出计划和建议。在对网络舆论发挥社会动员能力方面，网络意见领袖具有十分重要的作用。

四是网络舆论意见领袖的创新度与网络舆论蝴蝶效应呈正相关。网络意见领袖是网络创新的引领者和实践者。他们在网络热点话题中的创新越多，蝴蝶效应发生的概率越大。

五是网络意见领袖的知名度和显性化程度与网络舆论蝴蝶效应呈正相关。网络知名度的来源有两种。第一种是现实知名度直接转化为网络影响力。第二种是网络知名度。许多意见领袖尽管是匿名存在，但其网名已经具有名人效应和品牌效应，其关注点和言论具有信息价值。

六是网络意见领袖社会联系的广度与网络舆论蝴蝶效应呈正相关。虚拟世界和现实世界之间存在一种有趣的张力，一些虚拟关系会发展为现实生活中的参与行动。事实上，在参与网络舆论蝴蝶效应过程时，网络意见领袖经常能找到重要他人，增进了解，激发认同。网络舆论蝴蝶效应的发生伴随着网络意见领袖的现身和崛起。这种崛起通常都与意见领袖和传统媒体的串联相伴而生。在网络舆论蝴蝶效应触发之后，网络意见领袖与传统媒体之间的合作机制基本现出雏形——协商选择话题、共同验证真实性、质疑公权力机构、实施救济等。这种资源互补、优势合作的方式大大提升了网络舆论的社会影响，网络媒体与传统媒体也以这种方式形成了协作效应。

4. 网络媒体

网络媒体对网络舆论蝴蝶效应的影响因素包括网络媒体的知名度、网络媒体与传统媒体的结盟程度以及网络把关人的新闻敏感性等。

首先，网络媒体的知名度与网络舆论蝴蝶效应高度相关。

其次，网络媒体与传统媒体的结盟程度与网络舆论蝴蝶效应存在相关性。我国特有的媒体管理制度决定了二者实行资源共享后能取得最大化效益。传统媒体拥有采访权，但有许多限制，而网络媒体拥有众多新闻线索等待落地。网络舆论的介入使得地方报纸的报道也可能成为全国关注的焦点，这大大刺激了传统媒体与网络编辑“结盟”的热情。这种结盟，即资源共享，使得二者在市场竞争中赢得了一定的优势，“结盟”也逐渐成为网络舆论蝴蝶效应发生的动因之一。

最后，网络舆论蝴蝶效应与网络把关人即网络编辑生产和发掘热点事件的能力有关。天涯、猫扑、凯迪网、西祠胡同这些有影响力的论坛在网络舆论蝴蝶效应中的作用在很大程度上取决于网络编辑的表现。

值得注意的一个问题是，随着网络舆论蝴蝶效应的知名度和美誉度的提高，网络的垄断程度也在不断提高。尽管品牌化、特色化是网络发展的一个正确的方向，但少数几个网站掌握话语权、充当网络把关人角色的作用越来越明显。网络话语权资源过于集中，网络垄断的苗头逐渐显现。网络垄断可能存在的危害包括滥用话语权、代表伪民意、与其他利害人达成共谋、出卖民众话语权、商业化倾向严重等。

5. 网络推手：一个辅助变量

网络舆论作为公共物品总是面临被个体消耗或过度开采的危险。在网络信息爆发和网络声音传播的过程中，拥有众多网络关系的网站或网络公司有能力借助其在用户拥有量、信息服务技术和资源集中等方面的优势地位，操控民意，造成“舆论垄断”，形成爆料—收费—消负的恶性循环。而这种“舆论垄断”效应，如果从企业之间的不正当竞争行为逐渐扩展到行政权力和公共利益领域，使得网络舆论被人为操控，就有可能使网站或网络公司丧失作为公共话语平台的意义。有无网络推手的幕后操作也是决定网络舆论蝴蝶效应能否发生、效果如何的辅助变量。随着网络的普及及影响力日增，网络推手从娱乐和商业策划逐步深入到社会问题、公共事件策划，涉及范围更广。

网络推手、网络黑手与网络水军反映了一种伪民意。网络推手、网络黑手与网络水军是网络高度发达、网络传播效果引人注目的新媒体发展阶段的产物，建立在多元文化的发展需要的基础之上。三者的区别在于手段有所不同。网络推手利用正当的吸引网民注意的策划手段实现对公共事件走向的控制；网络黑手则利用散布谣言等不正当手段实现商业利益；网络水军是出卖自身话语权、利用发帖行为进行盈利的人群。

在利益的驱动下，媒体间的合作在默契中形成。这也解释了为什么网络推手只制造网络事件的原点，操作性网络营销事件却能够此起彼伏。有鉴于此，有学者提出，在网络热点事件中，传统媒体已从充当传统的把关人转而陷入被渠道化的危险之中。

三、传统媒体参与度

流行的一种观点认为，网络媒体利用其技术优势，形成巨大的舆论合力，甚至通过网络围观就可以对传统媒体形成压力，为其进行议程设置。我们认为，这种观点对于网络舆论议程设置功能过于乐观。其原因在于，网民本身的草根特性决定了其所设置的议程都与自身利益高度相关，而这种议程设置只是弱势群体对寻求自身利益表达的一种尝试。网络媒体尽管通常都能成为新闻的第一落点，但若要真正使新闻落地，发挥社会动员功能，则必须进入传统媒体的视野。这形成了一种事实上的二次把关。没有传统媒体的接力，网络媒体只能是纸上谈兵。

（一）传统媒体的协同动机

传统媒体的参与度与网络舆论蝴蝶效应的发生生态呈正相关关系。在网络热点形成之后，传统媒体开始跟进，将其按照传统媒体的把关要求进行处理后搬上报纸版面或电视屏幕。网络舆论一旦通过潜伏期，进入发展期，即开始改变网络竞争生态，传统媒体与网络媒体争夺新闻的报道和解释权，将此视为媒介公信力的隐形收益和获取商业利益显性收益的契机。具体而言，传统媒体的协同动机包括以下四点。

1. “充满机会”的“共生舆论生态系统”

一起网络热点事件通过网络意见领袖的“预把关”实现了平台转换之后，舆论系统便成为“充满机会”的社会环境。这种“机会”既意味着媒体社会瞭望者和功能监测器等公共职能的实现，也意味着眼球经济下的注意力效益。这种“充满机会”的舆论生态对于既讲究社会效益又不愿放弃经济收益的传统媒体而言是最为有利也最有吸引力的。正是依赖网络舆论的积极介入，传统媒体才可能开展评论与报道，推动事态的积极发展。

而对网络媒体而言，尽管在网络世界播下了“种子”，但若想进一步扩大舆论的传播效果，真正改变实体世界，就离不开传统媒体权威而成熟的运作机制，以弥补自身的信息芜杂、公信力差等缺陷。在这个意义上，在网络舆论这种复杂自适应系统中，网络媒体和传统媒体寻找到了最佳的合作时机和合作途径，形成了“共生的舆论生态系统”。

2. 媒介竞争中的“沉默的螺旋”

对新闻热点的追逐是媒体生存的生命，在重大事件中的表现是媒体地位的决定因素。冯-诺依曼提出，大众对于意见的孤立有一种心理恐慌，即如果发现自己的意见不同于大多数人的意见，会刻意隐藏自己的观点，从而导致多数人的意见更加响亮，而少数人的意见越来越沉默。大众媒体在媒介竞争中也有类似的心理。当发现一个新闻热点众媒体都在跟进时，媒体尤其是都市化报纸就会害怕自己在新闻热点的追逐中落伍。在热点事件中的缺位会导致媒体公信力的丧失，也会使其丧失舆论引导的机会。在这种情况下会出现一种媒体的集聚效应，即大量媒体被同一新闻议题所吸引，大量注意力和报道都集中在某个新闻人物或新闻舆论上，使得新闻报道，包括网络舆论呈现出同质化。当然，不能否认，没有这样的集中火力和群策群力就无法形成协同效应，形成社会动员能力。但如何合理分配媒体资源，尽量避免集聚效应的负面性，也是值得学者研究的重大课题。

3. 商业利益诱惑

网络生活由虚拟走向实体，由线上走到线下，其巨大的商业潜力与市场机会正在逐步被释放。网民对公共事务的讨论热情越高，网站所能收获的“注意力资源”越富饶，能够换取的利润回报也就越丰厚。网络媒介会通过统合资源丰富公众讨论议程，还会通过将新闻跟帖的内容加工为公共讨论确立价值体系，这其中商业驱动力的影响不可小视。① 艾瑞咨询提供的数据表明，2010年，中国互联网广告收入达到356亿元，较2009年全年216.9亿元的数额增长了约64%。而美国互联网广告收入总额同期可达258亿美元，且首次超过报纸广告。如何应对来自新媒体的严峻挑战，分得市场的一杯羹，是广大传统媒体从业者不得不思考的问题，也是在重大网络事件中努力作为的原因所在。

4. “破窗效应”下的媒体责任意识

“破窗效应”，即如果窗户打破了没有人问津，则会产生一种示范效应。鉴于网络媒体不断崛起的态势与网络新闻不断扩大的影响力，传统媒体在进行新闻报道时，在新闻源和报道角度等方面对其多有参考。另外，媒介社会责任说也为传统媒体关注网络舆论蝴蝶效应提供了解释。我国的传统媒体在一些与人民利益高度相关的敏感选题上长期以来苦于体制束缚，无法碰触许多雷区，网络舆论的出现正好为这部分选题提供了平台。网络舆论一旦形成态势，对于传统媒体也是一种激励。

【知识窗】 破窗效应

破窗效应（broken windows theory）是犯罪心理学中的一个理论，该理论由詹姆士·威尔逊（James Q. Wilson）及乔治·凯林（George L. Kelling）提出，并首次出现在刊于《亚特兰大月刊》（*The Atlantic Monthly*）1982年3月版的一篇题为《破窗理论》（Broken Windows）的文章中。

此理论认为环境中的不良现象如果被放任存在，会诱使人们仿效，甚至变本加厉。以一幢有少量破窗的建筑为例，如果那些窗不被修理好，将可能会有破坏者破坏更多的窗户。最终他们甚至会闯入建筑内，如果发现无人居住，也许就会在那里定居或者纵火。一面墙上如果出现一些涂鸦，且没有被清洗掉，很快，墙上就会布满乱七八糟、不堪入目的东西。一条人行道上有些许纸屑，不久后就会有更多垃圾，最终人们会理所当然地将垃圾顺手丢弃在地上。这种现象就是犯罪心理学中所谓的破窗效应。

---

① 胡菡菡．网络新闻评论：媒介建构与公共领域生成：对网易“新闻跟帖”业务的研究［J］．新闻记者，2010（4）．

(二) 传统媒体的协同优势

首先，新闻史发展过程中累积的公信力资源丰厚。1999年黄晓芳在《公信力与媒介的权威性》中将媒介公信力定义为“媒介在长期的发展中日积月累而形成，在社会中有广泛的权威性和信誉度，在受众中有深远影响的媒介自身魅力”。媒介公信力分为相对公信力和绝对公信力两个维度。相对公信力指在几个媒介中公众最相信的一个媒介，绝对公信力指所调查媒介各自所获得的公众的信任程度。从绝对公信力角度看，2001年复旦大学新闻学院张国良教授主持的议题设置调查表明，中国与美国都存在媒体真实性和公信力降低的问题。

其次，规范的新闻流程保证了信息的权威性。流程管理关乎新闻生产力。传统媒体的新闻传播要经过媒体总编、责任编辑、记者的层层把关。最近，又有媒体从业者提出新闻流程要实现流程管理的“精益生产方式”。网上信息生产流程简单，更新速度快，但存在信息虚假和信息冗余问题。传统媒体通过网络通讯社，应用自身严格的新闻流程，对网络信息可起到证实与证伪的作用。当然，不能否认，网络无处不在地渗透在传统媒体采编流程的各个环节中，并起到了优化的作用，从信息获取到新闻判断，从事实把关调查到版面安排，无一不受到网络媒体的影响。但总体而言，作为专业新闻生产和发布组织的传统媒体，较为严密和不断优化的新闻流程保证了其比以个人传播为主体的网络传播更具有可信度。

再次，深度报道方式更能追踪新闻事件的深度和广度。在文体上，其语言更为正式、规范；其呈现新闻的方式，是以“多客观少主观”“多事实少评论”为原则，通过新闻事实本身来体现作者的立场与观点，只有新闻价值越大才越容易引起关注与转载。①

最后，传统媒体与网络媒体的日益融合、传统媒体的大胆改革，也是网络舆论蝴蝶效应能够发生的充要条件之一。传统媒体与网络的“亲密接触”已经从单纯的内容上网的简单复制阶段发展到全面数字化的融合参与阶段。最优质的网络信息资源仍然来自传统媒体，传统媒体在技术汇流和媒体融合的大背景下，积极融入通信运营商、内容提供商、服务提供商的“全媒体”角色竞争中，而不再存在单纯意义上的报纸或电视。

(三) 传统媒体协同效果影响因素

1. 媒体属性

“媒介即内容”，传媒本身即信息。是否参与报道即为关键因素之一，报道的长度、形式等则在其次。在现阶段我国的传媒生态下，传媒性质与媒体类型、资金来源、所在立场等相关，其在网络舆论蝴蝶效应中的推动作用也与此高度相关。网络打破了信息竞争格局，但不同性质的媒体仍然会抢占舆情高地。就传播功能而言，中央级网络媒体改变了以往传统媒体信息发布的滞后状态，新华网、人民网等网站成为新闻的重要发源地。包括《人民日报》、新华社、中央电视台等在内的中央级传统媒体，虽然对热点舆情的关注时效性相对落后，关注面比较窄，一般只遴选在全国有影响的、已经充分发酵的重大热点事件予以关注，但权威性和报道深度都极高，在网民中的影响力极大。

2. 介入时机

在网络媒体时代，传统媒体为了应对日益激烈的新闻竞争，也加入媒介融合的进程之中，逐渐形成了多层次、立体化的媒介地图以及梯度传播和发言的格局：以时秒为传播刻度的互联

① 易圣华. 新旧媒体的传播共振 [J]. 国际公关，2010 (2).

网体系；以日为传播时间表的平面纸媒，以影像和声音作为立体语言的广电体系；以周为传播周期的杂志和周报体系。这种格局造就了可在时间落点上进行替补的优势。在网络舆论发酵升级时，传统媒体会利用自身的资源优势，选取合适的时机参与到事件的报道和动员中来。

3. 话语建构

传统媒体话语建构的方式影响网络舆论蝴蝶效应的发生效果。传统媒体在其中的话语体系与民间舆论场吻合度越高，网络舆论的倍增效应就越明显。有研究表明，现阶段传统媒体的议题选择和网络舆论高度吻合。在微观层面上，传统媒体使用的话语体系越接近民间话语，越有助于网络舆论的连锁反应持续进行。特别是那些社会公认的主流价值观或者抗议“主框架”，经由媒体扩散之后，降低了运动动员的成本。① 从这个意义上说，媒体策略就是“议题建构”和“共意动员”的工具。

4. 连续性

我国的媒体制度是一元体制、二元运作，传统媒体在社会责任意识和市场化压力下做出的参与跟进报道的决策，也可能为体制内生存的制度所改变。即事件相关方通过非信息交流渠道阻碍传统媒体参与报道，使连锁反应中断。在这种情况下，不同性质的媒体协同起来，可实施反阻击战。一种解决方式是通过为其他媒体提供信息，经由其他媒体资源加以报道。这种媒体间的合作也是行内避免新闻审查的一种“潜规则”。另一种解决方式是在被压制一段时间后，经由另外的新闻出口，如其他类似的新闻事件的爆发和披露，牵引出被中断的事件进展，以更加迅速和激烈的方式继续被中断的反应。这种情况下，可能会有一种报复性动员。即原来的事件不足以引起的动员规模经由中断后恢复，使得能量更加巨大，舆论倍增效应更加明显。

5. 层次化：网络舆论格局“新地图”的建构

要重新建构网络舆论格局的“新地图”，首先应该承认网络舆论层次化的重要特点，即网络舆论的“新地图”并不以行政归属和地理界限为分水岭，甚至原有的平面化特征也已经被打破，网络舆论的层次化、立体化特征日趋明显。其具体表现为网络舆论引导的主题不再能够依靠行政命令赋予，进行网络舆论引导的方式，即以正面报道为主、加重典型报道分量，已经力不从心。网络舆论的层次化还表现为网络舆论的多元化并非无逻辑可循，它是随着新闻事实的丰富化和细节化逐步分化的，继而形成对传统媒体的三种互动模式，即网络民意与媒介报道的共鸣、网络民意对媒介报道的修正及网络民意经由传统媒介报道实施社会动员。尽管网络民意与传统媒体报道之间的“共鸣”只产生于关涉国家利益时，或是自然灾害发生的初期，但这种“共鸣”下蕴含的巨大的爱国热情与国家道义，使得民意在与政府的合力下对民族特性和传统文化的影响更加深远，也会在对外传播中扮演好民间力量的重要角色。传统媒体或是由于行政隶属而产生角色限制，或是在商业利益诱惑下做出有违新闻专业性之举，其所传播的内容则会在网络民意微内容的聚涌效应下得以补充和修正，这种修正效果有助于更加理性的社会的生成和具有更高媒介素养的网民群体的形成。而对政府与传统媒体形成最尖锐挑战的网络民意对传统媒体的分化和社会动员作用，则是对整个社会的全面考验。

（四）善用网络民意的最终途径：社会的全面动员

在日渐复杂的舆论地图面前，对网络舆论实施有效引导，单纯依靠主流媒体的正面宣传已不能达成既定的效果。真正有效的网络舆论引导应该是社会的全面动员，其中包括政府透明度、公信力和效率的提高，传统媒体权威性、公信力、影响力的提升和社会法律制度的日趋完

---

① 高恩新．互联网公共事件的议题建构与共意动员［J］．公共管理学报，2009（4）．

善。对政府而言，这意味着须加深对网络信息流变规律的认识，加强自身的媒介素养，全面提高执政能力；对媒体而言，则意味着对新闻事实全面真实的更高追求，对新闻背后意义的更深追问，对新闻细节的更真实呈现。唯其如此，才能在传统媒体是网络民意表达的把关人这一现实下进行传播效果的改善。对网民而言，有效的网络舆论引导则意味着自身媒介素养的提高、网络理性规则的逐步形成；对学界而言，则意味着要加强对网络议题及网络信息流变化规律的研究，增强舆论引导的科学性和针对性。

四、相关方反馈

反馈是系统科学理论最核心的概念之一，指的是输入作用于控制系统后，输出部分通过适当的装置返送回来，对系统的再输入与再输出产生影响的过程。负反馈是抑制或减弱最初发生变化的那种成分所发生的变化的趋势，它是趋向目的的行为，使系统的输入对输出的影响增大，其作用是使生态系统达到或保持平衡与稳定；正反馈则与之相反。

网络作为意见集散地，由于把关人的缺失和容量的倍增，多元声音以碎片化状态快速重复、细化着。网络舆论、传统媒体舆论、公权力机关都作为变量发挥着反馈环的作用。它们做出的反馈也可以分为正反馈和负反馈两种。负反馈的作用为调节，正反馈为放大。正反馈越多，舆论风暴发生的可能性越大，蝴蝶效应引爆的可能也就越大；负反馈越多，则网络舆论蝴蝶效应发生的可能性越小，发生的越多，负面影响越小。这些反馈环之间充分碰撞，相互改变，此消彼长，能量相互叠加。当正反馈能量急剧增加时，舆论的规模和强度便会发生指数级增长，导致蝴蝶效应的发生。它是系统经历混沌达到的有序状态，也是系统适应了新环境条件而进化出的新结构。而蝴蝶效应的消解则依赖于负反馈能量的递增。

相关方反馈的影响因素如下：

1. 回应时间

回应时间与网络舆论蝴蝶效应密切相关。及时性是危机处理的第一位原则，信息的公布应随着事件进程展开，不能在全部事实查清后再统一公布，否则只能造成政府危机公关的被动。因此，在传统危机传播理论中，有专家提出“黄金24小时”之说，意指热点形成的24小时内是应对危机成败的关键时间段。在网络传播时代，其瞬间传播、快速扩散、立体思维、交互影响的特性，决定了24小时已经不足以阻止危机的扩散。人民网舆情研究专家进而提出了“黄金4小时”之说，强调新闻发布的及时性。回应时间滞后，关键时刻失语，就会失去信息发布的最佳时机，传言和谣言就会在信息模糊阶段趁机而生，并以最快速度占领“意见的自由市场”。

2. 逻辑吻合度

在以权利救济为旨归的网络舆论蝴蝶效应的发生过程中，相关方的正反馈之一就是其回应逻辑与媒体及网民的逻辑的吻合。危机事件牵涉多层主体，但其中必然有某一个核心主体对事件的兴起、发展或转折起关键作用。相关方反馈应考虑对方的思维逻辑和权利要求。否则，一旦陷入推责—警告—辩解的行为模式中，就会涌现更多极化民意，引发更深的不信任，被要求更多的权利补偿。网络舆论蝴蝶效应之中，若想达到相关方与媒体及网民之间思维和行为逻辑的吻合度，根本上还是要设立正式制度，将反馈行为纳入制度的轨道之中。

3. 主体一致性

信息反馈主体数量与网络舆论蝴蝶效应密切相关。信息发布主体越多，网络舆论蝴蝶效应发生的概率越大。信息发布讲究一言九鼎；但如果话出多头，就难免前后自相矛盾，降低权威性，同时也会造成事态扩大，更多人围观。

4. 内容真实性

信息发布内容的真实性与网络舆论蝴蝶效应密切相关。仓促发布结论、转移舆论焦点也会对网络事件的传播造成刺激，形成放大效应。这种做法不仅不利于舆情引导，还会引发网民更多的质疑和不满，进而在网络聚涌效应的作用下成为网上舆论的攻击对象。

可见，引入相关方反馈因素研究网络舆论蝴蝶效应，有利于实现舆论博弈中力的平衡。尤其是现阶段，弱化网络舆论蝴蝶效应，应更多地对这一变量进行深入考察。

第3节　新媒体舆论的生命周期理论模型

哈佛大学教授费农（Raymond Vernon）提出了产品生命周期（product life cycle，PLC）理论，认为产品生命具有周期性，形成、成长、成熟、衰退是其生命周期中的四个阶段。之后，组织生命周期理论和危机生命周期理论相继被提出。网络舆论的生命周期理论的提出对于理解网络舆论的构成要素、内部结构等也具有重要意义。

考察网络舆论的演化模型，须对网络舆论的不同演进阶段进行划分。任何一个热点话题引发的网络舆论都经历了从有到无的过程，其演变发展符合酝酿期、爆发期和消解期这样的周期规律（见图11－3）。

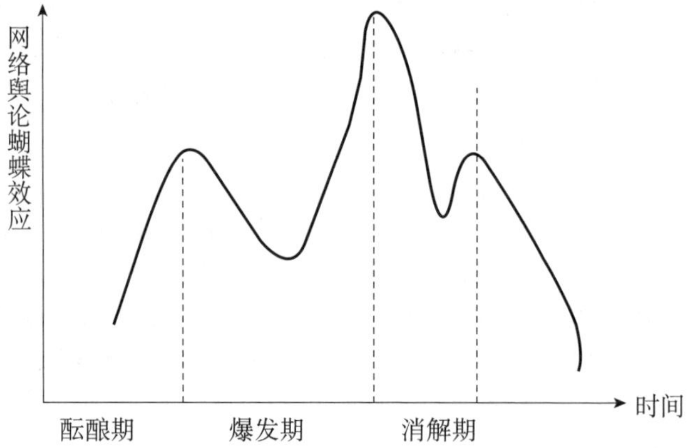

图11－3　网络舆论生命周期

一、网络舆论生命周期的特殊性

网络舆论的生命周期在具有普遍性的同时，也具有特殊性。其普遍性体现为网络舆论的发生与演化具有周期性，其特殊性主要有以下表现。

首先，各个生命阶段具有不均衡性。舆论形成期较短，舆论成长期和舆论成熟期持续时间较长，而舆论衰退期具有暂时性等特点。事件在传播过程中需要有新的变动的信息补充进来，连锁反应才能持续下去。每当新的信息进入，信息刺激强度就会增大，事件的传播暂时达到峰值，随后又会缓缓滑落。若没有新的信息弥补进来，则会渐渐走向衰变。网络事件在传播过程中会经历开始、高潮、衰变三个阶段，是一个变更发展的进程，时间通常为1～3个月。每个网络舆情热点议题存活时间平均为16.8天，大多数集中在两周以内。网络热点事件的存活时间大多集中在1～15天的短期，即网络上更多的是喧嚣，说明网民对一个变化不大的议题专一度不高，议题对网民来说“保鲜期”不长，除非该议题信息系统中又有新的变量和元素介入。持续在一个月以内的议题占到总体的85%，但还需要注意，60天以上的超长议题还是存在的，占到总体的3.1%。

其次，网络舆论的生命周期具有联动性。新的舆论热点不断产生，会与旧的舆论热点形成竞争。新议题的出现会促成旧议题衰变。网络信息的海量性致使新的热点不断出现，必定转移人们的视线，对旧话题的关注度因此衰减。如果缺乏新的信息分解，则舆论热点之间具有平衡性。网络舆论热点的总量总是维持在一定数量之内，因为网民的注意力和网络媒体及传统媒体的注意力总是有限的。

最后，谣言作为网络舆论蝴蝶效应中的要素，其生命周期也具有某些特殊性。一方面，网络舆论平台信源增加，把关人作用弱化，网状拓扑式结构也为谣言的传播准备了通道。虚假信息的生产和传播成本降低，传播效率提高，各种主观臆断、猜想的信息都可以不经过审查而出现在公共舆论中。这直接导致谣言网络舆论蝴蝶效应形成一个循环链。

总之，将生命周期理论引入网络舆论蝴蝶效应的解释中具有特殊的指导意义，蝴蝶效应理论的连锁反应概念也为解释其演化过程提供了可行性视角。

二、网络舆论的酝酿期——蝴蝶扇动翅膀

网络事件议题来源有两大渠道，包括网络与传统媒体。具体而言，分为两种情况：一是舆论原发于网络，传统媒体进行接力和共鸣；二是传统媒体首先报道，后在网络上引爆。两种不同的信息即舆论来源，有着殊途同归的演变过程。

网络舆论的酝酿期，遵循媒体政治的运行规则（信息简单化、用图像表达、政治人格化、叙事模式）和网民的媒体消费习惯（重图片、轻文字，重直观、轻抽象）。具体而言，通过政治-技术-社会心理的三维震荡，信息上升为舆论，并开始发酵；敏感因素被触动，议题性质开始发挥选择作用。同时，发布平台的选择和解码机制也构成了网络舆论倍增效应的遴选机制。完成遴选后，被选择的个人议题进入公众视野，网络媒体与传统媒体开始协同过程，进入公共议题阶段。

此过程伴随着意见流和信息流的涌现。网络舆论风暴产生时，最明显的就是信息流的明显变化：一定时间内信息流量急剧增加，信息主体增加，之后信息流速减慢，信息内容的分散化加剧。

在网络中，信息的流动通常是一个网状渗透型结构。它沿着网络的物理结构渗透，在这个渗透过程中，信息本身不断复制繁殖，形成分流，最终呈几何级数增长。而复制是与进入新一轮的发布过程同时完成的，即以直线式、队列式和层次式等方式进行再次发布，开始它的下一个生命周期。因此，信息的发布结构会不断地对信息的流动起作用。

在网络世界，由于网络具有匿名性、及时性、互动性等特点，网民可以在这里更加自由、开放地讨论，由此也有更高的信息诉求。当一个新闻事件发生后，无论是经由传统媒体还是网络媒体首先曝光，都会引发网民对信息公开，即信息共享的需求。这种需求一旦无法及时得到回应，就会经由中介放大扭曲，从而引发更加强烈、更加深入、更加频繁的信息共享。信息流从最终客户端向原始供应商端传递时，无法有效地实现信息的共享，使得信息被扭曲且逐级放大，从而导致需求信息出现越来越大的波动。

三、网络舆论的爆发期——蝴蝶效应引发舆论风暴

网络舆论经过酝酿期对议题、平台的选择及解码后，开始进入自我评价—自我假设—自我

验证的自循环状态，伴随着信息的快速细化和叠加，最终形成网络热点。此时，蝴蝶效应已经改变了网络生态，也改变了新闻竞争的微生态，蕴含巨大能量的连锁反应被引爆，湍流状态出现。其典型特征就是整合传播模式的运行和多元化、多样态、多层次的传播内容全部迸发，网络舆论进入从表象到本质、从片面到全面、从假象到真相的追问过程中，信息共享的范围不断扩大，事件很可能因此演变为全国性事件。在舆论的支持下，媒体作为民众利益的代言人，与公权力机构之间形成了博弈，博弈过程中舆论规模进一步扩大，媒体在行使话语权的同时实施了权利救济，也提高了自身的社会资本。从遍撒“种子帖”，即蝴蝶扇动翅膀，到一场舆论风暴出现，往往只有几天时间，网络舆论的发展和爆发期也难以明确分离。

在当前中国的情境下，以权利救济为旨归的网络舆论蝴蝶效应中，能够激起舆论扩大、聚集更多受众的，更多情况下还是公权力机构中的代表。他们对舆论的回应，尤其是不当回应，阻碍了信息的流动速度，降低了信息透明度，更容易形成舆论突变，造成更多人群的集聚、更大范围的事态扩大和更多的信息需求和现实要求。引入事件相关方反馈这样一个主要的主体，可以更客观地认识网络舆论蝴蝶效应发展和爆发期的演变规律。

通过集聚、协同与反馈，网络舆论由微内容发展为舆论风暴，爆发出超强的影响力与变革力（见图 11－4）。

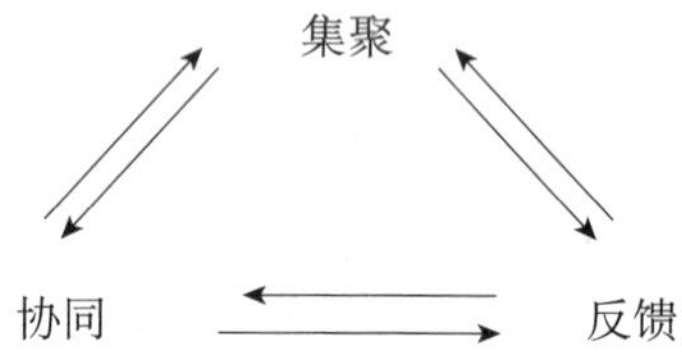

图 11－4　从微内容到舆论风暴的演变动力机制

四、网络舆论的消解期

网络舆论的消解，部分原因在于实现了参与者的愿望。当消费者、媒体等舆情主体消耗掉全部社会资源和情感，或者事件得到有效控制后，事件关注度便会逐渐衰减。

网络舆论的衰减与信息公开程度和速度成正比。如果信息拥有主体能够满足网民的信息需求，甚至主动引导议题的走向，网络舆论蝴蝶效应的发生就会具有瞬间特征。一些网络事件短期内集聚了大量人气，事件本身的冲突性引发了众多质疑，但如果信息拥有主体对其进行及时回应，则会产生舆论哗变，网民内部会迅速发生倒戈，舆论快速消散。反之，如果信息主体不能适应网络舆论蝴蝶效应，在经历媒体互动的议程设置、多元传播方式的协同作业及议题转换的深度挖掘之后才部分满足网民的信息需求，则会使网民从根本上怀疑信息发布方的公信力。即使事件结束，舆论也会持续一段时间，并不会马上消解。这种情形下，需要信息主体额外提供有效信息，进行信息补偿，才能重新赢得信任，在舆论上反败为胜。

此外，舆论还具有记忆功能，会对同类事件保持敏感。如果同类事件可以发生，舆论会迅速集聚。即网络舆论蝴蝶效应的消解期除了具有长尾效应外，还具有复燃性。如果上一次舆论风暴未能成功实施社会动员，那么会在事件发生地留下严重的民意创伤。在特定条件下，经沉淀后复燃的燃点更低。

五、议题出现、议题存活、舆论整合与舆论消散模型

详细分析近几年国内发生的网络舆论事件可以发现，网络舆论的兴起、聚合和最终消散都与戴

维森和鲍尔描述的舆论形成阶段理论非常契合：议题出现→引发讨论→个体意见表达受到多方影响→个体意见表达开始聚集→引发社会讨论并产生社会影响→议题涉及问题结束→新的议题出现，之后再次重复此过程，循环往复。与社会主流道德、价值观密切相连，有预期影响力的公共利益事件和问题往往更能引起人们的关注。任何舆论都发端于个人意见，个人对某事件发表的观点或意见是舆论形成的起点。如果这些意见得到多数人的赞同与共鸣，就会出现社会讨论。当由个人意见引发的舆论经过网民的不断发帖、转载、评论和传统媒体的跟进报道及意见领袖的传播后，这种舆论便有了进一步升级的可能性。经过网民的争论与辩解，相互对立的意见去伪存真，获得多数人认可的个人意见占据上风，形成一定的舆论定论。传统媒体继续跟进报道、网民转帖，形成大规模的网络舆论。这时，一方面，舆论沿着原途径升级，舆论的影响继续扩大，各方意见进一步整合；另一方面，官方立即介入或媒体重新设置议事日程，这样就使舆论的方向发生了转变，政府的干预使得事件得到解决，至此，网络舆论消失。

因此，综合舆论形成的相关理论和网络舆论事件的实际发展情况，我们采用纵向分析法将网络舆论的形成、演变过程分为四个阶段：（1）议题出现期；（2）议题存活期；（3）舆论整合期；（4）舆论消散期。据此建立以议题出现、议题存活、舆论整合、舆论消散为主要内容的四阶段理论模型，我们将其称为“议题出现、议题存活、舆论整合与舆论消散模型”（见图 11－5）。

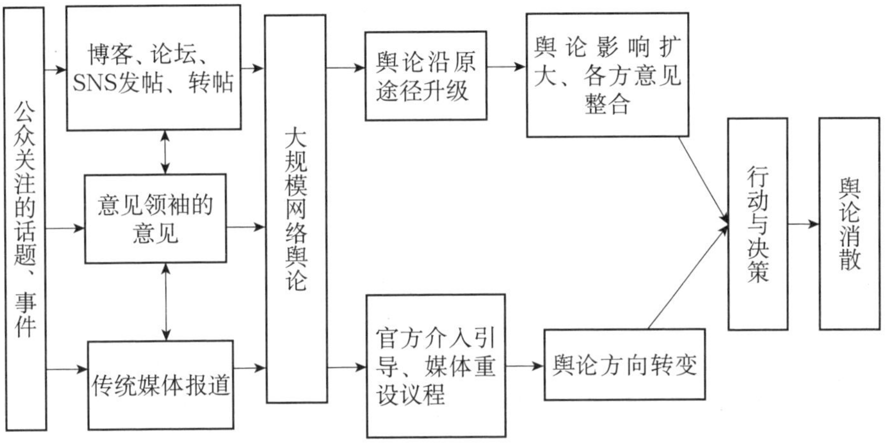

图 11－5　议题出现、议题存活、舆论整合与舆论消散模型

网络舆论的议题出现、议题存活、舆论整合与舆论消散四个阶段在时间上概括了网络舆论形成的整个过程，以下具体分析每个时期的形成特点及影响因素。

（一）议题出现期

一个议题在网络上出现，必然是社会公众所关注的话题或事件。那么什么样的话题和事件能够引起网民的关注呢？以 2011 年的网络舆论事件为例，“7・23”甬温线特别重大铁路交通事故、佛山小悦悦事件、郭美美事件、抢盐风波、钱云会案、故宫失窃系列事件、药家鑫案……分析这些网民曾经热烈讨论的事件，我们会发现议题本身的性质和议题的来源是影响议题被关注的两个重要原因。

网络媒体时代，信息的公开性和透明性得到了前所未有的增强，传受地位彻底被改变，网民不再仅仅是信息的接收者，同时也是信息的发布者，把关人的地位被弱化了，网络监管的范围与传统媒体相比更为宽松。因此，网络舆论的兴起在很大程度上具有自发性，也就是说网友对议题的自发讨论以及在此基础上的意见集中成为主要的舆论兴起模式。在这种情况下，议题本身的性质及特点就成了网络舆论议题出现期的重要影响因素。这里我们结合近年来的网络热点事件，对容易引发网络舆论的热点事件进行阐述。

一是触及各类社会矛盾的议题。目前，中国正处在社会政治、经济体制改革的转型期，经济体制的深刻变革、社会结构的深刻变动，以及由此引发的人们的思想观念的深刻变化，在带来改革活力的同时，也带来了一系列的社会矛盾和问题。仇富仇官心理、教育改革问题、腐败问题、房价问题等一系列问题纷纷进入人们的视野。这类议题成为全国范围内人们关注的焦点，更是网络上的敏感问题。“逢官必炒”“逢腐必究”是近年来网络舆论的重要现象之一。在“7・23”甬温线特别重大铁路交通事故中，由于涉及的责任主体是铁道部，铁道部既是与人民群众的日常生活息息相关的部门，又是国家重要的部门，所以舆论在很短的事件内就走向了沸腾。此外，在一系列撞人案中，事件因为与“宝马”等代表富裕阶层的符号化词语相联系而被推到了舆论的风口浪尖。

二是涉及社会“公平正义”的议题。随着人们公民意识的不断提高，对民主权利和自身利益的维护意识也在不断加强，人们对公平与正义的要求更为强烈。而网络给信息、意见提供了高度自由的交流空间，为这种需求提供了现实的表达平台。比如2003年的“刘涌案”，有关媒体报道了黑老大刘涌二审被判死刑缓期两年执行、其团伙成员宋健飞被核准死刑并被押赴刑场执行死刑的消息，即刻引起了众多网民的关注。普通网民纷纷撰文抨击司法黑暗，间接促使中华人民共和国最高人民法院50年来第一次提审普通刑事案件，并罕见地推翻沈阳高法的判决，对刘涌改判死刑，立即执行。

三是涉及伦理道德的议题。由于当前中国传统文化出现断层，“礼崩乐坏”“物欲横流”成为网民最为担忧的情形，因而他们对于一些有悖于社会基本道德和伦理的事件往往深恶痛绝，从而大加鞭挞。互联网时代，网民成为信息的发布者和直接的评论者。新闻跟帖、论坛发帖、微博转发等为网民提供了完整的意见表达空间。因此，该类事件几乎每一次都是首先出现在网络上，继而引起社会范围内的意见声援或批判。比如2011年10月发生的“小悦悦事件”，网络舆论焦点由开始的交通肇事转向社会道德的大讨论。再如，“铜须门事件”“死亡博客事件”等都是因网友对家庭生活中的“第三者”现象的厌恶和鞭挞而引发舆论的高潮。

四是涉及公共安全、重大事故、自然灾害、环境污染等重大突发事件的议题。近年来，一些重大的突发性事件频发，除了在现实社会中引起广泛关注外，在互联网上也成为网民讨论的焦点，如“5・12”汶川地震、松花江水污染事件、南丹矿难事故等。

在议题出现期，能够在最初时间引起网民更多关注和议论的第二个因素是议题的来源。纵观近年来发生的一系列网络舆论事件，最初引起网民关注的渠道更多的是国内的各大著名论坛，形式分别为：网友在论坛中直接转发网络媒体的新闻报道；网友直接转发新闻报道并配以自己的评论；网友就传统媒体或网络媒体报道的事件直接发帖发表自己的意见；网友以当事人的身份在论坛上直接发帖。这四种形式构成了网络舆论事件兴起的主要议题来源。正是在这些来源中，网友开始集中对涉及的事件公开发表自己的个人意见，网络成为人们获知信息的重要来源。

（二）议题存活期

一个议题能否在网络上存活，取决于相关事件能否受到论坛成员的持续关注，从发帖上便表现为是否持续出现相关事件的新帖或者跟帖。任何议题要想受到持续关注，必须积累足够的浏览量和回帖率，浏览量和回帖率越高，帖子越靠前，受关注度就越高。因此，一个议题能否引起网民的注意，并在此基础上形成网络舆论，保证议题不在论坛上“沉”下去是一个必要且重要的因素。近年来发生的网络舆论事件曾经都是各大论坛的热帖，有的浏览量几乎超过了百万，甚至上千万。一旦一个帖子在论坛中存活下来，之后网民持续不断地浏览、回复，或者就同样议题重新发帖，便构建了意见表达的平台，大规模的网络舆论就此逐渐形成。

在议题的存活期，意见领袖也起到了非常重要的作用。"意见领袖"一词来源于拉扎斯菲尔德提出的"两级传播理论"，指活跃在人际网络中，能够对他人的意见、观点产生影响的人。正是由于意见领袖的出现，大众传播的过程也转变为"大众媒介→意见领袖→受众"的模式，两级传播因此产生。在传统媒介时代，意见领袖在传播的过程中充当了把关人的角色，对受众的信息认知与接收、态度甚至行为的改变有着直接的影响。

在网络媒体时代，信息的传播特征使得媒介和受众之间的关系发生了根本的变化，网民的信息接收能力更强，也具有信息发布的能力。就网络论坛来说，国内的网络论坛已经发展到了相当规模。除了专门的网络论坛，几乎所有的门户网站也都开设了BBS论坛，主流媒体和门户网站中几乎所有的新闻后面都开设了跟帖功能，网民可以随时在感兴趣的新闻后面发表自己的观点。在这种情况下，网络中的意见领袖又有了新的特点。

国内开始从实证的角度对网络意见领袖的特征进行考察，强国论坛的"10大网友"研究运用内容分析法总结出10位意见领袖的共同特征："加盟强国论坛的时间不一定很早，但毫无疑问，他们发帖、回帖非常积极；虽然这10大网友都没有公布自己的个人信息，但从他们的帖文内容推测，绝大多数是中年男性，仅有一位肯定是女性；10大网友普遍具有深切的社会关怀，针砭时弊，疾恶如仇。"由于强国论坛的特殊性和代表性，这个结果较为准确地概括了政治性论坛意见领袖的典型特征。

另外，有网友以西祠胡同31名版主的问卷调查为基础，总结了网络意见领袖的基本特征：(1) 年轻未婚；(2) 学历较高；(3) 收入不高，但较为稳定，足以维持生活；(4) 生活在经济发展水平较高的大中城市；(5) 有充足的上网时间，网络经验丰富；(6) 有稳定且容易接触网络的工作。此研究从人口统计学的角度勾勒出了普遍意义上的意见领袖的特征。

结合调查研究，我们认为衡量网络意见领袖影响力的指标主要有三个：一是主动发帖是否能得到大量网民的浏览和回复，这是帖子能够存活的必要条件；二是看帖子能否被置顶，推到网站或论坛的首页，这直接决定了一个帖子能否会在论坛中存在并持续出现；三是帖子能否进一步被其他论坛或网站转载甚至被传统媒体报道，这保证了帖子的持续生命力和广泛的传播效果。

近年来的网络舆论事件正好体现了以上三个指标。"大V"的连续网络炮轰，使得厦门的PX项目事件成为全国关注的热点，舆论的强烈抗议甚至使得厦门市政府决定暂时缓建PX项目。在华南虎照片事件中，网络意见领袖最先在论坛中形成"真虎派"和"假虎派"两个阵营，分别带领一派网友展开针锋相对的争论。但在追求事实的宗旨下，两派达成共识，最后将矛头对准了陕西省地方政府部门，并最终迫使政府及权威人士承认并纠正了错误。

(三) 舆论整合期

议题一旦存活下来，就好像龙卷风已经初步成了"气候"，其后的发展，便取决于网民的态度和行为以及网络媒体环境的变化等一系列因素的制衡和相互博弈。一方面，网络舆论天生具有动荡不安的特性，这种动荡不安源自网民对自我个性和价值、道德取向的张扬和释放；另一方面，当议题一旦存活下来变成具有一定规模和"气候"的舆论，从而受到众多网民甚至社会公众和大众媒体的关注，社会道德规范甚至法律法规就会介入舆论的运行过程，成为网络舆论走向的重要制约或引导因素。

大规模的网络舆论在媒体的持续报道、转载和大量网民讨论、跟帖、转帖的情况下，会朝两个方向发展：一方面，舆论沿原有路径继续升级。此间，官方意见、网民观点、媒体报道相互交融，促使舆论影响进一步扩大。另一方面，由于受到官方的有意引导、关于事件最新信息的补充和媒体设置新议题的影响，舆论开始偏离事件本身。对于这一转变，最明显的例子是2011年10月发生的“小悦悦事件”，网络舆论焦点由开始的交通肇事转向社会道德的大讨论。此外，这一阶段最明显的特点就是官方声音的发出。

各方意见及评论性言论开始整合，对事件本身持不同态度的各方经过一段时间的网上讨论、交流后开始出现分化，分为明显的支持一方和反对一方。在此期间，双方的网络舆论讨论也进入白热化的状态。在这个阶段，网络舆论意见集中、凸显和强化，也是网民集中发言、表达自己意见的重要环节。

(四) 舆论消散期

随着时间的推移和事件处理过程的发展，网民参与讨论的次数逐渐减少，意见表达的强度也随之减弱。于是，网络舆论进入消散期。

从时间上说，网络舆论声势的消减往往伴随着事件的最终解决或阶段性的解决。经过前期的网民意见的集中表达，已经形成的网络舆论对事件的发展产生了意见压力，并对事件进程的发展造成了不同程度的影响。网络舆论声势的消减还表现为与事件相关的帖子的浏览量不再大幅增长，回复跟帖的数量明显减少，转发事件进展的新帖数量也明显减少，帖子在论坛中的位置也不断地下沉，位置越来越靠后，网民的关注度越来越低。随着帖子浏览率和回复率的下降，针对特定议题的帖子最终被新发表的帖子代替，网民就该议题的集中意见表达也相应减少，直至消失。

第4节　社交媒体舆论特征分析

社交媒体是指互联网上基于用户关系的内容生产与交换平台。社交媒体是人们彼此之间用来分享意见、见解、经验和观点的工具和平台，现阶段主要包括社交网站、微博、微信、博客、论坛、播客等。社交媒体在互联网的沃土上蓬勃发展，爆发出令人眩目的能量，其传播的信息已成为人们浏览互联网的重要内容，不仅制造了人们社交生活中争相讨论的一个又一个热门话题，更进而吸引传统媒体争相跟进。

社交媒体凭借着其即时性、草根性、零准入限制、强交互性、弱控制性以及裂变式的传播方式等诸多优势，逐渐成为网友获取信息和意见表达的首选工具。其中最为典型的莫过于“7·23”甬温线特别重大铁路交通事故，在短短的一周时间内，新浪微博和腾讯微博对于此事的相关讨论各自达到了3亿多条，共计近7亿条信息，对官方形成了巨大的舆论压力，迫使他们尽快组织开展对幸存者的救援工作并查明事故真相。

2011年甬台温铁路列车发生追尾事故，后来统一称作“7·23”甬温线特别重大铁路交通事故。当地时间2011年7月23日晚上8时30分05秒，甬温线浙江省温州市瓯江特大桥上，由北京南站开往福州站的D 301次列车与后方杭州站开往福州南站的D 3115次列车发生同向动车组列车追尾事故，后车四节车厢从桥上坠下。事故造成40人死亡、172人受伤，中断行车32小时35分，直接经济损失19 371.65万元。国务院事故调查专家组的调查结果颠覆了铁道部认为信号技术存在缺陷导致事故的说法，并提出组织和管理不善是事故形成的主因。这起事故是中国高速铁路第一次发生重大伤亡事故，也是全球高速铁路（广义上指时速超过200公里的铁路）继1998年6月3日德国艾雪德列车出轨事故之后发生的第二起重大伤亡事故。此次事故遇难者赔偿标准为91.5万元人民币，包括死亡赔偿金、丧葬费及精神抚慰费和一次性救助金。

事故发生后，搜救行动是否过早结束、恢复通车是否过急、坠地的后车车头被迅速掩埋、政府控制媒体和司法系统以及早签订赔偿协议会得到更多赔偿等问题使中国铁道部遭到了社会各界的质疑。

社交媒体在网络舆情中扮演着重要的角色，它凭借着技术上的优势，在网络舆情的产生过程中起着推波助澜的作用，并放大了网络舆情的影响力。

一、社交媒体舆论的特点

（一）舆论构建速度快

社交媒体舆论传播具有即时性，同时具有传播迅捷性和传播效应的裂变性。它打破了传统媒体的线状传播和网络媒体的网状传播，形成了链状、环状、树状相结合的传播结构，实现了舆论的裂变式传播。其独有的“信息聚合—临界点—信息裂变”传播形式，使一条信息在发布后，经过种种联系产生了许多切入点和信息种类，这种裂变式的传播速度和广度都是令人难以想象的。

（二）社交媒体舆论议程设置的自主性

1968年，美国北卡罗来纳州的两位研究人员马尔科姆·麦肯姆斯（Maxwell Mocombs）和唐纳德·肖（Donald Shaw）就1968年美国总统选举期间传播媒介的选举报道对选民的影响进行了调查分析，并于1972年在《舆论季刊》上发表了论文《大众传播的议程设置功能》。作为对他们研究的总结，该论文首次提出了“议程设置”理论，即公众通过媒介来知晓事件或问题，并按照媒介对各种问题的重视程度来调整自己对这些问题重要性的看法。换言之，媒介对某一事物的强调程度同公众对同一事物的重视程度构成正比关系。

由于马尔科姆·麦肯姆斯与唐纳德·肖的推动，目前的议程设置理论已经涵盖了不同的理论范畴，并跨越地域和政治的限制，成为一个被全世界的新闻传播学者关注的研究领域。由于议程设置研究在政治传播研究中的重大影响，互联网使传统媒体失去了对新闻“议程设置”的全面“垄断”，越来越多的在传统媒体中不能被及时报道的突发事件，尤其是特大和重大突发事件，在网络时代却总是首先被网民公之于众。这些被爆料的消息大多来源于突发事件的当事者、现场围观者、主动爆料的知情者和锲而不舍的社会关切者。在网络新媒体时代，突发事件信息的第一发布者很可能既不是相关政府部门，也不是新闻媒体，这一现象值得引起注意。

社交媒体传播具有议程设置的自主性。社交媒体上把关人的角色被最大限度地弱化，因此社交媒体舆情意见表达具有更大的自由度，社交媒体舆情具有更强的交互性。

社交媒体彻底打破了传统媒体的“专业性壁垒”，在直接发掘新的议题的同时，也从传统媒体那里“抢”走了部分议题设置权。众多新闻事件体现了这一趋势，例如，网民王凯第一时间在新浪微博上发布甘肃舟曲泥石流灾害的现场照片，短时间内被数千名微博网友转发；山西尘肺病矿工钟光伟用手机发布700多条微博讲述维权遭遇……这些微博内容都曾经引起传统媒体的议程互动。

社交媒体议程设置实质上是不同主体对于议题核心观点的解读和传播，议程设置的主体由单一逐渐走向多元，议题来源也由从上至下转变为平行、纵横相交。议题的设置过程中还体现了“丛林法则”，当焦点的事件、焦点的发言自发形成后，滤去了媒体把关人的环节，在用户的转发和评论中各种观点碰撞在一起，并相互磨合，深刻的观点会由其他社交媒体传播者以跟帖或深度讨论的方式在社交媒体传播结构图谱中被不断“置顶”出来，不为其他传播者接受的观点将会在竞争中被淘汰、淹没，就像丛林中的树木，总有一棵长得最高大、最能吸收阳光，而有的树木会因为吸收不到阳光而死亡。

所谓丛林法则是自然界里生物学方面的物竞天择、优胜劣汰、弱肉强食的规律法则。它包括两个基本属性。一个是它的自然属性，另一个是它的社会属性。自然属性受大自然的客观影响，不受人性、社会性的因素影响。自然界中的资源有限，只有强者才能获得更多。丛林法则的自然属性体现在植物界，它的社会属性一般体现在动物界。人作为高等动物，可以改变丛林法则的自然属性。这也是人类社会要遵守的生存法则。大到国家间、政权间的竞争，小到企业间、人与人之间的竞争，都要遵循丛林法则，至于竞争结果，就看各自的实力、智慧、手段和改造世界的能力了。

在社交媒体上，观点推出后，某些作为事件的参与者、见证人或知情者的网民所发布的揭露社会现象、挖掘社会问题的帖子常常成为网络舆论的源头。话题对共同兴趣者的吸附有益于共同兴趣者彼此交流，互相促进，建立群体感，逐渐成为网民视野中的重要议题，经过转载、评论等环节，进入二级或多级传播的过程，引发议题的交叉传播。

自2010年年初起，一则生活垃圾焚烧发电厂将落于广东番禺大石街会江村附近的消息从官方渠道正式传出。很快，华南碧桂园、丽江花园、南国奥园、锦绣香江等多个大型楼盘业主论坛上“反对建垃圾焚烧发电厂”的帖子受到了业主们的支持。对于规划在家门口的垃圾焚烧发电厂，多数业主表示坚决抵制，并对该项目选址于楼盘众多的居民区的做法表示质疑。丽江花园、锦绣生态园等小区论坛上的网友认为，二噁英是毒性非常大的化合物之一，其毒性是氰化物的130倍、砒霜的900倍，有“世纪之毒”之称，国际癌症研究中心已将其列为一级致癌物。除了剧毒之外，二噁英之所以可怕还因为它溶于脂肪，难以降解，半衰期长，属于持久性污染物，一旦进入人体，10年都难以排出，而一旦累积到一定程度，就会致人死亡。有业主听到这一消息后立刻想到了搬家。不少业主认为，当初选择到番禺居住就是觉得这边空气新鲜、环境安静，如果建发电厂，空气污染将会很严重，不得不考虑搬家。

在广州垃圾处理问题的发展过程中，网络舆论的力量是强大的，主要因为该议程顺应了民心。城市垃圾涉及千家万户的切身利益，是百姓最关心的议程。

社交媒体舆论的自主选择机制在议程选择的过程中发挥了重要作用，能在第一时间把与民众生活息息相关的议题提升到社会共同关注的层面，把握议题选择的主动权。因此它日益成为公众传递信息、表达意见、评论时政、释放情绪的主要渠道，对传统媒体和社会大众议程设置的影响越来越显著。

不过，社交媒体的诸多传播优势同时也给其管理带来了新的挑战。社交媒体上充斥着大量的虚假信息，而管理者无力辨别，更难以清除，因此社交媒体中就容易成为一些别有用心之人散布谣言、恶意炒作、扰乱社会秩序的工具。有些谣言经过散布者的精心编排和包装，广大微博用

你怎么看

一种观点认为，社交媒体利用其技术优势，可以形成巨大的舆论合力，甚至通过网络围观就可以对传统媒体形成压力，为其进行议程设置；但也有观点认为，对于社交媒体的议程设置功能不应过于乐观，没有传统媒体的接力，社交媒体只能是纸上谈兵。对此你怎么看？

户根本无法辨别真假。散布者利用社交媒体用户们情绪化和非理性的特点，很容易制造微博舆情，特别是一些涉及民生、当权者腐败、民族矛盾、弱势群体利益遭侵犯、明星绯闻等话题的谣言，微博用户们往往会群情激昂而不去追究消息的真假，从而在不知不觉中帮助那些别有用心之人达成了他们的目的。

（三）草根性和广泛性

社交媒体言论具有平民化的特征，微博内容更多体现的是人们的日常行为规范，涉及生活的方方面面。海量的信息符合人性的逻辑结构，既有自己关注的新闻实事、各类资讯，还可以展现自己的心情、观点，体现了个体活生生的生存状态。人们透过微博看到的是有血有肉、有情感的普通人，人们自主的情感的影响让舆论监督更有力度，更具人性特点。社交媒体内容的价值含量决定了其传播的深度和广度，对社会非公平正义的监督在舆论传播中的价值日益凸显。

社交媒体赋予了草根群体全新的话语权。在对公共事务的传播中，在众多的互联网围观、舆情进程中，意见领袖具有新的特点：去中心化。社交媒体传播中模糊了信息传播者和接收者间的界限，激发了普通大众创作和表达的欲望，让公众从“旁观者”转变成“当事人”，形成“人人即媒体”的格局。

去中心化是互联网发展过程中形成的社会化关系形态和内容产生形态，是相对于“中心化”而言的新型网络内容生产过程。

社交媒体的独特性和分众传播的优势，一方面契合了现代社会信息化、快节奏的生活方式，节约了时间成本，另一方面又影响了信息传播者的传播方式和接受习惯，甚至引领着整个社会生活方式和人际交往模式的潮流。社交媒体传播中平等的观念进一步提升，只要受到足够关注，任何人都可以是中心。与传统的大众传媒严肃、权威的面孔不同，微博因去中心化的特点颇具亲和力。社交媒体提供了一个平等的交流平台，它打破权威，鼓励创新，张扬个性。这在一定程度上填补了大众传媒的传播空隙，降低了传播的成本和门槛，使精英阶层的话语权下移，彰显了草根性与平民化的传播个性。

从心理学的角度来看，所谓注意是指人类心理活动或意识对一定对象的指向与集中，注意的基本功能是对信息进行选择。面对大量的信息，人要正常地工作和生活，就必须选择重要的信息，排除无关的信息。在这个选择的过程中，人的动机、需要、情绪、情感等因素都会起到相当重要的作用。当传播内容能够满足人们的动机和需要，且带来愉悦的心理和生理体验时，人们的注意力就会指向和集中到这些内容上来。由于个体的动机和需要不尽相同，于是就有了分众传播的必要。

社交媒体舆论具有多样化和碎片化的特点。社交媒体信息传播速度快、范围广，潜在舆论监督议题发酵的速度更快，一则看似不起眼的微博也有可能在短时间内成为舆论监督的焦点。

（四）社交媒体舆论中的意见领袖与蒲公英效应

虽然社交媒体上的信息具有碎片化的特征，表面上看来，意见领袖的声音容易被海量的信息所淹没，用户是在一个相对宽松和分散的环境下传播信息，但是这并不代表社交媒体内容中的信息对一个事件的发生和发展没有作用。

相反，在社交媒体传播的环境中，意见领袖既维持了一定的权威性，也表现出一定的亲和力，改变了传统环境中公众仰望意见领袖的局面。社交媒体强化了分散信息的组合和集中，社交媒体上除了意见领袖具有网络媒体的特征外，还有信息传播的蒲公英效应，即人人都可以利用短小便捷的发布方式发表自己的意见和看法，在一个社会热点事件中成为意见领袖。

蒲公英效应形容的是种子投资和创业公司即使失败也不会就此消失，其中的人才会像许许多多的蒲公英一样随风到处飘荡，然后落在合适的土地上，再生根发芽。信息也像被吹开的蒲公英向不同的方向扩散，最后会去适应用户的需求，落到最合适的土地上。

在整个生物界，人类拥有最大体积的大脑新皮质和最广泛的社交圈。一个人的有效社交人数最多可以达到 150 人，但是手机、电脑、飞机等通信和交通工具的发展给予了人们扩展社交圈的手段和途径，人们实际的有效社交人数已经远远超越 150 人。

在社交媒体上进行信息传播，利用用户自身关系链的影响可以辐射到更多的受众。在社交媒体出现之前，无论是传统媒体还是互联网的信息传播都是单向而一步即达的。社交媒体的关系链打通了人际传播的快捷渠道，只需要一个简单的转播按钮就可以把信息分享给周围的朋友。而这其中，微博的弱关系链将蒲公英效应发挥到了极致。微博的关系链较为开放，信息依托关系链传播，又不会被关系链封闭住，用户很容易找到自己感兴趣的信息。同时，平等的话语权与用户喜爱自我表达的特性，使得 A 信息经过转播，加之用户不同视角的评论，可以逐渐变成 A＋B 信息、A＋C 信息甚至完全意想不到的 E 信息。

当意见领袖发布一个话题时，这个话题像蒲公英的种子一样向外界散播开去，每一颗蒲公英种子离开母体后，若找到合适的土壤就会生长，开花后又会形成更多蒲公英向外扩散，如此循环往复，将信息先后辐射到各个角落，以达到增强意见领袖影响力的目的。如果某颗议题蒲公英种子遇到合适的土壤，能引起他人的兴趣，他人就可以通过转发和评论功能让种子生根发芽，自主地选择评论、转发，而他的粉丝也会看到这个议题。只要议题得到足够的评议和讨论，这个循环就会一直持续延伸，关注的人数越多，舆论得以生长的土壤越肥沃，效果就越好；被转发的微博又会形成蒲公英，进行裂变式的传播，使最早发布话题的人所要表达的信息和观点传达到世界的各个角落，意见领袖的影响力得到了提升。而如果话题传递出去后没有遇到合适的土壤，即话题不能引起粉丝和其他用户的关注，就会在信息的洪流中被掩埋、消亡。

（五）社交媒体舆论中非理性占主导

理性，是指人在正常思维状态下有自信与勇气做到遇事不慌，能够尽快地全面了解和总结问题，经分析后恰当地运用多种解决方案去操作或处理，从而收到需要的效果。理性是基于正常的思维结果的行为；反之就是非理性。理性的意义在于对自身存在及超出自身却与生俱来的社会使命负责。

理性的意思和感性相对，要求处理问题时按照事物发展的规律和自然进化原则来采取态度、考虑问题，处理事情不冲动，不凭感觉做事情。

在哲学中，理性是指人类能够运用理智的能力。相对于感性概念，理性通常指人类在审慎思考后，以推理方式推导出结论。

现实社会的人是理性与非理性的综合体。在人的精神属性中，包含着理性因素和非理性因素。理性因素是人类特有的区别于动物的一种基本特征，人类的理性伴随着社会发展而发展，总体来讲，人类的理性具有绝对性。然而，人虽然是有意识的理性存在物，但思维和理性绝非人的全部，人是社会关系中的知、情、意相统一的现实个体。非理性因素与人相伴相随，每一个人都有不同的非理性特征，因此，“个体”的非理性又具有相对性。

人作为理性与非理性的综合体这一特征，在社交媒体舆论中表现得十分明显。

社交媒体舆论在演变过程中，容易出现情绪化、煽动性和破坏性大、个体性和误导性强等问题。

部分网民的评论存在过于随便、不够文明，甚至言语攻击的情况。这种评论所占比例很高，情感色彩过于暴露，体现了部分网民在思考问题时的情绪化、非理性。

网民的媒介话语权越来越大，由网民引发网络旋涡，再引起传统媒体关注，直至影响政府的流程日渐明晰。部分网民具有精英意识、草根立场，成为这类行为的重要参与者，他们的很多言论有一定的影响力，能引领后期的舆论观点。当然，这种强大的引发性也是一种强大的煽动性，很多谣言就是因为一时的煽动而对社会造成了巨大破坏。

社交媒体是大量用户发布信息的平台。传统新闻媒体数量有限，研判的对象和内容相对集中。而社交媒体用户众多，知名用户的舆论监督会成为热点，一些名不见经传的草根人物也有机会在社交媒体舆论监督中大有作为。如京沪高铁开通后，不少京沪高铁的乘客就在微博上发布列车故障的信息，此类微博被大量转发后不仅在微博平台上造成了强烈反响，更成为传统新闻媒体的新闻线索，引发传统新闻媒体的关注。

(六) 社交媒体舆论传播具有“群体极化”效应

所谓群体极化效应，是在决策心理学中，把集体决策和个人决策相比较时得到的结论，即集体决策往往表现出一种极端化倾向，或转向冒险一级，或转向保守一级。群体极化效应又被称为组极化效应。莫斯科维斯（Moscovici）和扎瓦罗尼（Zavalloni）的研究表明，群体极化效应往往发生在非正式群体的决策中，而微博的草根性为群体极化效应提供了客观因素。在微博舆论中，这种群体极化效应更容易促成舆论效应的形成。人们可以选择性接受、理解、关注、记忆微博事件，当某一事件和现象被多个主体选择时，这些主体就会形成自己的微博圈子，意即非正式群体决策圈子，这种圈子可导致已有认知结构的固化。

群体极化效应形成的原因是多方面的。网络技术在为网民提供大量信息的同时，也提供了搜索、过滤、筛选的功能以及各种各样的个性化服务。而根据传播学中的受众信息选择心理，受众倾向于选择与自己固有印象意见相一致的信息，选择自己感兴趣或者认为正确的信息；即使是与自己意见有差异的信息，也会选择用自己的方式来理解。同时，网络的匿名性所带来的个人责任感的缺失，也减少了网民发表意见的顾忌。

网络舆论的自由性与多元性恰好迎合了多数网民的需求，这就使得网民可以去选择自己感兴趣或认为正确的信息。在网络环境中，受众偏向于进入与自己观点相似的网站从而找到归属感。而处于同一个群体中的个人相互间存在传染性，比如身边的同学都在使用微博或者人人网等社交网络，出于与同学交流、不被孤立的心理自己也会选择上这些网站。在这些舆论平台进行交流，接触到的也是这些平台的信息。同时，由于网络平台的开放性，受众也能看得出其他受众对新闻事件的意见。

社交媒体舆论传播还具有明显的刻板效应。刻板效应也称刻板印象，常常是一种偏见。人们不仅会对接触过的人产生刻板印象，还会根据一些不是十分真实的间接资料对未接触过的人产生刻板印象，习惯于把人进行机械的归类，把某个具体的人看作某类人的典型代表，把对某类人的评价视为对某个人的评价，因而影响正确的判断。群体极化效应则容易使身处某个群体的受众通过以往在生活中亲身接触和长期在网络上形成的印象，给相关的事件或当事人打上标签，如城管都是粗暴且野蛮的，对社会事件的判断难以保持客观和理智的态度，言论容易一边倒，从而造成舆论的几何级增长和事态扩大化。

二、社交媒体舆论的生成机制

互联网的发展特别是微博的出现改变了舆论生态，舆论成规模地聚集，舆论传播更具人性化，话语权、表达权进一步普及。虽然微博信息呈现为碎片状态，但是微内容按照事件或情感逻辑积聚起来，影响力会比较大。社交媒体传播超越了传统人际传播的范畴，其舆论影响力受到了传统媒体和相关政府部门的重视，能够在舆论传播的过程中积极发现问题、解决问题，实现了“由下而上地反映舆论，由上而下地舆论引导”。

社交媒体是网络舆论传播的升级，对事件形成持续深化讨论的格局、引起社会的关注、促进事件的解决发挥了重要的作用。虽然社交媒体参与主体多样、舆论生成环境变化多端，但舆论生成有其基本规律。

第一阶段，舆论形成。舆论事件曝光，社交媒体让碎片化的信息传递出去，社交媒体内容会根据事件对社会的影响程度进行叠加，一些对社会有重大影响力的社交媒体内容，其扩展度特别大。

第二阶段，舆论爆发。随着事件的发展、社交媒体舆论形态的多元化，舆论的聚合力随着事件的发展而不断增强。意见领袖就事件本身发表意见、看法并转发，传统媒体间互动协同，通过线上和线下活动，寻找并采访事件的当事人，根据事件的线索调查事件相关人员并邀请各界专家进行评议，尽可能地让更多的受众关注事件的进展，了解事件背后的真相，更深层次地探讨大众的态度和意见，将舆论推向一个新的层面。由于传播主体数量巨大，个体对事件的认知存在差异，形成观点交锋和碰撞，各方力量汇合起来，推动事件的升温，舆论爆发。

第三阶段，舆论波峰。社交媒体舆论在爆发后，依据事件的典型性和重大性的不同，会在或长或短的时间内达到舆论传播浪潮的波峰。一般而言，事件越重大、越复杂，波峰到达的时间距事件发生的时间就相对越远。

第四阶段，舆论缓解。有关部门就事件本身和舆论信息反馈做出舆情应对，舆论由此得以缓解。随着事件处理的推进，公众对事件的认知趋于理性，情绪开始平复，加上层出不穷的新热点、新事件的发生，转移了部分公众的视线，舆论由最高点渐渐下落，进入事件的缓解期。在这个过程中，意见领袖的作用增强，公众在跟进事件发展的过程中，关注意见领袖和网络媒体中发表的对事件处理的看法。在这个阶段，舆论会对政府部门的活动起到自下而上的监督作用，如果事件处置不当，舆论就会出现反弹，引发微博第二轮的舆论高潮。

第五阶段，舆论平复。随着事件的解决，公众对事件的关注热情逐渐消退，舆论场逐渐平复，传播者将视线和注意力转移到其他热点事件中，形成新的舆论。舆论的生成演变过程会因事件的性质各不相同，有些焦点事件具有短时爆发力和瞬间吸引力，舆论形成期很短甚至会直接进入舆论爆发期。这一阶段，原事件本身的舆论逐渐平复。

第六阶段，舆论再现。随着舆论的平复，公众对事件关注的注意力转移，但当新的事实、新的证据出现后，又会将整个事件的舆论重新引发出来，形成事件的下一轮社交媒体舆论，引起用户的关注和讨论，直到弄清事件的真伪、始末。社交媒体舆论的生成环境本身就具有波浪式的特点，在事件的发展过程中形成舆论的链条，影响着社会生活结构，推进社会事件的合理处置，引导社会思潮的运行轨迹。

影响网络舆情形成的因素见图 11-6。

网络舆情形成的过程见图 11-7。

社交媒体舆论随议题分散而出现衰变。议题的一个非常明显的特点就是微博舆论会随着议题分散而出现衰变，进入“长尾”阶段，即在最后的阶段构成舆论的意见慢慢减少，但难以终结，始终处在消退状态，时而反弹，但终不会为零，其演变的自然衰变性也是有迹可寻的。

首先，随着媒体技术的不断发展，媒体从业者队伍的不断壮大，对一些事情的后续报道近

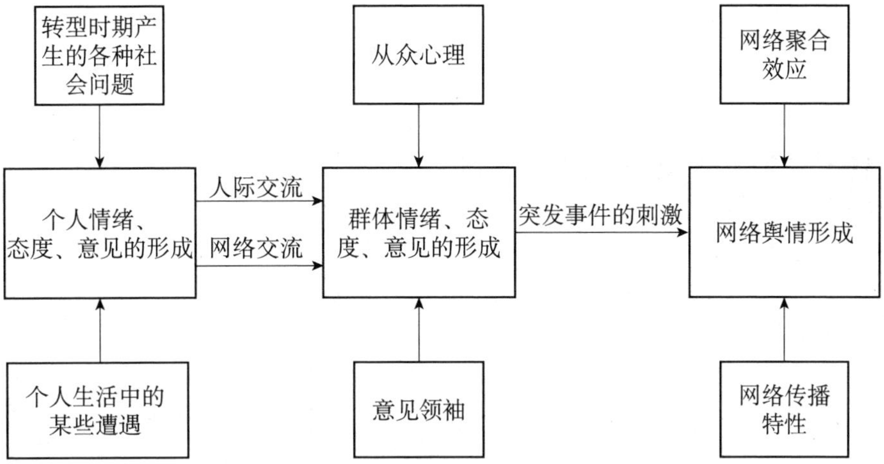

图 11-6 影响网络舆情形成的因素

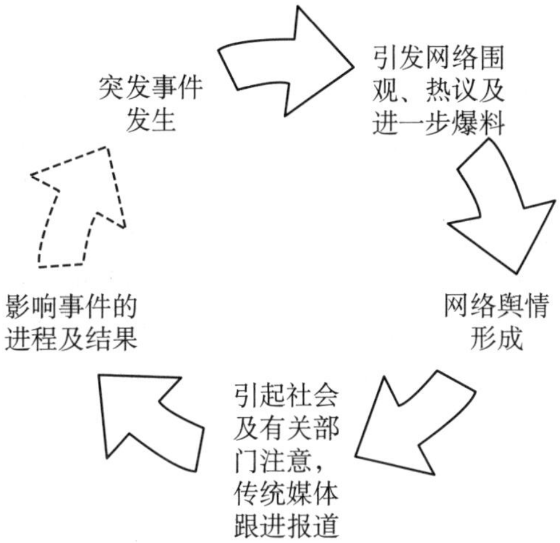

图 11-7 网络舆情形成的过程

几年逐渐增多，大众对新闻的需要不仅包括新近发生的事，也包括对过去事实的追究及后续关注。

其次，事件出现后，大家往往会想到类似的旧议题，借此来引出新议题。这样新议题中关于旧议题的部分自然就成了旧议题的“长尾”。

最后，很多事件发生后，会衍生出“议题名词”或者“议题体”等遗留文化。它们经常在一些网络议题中出现，成为大众比较青睐的一种网络表达方式。这些遗留文化成为网络议题“长尾”中持续时间比较长、传播范围比较广的一部分。

第 5 节 网络舆论中的“塔西佗陷阱”

塔西佗是古代罗马伟大的历史学家，他继承并发展了李维的史学传统和成就，在罗马史学上的地位如同修昔底德在希腊史学上的地位。塔西佗曾出任古罗马执政官、保民官、营造官、财务官、行政长官和外省总督等。所谓“塔西佗陷阱”，通俗地讲，就是当一个执掌公权力的政府部门失去公信力时，无论说真话还是假话，都会被认为是说假话；无论其做好事还是做坏事，都会被认为是做坏事。

【知识窗】 塔西佗陷阱

在塔西佗的著作《塔西佗历史》中，有这样一段记载：罗马皇帝尼禄死后，被选为下一任皇帝的迦尔巴下令处决了一个造成叛乱的将领，以及一个可能发动叛乱的将领卡皮托。有些人认为卡皮托没有这样的野心，对迦尔巴的做法产生了不满，塔西佗因此总结道：

"……外界对这两次处决的反应很不好，而且一旦皇帝成了人们憎恨的对象，他做的好事和坏事都同样会引起人们对他的厌恶。"

这是"塔西佗陷阱"最初的来源。之后中国的美学家潘知常在《谁劫持了我们的美感——潘知常揭秘四大奇书》一书中首次提出了"塔西佗陷阱"这五个字，由此便出现了一个源于塔西佗但并非塔西佗提出的、描述社会现象的词。

"塔西佗陷阱"在近年来的社会群体突发事件中有充分的体现。冰冻三尺非一日之寒，社会情绪的蓄积也并非一朝一夕之功。公众不信任官方公布的数字，是因为既往的无数事实让人们多了一分警觉之感，也因为在个别事件中有太多至今未明的真相，还因为那些与公众耳闻目睹相去甚远的官方数据让我们无所适从。厘清这一点，就不难发现，"不明真相"的公众和媒体恰恰是在以理性平和的方式倒逼真相，维护公道和人心。

在微博时代，"塔西佗陷阱"正随着传播方式的变化成为日常社会管理中需要频繁面对的挑战。微博已成为民意聚散的一个重要平台和渠道。"塔西佗陷阱"有可能因漠视民意、信息淤塞而被急速放大，也有可能在及时合理的应对中逐渐消弭。保障人民群众的知情权、参与权、表达权、监督权，正是网络语境中社会管理的一项指导原则。

从我国当前社会心态和网络舆论现象中可看出，越来越多的公众对政府尤其是一些基层政府部门在应对突发事件中的所作所为，或在日常工作中表现出来的职业素质，产生了一些不安、怀疑和指责。人们开始把屡屡出现的食品安全、医疗药品安全、住房安全、交通安全等问题，无良商家和逐利者以及市场某些无序环节造成的种种"乱象"，都惯性地归因于政府。网络出现的流行语言——老百姓成了"老不信""你信不信""反正大家都不信"——对政府公信力的"塔西佗陷阱"做出了网络体的诠释。

公信力的概念源于英文单词 accountability，意指为某一件事进行报告、解释和辩护的责任；为自己的行为负责任，并接受质询。公信力是指在社会公共生活中，公共权力面对时间差序、公众交往以及利益交换时所表现出的一种公平、正义、效率、人道、民主、责任的信任力。公信力既是一种社会系统信任，同时也是公共权威的真实表达，属政治伦理范畴。公信力作为一种无形资产，是媒体在长期的发展中日积月累形成的，体现了一个媒体存在的权威性、在社会中的信誉度以及在公众中的影响力等特征。

建立政府公信力是一个国际命题。2007 年联合国曾举办过一个关于政府创新的国际论坛，主题就是"建立对政府的信任"。我国在 2006 年也把政府公信力问题提上了议事日程。党的十六届六中全会通过的《中共中央关于构建社会主义和谐社会若干重大问题的决定》、党的十七大报告，都强调要提高政府工作透明度和公信力。国家“十二五”规划更是把提高政府公信力作为创新政府管理和进行行政体制改革的落脚点。

2013年1月7日，中国社会科学院社会学研究所发布的《社会心态蓝皮书：中国社会心态研究报告（2012—2013）》（以下简称《蓝皮书》）显示，中国社会总体信任指标已降至60分的“及格线”以下。《蓝皮书》对北京、上海、广州三地居民的调查显示，社会总体信任程度得分仅为59.7分。与上一年的结果相比，北京和上海的社会信任程度都有较大下降，只有广州略有上升。

调查显示，社会信任指标下降的一个特点是人际不信任的扩大化，只有不到一半的受调查者认为社会上大多数人可信；另一个特点则是群体间不信任加深和固化，表现为官民、警民、医患之间等许多主要社会关系之间，以及不同阶层群体之间的不信任。

《蓝皮书》分析，社会信任水平下降，可能是由于频发的公共事件冲击了民众对社会的诚信感受。调查显示，民众对政府机构、政法机关的信任程度不高，对广告、房地产、食品及药品制造、旅游和餐饮等行业的信任程度极低。

《蓝皮书》认为，中国社会正经历由传统向现代的转型，传统的人际信任被打破，新的制度信任未完全建立，造成转型期社会信任危机频发。社会不信任导致社会的内耗和冲突加大，并成为许多社会性事件的培养基。

为此，《蓝皮书》建议，应从推动权力公开透明运行、落实信息公开和舆论监督、打击失信组织和个人行为这三方面提高社会信任水平。

2011年6月21日，郭美美以“中国红十字会商业总经理”的认证身份在网上炫富，导致红十字会声誉受损。虽然距离郭美美炫富事件已多年，然而郭美美炫富事件所带来的舆论影响至今未被消除。从网络舆情的传播中可见，作为意见的表达主体，网民对红十字会已经有了“刻板印象”，但凡出现“红十字会”字样，心中均会产生天然对抗性，网民不信任情绪依然弥漫着。

2023年12月，江西一彩民花98 500元中了福利彩票快乐8选7玩法49 250注头奖，总奖金达2.2亿元，在网上引发轩然大波。尽管江西省福彩中心回应此事并无内幕，江西省民政厅表示“已展开调查”，却并没有打消公众排山倒海的质疑，福利彩票陷入了塔西佗陷阱。2024年1月29日，财政部发布2023年12月份全国彩票销售情况，12月份，全国共销售彩票532.84亿元，同比减少85.65亿元，下降13.8%。其中，福利彩票机构销售174.76亿元，同比增加56.46亿元，增长47.7%；体育彩票机构销售358.08亿元，同比减少142.11亿元，下降28.4%。

“阿里献血事件”是塔西佗陷阱的一个典型案例。2023年10月14日，上海的余女士与丈夫到西藏进行蜜月自驾旅行，丈夫因高反缺氧驾驶不当，两人在阿里地区发生车祸。车祸造成坐在副驾驶座的余女士肝脏破裂，失血严重，生命垂危，被紧急送至阿里地区人民医院治疗。经当地多方会诊救治，又包机转运至四川华西医院继续救治，余女士最终脱离了危险，回到上海继续治疗。这件事情在网络上被传播为“患者小姑姑联系了上海卫健委，卫健委联系了阿里部门，动用阿里地区所有公务员为其献血”，成为“公权私用”的典型例证。尽管这件事已经有了官方媒体的报道，但是依然有不少网民不接受官方解释。

【知识窗】 子贡陷阱

在时下的中文互联网语境里，“塔西佗陷阱”常被用来形容“组织或个人失去公信力后，说真话也好，辟谣也罢，都不再有人信”。这种“信或者不信”，显然与塔西佗的原意（对人不对事；憎恨一个人，所以厌恶他做的所有好事和坏事）有很大的差异。更准确的称呼应该是“子贡陷阱”。

据《论语》记载，子贡曾感慨：“纣之不善，不如是之甚也。是以君子恶居下流，天下之恶皆归焉。”其大意是：商纣王坏，但也没坏到传言中那种程度。所以，君子以身居下流为耻，居下流者往往会变成吸谣体质，天下一切坏事都可能被归到他头上。换言之，“君子”（个人/组织）应该重视名誉和公信力。没了名誉和公信力，谣言就可能主动上门，辟谣也没人信。

【本章小结】

本章先后分析了新媒体舆论的特点、新媒体舆论研究的蝴蝶效应模型、新媒体舆论的生命周期理论模型、社交媒体舆论，指出新媒体舆论已经成为社会舆论的主体。

【思考题】

1. 请举例分析新媒体舆论研究的蝴蝶效应模型。
2. 请分析社交媒体舆论的特征。
3. 请简要分析新媒体舆论的基本特征有哪些，其同传统媒体时代的舆论有何区别?
4. 什么是网络舆论中的“蝴蝶效应”? 有哪些因素会对网络舆论的传播与扩散产生影响?
5. 什么是“意见领袖”? 你认为网络意见领袖在舆论的生成与扩散中有着怎样的作用?
6. 什么是新媒体舆论的生命周期理论? 这一理论对于网络舆情治理有哪些意义?
7. “塔西佗陷阱”常被用来形容“组织或个人失去公信力后，说真话也好，辟谣也罢，都不再有人信”。你如何看待网络舆情事件及其治理中的“塔西佗陷阱”?

第 12 章　新媒体舆情的应对策略

目前已进入新媒体舆论时代，面对传播手段的快速发展，有效减少、积极应对网络舆情将成为工作的常态。政府部门和企业在互联网时代要学会与媒体打交道，妥善处理与媒体的关系，充分利用和发挥媒体的作用，学会在媒体的监督下开展工作。

第 1 节　新媒体舆论的管理

互联网发展为各种信息和思想的集散地，存在着形形色色的信息内容和价值观念，更是现代社会民主的一种新的表现形式。互联网赋予了公众参与社会管理、发挥舆论监督的权利，促使新媒体舆论快速发展。但同时，一些虚假、有害的信息和错误的观点也充斥其中，扰乱了新媒体舆论功能的正常运行。如果听任其无序发展，不但破坏网络和谐、中伤无辜，也会对个体正当利益造成损害，因此对新媒体舆论进行管理变得日益重要。

一、新媒体舆论管理需要创新思维

新媒体用户数量庞大，新媒体舆论的社会影响力也日渐凸显。在重视其正面影响力的同时，我们也应看到新媒体产生了一定的负面效应。如何加强对新媒体舆论的管理，使其与社会稳步发展同方向，是相关管理部门需要解决的问题。

新媒体舆论是对普通民众话语权限的解放，满足甚至激发了普通民众想说敢说的欲望。网络是一个巨大的舆论集市，混杂着理性和非理性的思想表现。新媒体舆论热点集中，目前主要话题事关民生，医疗、住房、教育、工资等话题成为舆论的集中点，涉官、涉贪的政治话题也成为热点。新媒体舆论虚虚实实，既有有根有据的报道，也有无中生有的炒作，情绪化表现突出。

新媒体舆论中有的是谏言，有的则是怨言。谏言固然可嘉，怨言也未必可畏。有效的社会参与是危机治理的重要环节。让民怨及时发泄出来往往可以缓解冲突，消除某些潜在的隐患；无视甚至压制民怨乃是不智之举，日积月累的民怨得不到解决反而会酝酿出更严重的危机。新媒体舆论调控已成为社会管理的一个极其重要的方面，引导网上舆论，平衡网民心态，理顺网民情绪，关系到发展稳定的大局。

网络论坛的舆论功能是有其自身限制的，它只能监督而不可能代替独立的司法程序和依法行政的程序做出定论和决策。网络舆论的声浪再大也不能取代独立的司法调查。直接参与决策过程，其最本位的功能应该是反映民情民意，对决策过程予以监督，施加或大或小的影响。法律是社会正义的一道底线，新媒体平台虽然是虚拟空间，但是使用新媒体的毕竟是现实中的人，自然需要遵守现实中的法律制度。面对日新月异的新媒体革新，管理者需要及时跟进，建立健全完善的法律管理机制，防止新媒体舆论剑走偏锋。对在新媒体平台开展的违法犯罪行为进行惩治，这是最基本也最重要的管理守则。

在传统媒体诞生之前，人们若想了解千里之外的新闻事件，只能抵达现场或者通过漫长而低效率的口耳相传；传统的大众媒体报纸出现之后，人们在家中便能通过文字知晓千里之外的新闻事件；之后又出现了广播电视，人们获知的信息更加丰富立体；互联网的出现进一步颠覆了信息的传受方式，人们对信息的内容和形式的了解都更加随心所欲，可以通过鼠标跳过不感兴趣的新闻片段直奔主题，可以直接从另一个个体获知来自现场的第一手信息；手机媒体兴起之后，人们利用手机随时随地就能做到在家中利用互联网所能做到的一切。新媒体的管理方首先应该意识到，在信息的另一端，是更加自由、不可控的受众。

利用新媒体是容易的，如何利用好才是难题。“数字化”是引导新媒体舆论走出的第一步。政府上网工程收益甚微，其症结就在于已开通的网站虽然在一定程度上实现了“数字化”，却并没有真正做到“互动性”。

新媒体的特性使任何人只要进入网络，都可借助虚拟身份畅所欲言。每个人都有麦克风，受众的地位空前提升，传方的主导性减弱。传统意义上的受众摆脱了被动的地位，开始成为主动的信息传播参与者，这样就使得各种议题纷呈，消解了舆论的整合性，出现了极度的舆论多元化和分散性。

在网络争夺眼球的竞争中，个别网站为了吸引受众，将道听途说的消息编发上网，转发或引用虚假新闻误导公众、混淆视听，产生了负面影响。

新媒体舆论是时代发展和社会进步的产物，这就决定了管理者必须积极应对而不能消极回避。对待新媒体舆论，要像大禹治水，重在疏而非堵。既要发挥新媒体舆论的积极作用，同时又要把它的负面影响降到最低。

以微博为代表的新一波的新媒体应用软件浪潮摆在各级政府部门面前，新媒体舆论已经对政府部门形成了更大压力，促使其加强管理。信息具有流通性、增殖性和时效性等特点，只有在流通中才能增加其价值。如果政府部门能最大限度地减少信息阻塞、信息闲置和信息封锁现象，公众就能及时通过媒体等合法渠道公开、公平地获取政府信息并加以利用，从而使信息资源适时地为推动社会进步发挥积极作用。在民主法治社会，政府可以依法规范媒体的传播行为，对媒体进行直接或间接的监督和制约，但这种监督和制约必须限制在一定范围内，不能妨碍媒体正常的信息传播。这也是新媒体“互动性”的要求，互动是充分而自由的互动，是双向而流通的互动。

新媒体舆论壮大的社会大背景是公民社会的茁壮成长与社会权力的重新分配。在这一过程中，政府应主动适应变化，积极将政府职能转变融入其中，在新媒体舆论的管理过程中，由被动的管理者向主动的参与者逐渐转变。新媒体理应成为一个多元化平台、一个准公共领域，有普通民众的声音，也有政府的声音，多方之间平等博弈，并由此促进社会事务的整体进步。

但是对新媒体的内容进行监管存在不少难点，主要表现在：(1) 传播者身份的隐蔽性。在中国，全面实施实名制是不现实的。在互联网上管理者通常只能借助 IP 地址对可疑信息进行追踪，在手机传播中绝大多数用户是不记名用户，传播者身份存在较大的隐蔽性。(2) 用户与信息量的海量性。新媒体传播的信息量数以亿计，要想对新媒体进行全面及时的控制是不可能的。(3) 跨地域传播带来的挑战。(4) 新媒体在新闻传播中存在某些问题，冲击着传统的舆论调控机制。(5) 政策法规滞后。

新媒体所带来的各种负面效应，促使各国政府对其内容进行监管。非法或不当的新媒体内容成了管理对象。各国政府认同率较高的非法或不当内容主要有：(1) 教唆性、煽动性的内容；(2) 诬蔑、侮辱、诽谤、恶意攻击等违反道德的言论及虚假的新闻信息；(3) 色情，这是各国政府公认的最需要管制的非法和有害的内容。

世界各国对新媒体内容进行规范管理的法律模式因价值观、立法传统、新媒体发展程度的不同而有所不同。有的国家主张对新媒体进行严格控制，主张采取必要的措施维护本国或本民族的价值观，保护本国、本民族的文化传统，保护网络的纯洁性，严厉打击网上的色情、暴力、血腥、恐怖活动及虚假信息；有的国家主张对新媒体内容不加干预，认为新媒体的无政府主义和自由主义至上；有的国家则在对新媒体内容进行立法规范的同时，鼓励新媒体从业者的自律。

新媒体传播信息数量庞大、内容繁杂、形式多样，信息的发布、传播、处理等具隐蔽性、传播快、影响面广等特点，信息的发布者、传播者、接收者不容易掌握；参与新媒体新闻传播业务的既有各类企业，又有新闻媒体，主体复杂。所有这些都使新媒体传播的内容管理更加复杂。

新媒体有其特殊的产业发展规律与技术特点。在制定有关新媒体内容监管的政策与法规时，要注重政策的可操作性。

新媒体传播是零门槛的传播方式，数以亿计的用户中的任何人都可能成为传播主体，因此很难采用传统的审批制进行管理。鉴于新媒体的特殊规律，建议采取“登记制＋追惩制”进行新媒体的管理。

新媒体是没有国界的、是世界的，可以借鉴目前成熟的、成功的国外新媒体政策与立法。新媒体的管理者和缔造者一样需要富有创新精神。

新媒体舆论管理是一项极其复杂、艰巨而又长期的任务。任何一种管理手段都只能起到一定的作用，而不能够完全解决新媒体有害信息传播中的问题。新媒体信息内容的监管应该是一种综合管理，在管理模式的选择上应该确立一个综合管理框架，综合法律、政策、技术、伦理等多种管理手段，使它们互相配合，互相协调。只有这样，才能最终实现对新媒体的有效管理，才能给人类社会带来一个健康、有序的新媒体信息交流环境。

我们要特别强调，不能将新媒体妖魔化，不能将新媒体舆论的混乱完全归罪于新媒体本身。新媒体仅仅是交流的工具，是信息流通的渠道。新媒体上流通的信息一部分是有害的，但更多的是无害的。新媒体所带来的正面社会效益远远超过其负面效应。

二、尊重新媒体演进的客观规律

（一）生命周期理论

舆情处置是指对于网络事件引发的舆论危机，通过利用一些舆情监测手段，分析舆情发展态势，加强与网络的沟通，以面对面的方式和媒体的语言风格，确保新闻和信息的权威性和一致性，最大限度地压缩小道消息、虚假信息，变被动为主动，先入为主，确保更准、更快、更好地引导舆情的一系列危机处理方法。

舆情应对的首要条件是了解舆情发展态势，分析舆情民意动向。而全面信息数据来源则需要网络舆情监测系统的提供。

新媒体舆情应对的理论基础是生命周期理论，因为网络舆情的发展遵循生命周期理论（见图 12－1）。

网络舆情管理如同反导弹拦截，处置越早，成本越低、效果越好。

（二）提升政府公信力，力避塔西佗陷阱

塔西佗离我们很远，即使穿越时空抵达古罗马，也未必得见。塔西佗又离我们很近，那句警言流传 1 900 余年，成色不减，犹在耳畔：一个执政者，一旦不受欢迎，他做的事不论好

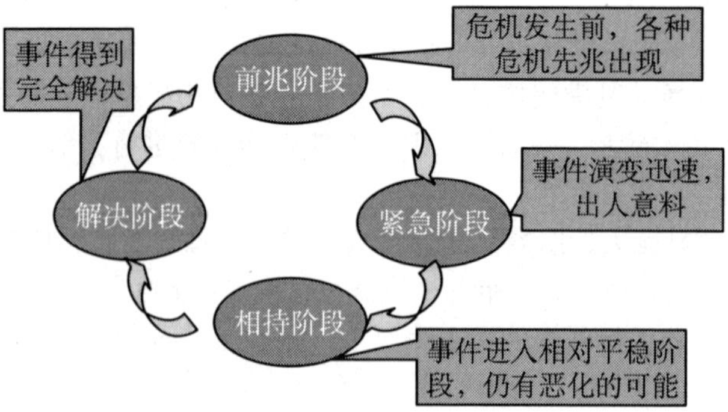

图 12-1　危机的生命周期

坏，都会招致同样的不满。

习近平总书记曾提到“塔西佗陷阱”。他指出，我们当然没有走到这一步，但存在的问题也不可谓不严重。如果真的到了那一天，就会危及党的执政基础和执政地位。

良好的政府公信力与高度的政治认同相联系，甚至可以说，政府公信力与政治认同是同一个问题的不同表达。政府公信力处于良好状态，就表明社会具有普遍的政治认同。在这种情况下，政府的法律权威能得到普遍性尊重，政府对于公共事务的管理效率也就较高，管理的成本也就随之降低。

第 2 节　新媒体舆情的应对原则

作为虚拟社会的互联网，其实是现实社会的折射。新媒体舆论根本性的应对之道，在互联网之外，在于解决现实问题。

一、舆情监控系统

舆情监控整合互联网信息采集技术及信息智能处理技术，通过对互联网海量信息自动抓取、自动分类聚类、主题检测、专题聚焦，实现用户的网络舆情监测和新闻专题追踪等信息需求，形成简报、报告、图表等分析结果，为用户全面掌握群众思想动态做出正确舆论引导，提供分析依据。

实施舆情监控必须具备三个条件：（1）监控的主体必须是有执法权的国家部门；（2）被监控对象有危害社会、危害国家的重大嫌疑；（3）监控的程序必须合理合法，不得侵害个人隐私以及正常的商业利益，必须维护个人和团体的合法权益，监控的目的是维护国家的安全与稳定。

一旦发生危害国家和社会安全的舆情问题，如谣言、非法集资活动，应当如何正确处理呢？“防民之口甚于防川”，正确的方式是：舆情监测系统及时发现问题并预警，针对危机，在第一时间内启动危机公关预案，快速利用多种舆情疏导手段如在官方网站及主流论坛发帖、新闻发布会等形式进行澄清，与谣言赛跑，尽早地告知民众真相，而不是简单粗暴地封堵。好的舆情监测系统应该做到实时发现问题，快速指定疏导预案，将疏导的信息及时发送给各大网站。

网络舆情监控系统可以大幅减少人工搜集的工作量、全面覆盖、实时监测、辅助舆情分析等，通常包括三个基本模块：网络舆情采集系统、网络舆情分析系统、网络舆情服务系统。

网络舆情监控系统需要综合运用搜索引擎技术、文本处理技术、知识管理方法、自然语言处理技术及手机短信平台，通过对互联网海量信息自动获取、提取、分类、聚类、主题监测、专题聚焦，以满足用户的网络舆情监测和热点事件专题追踪等需求。

网络舆情监控系统集成了舆情监测、舆情采集、舆情智能分析、舆情处理、舆情预警、舆情搜索、舆情报告辅助生成、舆情短信自动提醒等核心功能。

二、舆情分析

舆情分析就是根据特定的需要，对针对某个问题的舆情进行深层次的思维加工和分析研究，得到相关结论的过程。

舆情分析的主要方法有：(1) 内容分析法。内容分析法是一种对信息内容做客观系统的定量分析的专门方法，其目的是弄清或测验信息中本质性的事实和趋势，提示信息所含有的隐性情报内容，做出情报预测。(2) 实证分析法。实证分析法是一种通过分析大量案例和相关数据后试图得出某些结论的常见研究方法。

对舆情的分析要明确事件或话题本身所处的阶段。事件或话题本身所处的阶段一般分为引发期、酝酿期、发生期、发展期、高潮期、处理期、平息期和反馈期等不同阶段。此处，应该在分析某一舆情热点之前对其进行科学的类型界定。热点事件一般主要分为突发自然灾害事件、生产安全事故、群体性事件、公共卫生事件、公权力形象事件、司法事件、经济民生事件、社会思潮事件、境外涉华突发事件等。

针对舆情的影响力、民众利益的关切度和对公共部门形象的破坏程度，舆情分析的观点参数设置与数据分析框架应注意反映如下情况：事件发展概况与脉络；民众的主要观点与情绪是什么；民众处于认知、态度表达阶段还是行动阶段；组织化程度与有无行动计划性；慎用政治化解读，分析其有无明确的利益诉求；有没有对现存社会体制构成巨大冲击；被反华势力支持或利用的可能性有多大；行动的对象目标明确与否，其具体指向是哪些部门甚至现存体制等。舆情分析研究人员要成为“非参与性的观察者”，而要防止成为“非观察性的参与者”，既要保持中立，又要敏锐。

三、应对原则

(一) 黄金24小时法则

新媒体平台上负面信息处置的关键时间段是信息发布后的24小时内。如果能24小时内及时处置，就可能化解危机，防止其成为舆论热点；否则就可能演变成为新媒体事件。因此各级宣传、公安等管理部门要建立新媒体舆情的监测预警系统，对新媒体平台进行全天候的跟踪监控。一旦出现舆论监督和其他负面信息，要力争在第一时间发现，并迅速反映给当事方和上级主管部门。

尽量在第一时间发布新闻，赢得话语权。先入为主，掌握主导权。危机管理实质上是危机沟通管理。真实透明的信息、开放式的报道、人本化的沟通，不仅不会引发恐慌、给政府添乱，反而会促进网络民间力量与政府力量的良性互动，产生积极效应。

第一时间发布信息。及时准确地向公众发布事件信息，是负责任的政府的重要表现，对于公众了解事件真相、避免误信谣传、稳定人心，具有重要意义。

第一时间引导舆论。第一时间发布信息，引导舆论，有助于政府掌控危机事件的主动权，稳定人心，避免出现歪曲性报道并防止谣言传播。

第一时间掌握新闻主导权。危机因具有高度的破坏性而天然地会成为公众关注的焦点，激起他们的兴奋情绪。对此，若引导得好，会向着对危机管理有利的方向发展；引导不好，则会妨碍危机事件的处理。媒体既是公众情绪的风向标，也是公众情绪的催化剂。

对于新媒体平台上出现的舆情信息，原则上应实行属地管理；所在地区的宣传部门是发现舆情的第一责任人；在发现涉及本地的新媒体舆情后，要尽快启动应对机制，迅速联系舆论关注的相关单位或个人，通报新媒体舆情信息，了解事件的真实情况，搜集整理舆论应对材料；当事单位和当事人是舆论应对的第一责任人，必须根据新媒体舆论反映的情况快速做出反应。

（二）信息公开原则

在新媒体环境下，应该及时公开信息，而不是也不可能封杀信息。

公开是原则，不公开是例外。在突发事件中，要速报事实，慎报原因，既不失语，又不妄语。

1. 政府相关部门要善于发挥主场优势，警惕主场劣势

政府的主场优势表现为公权力优势、媒体优势、知情优势。政府的主场劣势表现为网民对公权力的不信任感、对司法公正的失望、对社会公正的缺乏信心。

政府在舆情应对中应充分发挥主场优势。政府掌握的信息远比网民个人所了解的信息全面，中国政府对新闻媒体具有重大影响力，而且最主要的一条，政府应该具有权威性。宣传部门要充分发挥媒体优势，不失语、不妄语，发挥信息优势，学会有节奏地抛出系统化的专业信息，利用政府与民间的信息不对称，有力地引导舆论。同时也要警惕政府的主场优势变成主场劣势，这就是政府公信力的流失。

2. 抢旗帜和切割战术

在网络舆情中勇于“抢旗帜”。在舆情频发的今天，要高扬社会公正、司法公正、以人为本和谐社会的旗帜，积极排查和解决社会中各种不和谐、不稳定因素，维护人民群众的切身利益，不要因为种种顾忌而把这样的旗帜送给网上意见领袖，而让广大网民对政府失望。

要善于使用切割战术，即中央和地方切割，政府和无良官员切割。

第一，宜疏不宜堵，保证信息的公开透明化。突发的热点事件尤其是负面事件必然会引起网络舆论的广泛关注。此时形成的网络舆情会包含着各种网民的声音，其中不乏偏激的不理性声音，甚至有时候这种声音是占主流的。在处理此类事件时应该通过事实说话，公开信息真相，设置议题议程，疏导舆论，而不是封堵杂音、堵塞舆论通道，后者更多的时候只会适得其反。只有事实才是引导舆论的根本。

第二，宜解不宜避，主动承担应有的责任。舆情危机的爆发大多数时候是因为对突发事件的问责处置采取回避态度，不积极解答，而问责又是事件的舆论焦点。因此在舆情应对时要主动解答公众疑问，不能回避，更不能回绝。

突发事件应对三要素通常包括：公布事实、官员问责、惩戒违法民众（见图12-2）。

（三）沟通原则

越来越多的政府部门与官员开始意识到积极主动与媒体和民众沟通的必要性，一个表现是越来越多的中国政府部门与官员开通了微博。不过，目前在不少政务微博、官员微博中，形式大于内

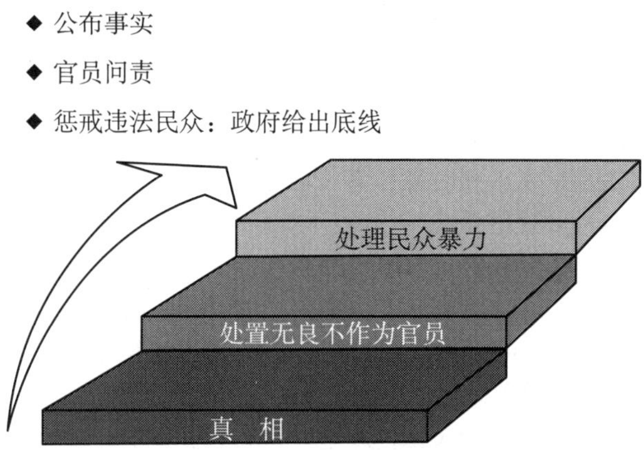

图12-2　突发事件应对三要素

容，缺乏实质性常态的互动。在微博中，所有人都平等，不会因为是官员影响力就高人一等。

新媒体舆论的引导策略可以归纳为：快速发现新媒体舆情，明确舆论责任主体，主动设置新媒体议程，第一时间发布信息，认真回应质询议题，坦诚对待公众疑虑，适时进行权威评论，积极开展民意互动。政府部门新闻发布活动的多种形式见图12-3。

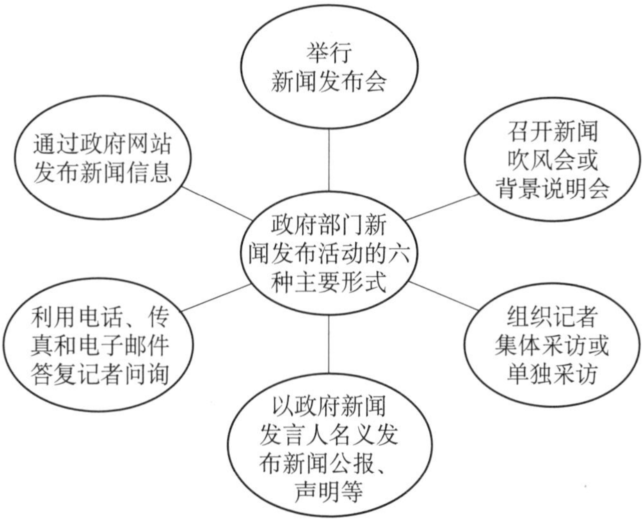

图12-3　政府部门新闻发布活动的六种主要形式

在突发事件中，政府部门要主动组织与积极策划新闻宣传，主动通过媒体赢得公众。

与媒体沟通最终是与记者沟通。而记者不是你的朋友，也不是你的敌人；不是你的上级，也不是你的下级。记者，永远是你的挑战者。

突发事件发生后，新闻发言人作为政府的代言人，要尽快与媒体进行沟通，认真回应质询议题，坦诚对待公众疑虑。

新闻发言人的危机公关也主要表现在与媒体的沟通上面。作为政府代表的新闻发言人要最早、最先、最快说出事情的真相。

新闻发言人要有力传递主信息。在出场之前，必须清楚自己的立场是什么，主信息是什么，通常称之为SOCO，即唯一的（single）、最重要的（over-riding）、沟通（communication）、目标（object）。

应对媒体，新闻发布的具体传播控制策略主要有：

（1）进行报道管理：处理好报道角度、报道口径、报道尺度、报道形式，并且有后续报道的跟进。

（2）不间断地发布最新信息：随时发布事件动态信息，及时发布政府的应对举措，调动社会积极参与应对，发布事件处理的最终结果。

（3）发挥主流媒体（包括主流的新媒体）的作用：一旦主流媒体能准确及时地提供真实的权威新闻信息，公众就会减少通过其他方式搜集信息的行为，各种谣言和“小道消息”自然会消失。政府如果采用不报或瞒报的做法，则首先会影响到主流媒体的信息发布，使主流媒体在舆论竞争中处于被动地位，同时大大削弱舆论引导的有效性和影响力，不利于社会稳定。

（4）适时组织专家引导：政府相关部门要适时进行权威评论，组织专门的专家队伍，通过专家发布评论和指导，围绕专家意见开展报道。

在与媒体积极主动的沟通中，要提出报道要求，掌握核心信息传播渠道，确保信息输出规范可控。

与媒体打交道的5项基本原则是：态度诚实、信息公开、前后一致、信息清晰、备有预案。

与记者沟通的10条黄金法则是：任何一次与媒体的沟通都是机会，而不是威胁；充分准备，了解记者的采访安排；认真做好采访前的调研和准备；掌控采访过程；做到有礼貌、有耐心、心情愉快；交流简单清晰，不说行话、套话；回答要准确简洁；不说“无可奉告”；不说谎，不猜测，不推测；不发表个人观点。

在发生灾难性突发事件时，新闻发言人要做的第一件事就是以人性化的方式表现出对事件的关心，然后是说明将采取的行动和对事件的全局看法。因为在灾难性突发事件中，人民受到了伤害，感到恐惧、愤怒和困惑。

2011年“7·23”甬温线特别重大铁路交通事故发生26小时之后，官方新闻发布会终于在温州举行。当新闻发言人王勇平被问到“为何救援宣告结束后仍发现一名生还儿童”时，他称：“这只能说是生命的奇迹。”之后，被问到为何要掩埋车头时，王勇平又说出了另一句话：“至于你信不信，我反正信了。”

当时王勇平的原话是这样的：“关于掩埋，后来他们（接机的同志）做了这样的解释：因为当时在现场抢险的情况，环境非常复杂，下面是一个泥潭，施展开来很不方便，所以把那个车头埋在下面盖上土，主要是便于抢险。目前他们的解释理由是这样，至于你信不信，我反正信了。”在讲这段话的时候，王勇平用力一甩脑袋，这段画面也被网友制作成GIF动画，在微博上传播。

你怎么看

假如你是这场新闻发布会的发言人，你将如何准备和回答记者的提问？

王勇平这段话以及新闻发布会上面带笑容的表情，让广大网友不满。在微博上，大家都用“至于你信不信，我反正信了”来表达对事故发生以及善后的质疑。随着“至于你信不信，我反正信了”成为网络流行语，有人将该句式称为“高铁体”。

四、解决现实社会的矛盾是解决问题的根本之道

虚拟的互联网世界其实是现实社会的缩影。解决好民生问题，完善常规利益表达和博弈机

制是网络舆情应对的基础。

例如，拆迁是众多危机事件的导火索。在拆迁过程中，政府及执法部门应做裁判。除非出于公共利益，在拆迁中，政府及执法部门只应该保持中立、做裁判，而不是维护开发商的利益。作为商业活动，开发商应该事先评估拆迁风险。

最牛的“钉子户”或许在日本。因为居民不肯搬迁，日本东京成田国际机场 1 号跑道拖延十几年才完成，2 号跑道因无法修到规定长度屡发起降险情，3 号跑道至今还在图纸上不能动工（见图 12 - 4）。

图 12 - 4 日本最牛“钉子户”示意图

注：图中圈出的是 2 号跑道南端的“钉子户”，飞机每天在他们头顶起降。

成田机场是无法提供夜间起降服务的，因为根据和机场内几户居民的协议，夜间禁止起降，以免影响到这几个“钉子户”的休息。

这几户人家就住在机场里面，他们已经与政府和机场斗争了 40 年。很多居民都已经搬迁了，只剩下他们坚守在这里。热田家就住在规划中的 3 号跑道上，这条跑道一直不能动工。

网络舆论引导能力也是一种执政能力。“言塞湖”的“诞生”，往往是民意早期受到冷落，才演变成中期的“民议”、后期的“民怨”。民意在每一道环节上的被冷落与搁置，都会导致舆情能量的聚集。彻底阻截“言塞湖”，当从“清淤”开始。

第 3 节 网络舆论发展的新特点及对策

在移动互联网时代，政府、社会、学界大都有一种印象，即微博、微信已成为网络舆情发酵和传播的主要平台和场域。我们在对大量“两微”数据和案例进行挖掘、整理和分析的基础上，梳理了 2018 年 1—12 月的热点舆情情况，并就其中有代表性的重点舆情进行着重分析，希望用实证的方式来证实或证伪这种印象，并提出对策建议。同时，在此研究的主体部分的基础上，进一步对“两微”舆情生成、传播的特点和规律进行学理阐释。

一、网络舆论发展的新特点

我们综合运用了大数据分析和问卷统计等不同研究方法的优势。微博的数据来自第三方机构提供的关于舆情传播、用户行为的监测资料，我们在此基础上进行大数据分析。因微信群数据无法从公开渠道获得，我们的研究从微信用户的角度切入，采用问卷调查法，有效调查对象规模超过两万人。

通过研究可以发现，网络舆论在移动互联网时代的发展具有如下特点。

（一）微博和微信负面舆情占比高，是负面舆情生成传播高发区，成为谣言的主要传播平台

1. 新浪微博和微信是2018年舆情事件的主要首发源

122个热点舆情中有37件首发于新浪微博，15件首发于微信，"两微"平台首发舆情事件合计52个，占全部热点舆情的42.6％，接近一半。从舆情特性分析，作为社交媒体、社交网络的"两微"平台，其上的舆情生成、传播天然具有碎片化、情绪化、非理性倾向，负面舆情占比高，谣言传播广。对网民的调查表明，45.53％的被访者认为微博负面信息多，40.05％的被访者认为微信群负面信息多，在所有被调查媒体中位居前两位。

公众通过网络参与社会事务日渐兴起，社交媒体、社交网络成为大众获取信息、发表意见、交流观点的主渠道，而微博、微信因其互动性强、传播范围广且速度快、精英与草根交织等特征，成为人们发声的主流平台，进而也成为网络舆情高发区，对社会舆论演变和议程走向起到了重要的影响。

我们将"两微"并称，一是基于社会普遍认知。政府、媒体、学界在判断和研究舆情时，将具有社交性质的"两微"并称，已成通常做法。二是基于微信与微博在传播特点上虽然有所差异，但在热点舆情生成和传播过程中表现为紧密的联系和互动。在当下的泛传播环境中，某一舆情事件的爆发并不会仅仅局限于微信或微博，重大舆情的形成往往是联动的结果，舆情事件往往是在微博或传统专业媒体上完成信息发布，进而在"两微"平台上共同经历酝酿、爆发和衰退等不同阶段。与此同时，主流媒体账号在微信平台上受到发布时间、发布条数以及关注人数等限制，难以把握主要话语权，在舆情引导、事件解决中的主导性、影响力的发挥受到很大制约。三是基于舆情事件的性质和影响力大小。在舆情事件首发占比上，微信低于微博，但受到微信平台特点的影响，其上舆情的情绪化、煽动性、隐蔽性更强。这是因为微信相较于微博更加偏向于私人化，舆情传播也主要依赖于人际网络群体化传播的途径，这就使得微信舆情传播更加情绪化，容易陷入回音室效应，也缺乏观点辩证的空间。同时，引发舆情的源头受微信私密性保护难以追溯，这就导致舆情的发展更加隐蔽，为舆情监测和舆情引导带来不小困难。

2. 微信和微博同时也是谣言高发地和主要的传播平台

"重庆公交车坠江"事件等在微信、微博中的舆情演进出现多次反转，牵动社会神经，主要是因为多次出现不实信息和谣言。调查显示，用户对微信信息的信任度高于微博，是所有被调查媒介中最高的：用户对微信信息的信任度为63％，对微博信息的信任度为36.8％。而手机（短信、彩信、手机报等非手机App）、网络、报纸、广播、电视新闻的信任度分别为22.4％、19.6％、20.7％、12.6％、34.2％，均低于微博、微信。虽然用户对微博、微信的信任度都明显高于手机、网络、报纸、广播、电视等媒体，但两者之间也存在较大的区别：用户对微信的信任度远远高于微博。这是由"两微"不同的传播模式造成的。微博、微信两个平台在各自用户关系的强弱上存在不同，微博属于大众传播模式，用户之间是弱关系，微信则更侧重于群体传播和人际传播，用户之间是强关系，微信的用户黏性比微博强。正是"两微"不同的传播模式导致了用户信任度的差异。同样的谣言内容，如果告知受访者信息来自微博，受访者相信其信息为真的比例为38.5％；而如果告知受访者信息来自微信，受访者相信其信息为

真的比例为66.4%。谣言通过微信传播，比通过微博传播更容易被人相信。

通过问卷结果，我们了解到微信、微博成为了解新闻时事的第一信息源，尤其是拥有庞大用户群体的微信，更是成为社会舆论的新引擎。随着那些年逾50岁但仍在经济、社会资源上占优势地位的“前网络一代”被迅速卷入网络之中，他们与互联网新生代一样拥有了自己的“两微”（特别是微信）并积极发声，对社会舆论起着重要影响。同时，这类“银发群体”或年龄接近的准“银发群体”，也是网络谣言的最大传播者和受害者。这是因为这类群体最关注食品、健康类信息，而这些领域正是谣言最集中的地方。由中央网信办违法和不良信息举报中心主办的中国互联网联合辟谣平台自2018年8月29日正式上线以来，已整合接入全国各地40余家辟谣平台，辟谣数据资源3万余条。平台在对辟谣案例进行整理时发现，在当前划分的政治、社会、文化、健康、食品、科学六大类别中，健康、食品、社会类虚假信息、谣言位居前三名。其中，从2017年7月至2018年11月共计辟谣健康类谣言400条，食品类192条。相关数据显示，网络谣言中“舌尖上的谣言”占45%，食品安全领域成为网络谣言的重灾区。2018年7月，中国健康传媒集团发布的《2017年食品谣言治理报告》显示，微信已经成为传播食品类谣言的主平台。数据显示，2017年食品类谣言传播最多的渠道是微信，占比高达72%；其次是微博，占比21%。由于微信社交的相对封闭性，微信朋友圈常常成为谣言滋生的“温床”，加之用户自身对谣言的净化能力较弱，容易轻信谣言，导致谣言总是能在熟人圈里广泛扩散。

3. 新华社作为传统媒体代表，成为重要信息首发源和引导舆情客观、理性发展的坚实力量

2018年1月—12月，有23件热点舆情信息是由新华社首发的，占比18.9%。新华社发布的信息主要是国内外重大事件，包括国内突发灾害、事故的有关报道。新华社首发新闻之后，会在微博和微信平台上引起关注和广泛讨论。在舆情特性上，由于新华社第一时间发布权威信息，及时进行解读，促进了后续网络舆情走向总体上按照客观、全面、理性的路径发展。这与“两微”平台首发舆情多朝着片面化、情绪化、博眼球的负向演进形成了鲜明反差。同样是首发信息，通过主流媒体与“两微”不同信源的对比，得出的启示是，首发信息源质量对整体舆情走向有着重要影响。

（二）舆情事件类型分布不均衡，社会类舆情最易引发关注

1. 舆情事件类型多种多样

通过对2018年1月—12月热点舆情事件的类型进行统计，发现涉及的范围极为广泛，可以归纳为社会、政务、灾难、企业、娱乐等多个领域。其中社会类、企业类和娱乐类最多。在122个重大的舆情事件中，社会类为69件、企业类为28件、娱乐类为10件，社会类超过了一半，成为网络舆情的高发区。

2. 不同类型舆情事件的特点差别大

一是社会类舆情事件。该类舆情事件复杂多样，涉及面广，涵盖违法犯罪、民生、教育、医疗卫生等公共问题，因此传播范围、关注人群、舆情热度等特征较为复杂。总的来说，社会类舆情事件中，与人们切身利益息息相关的公共议题较易引发高度持续关注，热度一般不会很快消散，如西安楼盘摇号内定的事件。此外，公众人物的言论容易引起不同观点的争议，舆情传播过程中情绪性、争议性特点明显，也会引发大范围关注，如俞敏洪发表的关于女性的不当言论。而违法犯罪相关的舆情则带有鲜明的传播特性，不少犯罪事件本身骇人听闻，带有强烈

的反常性，在传播中契合人们的猎奇心理，因此传播快、热度高，同时也更容易引发夸大描述甚至谣言，如空姐乘滴滴遇害事件等。二是政务类舆情事件。该类舆情事件在传播中呈现主流媒体引导、社交媒体广泛参与的特征。这类事件往往依赖官方渠道、传统媒体发布较为权威的信息，传统媒体在政务类舆情传播中占据相对较高的地位。同时，政务类舆情事件虽然热度一般不会很高，但通常能够引发较为稳定持续的关注，在涉及国际重大问题时，也会有较多意见领袖参与讨论。三是灾难类舆情事件。这类事件的传播特征呈现出典型的本地化倾向，鲜明地体现为以事发地点为中心、通过网络信息节点向外辐射的舆情散播特征，如福建碳九泄漏事件等。四是企业类舆情事件。该类事件的传播以垂直专业化媒体、意见领袖的带动为主，这些具有相对专业背景的传播主体往往在舆情传播中起着较为关键的推动和引导作用。五是娱乐类舆情事件。这类舆情具有爆发快、热度高、消散快的特点，这是因为娱乐明星自带流量和话题属性，会给舆情带来爆点，但这种热度无法持久。

3. “两微”热点舆情多发源于细微之处，并更易聚集扩散“悲情个案”

“两微”平台上的舆情感知具有高度敏感性的特点，这突出体现为网民和媒体都非常关注“微事件”，一些大人物的“微行为”容易被聚焦放大，演变成舆情热点。在“扁平化”的网络环境下，当权者、富裕阶层都是社会重点关注的对象，特别需要自我约束，谨言慎行。这类群体不但要注意自己的“大行”“大礼”，也需要注意自己的“细谨”“小让”。因为在微传播的条件下，这些群体的任何微小行为都有可能被“晾晒”于公众的视野之下，成为大新闻，成为人们关注的热点事件。此外，在草根群体充分利用“两微”直接参与舆情生成传播的今天，“两微”的舆情更易聚焦“悲情个案”。而悲情个案表现出极强的鼓动性和感染力，极易扩散成为全国性的热点事件。这是近年来微传播条件下舆情发展的一个趋势，同时也提示人们，在处理个体利益受损事件时，尤其是带有悲情色彩的个体利益受损事件时，一定要慎之又慎，因为它极易演变成大范围的热点事件。

二、针对舆情传播现状需要采取的对策

“两微”舆情引导和监管要创新方式，形成协同共治格局。针对以“两微”为代表的舆情传播现状，需要采取一系列有效措施来予以应对，以便形成完整的引导和治理机制，为经济社会的发展营造良好的舆论环境。具体对策如下。

（一）坚持包容与严管并重的治理理念，实现从被动应对到主动引领

政府对网络舆情总体上应持包容、开放的态度，对广大网民，要多一些包容和耐心，对建设性意见要及时吸纳，发挥网络舆情“晴雨表”“减压阀”的功能和对社会治理的促进作用。同时，对境内外敌对势力操纵的网上违法犯罪活动，要旗帜鲜明地严加管控，但在具体执行中要避免“性质认定”扩大化。总体上，政府需要对网络舆情进行适时主动引导，加强推行政务公开、化解信息不对称，推进媒体融合、提升传播效果，调动起不同领域关键意见领袖的正面作用，实现网络舆情治理从被动应对向主动引领的转变。

（二）抓住舆情治理核心领域，创新监管方式

针对热点舆情特别是负面舆情事件大多首发于“两微”平台并在其上集中传播的现状，应重点监管以微博、微信为代表的社会化媒体和社交网络，建立有效的舆情监测、舆情研判、舆情预控机制。将预防为先的思路贯穿全过程，与相关平台打通对“两微”舆情实时监测的信息渠道和系统接口；通过对舆情事件的时间、地域、分布、网民关注和参与情况等的多维度分

析，有效识别舆情演变敏感点和危险点；通过设置智能优化、动态完善的舆情指标、预警阈值，科学确定舆情的重要、紧急程度和等级划分的标准，提升重大舆情在萌芽期的有效识别率，为及早预控抢占先机、打下基础。同时，要在法律法规框架内和保证公民合法权益的前提下，创新舆情治理思路，结合个人信用体系建设，提高全社会促进网络舆情健康发展的主动性、积极性与前置性。配合国家正在研究建立的互联网领域失信黑名单制度和联合惩戒机制，激发个人守法意识，对网上恶意造谣传谣等失信行为形成普通个体能够深刻感知、引以为戒、常记于心的有效制衡和惩处机制；促进互联网企业主动加强信息内容管理制度、用户注册和审核机制、网络信用档案、技术甄别手段建设，促进网络诚信建设各环节进一步制度化、规范化。由于微信舆情的情绪化、隐蔽性、回音室效应更强，其上舆情比微博舆情更难治理，建议政府相关部门优先在微信平台上进行网络失信治理的试点，带动网络空间舆论生态健康发展。

（三）发挥企业、行业“自我管理”的主动性，促进人工智能技术在舆情管控领域的运用

发展与治理是需要平衡的两个方面，互联网企业应主动规避网络舆情风险，主动加强企业内部管理，积极参与行业自律，才能获得最大的商业利益和可持续发展。企业应树立正确的发展观、技术观、产品观，形成内部的统一正确认识，避免因舆情事件管理不力而给企业带来发展风险和商业损失。针对网上舆情发展快、爆发快的特点以及重大网络舆情多为跨平台传播的情况，企业应积极参与、推动建设舆情自律、业内互动与企业“自我管理”的行业协作机构，在业内协同的基础上提升舆情治理效率和效果。在目前企业内部管理＋政府监管＋社会监督的治理格局中，引入“行业互助”这一新的环节，使企业间在舆情治理这一问题上及时互通信息、及早采取措施，而不是各自为战，甚至“互看笑话”。而在企业内部，特别是对“两微”平台，则应着力加强人工智能技术建设，将其积极运用在对负面内容、风险舆情的发现和管控之中。对舆情这一与技术发展密切相关的问题，要利用先进技术来有效防范和破解。

（四）加强舆情规律研究，提高全民网络素养

要兼具宏观结构意识与“细分拆解”意识，既要时刻关切政治、经济、社会、文化、国际等宏观因素对舆情演变、舆论生态的深刻影响，也要更加深入舆情发展和治理的各环节之中，加强对网络舆情的演化规律和不同阶段的特征、符合国情的网络舆情指标体系建设、网络舆情的引导应对以及法律法规科学制定等领域的研究。同时，舆情来自大众、反映大众，因此要加强科学知识、用网知识等的普及，全面提高网民素养。在以“两微”为代表的社会化媒体和社交网络时代，网民要在媒介使用素养、信息消费素养、信息生产素养、社会交往素养、社会协作素养、社会参与素养六个方面有效提升自己，让人的发展跟上媒介技术的发展和网络舆情的演变。要使网民普遍做到对新媒体技术和应用的合理、合法、节制使用，提升对信息的筛选、辨识、分析与批判能力，培养负责任的发布信息、传播信息的意识与能力，学会合理选择网上交往对象、维护健康的社交网络，增强网络分工协作中的个人定位、任务执行、有效沟通能力，提高在网上有序、合理参与社会事务的素养、修养。互联网为普通人赋予了更多的权利和力量，根据“责权平衡”法则，相应地，网民的责任意识、网络素养、参与能力相应提升，有利于形成健康有序的网络舆论生态。

（五）吸取国外经验教训，确立符合国情的治理模式

重视互联网立法，在互联网服务商的责任、保护个人隐私、数字签名、网络犯罪和保护未成年人、网络实名制度等方面做出明确的法律规定，塑造网络舆情健康发展的制度环境与基础

保障，便于依法依规治理。同时对舆情治理可能衍生的问题也要提早采取防范措施，如韩国网络实名制曾引起大范围用户数据泄露，而2018年脸书的用户数据信息大规模泄露事件也提醒人们，不仅要在信息流通环节重视秩序，在信息保存管理环节也应该充分重视用户权益，保证网民的隐私安全。新加坡、美国、英国分别采用网络舆情治理“严格主义”“自由主义”“折中主义”，这三种模式反映出网络舆情治理模式应与一国国情和特定发展阶段相适应。我国是正在经历互联网舆情发展初期的社会主义国家，社会稳定和民族团结应是互联网舆情管制的首要目标。因此，我国在借鉴他国行政管理的基础上也应该结合本国国情，在尊重互联网用户表达权利的基础上，对于危害国家安全、侵害个人权益等负面舆情发展方向进行及时管制。对网上信息内容的传播，应在符合社会主流价值观和互联网信息服务管理“九不准”等内容规范前提下，借鉴英国《R3安全网络协议》等分级制度，对法律允许传播的内容进行更精细化、科学化的细分，便于对儿童、成人、老年人等不同群体进行更合理的传播，并发挥“两微”等主要舆情平台在内容“分级”上率先探索、率先推行的带头作用。

【本章小结】

本章先后分析了新媒体舆论的新特点、新媒体舆情应对的原则与方法，阐释了力避塔西佗陷阱的对策。作为虚拟社会的互联网，其实是现实社会的折射。新媒体舆论根本性的应对之道在互联网之外，在于解决现实问题。

【思考题】

1. 你认为目前的新媒体舆情管理中存在哪些难点和问题?
2. 请阐述舆情治理中的“黄金24小时法则”。
3. 为什么面对网络舆情治理的问题时，要提倡加强政府的信息公开?
4. 请分析“两微”舆情的特点及其具有针对性的应对策略。

第 13 章　网络谣言及其管理

谣言，指的是没有相应事实基础，对人、对事、对社会事件的一种不确切信息的传播。谣言的功能总是消极的。它可以伤害个人，伤害群体，伤害社会，伤害国家；谣言可以破坏人们之间的团结，削弱彼此之间的信任，造成内耗。在新媒体环境下，网络谣言传播变得速度更快、作用力更强。

第 1 节　谣言的演变

自古以来，统治者深恐谣言之蛊惑人心，因此谣言被当作一种乡野恶俗，必去之而后快。汉立以后，先是奉行黄老之学，力主清静无为，少扰民；后独尊儒术，继往思来，“日夜怵惕，修身正行”（《汉书·淮南厉王刘长》）。天子修身，吏为循吏，以教化代刑杀，故谤谣较少；相反，“三七末世，鸡不鸣，犬不吠，宫中荆棘乱相系”（《拾遗记》）、“父母何在在我庭，化我鸱枭哺所生”（《后汉书·循吏列传》）这等赞谣倒不少见。

西方社会对谣言研究起步早，认识也深，因而，二战期间，美国就出现了类似“谣言诊所”的“战争消息办公室”（OWI）和“事实与人物办公室”（OFF），以此来弥补战时正式消息的不足。1942 年，世界上第一所谣言诊所正式宣告诞生。它是由哈佛大学心理学教授戈登·W. 奥尔波特及其博士生罗伯特·H. 纳普（Robert H. Knapp）合作开设的，每周在《波士顿周日先驱报》设立一个专栏。开设专栏的目的就是消灭对战争有重大影响的谣言。

一、谣言的概念研究

自有人类历史以来，就有了谣言。古希腊和古罗马时期人们视谣言为“神谕”，他们通过有形的建筑与无形的文学对谣言女神（法玛，拉丁语 Fama）顶礼膜拜。

“谣”在我国开始是指徒歌，所谓“曲合乐曰歌，徒歌曰谣”（《毛诗故训传》），即配上乐曲的韵语是“歌”，而不配乐曲的韵语是“谣”。随后由名词“谣”衍生出动词“造谣”“传谣”等说法。总体来说此时的“谣”是中性的。

《荀子·致士》中曾警诫君子：“凡流言、流说、流事、流谋、流誉、流愬、不官而衡至者，君子慎之。”

忠而见疑的屈原在《离骚》中感慨：“众女嫉余之蛾眉兮，谣诼谓余以善淫。”谣言积毁销骨的威力由此可见一斑。

《战国策·秦策二》所记载的“曾参杀人”的故事以及《韩非子·内储说上》所讲述的“三人成虎”的譬喻都强调了谣言经反复传播后对人心所产生的强大影响。

《吕氏春秋·察传》对谣言传播过程中的内容歪曲进行了言简意赅的描述：“故狗似玃，玃似母猴，母猴似人，人之与狗则远矣。”

经过两千年的演变，在现代汉语中，谣言几乎等同于“恶意”制造与传播的“谎言”。换言之，在现代中文语境下，谣言并没有继承徒歌的意思，只是保留了“造谣、诽谤”之意。[①]

① 金屏．谣言：概念反思及其对现代社会的启示［D］. 长春：吉林大学，2005.

虽然“谣言”一词古已有之，但它被当作学术问题进行讨论和研究，从研究文献的角度看，西方学者早于我国。德国学者诺伊鲍尔（Hans-Joachim Neubauer）、美国社会学家纳普、法国学者卡普费雷（Jean-Noel Kapferer）、美国学者奥尔波特和波斯特曼（Leo Postman）等从不同角度对谣言进行了大量的研究和探讨。

北京大学胡泳教授在香港地区《传播与社会学刊》2009年总第9期上发表了《谣言作为一种社会抗议》一文，认为谣言常常作为一种社会抗议出现，并指出对谣言内涵的演变以及谣言在现实中发生的相关语境进行认真考察和研究，将有助于提示官方文本、主流思维之外的另类谣言观，解读特定历史时空中造谣、传谣的群体心态和社会氛围，描绘出更加多维度、多层次的历史图像。媒体或者失语，或者成为强势话语的代言人，才是造成谣言扩散、社会恐慌和危机加剧的主要原因，唯有增加信息的透明度，尊重受众的知情权，用实际行动增加政府的公信力，才是防止社会恐慌最有效的办法。

下面就对中外学者的研究情况进行介绍，以此厘清谣言研究的发展脉络。

（一）从史学角度

德国学者诺伊鲍尔认为，谣言是历史发展的产物。它绝不是凭空臆造出来的，也不完全是邪恶的化身，而是历史的一部分，并对人类文明的进程施加了不容忽视的影响。谣言“首先是人们所描述的那种随历史发展而变化的习俗，可以是截然不同的各种现象。另外，‘谣言’还是在某一群体中以听传或类似的交际方式传播的信息。大家都说的还不是谣言，而是据说大家都在说的才是谣言。谣言是不完整的引言，谁引的不得而知，也没有人知道是谁说的”①。这说明无法确定谁是谣言传播者，但可以确定谣言是通过人际传播扩散的。

（二）从社会心理学角度

《社会心理学词典》中把“谣言”解释为“没有事实根据的传闻，故意捏造的、口耳相传的消息。有一部分谣言属于诽谤性质的消息，有一部分属于夸大其词的传闻”②。周晓红在《传播的畸变——对“非典”传言的一种心理学分析》中根据对“非典”事件始末的分析，认为“无论是在传统社会还是现代社会，谣言都是一种常见的社会心理现象，或是说一种以信息传播为特征的集群行为”。法国的勒莫认为，“一则谣言的历史，首先应该是某一群体有能力互相交流的历史，而集体记忆、实验的社会空间和机遇则是用不同方法促成谣言形成的工具”③。也就是说，当社会稳定受到挑战、人民生命受到威胁时，谣言容易产生和传播，这是人没有安全感的一种心理投射。

奥尔波特更是认为，谣言的产生源于人的需求，他说：“任何人类需求都可能给谣言提供推动力。性兴趣是产生许多流言蜚语与大多数丑闻的原因。焦虑是我们常听到的恐怖威胁性谣言的动力，希望与渴望产生白日梦式的谣言，仇恨产生指责性的谣言与诽谤。”④ 所以，每一种谣言的产生都有着深刻的社会心理原因。

（三）从社会舆论的角度

国内学者刘建明认为，谣言作为社会舆论出现，是没有任何事实根据的描述，并带有诽谤

① 诺伊鲍尔．谣言女神［M］．北京：中信出版社，2004：10．

② 时蓉华．社会心理学词典［M］．成都：四川人民出版社，1988：243．

③ 勒莫．黑寡妇：谣言的示意及传播［M］．北京：商务印书馆，1999：125-126．

④ 奥尔波特，等．谣言心理学［M］．沈阳：辽宁教育出版社，2003：18．

的意见指向，因此谣言不是中性的传闻，而是攻击性的负向舆论。① 而法国学者勒莫认为，谣言与公众舆论之间的关系是复杂的，“从其有结构的整个方面看，舆论是极易用概念来表达的，而谣言却更加变化不定，它更容易流入形象或隐喻的模子中，这种模子可以被说成是一种变动中的概念或是一种预感的概念，那里正在加工出各种新概念或新表象”②，“谣言是对失衡或社会不安状况的一种反应”③。与此同时国内学者陈力丹也提出类似的观点：“流言是公众应付社会生活的一种应激状态，是公众解决疑难问题的不得已形式。”④ 勒莫和陈力丹都倾向于认为谣言是特殊社会状态下的产物，强调它的社会性。

胡泳则进一步强化了谣言的舆论性质，认为谣言是一种社会抗议。随着新媒体的不断涌现，任何一个群体都可以通过这个平台发表言论，并不断挑战着社会的神经。“在沉寂不动和激烈反抗之间还存在着一个广大的中间区域。谣言正是中间地带的抵抗中一种有力的手段，谣言武器在现代反抗者手中不像过往的革命者使用得那样强悍，但它又比斯科特曾经观察到的作为‘弱者的武器’而发挥的功能更强大。”⑤ 这一看法的依据是卡普费雷提出的“谣言既是社会现象，也是政治现象”。谣言与当局的一种关系：“它揭露秘密，提出假设，迫使当局开口说话，同时，又对当局作为唯一权威性来源的地位提出异议。”所以，谣言构成了一种反权力，即对权力的某种制衡。⑥

二、谣言传播形式流变

随着信息技术的不断发展，科技改变了整个社会的运行方式，人们之间的交流也出现了新的形式。原来建立在人际传播基础上的谣言，其传播形式也随之多变。与之前的网络谣言相比，微博谣言成了时代的“新宠”。总之，搭乘互联网的先进技术和便携式终端的不断更新的快车，谣言与人类进行着“赛跑”。但是传统谣言、网络谣言与微博谣言有什么联系和区别，需要我们进一步梳理，以此提高人们对新媒体条件下谣言传播的认识。

（一）传统谣言与网络谣言的关系

传统谣言与网络谣言是一组相对概念，传统谣言建立在人际传播的基础上，以口耳相传为基本路径，在人与人之间尤其是在熟人社会中进行传播。由于传统谣言传播受到人所处时空的限制，所以对于不同地域的人来讲，在一方为谣言，在另一方可能成为旧闻或者“新闻”。这时传统谣言呈现出信息的滞后性，这种滞后性又反过来制约着传统谣言产生影响的广度和深度，同时人在传统谣言面前变得无所适从，无法依靠个人力量判断谣言的真伪。

网络谣言是在计算机技术的基础上构建的网络传播，从一个ID用户向另一个或者多个ID用户传递，它摆脱了熟人社会的范围，可以在虚拟社会中跨时空地自由传播。它几乎不受地域和时间的限制，在一定时间发生的谣言，全世界都会很快知晓。所以网络谣言又呈现出传播的及时性特征。为了使网民相信并掀起社会波澜，网络谣言往往呈现出细节的完整性：时间、地点、情节一般都一一列出。同时在某些情况下，网民可以集群体之智慧，主动破解谣言，通过各自所知道的相关知识来从不同角度验证谣言。“周老虎事件”便是有力的证明。

---

① 刘建明．社会舆论原理［M］．北京：华夏出版社，2002：211.

② 勒莫．黑寡妇：谣言的示意及传播［M］．北京：商务印书馆，1999：182.

③ 同②125.

④ 陈力丹．舆论学：舆论导向研究［M］．北京：中国广播电视出版社，1999：102.

⑤ 胡泳．谣言作为一种社会抗议［J］．传播与社会学刊，2009（9）.

⑥ 卡普费雷．谣言［M］．上海：上海人民出版社，1991：14.

（二）微博谣言与网络谣言的异同

微博兼具人际传播和大众传播的双重属性。微博是 Web 2.0 的产物，Web 2.0 时代秉持“去中心化”的理念，强调用户建设、用户参与和用户主导，它从 Web 1.0 时代的被动接收信息转为主动创造互联网信息的模式。它的标志性应用是博客、维基和论坛。微博是在博客的基础上衍生出来的。微博上的谣言也和网络社区上的谣言一样，同属于网络谣言。

微博得以迅速发展并成为目前最为流行的新媒体，关键在于它依托移动互联网的发展和手机功能的变革。在社会向信息化转型的过程当中，人们越来越希望摆脱固定网络的限制，移动互联网正好可以满足人们对随时随地上网的需求。手机操作系统的更新、手机界面的增宽变薄、智能手机向移动平台的不断转变，无不在吹响移动互联网未来无限发展的号角。微博也正是借助移动互联网和智能手机互相推动式的发展而出现的。

（三）手机微博谣言与网络微博谣言

手机微博谣言与网络微博谣言的相同之处在于 140 字的字数限制不能完整提供可验证的情节。

尽管微博可以在手机上也可以在电脑中应用，但应用于手机上的微博谣言与网络中的微博谣言仍有不同之处：

（1）基于手机的可移动性，手机上的微博谣言传播更加迅速，扩散速度更快。

（2）手机微博可以被关注（订阅）和转发，通过手机实现了信息的实时传播。

总之，微博在赢得大众普遍欢迎的同时，也因其自身的传播特征使得谣言频频光顾，基于手机媒体的微博谣言以更快的速度实时向世界传递已经成为目前我们急需研究和解决的问题。

第 2 节　新媒体条件下谣言的传播与消解模型

一方面，尽管新媒体是目前最受欢迎的大众化媒体，但它与谣言并不存在本质上的联系，谣言并非因新媒体而产生。另一方面，如何应对利用新媒体大肆传播的谣言，如何有效地消解谣言，需要我们对谣言本身做进一步的思考与研究。

我们在分析前人对谣言的研究的基础上，提出事件的重要性、事件的模糊性和信息的不对称性是构成谣言传播法则的观点，并据此建立网络谣言传播、扩散及消解模型，以期为人类正确处理谣言提供思想支持和实践指导。

一、奥尔波特模型

1947 年，美国心理学家奥尔波特提出谣言的产生有两个基本条件：第一，故事的主题必须对传谣者和听谣言有某种重要性；第二，真实的事实必须被某种模糊性掩盖起来。[①]

依据这两个基本条件，他提出了谣言的基本法则（这里“法则”指的是规律）：事实的重要性和模糊性与谣言传播有关，其公式为：

$$R=i\times a$$

在此公式中，R=谣言（rumor），i=重要性（important），a=模糊性（ambiguity）。R 表示谣言流行的强度和广度；i 表示事件对于某一群体人员的重要性；a 表示该事件或证据的模

---

① 奥尔波特，等．谣言心理学［M］．沈阳：辽宁教育出版社，2003：17.

糊性。当 i 与 a 这两个条件同时具备时，谣言方可产生。这说明，事件对于某群体越重要，事件的模糊程度越高，则谣言产生的可能性就越大，其传播的强度就越高，传播的范围就越广。

在此公式原有的基础上，1953 年克罗斯试图通过在公式中加入传播者即人的因素进一步完善了公式：

$$R=i\times a\times 1/c$$

这里的 c 表示的是“人的判断能力”（critical ability）①。这个公式表明：谣言的传播同“人的判断能力”成反比，人的成熟能够成功抵挡谣言对个人的影响，甚至阻挡谣言的进一步扩散。谣言是漫天飞舞还是尘埃落定，除了取决于事件的重要性和模糊性外，还取决于公众是否对该事件具有理性的认识和评价。虽然克罗斯注意到了人对谣言传播的重要影响，但也无形中为这一公式的成立增加了难度：如何评价人的判断能力？依靠哪些标准进行确定？众所周知，人是认识世界和改造世界的主体，影响人判断能力的因素很多，比如人的认识水平、社会背景、社会地位以及受他人影响的程度等，所以人的判断能力的衡量是非常复杂的过程。相应地，克罗斯的这一谣言公式也就缺乏实际操作性，为如何从本质上消解谣言增加了困难。

在前人研究的基础上，我们认为谣言法则可以通过增加信息的不对称性一项加以完善，谣言公式可以补充为：

$$R=i\times a\times ia$$

其中，ia 指信息的不对称性（information asymmetry），即谣言＝事件的重要性×事件的模糊性×信息的不对称性。信息不对称性越强，谣言传播越快；反过来，信息不对称性越弱，谣言传播越慢，甚至不再传播。事件的重要性、模糊性与信息的不对称性与谣言传播成正比例关系，三者缺一不可。

下面以 2011 年“7·23”甬温线特别重大铁路交通事故引发的谣言为例进行说明。

当地时间 2011 年 7 月 23 日晚上 8 时 30 分 05 秒，由北京南站开往福州站的 D 301 次列车由后方与杭州站开往福州南站的 D 3115 次列车发生同向动车组列车追尾事故，造成 40 人死亡、172 人受伤。事故发生后，搜救行动是否过早结束、恢复通车是否过急、坠地的后车车头被迅速掩埋、政府控制媒体和司法系统以及越早签订赔偿协议得到越多赔偿等问题使中国铁道部遭到了中国社会各界的质疑。

首先，从事件的重要性来讲，尽管我国高铁事业对经济建设、未来国家发展格局具有重大战略意义，但当高铁出现重大事故时，这种对高铁安全性的质疑以及对车上人员性命安危的担忧自然得到了全国乃至全世界的关注。因为它不仅仅关乎着个体生命的存在与安全，更为重要的是它还关乎着一个国家对全体公民生命的尊重和保障。

其次，从事件的模糊性来讲，7 月 23 日所发生的特大交通事故是完全真实的事实，不是人为虚构的、编造出来的事情。但是事件发生之后，铁道部没有及时对如何救援、采取何种措施以及为什么采取这种措施等相关的信息进行公布，致使事件的模糊性增强，公众猜测不断，于是微博上的谣言开始出现并乘势肆虐。在事故发生 26 小时之内，官方更多相关事故信息的公布一直处于空白，而微博上发布的“神秘手”图片引发了网上“掩埋活人”的谣言，这一谣言瞬间引起了网友们乃至全国人民极大的反响，怀疑声、质疑声、谴责声一浪高过一浪。而随后铁道部召开的记者招待会，又因时任铁道部发言人王勇平的回答“至于你信不信（由你），我反正信了”，再次丧失了平息谣言传播的机会。这种傲慢、这种缺乏生命关怀式的解释不仅

---

① 王灿发，何雯．突发公共事件的谣言传播系统及过程分析［J］．青年记者，2009（33）．

没有减少网民对救援工作的质疑，相反激起了大众的愤怒，使得事件的模糊性一再加强，从而造成了谣言不但不减少反而增多的混乱局面。

最后，为什么这次事故会连续不断引发八大谣言，我们认为是信息的不对称造成了谣言的此起彼伏。信息不对称的主体是政府机构与公众。政府机构作为社会管理者，与作为被管理者的公众相比，所掌握的信息要多得多，而且往往掌握着第一手资料。在通常情况下，如果政府机构所掌握的信息不公之于众，那么作为被管理者的公众是没有途径知晓的，但是我国宪法规定公民有知情权，这种权利要求政府机构公开信息（当然这种信息的公开不能危及国家安全），所以从这个角度来讲，政府机构与公众之间的信息不对称是可以被消除的。就这次事故而言，官方所掌握的事故情况、相关救援及处理信息与大众所获知的信息是不对称的，它所公开的信息无法满足公众对了解事件真相的渴求。此外，这次交通事故所引发的一连串谣言，更深层的原因是公众对铁道部长久以来的不满甚至反感情绪的集中爆发，是对铁道部不信任的强烈表现。

二、网络谣言传播、扩散及消解模型

基于补充后的谣言法则以及上述对微博中“7・23”甬温线特别重大铁路交通事故引发的谣言传播的个案分析，我们认为：（1）决定谣言的事件的重要性（i）是无法减弱的，因为事件特别是重大事件的发生，往往关乎人类的生存，关乎社会的稳定，所以重要性在事件发生后是不会人为降低的，在一定时间里它几乎是恒定的。（2）关于事件的模糊性（a）。事件发生后，由于人们对事发原因及相关背景一时之间无法做出准确判断，所以事件存在模糊性。从理论上讲，只有当人们对事件进行调查并深入其本质获得真实信息时，事件的模糊性才能减弱。简单来讲，就是要依靠信息的不断注入来弱化模糊性。但值得注意的是，如果当人们所获得的信息会引起更多的怀疑时，那么事件的模糊性会不降反升，所以事件由模糊走向清晰是个比较复杂的过程。（3）信息的不对称性（ia），是指政府机构和公众双方所掌握的信息不均衡，而这种信息上的不对称，容易造成公众对事件的曲解和对政府机构的不信任，也容易滋生出更多的谣言。相反，如果政府机构和公众双方能够在信息掌握上实现对称，那么谣言将失去存在的可能。

通过对谣言构成的三个因素的考察，我们可以得出结论：在事件重要性无法改变和事件模糊性难以确定的条件下，信息的不对称性是消解谣言的关键因素。因微博而出现的谣言仍归属于网络谣言，据此，我们建立了以消除信息不对称性为主要因素的网络谣言传播、扩散及消解模型（见图13-1）。

从图13-1可以看到，首先，网络谣言传播、扩散及消解模型说明了网络谣言的生成条件和传播、扩散路径。谣言的产生是和人类追求自身安全紧密相关的。任何有关人类生命、生活等安全的事情，例如地震、核辐射、交通事故等，都有可能导致人类产生疑问和困惑，好事者则将这种心理上的不安全感、猜测诉诸天下，共鸣者则将其奉为“良言”四处传播，于是谣言始成。人类对于生命转瞬即逝本能的恐惧，以及对人身安全的高度警惕心理，造成人们一旦受到谣言影响，便会相信谣言中透露出的信息，无形中又促进了谣言传播。网络的出现恰好加速了谣言的扩散。这里的网络不仅仅指互联网、手机，而且有可能指向社会网络这一更大的范围，包括微博等。

其次，该模型提出了依托网络消解谣言传播的三方力量，即政府机构、媒体和公众。如前所述，尽管信息不对称的主体是政府机构和公众，但由于新闻媒体是政府机构和公众之间实现

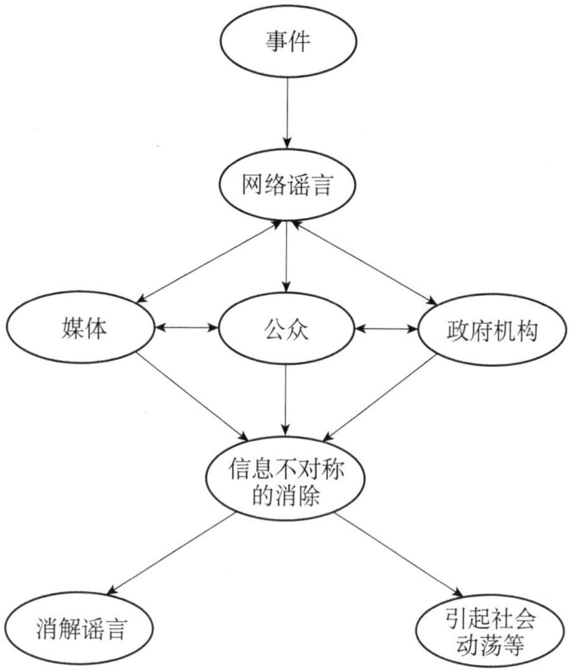

图 13-1 网络谣言传播、扩散及消解模型

信息对称的桥梁，故而这三方力量能否在谣言传播过程中消除信息不对称是消解谣言的关键。如果三方合力能够消除信息的不对称性，那么公众就不会相信谣言，不会迷失自我盲目行动，相反他们会自觉地传播真实的信息，从而在真实信息的不断传播中消除谣言。

2011年3月的“谣盐”恐慌就是一起典型的由于信息不对称加快谣言传播的案例。2011年3月，日本核电站爆炸引发的“核泄漏”恐慌在全国蔓延，绍兴、宁波、福州等江浙沿海城市开始出现抢盐风潮，不少居民纷纷奔走于各大超市抢购食盐以“备战”日本核辐射污染。出现抢盐潮的原因有二：一是传言吃碘盐可防辐射，二是谣传核泄漏污染了海盐。

其实，从科学与专业的角度看，食盐里碘的含量是很低的，市民就算吃很多盐，也起不到多大的防辐射作用。而且日本核电站泄露的放射性物质极少，再加上稀释作用，对中国沿海的影响几乎可以忽略不计，也就不存在污染海盐的问题。但是，由于绝大多数民众缺乏核辐射方面的专业知识，因而这种专业信息的不对称在恐慌心理的催化下加快了谣言传播的速度。

最后，该模型依托网络，以传播学中对信息系统及其规律的研究为根本，构建了网络谣言的传播、扩散及消解过程。与传统模型的不同之处在于，该模型在充分尊重网络世界自由、平等精神的基础上，强调和注重消解谣言的疏导，并没有设立如何预防虚假信息传播的渠道或者变量。我们认为，在网络中信息的自由流动是其他力量难以阻挡的，阻挡只能带来更多问题，产生更可怕的效应。网民在横行的谣言面前都有自己的判断能力，即便一时受其误导，但在信息几乎实时传播的情况下，真相也会通过各种渠道瞬时被揭开，因此对网

你怎么看

结合“网络谣言传播、扩散及消解模型”，你认为政府和互联网平台在网络谣言治理中分别需要重点把握哪些方面？

络谣言如何合理地进行消解成为本章讨论的重点。

三、基于“网络谣言传播、扩散及消解模型”的网络谣言消解之策

（一）政府机构应增强公信力，实事求是地公开信息，奠定消解谣言的基础

目前，我国发展处于重要的转型阶段，尽管经济取得了高速的发展，但是在这一片繁荣之下，社会矛盾也呈增长之势。贫富差距的加大、农民的土地问题、官员的腐败问题、资源享有的不平等问题等，无一不在考验着政府的公信力。在这种情势下，如果政府机构持续采取选择性公开信息的方式，那么将会变主动为被动，出现难以估量的后果。英国发生的借助推特和黑莓手机等新媒体掀起的大规模骚乱就是最好的例证。所以，提升政府公信力、实事求是地公开信息是消解谣言的基础。在《论语·颜渊》中，子贡曾向孔子问如何治理政事，孔子认为有三个要素，即粮食、士兵和人民的信任。如果不得已去掉两项的话，孔子认为首先是士兵，其次是粮食。由此看来，人民的信任自然成为一个国家、一个政府治理政事的根本，没有人民的信任，国家、政府将无法建立和存在。即便在和平稳定时期，当政府得不到人民信任的时候，政府无论怎样做都会受到人民的质疑和批评，从而陷入“塔西佗陷阱”而难以自拔。“7·23”事故引发的八大谣言就表达了公众对铁道部的不信任。长期以来，铁道部一直被外界称为“铁老大”，这种称呼也体现了公众对铁道部强势地位的不满情绪，加之公众对其服务质量长期低于合理水平的无奈，所以面对谣言，铁道部发言人的发言激化了人们的不信任感，谣言并没有因为记者招待会的召开而被消解，反而产生了更多。因此，提升公众对政府机构的信任是政府应对危机、消解谣言、稳定民心的基础。

而政府机构提高公信力的有效途径是在不危及国家安全的情况下，发挥自身掌控信息的优势，秉承实事求是的原则，公开、透明、及时地利用微博等媒体发布信息，争取在第一时间向百姓解释问题、说明问题，消解谣言产生的危机。

实事求是地公开信息，不只是要求政府机构简单地发布某地发生了某重大事情，而是需要披露更多触及事情真相的信息，即不单单告知公众结果，还应该告知公众事件处理过程中的细节。也就是说，事件调查过程的真实与结果的真实同样重要，政府机构有义务将这两方面的信息公布于众。面对重大事件的发生，政府机构只满足于控制信息、息事宁人的做法，只能成为过去式，在微博等新媒体不断涌现的情况下，政府机构尽可能多地公开信息，才是成功辟谣、维护稳定和提升公信力的正道。只有做到这一点，才能有效消解信息的不对称，否则它将再一次为谣言的生长提供土壤。因此，从某种程度上讲，信息对称的实现消除了事件的模糊性，增强了事件的透明度，提高了政府机构的公信力，从而也降低了公众由于掌握信息不足而被谣言左右的可能性。

（二）注意“塔西佗陷阱”带来的影响

本来所有的技术都是相对的，没有绝对的成熟或不成熟，我国高铁技术亦然。事故的发生原本就是一个概率事件。但是，中国铁路线路因其具有的“自然垄断”性质，使得铁路的管理体制具有高度的行政垄断特点，不仅政企、政资不分，而且整个行业就是一家超级垄断企业。长期以来，铁道部不注重与民众、与媒体打交道。在一些民众之中，铁道部是“不受欢迎的部门”，所以难免陷入“塔西佗陷阱”。

此外，时任铁道部新闻发言人的王勇平的低级错误也使得铁道部更深地陷入了该“陷阱”。王勇平的记者会不仅没有减少舆论对铁道部的不满，反而引发了更多的质疑和愤怒。一时间，

“埋车头是为了掩埋证据”“为了通车不救人”等传言不胫而走，王勇平说的“反正我信了”也被众多网民冠以“高铁体”进行调侃。

（三）新媒体是成功消解谣言的重要平台

从信息的不对称性来讲，不对称的双方是政府机构与公众，但媒体作为政府机构与公众的沟通渠道，在实现双方信息对称的过程中肩负着重要作用，它既是谣言产生、扩散的土壤，也可以成为辟谣的重要平台。微博作为当下时效性最强的媒体，自然成为谣言的聚集地。还是以“7·23”甬温线特别重大铁路交通事故为例，当事故发生后，在微博上，一方面首先出现了对“7·23”事故救援工作的质疑，在公众没有得到准确解释的情况下，才使一开始的质疑变成漫天飞舞的谣言，从这一角度讲，微博客观上促进了谣言的扩散；但另一方面，微博也可以及时发布真实信息，消除信息不对称性，进而成为成功辟谣的重要平台。例如，微博上流传“35人死亡上限论”，称“超过36人市委书记将被撤职，所以一开始发生，就注定了死亡人数不会超过35人”。微博上还发图列举了从1993年到2011年国内重大事故中死亡的人数恰好都是35人，之所以如此，是因为死亡35人以上市委书记就要被撤职，所以为降低事故级别，官方瞒报了死亡人数。就此，新浪微博虚假消息辟谣官方账号“微博辟谣”25日发表声明，经过网友查证，相关微博所列举的近年我国发生的事故或灾害死亡数字中，18个数字与事实不符。对此，发布此消息的12名用户被新浪微博官方暂停发布和被关注功能一周。① 由此可见，尽管谣言可以借助微博在瞬间聚集网民抨击政府机构瞒报信息，但是媒体也可以在充分提供调查信息的基础上通过微博将谣言粉碎。

（四）公众对真相不懈追求的特点决定了公众是成功消解谣言的最终推动者

公众由于对生命的珍视，以及所掌握知识的有限，使得自己易受谣言的影响，在这种信息不对称性的前提下，他们可能是谣言的传播者。但从谣言传播、扩散到消解的整个过程来看，由于公众对科学的崇尚和对真理的追求产生了质疑谣言的诉求，在政府机构及媒体不断提供公众所缺失的信息后，公众会由谣言的传播者转变为拥护正确信息、消解谣言的最终的推动者。

当政府机构通过媒体发布正确的信息以揭穿谣言的荒谬时，谣言并不会自行消亡，甚至造谣者会变本加厉地采取各种手段与政府机构对抗，但公众在政府机构持续不断地公开信息后，往往会进行自我说服，相信政府机构的判断，并在这种情况下传播权威信息。比如，2011年3月我国政府机构及时有效地处理了日本地震引发的网络“谣盐”问题，赢得了公众赞赏。广大网民不仅纷纷谴责造谣者，并且主动通过网络传递政府机构发布的权威信息。公众的主动参与将政府机构由上而下的信息传递转变为由下而上的辟谣，形成了消解谣言坚实的群众基础。

总之，通过对微博时代下谣言的传播和消解的研究，我们发现：（1）影响谣言产生、传播的因素，除了事件的重要性和事件的模糊性之外，信息的不对称性也是一个重要因素，用公式表示即谣言＝事件的重要性×事件的模糊性×信息的不对称性。（2）在事件的重要性无法改变和事件的模糊性难以确定的条件下，信息的不对称性是消解谣言的关键性因素，我们以此建立了网络谣言的传播、扩散及消解模型。不管是微博中的谣言还

你怎么看

网络谣言能否从根本上被消除？

① 王灿发，何雯．突发公共事件的谣言传播系统及过程分析［J］．青年记者，2009（33）．

是未来其他媒体产生的谣言，消除信息的不对称性、降低模糊性、增加透明度、提高政府机构的公信力，是政府机构、公众及媒体成功消解谣言的必然选择。

【本章小结】

本章主要阐释了网络谣言的特征、负效应，重点介绍了奥尔波特的谣言模型及“塔西佗陷阱”，提出了在新媒体条件下谣言的传播、扩散及消解模型及对策。

【思考题】

1. 请问你如何看待信息透明对抑制网络谣言传播的作用?
2. 请简述传统谣言和网络谣言的主要区别和联系。
3. 手机媒体对于网络谣言的传播具有哪些影响?
4. 你如何理解“信息不对称”在网络谣言传播中的影响?

第 14 章　新媒体的微观经营

作为新媒体，实现盈利是其生存与发展的基础。目前，新媒体的盈利模式主要有三类。

第一，“免费＋广告”模式。（1）免费阅读与使用，靠广告收入来发展。其代表是雅虎、新浪、腾讯等门户网站，谷歌、百度等搜索引擎，以及油管等视频网站。虽然门户网站也有个别收费服务（如收费的 VIP 邮箱），但是基本是让网民免费阅读与使用，网络广告收入是其主要经济支柱。（2）提供免费游戏，在游戏中嵌入广告。

第二，收费模式。实行收费模式的前提是提供的信息或服务必须具有不可替代性。（1）适当收取阅读费。这类读者、用户对象往往是科技专业人士、商人、政府部门或军方人员，这些信息或服务往往具有权威性或不可替代性，代表者是《华尔街日报》网站、汉和情报评论，以及各类数据库，如中国学术期刊网、美国 Dialog 系统等。（2）免费与收费相结合，实行差别服务。许多学术期刊的网络版把其部分内容（目录、摘要）放到网上，供读者免费浏览，但是要看全部内容则需要注册交费。有不少网络报纸对用户在网上检索其资料，采取的是分级控制的方式，或对阅读当天或一周内的新闻实行免费策略，检索以往新闻或其他数据库则收费。凤凰网则是对阅读文字新闻实行免费策略，对多媒体视频采取收费制。不少商业性门户网站对电子邮件实行收费与免费相结合，进行差别服务。（3）付费下载提供网络游戏、应用软件、电子图书。现在越来越多的电子图书、软件、游戏可通过付费从网上商店下载，Apple Store 就是目前最成功的案例。

第三，电子商务模式。开展电子商务主要是通过网络直销与网上拍卖。

这里需要强调，在新媒体的盈利模式上，要淡化新闻网站与商业网站间的界限，即新闻网站亦可以采取电子商务模式，不仅可以做广告，收取广告费，还可以进行网络直销，获得销售提成。

第 1 节　网络广告

2018 年互联网广告总体规模达到 3 694 亿，年增长率为 24.2%，其中移动端占比为 68%。美国作为最大的程序化交易市场，2018 年通过程序化广告交易达到了 406 亿美元（占全球的 58%），中国以 79 亿美元紧随其后，英国以 56 亿美元位列第三。

根据 Statista 的数据，2022 年全球互联网广告的总体规模达到 6 160 亿美元，网络广告已成为最重要的广告形式，到 2027 年或将超过 1 万亿美元。美国是世界上最大的广告市场，并且一直在增加对网络广告的支出，其网络广告已占据全球广告市场的 80%左右，其中基于智能手机的移动网络广告占到网络广告总支出的 64%。《2022 中国互联网广告数据报告》显示，2022 年全年中国互联网广告收入为 5 088 亿元人民币，互联网营销市场规模预计约为6 150 亿元人民币，阿里巴巴、抖音集团、腾讯是网络广告收入最高的三家企业。

一、何谓网络广告

美国某著名传媒研究者给网络广告下的定义是：网络广告即电子广告，指通过电子信息服务传播给消费者的广告。这一定义可能给人们造成了一个错觉：电子显示屏也是网络广告。于是有人给网络广告重新下定义。比如中国广告商情网就把网络广告定义为：在互联网上传播、发布的广告，它在广告形式、收费模式、广告特点等方面与传统广告形式有很大的差异。还有人认为，所谓网络广告，是指在网站上发布的以数字代码为载体的各种经营性广告。

其实，网络广告就是以互联网为媒介发布、传播的商业广告。简言之，网络广告指利用数字技术制作和表示的基于互联网的广告。

网络广告发轫于1994年的美国，当年10月14日，美国著名的《连线》杂志推出了网络版的*Hotwired*（www.hotwired.com），其主页上开始有AT&T等14个客户的横幅广告。这是广告史上里程碑式的一个标志。

从此之后，网络广告逐渐成为网络上的热点，世界网络广告的发展可谓突飞猛进。网络广告的市场以惊人的速度增长，网络广告发挥的效用越来越重要。

> **概念**
> 网络广告是以互联网为媒介发布、传播的商业广告。

美国互联网广告署的调查结果显示，美国网络广告收入增长迅猛，客户投放方向日益向少数几个大型商业网站集中。2006年美国网络广告营业收入增长35%，增加至约170亿美元。2006年美国网络广告收入前四位分别为谷歌、雅虎、AOL和MSN，占美国网络广告收入的比例分别为25%、18.3%、7.5%和6.7%。①

美国市场调查机构国际数据公司于2008年2月11日发布的《2007—2011美国互联网广告预测与分析》报告显示，2007年美国网络广告总开支达255亿美元，比2006年增长27%。

2008年虽然危机四起，但是美国的网络广告还是增长了18%。

2023年12月7日，全球媒介投资品牌及智库MAGNA盟诺发布2023年12月版全球广告预测报告，分析并预测了包括全球70个市场的广告收入规模及增长。MAGNA《全球广告预测》冬季版称，2023年网络广告收入达到8 530亿美元，相比2022年增长5.5%，2024年增长率将达到7.2%。

我国的网络广告起步较晚，中国的第一个商业性的网络广告出现在1997年3月，传播网站是比特网（Chinabyte），广告主是英特尔（Intel），广告表现形式为468×60像素的动画横幅广告。英特尔和IBM是我国国内最早在互联网上投放广告的广告主。中国网络广告一直到1998年年初才稍有规模，在1998年中国520亿元的广告收入总额中，网络广告仅占2 000万元左右。据统计，1999年，中国的网络广告经营额已经接近1亿元，是1998年的5倍。2006年中国的网络广告规模已经增长到49.8亿元，比2002年增长了10倍。作为新兴产业，网络广告可谓发展迅猛。

2008年1月21日，DCCI互联网数据中心发布的《Netguide2008中国网络广告市场调查研究报告》显示，2007年中国网络广告整体市场规模增长至76.8亿元。

2009年2月26日，易观国际发布的《中国互联网广告市场年度综合报告2009》数据显示，中国网络广告运营商市场规模在2008年达到118.1亿元。

2010年中国网络广告营收总收入达256.6亿元。在主流媒介中，网络广告营收增长率一直高于电视和报纸，成为快速成长、实力强大的新媒体。

2011年，中国网络广告历史性地超越了报纸广告。艾瑞网的数据显示，2011年中国网络广告市场规模达到511.9亿，超越报纸广告；移动网络广告规模增速超过传统网络广告增速，

---

① 艾瑞市场咨询. 2007年Google占美国网络广告收入的比例将达32.1%［EB/OL］.（2007-04-16）［2014-03-25］. http://news.iresearch.cn/charts/63155.shtml.

全年整体比重达到 4.5%；传统网络广告市场中，门户网站比重进一步下降，电商网站比重迅速上升；2011 年四季度搜索引擎市场规模为 56.8 亿元，全年规模达到 187.8 亿元；在搜索引擎市场中百度的份额进一步扩大，搜狗、搜搜等品牌发展加速。①

根据艾瑞咨询集团发布的网络广告市场数据，2014 年中国网络广告市场规模达到 1 540 亿元，同比增长 40.0%，增速较上一年小幅下降。在网络广告市场整体进入成熟稳定阶段之后，各个网络媒体细分领域表现各异，虽然一些传统领域呈现出成熟态势下增速放缓的趋势，但另一些领域在新广告技术与广告形式的共同驱动下，迸发出强劲的增长势头，与此同时，品牌广告主预算进一步向数字媒体倾斜，这些均推动了网络广告市场的规模达到新的高度。

2024 年 6 月 20 日，国家市场监管总局与中国经济信息社联合发布的《中国广告业发展指数报告》显示，2023 年我国广告业呈现出蓬勃发展的良好态势，中国广告业发展指数为 119.0 点，同比增长 9.1%；2023 年全国从事广告业务的事业单位和规模以上企业广告业务收入为 13 120.7 亿元，比上年增长 17.5%，广告市场规模占全球比重进一步提高，继续稳居世界第二。

不过，与其他行业一样，网络广告亦存在“诺威格定律”。所谓“诺威格定律”，由谷歌研究院院长彼得·诺威格（Peter Norvig）提出，即：“一个显而易见的事实是——当一个东西的渗透率超过 50%的时候，它的占有率就无法再翻倍了。”今天的互联网广告已经跨过了“诺威格定律”描述的临界点。根据 eMarketer 的数据，全球互联网广告在整体广告市场占比超过 50%的时间点是 2019 年，而中国超过 50%的时间点是 2020 年。由于对传统广告的“替代效应”在明显减速，互联网广告结束了高增长的狂奔期，进入了常规增长的新常态。在这个新常态下，巨头与巨头的交锋变得更加激烈，技术的变迁、格局的变化让整个互联网广告赛道变得越发拥挤。

《2022 年中国互联网广告数据报告》显示，中国互联网广告行业在 2022 年实现全年广告收入 5 088 亿元人民币（不含港澳台地区），较 2021 年出现同比下降 6.38%的回调。截至目前，中国互联网广告市场已经高速发展了 20 年。

2024 年 1 月 8 日，中关村互动营销实验室联合秒针营销科学院、北京师范大学新闻传播学院共同发布的《2023 中国互联网广告数据报告》显示，2023 年，我国互联网广告市场规模预计为 5 732 亿元，较 2022 年增长 12.66%。市场经历 2022 年的结构化调整与资源优化配置后，再次呈现增长态势，说明中国互联网广告市场韧性十足。

二、网络广告的特点

网络广告作为一种全新的广告形式，之所以受到各个国家及地区的企业的重视和偏爱，是因为它与当今电视、广播、报纸、杂志等媒体的广告相比，具有以下特点。

（一）互动性与主动性强

互动性强是新媒体的最大优势，它不同于传统媒体信息的单向传播，而是信息互动传播，用户可以获取他们认为有用的信息，厂商也可以随时得到宝贵的用户反馈信息。

在日本、美国等发达国家，网络广告被称为互动式广告。

网民在浏览网页时可以随心所欲地主动选择自己需要的（而不是被动接收）各类广告信息。如果他想知道某种商品或服务的详情，可以通过点击广告做进一步了解，或者利用电子邮

① 艾瑞网 . 2011 年网络广告超越报纸广告 市场呈新竞争态势［EB/OL］.（2012－01－11）［2015－03－25］. http：//it. sohu. com/20120111/n331821067. shtml.

件、网络电话、网络传真等与广告主进行交流，甚至可以直接实现在线购买。在与消费者实时沟通的过程中，广告主可以随时得到宝贵的用户反馈信息，直接与目标群进行互动式交流，可利用网络广告同时达到不同的营销目的，搜集完整的客户资料以及客户对产品与服务的意见或建议。网络广告为消费者与广告主提供了一条互动、即时的交流渠道，为广告主提高消费者对商品的认知、培养客户忠诚度、实施客户关系管理（CRM）提供了有力手段。

网络广告可以做到一对一的发布以及一对一的信息回馈。对网络广告感兴趣的网民不再被动地接收广告，而是可以及时地做出反应。这种优势使网络广告可以与电子商务紧密结合，马上实现交易。

通过在线调查等方式，广告主可以以较低的成本随时得到大量、快速的用户反馈信息，这大大提高了广告主后期整理、统计、归档等工作的效率。

（二）实时性

在传统广告媒体上，广告发版后很难改变，或者说改换广告版面的经济代价太大，因而难以实现。而在互联网上做广告则能按照需要及时变更广告内容，包括改错。例如，一则有关电视机促销广告中的电视机销售价格变动了，更改其价格只需要1～2分钟，更改成本则可以忽略不计。这样就可以很容易做到经营决策变化与广告变化之间的无延迟。

网络广告的实时性还表现在可以实时搜集用户反馈信息。

（三）无时间及地域限制、传播范围极大

网络广告的传播范围广泛，可以通过互联网把广告信息全天候（无论刮风下雨都不影响效果）、不间断地传播到世界各地。网民可以在世界任何地方的互联网上随时随地浏览广告信息。这些效果，传统媒体是无法达到的。

（四）受众数量可准确统计

网络广告的突出特点是可测量性和智能化。通过第三方服务器不仅可以精确统计出网站的访客人数、广告的曝光和被点击次数，还能记录网民上网的时间分布和地域分布情况，乃至网民的个人爱好和上网习惯，从而具备了精确定向的可能。广告主可以借助于精确统计出来的数据评价广告效果，进一步审定广告投放策略，并利用互联网的互动和实时特点，按照需要及时变更广告的形式和内容。互联网的这些技术优势，从基础层面确立了网络广告的经济价值，即节省广告主的费用投入，增强广告的实际效果，改变传统媒体广告“知道有一半的钱白花了，但不知道白花在哪里”的固有缺陷。

利用传统媒体做广告，很难准确知道有多少人接收到了广告信息。以报纸为例，虽然报纸的读者是可以统计的，但是刊登在报纸上的广告有多少人阅读过只能估计而不能精确统计。至于电视、广播和路牌等广告的受众人数就更难以估计。而在互联网上可通过权威公正的访客流量统计系统精确统计出每个客户的广告被多少个用户看过，以及这些用户查阅的时间分布和地域分布，从而有助于广告主正确评估广告效果，审定广告投放策略。

利用先进的信息技术，广告主还可以通过网络即时获得数据、报告，做到即时效果监测。这对及时调整广告策略意义非常重大。而这在传统媒体中是不可能实现的。比如，你同时在几家报刊上做广告，但每家的效果怎么样，不可能及时得到反馈，只能凭事后的感觉或调查来推断。

（五）针对性强

网络用户群体特征明显。有分析结果显示，网络广告的受众是最年轻、最具活力、受教育

程度最高、购买力最强的群体，网络广告可以直接命中潜在用户。

利用软件技术，广告主可以指定某一类专门人群作为广告播放对象，而不必为与此广告无关的人付钱。比如，广告主在上海举办一个新品展卖会，他可以要求网站只向上海登录的网民播放广告。网站可以通过监测IP地址实现这一要求。

通过提供众多的免费服务，网站一般都能建立完整的用户数据库，包括用户的地域分布、年龄、性别、收入、职业、婚姻状况、爱好等。这些资料可帮助广告主分析市场与受众，根据广告目标受众的特点，有针对性地投放广告，并根据用户特点做定点投放和跟踪分析，对广告效果做出客观准确的评价。

（六）形式多样，多媒体广告日益增多

网络广告的表现形式包括动态影像、文字、声音、图像、表格、动画、三维空间、虚拟现实等，它们可以根据广告创意需要进行任意的组合创作，从而有助于最大限度地调动各种艺术表现手段，制作出形式多样、生动活泼、能够激发消费者购买欲望的广告（见表14-1）。

表14-1　网络广告与传统广告的比较

广告类别	传播范围	时效性	信息类型	传播速度	用户接收方式	价格	注意度	更新速度	互动性
网络广告	全世界	实时	丰富、互动、多媒体	快	主动	低	高	即时	高
平面媒体广告	区域性	滞后	少，为文字信息	慢	被动	中	高	慢	低
广播广告	区域性	实时	少，为声音信息	快	被动	中	低	慢	低
电视广告	区域性	实时	音视频信息	快	被动	高	中	慢	低

当然，网络广告也有其不足。目前最大的不足在于网络在普及性方面尚不如电视等媒体。此外，新媒体的主动性使得许多网民对网络广告视而不见，根本就不去点击。

三、网络广告的主要形式

网络广告的主要形式有以下几种。

（一）横幅广告

这是起源最早的互联网广告形式，现在依然活跃在各种网站上。这种广告一般具有固定的尺寸，内容用图片或者Flash等方式展示，有很多是动态的创意素材。

（二）文字链接广告

文本链接广告是一种对浏览者干扰最少，却很有效果的网络广告形式。它一般展示在网页内容的顶部或者底部，用户点击后会自动跳转到目标广告的界面。

（三）视频贴片广告

平时我们看视频时，开头和结尾一般都会有一段广告，甚至中途也会有一段广告的插入，在视频暂停时广告也会自动跳出来，这就是视频贴片广告。以前贴片广告的功能主要是展示，现在在展示的同时大多还带有链接，用户在观看广告时就可以直接进行消费购买。

（四）信息流广告

信息流广告是位于用户的好友动态、资讯媒体及视听媒体内容流中的广告。信息流广告相对来说更容易被用户接受，企业可以根据用户标签和属性让投放更精准，效果也更好，特别是在移动互联网时代到来后，信息流广告迎来了爆炸式的增长，几乎所有的互联网媒体都推出了信息流广告平台。

（五）插屏广告

插屏广告是移动广告的一种常见形式，具有强烈的视觉冲击效果。这种广告一般是在应用开启、暂停、退出时以半屏或全屏的形式弹出。用户在使用某个应用的过程中也会遇到这类广告，比如我们看视频或者听音乐暂停时，就会跳出这种广告。

（六）全开屏广告

全开屏广告是移动互联网时代最多见到的，基本上我们每打开一款 App，都会有一个 3～5 秒的广告，主要是图片或者动态 H5，也有的直接是一个短视频。这类广告带有一定的强制性，企业投放时需要根据自己要推广的产品认真考虑。

（七）OTT 广告

OTT（over the top）广告是指互联网公司以互联网电视或者电视＋盒子为平台，在公共互联网上为电视机前的用户提供视频、游戏、购物等服务的广告。其大大弥补了互联网广告的空缺，让那些平时不怎么接触互联网的用户也能接收到企业的广告。

> **你怎么看**
>
> 如果你是广告投放商，你愿意选择传统媒体还是新媒体投放广告？你更愿意选择哪一种媒介投放广告？为什么？

（八）短视频广告

短视频广告指以时间较短的视频承载的广告，可以在社交 App、短视频 App、新闻类 App 等中出现。

（九）软文广告

软文广告是现在一些新媒体平台中最常见的广告，主要以内容为载体，自然而然地把广告融入其中，很多用户看到最后才发现刚才所看的是广告。这类广告因为有了内容的潜移默化，所以效果往往是最好的，但对内容的制作有一定要求。

（十）直播广告

近年来直播非常火爆，有的商家便选择通过直播的方式直接推销自己的产品。有的是商家自己直播，大部分是进行 KOL 投放，即选择一些网红主播来帮自己推荐。在选择 KOL 时需要注意除了选择的 KOL 要与自己的目标用户相匹配外，还要从职业、影响力、标签、活跃度等多方面考量，以求达到最佳效果。

四、网络广告效果评估

说起网络广告的效果评估，大家首先想到的就是广告的网上点击率。的确，可以直接从广告播发系统中即时查到的网上点击率是一个非常重要的广告效果评估指标，但这并不是全部。广告效果，即广告作品发布后所产生的经济作用、心理作用和社会作用。所以，广告效果可以分为广告的经济效果、广告的心理效果和广告的社会效果。同样，网络广告效果，即广告通过互联网发布后所产生的作用。网络广告效果评估主要是测量上网者对网络广告所产生的反应。比如对于通栏广告来说，上网者有如下三种选择：没注意，浏览但不点击，点击。网络广告效果评估在收集以上数据的基础上，再综合上网者的其他变量，从而得出一系列指标，作为衡量网络广告效果好坏的标准。

(一) 评估网络广告效果的标准和方法

1. 评估网络广告效果的标准

评估网络广告效果的标准主要有以下几个。

(1) 被动浏览：主要是以浏览者进入广告页面的次数为标准。

(2) 主动点击：这种效果评估标准是指网络广告效果的好坏关键要看浏览者是否点击了该广告，以及点击的次数。

(3) 交互性：交互是新媒体与传统媒体的又一重要区别，网络广告很好地体现了交互这一特点。浏览者在浏览广告的同时还要与广告主形成信息的交流，这样的网络广告才是有效的。该指标评价广告的效果的好坏主要看目标受众主动与广告主联系的次数的多少。

(4) 销售收入：广告能引起销售收入，那么广告当然是有效的。问题在于销售收入在多大程度上依赖于网络广告，因为引起销售的因素是很多的，包括促销、公关、产品、价格、销售渠道、消费者的消费行为特性等。所以，以销售效果为标准来衡量网络广告效果是困难的。

一般来说，达到四种评估的标准的难易程度与广告衡量的准确程度是正相关的。即衡量广告效果的标准越易达到，这种衡量的准确程度就越低。所谓衡量效果的准确与否都是相对的概念，对于不同类型、不同目的的广告要选择不同的测量方法，如衡量企业形象广告效果，就应该用浏览率或点击率作为标准，用销售效果为标准就不太合适。每种效果测定的标准都要通过具体的试验以及实践的经验来最终确定。试验是尤其重要的手段，比如，对于横幅广告来说，研究点击率和广告的面积、文件类型、广告与页面内容的相关性的关系是非常有意义的。

2. 测定网络广告效果的方法

网络广告效果测定的方法如下：

点击率＝看到广告并点击的数量/页面浏览量

交互率＝点击该广告并进一步与广告主联系的数量/页面浏览量

(二) 网络广告的计价模式

与网络广告的评估密切相关的是网络广告的计价模式，主要包括下面几种。

(1) CPM，cost per mille（每千人印象）的英文缩写，指广告显示1 000次所应付的费用。它所反映的定价原则是：按显示次数给广告定价，这种定价思路与传统广告中的定价思路源出一脉。

> **概念**
> CPM指广告显示 1 000 次所应付的费用。

(2) CPC，cost per click（每千人点击成本）的英文缩写。在这种模式下广告主仅为用户点击广告的行为付费，而不再为广告的显示次数付费。

> **概念**
> CPC指广告主仅为用户点击广告的行为付费，而不再为广告的显示次数付费。

(3) CPA，cost per action（每行动成本）的英文缩写，是按照用户的每一交互行为收费。CPA是按位置、时段和广告形式综合计费。

> **概念**
> CPA指按照用户的每一交互行为收费。

目前中国网络广告的主要计价模式是以广告在网站中出现的位置、时间段和广告形式为基础向广告主征收固定费用。这种计费模式是与广告发布位置、时间和广告形式挂钩的，而不与显示次数和访客行为挂钩。在这一模式下，发布商是按照自己所需来制定广告收费标准的。

【知识窗】 几个重要的术语解释

Pageview：页面浏览量，指一个网页被显示的次数。

Session：一个人在网站上一次活动的过程。

Unique Visitor：唯一访客，就是在一段时间内访问网站的“人数”，而不是“人次”。

Impressions：广告被完全下载的次数。

五、对网络广告的监管

（一）对网络广告进行监管的必要性

在互联网上，人人都可以发布广告。与现实社会一样，互联网上同样会出现虚假广告和欺诈广告，且更加不易识别。

许多人都受到过电子邮件广告的骚扰。只要你的电子邮箱地址被广告发布者知晓，你就无法拒绝。电子邮件广告以邮件列表的形式发送，数量在理论上可以轻而易举地从一到无限多，个体可以向无数的信箱发布广告邮件。

对于传统媒体广告，多年来国家已经制定了一整套的法律、法规并发布了各种规范性文件。但网络是一种新媒体，网络广告在我国的发展时间较短，这方面的立法还不完善，监管上存在许多困难和问题。有些网站发布虚假广告，欺骗消费者；有些网站发布法律法规禁止或限制商品或服务的广告；有些特殊商品广告发布前未经有关部门审查，内容存在着严重的问题；有些网站在广告经营中存在着不正当竞争行为……凡此种种都严重制约着网络广告这一新生事物朝着健康、有序的方向发展。规范化和法制化是我国网络广告发展的必由之路。

在网络广告活动中，作弊现象还很多。点击人次、浏览人次等资料可以被操控，甚至作假，比如可以开发一个程序来提高来访的人次，或采取虚假的计数方式。于是网络广告媒体与广告主及代理商开始寻找独立的监察、统计组织，由一个客观的第三方监督新媒体的效益，确保在网络广告上投入的费用能体现其价值。互联网已趋向由独立公正的第三方权威机构公开评估和统计访客流量。美国的市场调查机构尼尔森公司，作为监测网络广告的引领者，对网络上85%的热门网站的流量进行过统计。在我国，也开始有新媒体委托权威机构对其网站进行公正的访客流量测定。资料的准确公正有助于广告主及时调整产品发展方向及营销方针，使网络广告的效益得到保障。

总之，网络广告市场的快速膨胀，使得网络广告鱼目混珠的现象很严重。对网络广告的监管势在必行。

（二）网络广告监管的难点

比诸传统的媒体广告监管，网络广告的监管存在“六难”。一是因新而难。媒体新、运作模式新、表现形式新、计价方法新等，使广告管理机关对网络广告有一种陌生感，因为生疏而不知应从哪里入手管理。二是网络广告无地界、国界，确定管辖地难、适用法律难、调查取证难、追究责任难。例如一个违法广告的受害者很可能处于不同国家，甚至分布在全世界。如何认定实施侵害者的行为违法、如何定性、适用哪个国家或者地区的法律、怎样追究当事人的法律责任、其民事责任应该如何承担等问题，都让人挠头，难以解决。三是网络广告经营主体的市场准入授权难。对于跨地区甚至是跨国的网络广告经营主体，该由哪一级广告管理机关为其核发许可证和执照？其是否适用传统的资质等级标准？怎样确立其资质？这些都没有现成的依据可循。四是界定网络广告难。互联网上的信息交叉性突出，区分较传统广告媒体不易。五是广告管理机关一时难以适应。首先是人员素质不适应，其次是管理装备不适应。六是寻找法律依据难。

（三）网络广告的监管之道

目前，网络广告的管理从无序趋于有序，也就是说管理更加规范化。这有两方面的推动因素：第一是我国对网络广告管理的重视，比如国家工商行政管理总局颁布了一些试行的规范和要求，从中也可以看出政府有关部门对网络广告经营的重视。第二，许多网站从本身形象与利益出发，也在将网络广告管理带向规范化管理的道路。在网站建立的初级阶段，网站的人员素质、管理经验都存在一些薄弱的环节，而现在，网络公司已经开始成熟了，管理也进一步加强了。

网络广告存在自身的行业特点，具有与电视和报纸等媒体不同的特性，一个广告链接本身可能没有违反广告法，但它指向的站点可能存在问题，这样的情况也必须有一个妥善的管理方法。所以，网络广告规范是必须要制定的，不管是什么媒体的广告，内容规范必须一视同仁。网络广告的经营活动和网上发布的广告内容，都应当明确纳入广告监管的范围。总的来说，在网络广告的管理上，网络广告必须遵守广告法。网络广告是个全新的领域，其规范和完善需要时间。如同其他已经发展成熟的行业一样，网络广告也遵循先发展再规范的规律，不能操之过急。但是，另一方面，我国网络广告发展的速度很快，又必须尽快地进行规范，不能让网络广告盲目发展。对网络广告实行完全放开的政策，不进行资格认证，也不进行审批是不行的，也不利于网络广告业的健康发展。现在有许多专业网络公司和企业的网站在网上自行发布与经营广告，对他们如何进行管理是亟待解决的问题。能不能经营网络广告，首先要有一个资格认证，要确立一个经营网络广告的市场准入条件，再按照有关规定严格规范网络广告的内容。

由于我国目前对网络广告的经营资格没有出台相应的法律法规，因此对网站经营广告的很多问题界定不清。比如，现行《中华人民共和国广告法》（简称《广告法》）把广告经营者分为广告主、广告经营者和广告发布者，对不同的身份都有不同的限定。而在互联网上任何人都可以自行发布广告，可以说三种身份集于一身。

国外对网络广告的管理也有一个发展过程。美国、日本对网络广告的管理总体采用比较宽松的方式，但最近美国联邦贸易委员会对网络广告也提出了进一步的要求。该委员会认为，网络广告同印刷广告、电视广告、广播广告相同，都应该处于严格的管理之下，网上的许多广告都必须加以规范。网络广告实施细则也强调，在任何媒体上，欺诈行为都是非法的，网络广告的浮夸和欺诈不但会损害消费者利益，也将损害电子商务自身的形象。美国联邦贸易委员会已经开始通过对广告用语、营销以及促销行为等加以监督，对在线消费者进行保护，使其不受虚假广告的误导；对广告商的要求则是，广告商必须确保广告内容的清晰和准确，如果广告内容中存在容易误导消费者的地方，广告商必须加以声明，声明出现的位置必须醒目，声明的语言必须清楚易懂。

我国对网络广告的监管由国家工商行政管理总局广告监管司负责。对于开展网络广告的企业，凡在中华人民共和国境内从事广告活动，都应遵守《广告法》及有关法规、规章的规定，各种广告活动都应纳入广告管理的范畴。

针对网络广告中存在的诸多问题，政府相关部门应该尽快制定相关的、细化的法律法规，才能对网络广告中的违规行为实施有效管理。

首先，应借鉴国外成功之立法经验，尽快出台有关的法律法规。

以目前争议颇多的垃圾邮件为例。虽然电子邮件是被普遍使用的一种网络广告形式，但有很多用户对此持异议。用户如果收到大量广告性电子邮件，由于不知道其内容，不得不打开查看，既占用了有限的网络存储空间，又浪费了时间和金钱。对于这种行为如何规范、管理，我国目前尚无明确、细致的规定。

美国在这个方面做得较好。1997 年，美国内华达州出台了一部法律，对以电子邮件形式滥发广告的行为实施监督管理，该州也因此成为全美第一个对此类行为做出明确规定的州。1998 年 4 月，美国两个州的法院分别就乱发垃圾邮件的案件做出巨额罚款的判决。同年，美国华盛顿州通过了《反垃圾邮件法》，其中规定使用假回邮地址或故意隐瞒回邮地址的行为均属违法，法院可以依法判决。

他山之石，可以攻玉。在这个方面，我们可以借鉴国外的这些成功经验，制定出细致而明确的法律法规，以规范网络广告中的违规操作行为。在立法过程中，也应该注意不能影响网络服务提供商的正常发展。我国台湾地区认为网络广告属于《消费者保护法》的调整范围，网络服务提供商应当承担该法所规定的媒体经营者的连带责任。这种做法对网络服务提供商来讲，似有责任过重之嫌，会对网络服务提供商的发展有一定的负面影响。我国在立法中应该注意这个问题，做到既保护消费者的利益又不至于影响网络服务提供商的正常发展。

其次，应加强宣传，提高消费者的自我保护意识。

美国联邦贸易委员会与美国消费者联盟曾共同发表了一项声明，提醒消费者如何辨别网络虚假广告，警惕广告陷阱，以减少不必要的损失。我国有关消费者保护的权威组织是中国消费者协会。该协会作为消费者的“保护神”，应该顺应时代潮流，在工作中重视虚假网络广告对消费者权益的侵害，提醒消费者警惕网络广告陷阱，避免纠纷的发生。

最后，应该加强网络服务提供商的法律观念，实施行业自律。

广告发布者的行业自律早已有之，中华人民共和国成立前有些报馆就规定“有伤风化及损害他人名誉者，或近欺骗者，概难照登”。改革开放后，中央电视台也制定了《中央电视台商品广告审查（暂行）标准》，对发布广告进行自律。

网络服务提供商虽不同于上述媒体，但与其有相似之处，故亦应制定相应自律条文，从自身做起，尽量避免在网上发布虚假广告，防患于未然，保护网民的权益。

总之，面对飞速发展的网络，我们应积极应对，制定相关的法律法规，保护众多网络消费者的合法权益。只有这样，才能使网络广告向着健康的方向发展，起到它应该有的作用。

六、网络广告的发展之道

（一）网络广告要有创意

网络广告数不胜数，只有有创意的、能让人留下深刻印象的广告才能激发消费者的购买欲望，激发他们的消费需求。提供让消费者参与的广告，使消费者无法拒绝你的产品，这才是网络广告真正的迷人之处。要突破已有的广告类型，寻求网络广告形式的创新，如寓创作于游戏的网络广告、多媒体广告、Flash广告等。

（二）网络广告的内容要具体、真实

网络广告的内容要具体、真实，不能提供虚假的信息。如在网络上刊登产品目录，让消费者“线上订货”，在实现直接销售时，应提供具体、真实的产品目录，并对每一种产品进行简单的介绍，使消费者对产品有个基本的了解，如可以在线试用的软件、音乐、书籍等，可适当提供一些免费试用产品。

（三）利用传统媒体进行广告站点的宣传

利用传统媒体进行广告站点的宣传，如在报纸、电视上登广告以使更多的消费者了解和熟悉广告站点。通过传统媒介的宣传，提高广告站点或公司站点的知名度。传统媒体与互联网的结合将进一步促进网络广告的发展，使更多的潜在消费者了解产品信息。

网络广告与传统媒体广告最明显的不同之处在于它的互动性和大容量，它可以使消费者随心所欲地选择自己所需的广告信息。网络广告所具有的向巨大范围的消费者提供各自所需信息的这一传统媒体所没有的优势，将被用于销售反馈、客户服务、网上交易以及其他传统媒体尚未发现的应用领域。

（四）应制定有关网络广告的法规，引导网络广告健康发展

目前的《广告法》尚难以规范我国网络广告的发展。如此下去，诸如“邮件炸弹”、不良意识或恶意诋毁等内容的广告将可能影响网络广告的健康发展。

（五）必须加快建立针对网络广告的有效性的衡量标准

作为一种新兴的广告形式，网络广告将来如何发展，在很大程度上将取决于其度量标准的开发能力。网络广告业的国际性组织——互联网广告局，曾经就网站横幅广告向业界提示了有关行业指南，但目前还没有形成公认的网络广告效果衡量标准。而我国网络广告业才刚刚起步，借鉴国外一些相对成熟的做法，初步建立一套自己的统一标准，是解决当前业界混乱状况的关键。网络广告有效性的衡量标准一旦确立，广告的计费方式和第三方审计方法就很容易统一，行业面临的主要障碍也将不复存在，网络广告会驶入发展的快车道。

（六）立法与行业自律并重

在美国，有专门的网络广告标准联盟提出行业总的指导性政策、规范，特别是行业自律的措施。我国北京、上海等地相继出台了网络广告管理办法；2016年我国出台《互联网广告管理暂行办法》，2023年《互联网广告管理办法》正式施行。法制的逐步完善为行业的发展营造了良好的外部环境。然而，法律终究不能解决所有矛盾，诸如如何保护网民隐私权之类的问题最终要依靠业界的合作与协同。法制和业界自律二者皆不可偏废，其他行业如此，新兴的网络广告业更须如此。

（七）要注重技术和营销方式的创新

我国互联网基础设施的落后是网络广告制作水平不高的重要制约因素。上网速度的提升可为丰富网络广告的表现形式提供一个更广阔的平台。我国网络广告业应多多吸收国外的先进技术与运作经验，从制作和营销两方面提高水平，加快与国际接轨。

(八) 要得到社会尤其是网民、广告主的认可

网络广告的发展还有一个前提，就是要得到社会尤其是网民、广告主的认可。网络广告能否进一步得到网民的认可，还需要进一步研究网民对广告的心理反应，创新网络广告的形式。中国互联网络信息中心、日本电通公司、美国 Jupiter Media Metrix 公司的调查都显示，绝大多数网民讨厌插播式广告，甚至下载相关的软件自动“关闭”插播式广告。尽管网上的背后插播式（pop-under）广告获得了很高的到达率（reach），但对消费者而言并没有吸引力。插播式广告就是当用户打开某特定的网页时，该站点的伙伴企业的宣传广告会同时在该页面的背后弹出，当用户关闭自己打开的网页时早已在背后弹出的窗口就会突然出现在屏幕上。营销的最终目的不应该只是获得站点流量，在线营销首先应该充分尊重消费者按自己的意志收视的自由乃至权利。在此基础上提供用户需要的信息，将成为决定在线营销成功与否的关键。正因为一些网络广告使网民反感，一些软件公司开发了阻止网络广告的软件。

(九) 要立法治理垃圾邮件

在中国，垃圾邮件甚至超过了正常电子邮件的数量。垃圾邮件的数量已经达到了不可接受的程度，而且垃圾邮件的广告内容大多具有误导和欺诈的成分，这对电子邮件的发展构成了严重威胁。

【知识窗】 弗吉尼亚州的反垃圾邮件法

美国弗吉尼亚州于2003年4月通过了一项异常严厉的反垃圾邮件法，每天发送垃圾邮件数量超过1万封的人将面临高额经济赔偿、个人财产被没收甚至是坐牢的风险。虽然全美大约一半的州都颁布了反垃圾邮件法，但其他各州都没有像弗吉尼亚州这样下令没收违法者的个人财产以及最多判处其五年有期徒刑。垃圾邮件过滤技术和相关装置以及一般性的民法不足以遏制垃圾邮件发送者，对垃圾邮件发送者进行严厉的处罚是为了将发送垃圾邮件的行为归为一项重罪，违法者的个人资产，包括汽车、私人飞机以及别墅等都在被没收之列。

第 2 节　电子商务模式

电子商务产生于20世纪60年代，大发展于20世纪90年代互联网普及的时代。其产生和发展的重要条件主要是：计算机的广泛应用，网络的普及和成熟，信用卡的普及应用，电子安全交易协议的制定，政府的支持与推动。

在美国，通过互联网进行交易已经成为人们日常生活的一部分。美国政府为了鼓励电子商务的发展，规定网民在互联网上购物可以免除一部分消费税，从而极大地促进了电子商务的发展。

一、电子商务的优缺点

电子商务活动有两个基本特点：一是利用了现代信息技术（特别是使用各种形式的网络）；

二是与商品和服务的买卖有关，是一种商贸活动。电子商务大大简化了商品流通环节，提高了交易效率，同时降低了交易成本，是实现跨地区、跨国界交易更为有效的途径。但是，目前电子商务还存在难以控制和易被不法之徒利用、安全保障和保护隐私等问题没得到根本解决等不足。

首先，电子商务大大简化了商品流通环节，提高了交易效率。电子商务利用电脑网络快捷、便利的通信手段，在更广阔的时空里实现了商品流通信息的咨询、交换，以至于直接开展网上贸易。在这里，互联网用一条前所未有的纽带把全世界的商品供需双方联系在一起，客户在不与商家碰面的情况下即可完成意向洽谈、看样订货、实际购买和支付货款的交易全过程。电子商务模式的出现取代了商品流通中大量的中间行为，商品代理制、分销商、层层叠叠的批发，以及展览会、展销会等，都有可能随着电子商务这种新型销售方式的崛起而变得不再那么重要。

其次，电子商务是实现跨地区、跨国界交易更为有效的途径。利用多媒体及与此相应的软件编程技术，商家能够在网络上构筑销售其产品的“虚拟展厅”，以生动逼真的视频图像、动画技术，辅以文字、声音等附加信息，对产品进行全方位的描述和介绍，使用户或消费者远在万里之遥也同样能感受到身临其境的现场效果，足不出户便可实现消费意愿。在网络构筑的“世界大展厅”里，人们还能“货比三家”。与电视直销相比，基于网络的电子商务更具优越性。换言之，电子商务具有方便性。在电子商务环境中，人们不再受地域的限制，客户能以非常简捷的方式完成过去较为繁杂的商务活动，如通过网络银行能够全天候地存取资金、查询信息等。这也使企业可以大大提高服务质量。

最后，电子商务降低了交易成本。电子商务提供了虚拟的全球性贸易环境，大大提高了商务活动的水平和服务质量，节省了许多潜在的开支。

电子商务有明显的优点，但也有难以控制和易被不法之徒利用的缺点。从技术上说，还有安全保障和保护隐私等问题没得到根本解决。在尚无严格的国际司法保障的互联网上开展业务，交易能否在双方均无后顾之忧的情况下顺利完成，是电子商务业务能否迅速普及的关键。

二、电子商务的类型

电子商务可以按照不同的标准进行分类。

（1）按照交易对象分类，电子商务可以分为三种类型：第一种类型是企业与消费者之间的电子商务。类似于联机服务中进行的商品买卖，它是利用计算机网络使消费者直接参与经济活动的高级形式。第二种类型是企业间的电子商务。它包括：非特定企业间的电子商务，它是在开放的网络中为每笔交易寻找最佳伙伴，并与伙伴进行从订购到结算的全部交易行为；特定企业间的电子商务，它是在过去一直有交易关系或者今后要继续进行交易的企业间，为了相同的经济利益，共同进行的设计开发。第三种类型是企业与政府之间的电子商务。这种商务活动覆盖企业与政府组织间的各项事务。

（2）按照商务活动的内容分类，电子商务主要包括两类：一是间接电子商务——有形货物的电子订货和付款，它仍然需要利用传统渠道如邮政服务和商业快递车送货；二是直接电子商务——无形货物和服务，如某些计算机软件、娱乐产品的联机订购、付款和交付，或者是全球规模的信息服务。间接电子商务要依靠一些外部要素，如运输系统等。直接电子商务能使双方越过地理界限直接进行交易，充分挖掘全球市场的潜力。

（3）按照使用网络的类型分类，电子商务目前主要有三种形式：第一种形式是 EDI，第二种形式是互联网，第三种形式是 intranet。

EDI（electronic data interchange，电子数据交换）主要被应用于企业与企业、企业与批发商、批发商与零售商之间的批发业务。相对于传统的订货和付款方式，传统贸易所使用的各种单据、票证全部被计算机网络的数据交换所取代。EDI 系统的大范围使用，可以减少数据处理费用和数据重复录入费用，并大大缩短交易时间。

互联网商业是国际现代商业的最新形式。它以计算机、通信、多媒体、数据库技术为基础，通过互联网，在网上实现营销、购物服务。它突破了传统商业生产、批发、零售及进、销、存、调的流转程序与营销模式，真正实现了少投入、低成本、零库存、高效率，避免了商品的无效搬运，从而实现了社会资源的高效运转和最大节余。消费者可以不受时间、空间、厂商的限制，广泛浏览，充分比较，以最低的价格获得最为满意的商品和服务。

Intranet 是一种采用互联网技术和标准建立的用于企业或机构内部信息管理和交换的局域网，是防火墙后的互联网。

（4）电子商务还可以按服务的地理范围来分类，通常可分为三类：本地电子商务、远程国内电子商务和全球电子商务。

第 3 节　收费服务模式

新媒体进行收费服务，其提供的信息或服务必须具有不可替代性，或者对免费与收费用户实行差别服务。

一、收费服务：说易行难

作为企业，实现盈利是其根本目标。过去，网站盈利的模式是“免费使用＋网络广告”，然而，事实证明，对于许多网站来说，这一模式难以给网站带来利润。网站亏损的例子比比皆是，许多知名度高、访问量大的网站也是如此。

为挽救每况愈下的营收，全球报业无不将希望寄托于网络新闻收费，但一项最新调查显示，让网络新闻读者掏钱付费，如同迫使破茧而出的蝴蝶回到茧里一样困难。

根据美国皮尤研究中心 2010 年度“卓越新闻计划”所做的民意调查，每 10 个美国人中有 6 人表示平常有上新闻网站的习惯。35％的网络新闻读者说，他们有固定每天浏览的新闻网站，但仅有 19％的受访者有付费意愿。

调查显示网络读者对新闻网站的忠诚度低。在有个人偏爱网站的受访者中，有高达 82％的受访者表示，如果常上的网站开始要求付费，他们会转去其他免费网站。

> **你怎么看**
>
> 2009 年 12 月 2 日，美国新闻集团董事长鲁珀特·默多克（Rupert Murdoch）表示，传统的广告资助的商业模式正在被淘汰，将来新闻机构必须提供能够让读者愿意付费阅读的高质量新闻内容。你是否赞成他的观点？请说明理由。

二、《日报》的教训

《日报》（*The Daily*）是 2011 年 1 月新闻集团与苹果公司合作开发的 iPad 付费新闻阅读产品，希望凭借 iPad 庞大的客户群，赢得数字阅读时代的市场先机。开发方曾对《日报》寄予厚望。乔布斯曾称其为“iPad 上最令人期待的新闻阅读产品”，默多克则称《日报》是“未来的发展潮流”，并想借此将自己的传媒帝国全面带入移动互联新时代。

但是，到 2012 年 11 月，默多克至少已经向《日报》投入了 3 000 万美元。因连续两年亏损，《日报》于 2012 年 12 月 15 日关闭。此时距离《日报》上市还不到两年时间。

《日报》失败的原因不少，如内容独创性和吸引力不足。如果想做一份叫作“Daily”（日报）的报纸，就必须具备影响人们每天阅读习惯的能力。很显然，这份报纸并不足以吸引人们每天去阅读。

在新媒体时代，《纽约时报》《华尔街日报》等市场主流媒体也纷纷推出可在各种品牌（苹果、HTC 和黑莓等）、各种类型（手机、平板电脑和电脑）的移动终端阅读的电子版，并且在订阅电子版的同时附赠纸质版。在同样付费的前提下，多数消费者自然更倾向于选择一份更熟悉、更权威的报纸，而不是一个全新、陌生的新闻应用。

但是，我们认为，《日报》的付费新闻阅读是其失败的根本原因。在美国，《日报》应用程序每周订阅费为 99 美分，每年 39.99 美元。若《日报》采取“免费＋广告”模式，或许更有可能实现盈利的目标。

三、腾讯的成功之道

深圳市腾讯计算机系统有限公司成立于 1998 年 11 月，由马化腾、张志东、许晨晔、陈一丹、曾李青五位创始人共同创立，是中国最大的互联网综合服务提供商之一，也是中国服务用户最多的互联网企业之一。

微信和 QQ 是腾讯最重要的两个产品。截至 2019 年 4 月，微信已经拥有 11 亿的活跃用户，超越 QQ 成为当之无愧的社交第一软件。有网友计算了一笔账，微信 11 亿用户，如果每个用户缴纳 10 块钱的微信使用费，加起来就是 110 亿的巨额资金，就算是因为收费造成客户流失，那么腾讯也能获得将近百亿的资产，为什么腾讯不这样做呢？

很多人都以为微信不收钱所以微信应该赚不了多少钱，其实不然，微信拥有国内最具有流量的社交平台，能够实现流量变现。首先是广告收益，微信拥有庞大的用户基数，这对于广告的宣传来说是非常有利的一点，所以微信从 2017 年开始正式上线的 2B 业务，不仅开始在朋友圈投放广告，很多公众号、小程序中也加入了植入广告，而且能够根据大数据分析实现精准推送，意思是微信会根据你的浏览习惯为你推送相关广告，这样更加利于广告转换成为购买力。

其次，微信通过第三方服务来收取费用，微信不仅是一款社交软件，它同时还是国内三大支付软件之一，微信能够帮助商家完成收款，但是也会收取一定的费用；微信也会推荐一些理财项目，从中收取佣金；微信可以通过公众号来收取认证费用，每个公众号每年 300 元的认证费就能帮助微信赚取将近百亿的利润。

然而，微信一旦实行收费，那么它赖以生存的用户基础就将流失，微信在社交平台领域的领导位置也将受到威胁；相反，免费的微信让很多用户喜爱，越来越多的用户开始带动更多的亲友使用微信，微信的用户基础也会越累积越雄厚。

腾讯的收入结构主要由增值服务、网络广告和其他三类业务构成。其中，增值服务收入是公司最主要的收入来源。

按月活跃账户数计算，腾讯的社交通信平台微信及 QQ 是中国最大的社区。截至 2023 年 6 月底，微信及 WeChat 的合并月活跃账户数已达到 13.27 亿。微信进一步提高了低线城市的渗透率，覆盖更广泛的用户年龄层。

小程序现已为微信用户及企业广泛采用，奠定了连接在线用户与线下场景的行业趋势。日活跃账户数增长迅速，用户日均访问量同比增长54%。小程序覆盖超过200个服务行业，通过多方渠道与用户连接，包括聊天界面的快捷方式、微信应用内的搜索功能及线下小程序二维码。

腾讯已建立了一个涵盖网络游戏、文学、视频、音乐、新闻及漫画的内容生态系统。

腾讯扩大了移动支付市场的领先地位，商业支付占支付交易量的一半以上，而在其迅速增长的带动下，腾讯2018年的日均总支付交易量超过10亿次。2018年，腾讯的商业支付收入同比增长逾一倍。腾讯的支付平台与数以千万计的商户连接，于2018年第四季度，月活跃商户同比增长逾80%。笔者认为，腾讯凭借移动支付市场的领先地位，事实上已经成为全球最大的银行之一。

中国互联网的四巨头BAT（BAT过去是指百度、阿里巴巴、腾讯，现在也有人将其扩展至四家，即百度、抖音集团、阿里巴巴、腾讯），没有一家采用付费模式，三家采用“免费+广告模式”，一家（阿里巴巴）采用电子商务模式。

阿里巴巴由于有支付宝业务，本质上已经不只是一家互联网公司，还是一家巨型银行。同理，由于腾讯拥有微信支付业务，本质上也是一家超大型银行；由于几乎免费的微信语音和视频业务的普及，腾讯本质上还是一家巨型电信公司。

第4节　基于算法的抖音集团

在当今互联网巨头林立的时代，张一鸣和他的抖音集团（原字节跳动）无疑是一股清新的力量。在百度、阿里巴巴和腾讯这三座大山的围剿下，抖音集团不仅成功地脱颖而出，而且估值达到了惊人的1.48万亿。那么，这个年轻的互联网巨头是如何实现突围的呢？

首先，抖音集团拥有一套先进的算法，这是该公司能够迎合用户喜好的关键。这套算法可以根据用户的浏览历史、兴趣偏好、使用行为等数据，精准地推荐打开率高的视频内容。在信息过载的今天，这种个性化推荐的方式犹如用户心中的蛔虫，满足了人们寻找自己感兴趣内容的需求。

这种算法基于大数据、机器学习的智能分发工具能够根据用户的反馈做出个性化推荐。通过个性化信息推荐引擎的方式解决信息分发效率的问题，“让信息找人”，是今日头条最基础的战略定位。今日头条在2013年秋季就建立了个性化推荐信息流广告模式。这种高效率的商业变现能力正是许多互联网创业公司的短板。

门户时代的互联网广告常常干扰用户阅读，比如网页上飘着Banner、闪动的广告图片等，今日头条的广告模式则较好地平衡了商业变现与用户体验。首先，抖音集团认为广告本身也是信息，根据用户的兴趣在信息流中插入广告，对用户体验影响较小，广告效果也会更好。其次，广告分发自动化。考虑到用户偏好不同，同一条广告，今日头条可能会做几十版素材。系统会根据用户阅读记录、点赞、收藏行为形成兴趣标签，并根据用户偏好选择不同的素材进行推送。最后，广告信息视频化。在今日头条平台上，用户短视频观看量呈现非常快速的增长。观测到这种趋势的今日头条，最晚自2016年第一季度起，在广告运营中增加了视频选项。

其次，这个时代是短视频和直播带货的时代。抖音集团敏锐地捕捉到了这一趋势，并成功地适应了这一变化。抖音等产品不仅在视频质量、用户体验等方面表现优秀，还通过直播带货等功能实现了商业模式的多元化。这些创新不仅赢得了年轻用户的喜爱，也帮助抖音集团在竞争激烈的市场中立足。

2016年4月、5月、9月，抖音集团相继推出几款独立的短视频App：火山小视频、头条视频（分拆自今日头条 App，2017 年 6 月改称“西瓜视频”）、A. me（2016 年 12 月正式改名“抖音”）。其中，西瓜视频涵盖各种类型的长视频和短视频，火山小视频主打“接地气”内容和风格的短视频，抖音则是一款专注于年轻人的创意音乐短视频产品，用户通过自主拍摄＋DIY 音乐的形式，创作出 15 秒的精致内容，并分享给社群中的其他用户。抖音重点运营健身、旅行、音乐、舞蹈、绘画、美妆等有关美好生活的内容，形成时尚、有趣的标签定位，与竞争对手形成差异化风格。

抖音商业模式的核心是一个围绕 5%的头部用户和 MCN 机构的中心化网络，在这个网络中，抖音的算法系统发挥监控和内容分发的作用，而其余 95%的普通用户才是流量变现的基础。

抖音集团广告收入占中国互联网广告总收入的比例逐年上升，电商也成为其新兴营收渠道。从 2019 年起，直播电商成为潮流，抖音也开始打造独立的卖货平台。媒体报道称，抖音商城 2020 年全年 GMV（商品成交总额）超过 5 000 亿元，2021 年 GMV 达到 7 300 亿元。实现 7 300 亿元 GMV，拼多多用了近 4 年时间，抖音只用了不到 2 年，起步更早的阿里与京东则耗时更久。

抖音等产品的定位和内容也起到了至关重要的作用。这些产品不仅仅是一款娱乐工具，更是一种生活方式。通过短视频的形式，人们可以分享自己的生活、获取资讯、学习知识等。直播带货则为用户提供了购买优质商品的渠道，同时也为网红、明星提供了展示自己影响力的平台。这些多元化的功能使得抖音等产品成为人们生活中不可或缺的一部分。

作为抖音集团最成功的全球化产品，TikTok 在全球范围内引领了短视频的风潮，甚至挑战了脸书在社交网络方面的霸主地位。

抖音集团的成功源于其先进的算法、对市场趋势的敏锐洞察力以及多元化的商业模式。在未来的发展中，抖音集团将继续面对激烈的市场竞争和不断变化的市场环境。然而，这家年轻的公司已经展示出了强大的适应能力和创新能力，我们有理由相信，抖音集团将继续保持其在市场中的领先地位，并为互联网行业带来更多的惊喜。

2023 年 7 月 15 日，FastData 与雨果跨境联合发布了《2023 上半年 TikTok 生态发展白皮书》，数据显示，截至 2023 年 6 月 TikTok 全球下载量已突破 35 亿次。TikTok 在全球已拥有超过 16 亿用户。美国拥有超过 1.5 亿 TikTok 用户，是全球 TikTok 用户最多的国家，印度尼西亚以 1.13 亿用户数位居第二。

2024 年 2 月 1 日，美国皮尤研究中心 1 月 31 日发布的一项调查报告显示，33%的美国人表示使用过短视频平台 TikTok。2021—2023 年，TikTok 在美国的用户数量增幅超过了其他各大社交平台。报告显示，2021—2023 年，TikTok 在美国的用户数量“增长迅猛”，至少增加了 12 个百分点。在接受调查的 5 733 名美国人中，年轻人使用 TikTok 的倾向性比老年人高。在 18 至 29 岁的受访者中，62%表示曾使用过 TikTok，65 岁以上的受访者中则有 10%为 TikTok 用户。

第 5 节　新媒体行业的马太效应

新媒体是一个“马太效应”非常明显的行业。新媒体行业有一句名言，即“数一数二，不三不四”。意思是说，任何一个互联网细分市场，不管其市场规模有多大，往往只有一个行业“老大”，“老二”如果想生存，必须具有老大不具备的不可替代的特殊优势。但是，绝对没有“老三”“老四”。

例如，在电子商务市场，国内的淘宝市场份额最高；京东由于具有强大的物流，及自营带来的较低假货率，市场份额居于第二；而其他电商的市场份额连 1%都达不到。又如，英文搜索市场份额最高的是谷歌，排第二的是必应，其市场份额远远落后于谷歌；中文搜索市场份额最高的是百度，其他搜索引擎的市场份额不到 1%。这就是新媒体行业的马太效应。

新媒体行业的马太效应的成因在于，绝大多数互联网企业采取“免费＋广告”的盈利模式。对于用户来说，既然都是免费的，为什么不用最好的呢？

你怎么看

你如何认识新媒体行业中的马太效应？你认为这种效应是否应该以及是否能够被化解？为什么？

新媒体又是一个时机是关键的行业。

“失去的机会不会再有！”是互联网行业的规律之一。这样的例子比比皆是。罗永浩的锤子手机为什么失败？罗永浩开始做手机是 2014 年 5 月份，2013 年中国共销售手机 3.5 亿部，同比增长 84%。增长 84%的时候，这个行业就已经跟你没有关系了。因为所有人都看到可能性了，智能手机是一个大市场，大量的资本、大量的技术开始涌进来。只有在 2011 年、2012 年做手机，才有机会。到 2014 年没有机会了，2014 年如果雷军刚刚创办小米手机，他也没有机会。

失去的机会不会再有，但是任何互联网细分市场，第一个吃螃蟹者都会变成“先烈”。因为市场太新，不能墨守成规，需要创新才能生存。瀛海威就是一个典型的案例。瀛海威曾经是中国互联网行业的领跑者，后因企业经营策略等问题而逐渐衰落。

【案例】 瀛海威的兴衰

图 14-1 瀛海威时空广告牌

瀛海威的前身为北京科技有限责任公司，该公司成立于 1995 年 5 月，公司总经理为张树新，出资人为张树新和她的丈夫姜作贤。公司最初的业务是代销美国 PC 机，张树新到美国考察时接触到了互联网，回国后即着手从事互联网业务，瀛海威由此而诞生。

张树新 1985 年毕业于中国科技大学化学系，1986—1989 年在《中国科学报》做了三年记者，1989—1992 年在中科院高技术企业局工作三年，1992—1995 年创办经营北京天树策划公司。1995 年，北京瀛海威科技有限责任公司成立，当时股东只有两家——她和姜作贤，注册资金 700 万元。1995 年 9 月 30 日，瀛海威时空正式运营（见图 14-1）。

1998 年，经过三年的苦心经营，瀛海威已发展成为拥有 3.7 万家客户的全国知名 ISP 公司和除邮电系统之外中国最大的一家电信网络公司。瀛海威建立了中国第一个公司网和电子商务。瀛海威几乎教给了国人所有关于互联网的基本概念。张树新被誉为中国“第一代织网人”，瀛海威的名字也因此深入国人心中，成为中国 ISP 产业的大哥大。

瀛海威所处的是在中国还不为大多数人所了解的 ISP 行业。瀛海威用户通过电话线拨号上网，此段谓之接入服务。当接入成功后，若用户想浏览国外的站点，则必须通过中国电信的主干网。其中拨号网络部分收取的费用实际上就是电话费，这部分费用全部交给了中国电信，瀛海威只是过路财神。而瀛海威所收取的用户通过主干网浏览国外站点所缴的费用还不抵瀛海威交给中国电信主干网的使用费用多，这样，用户访问国外站点的次数越多或时间越长，瀛海威赔钱也就越多。不仅瀛海威如此，所有的ISP都是如此苦苦支撑着。因为中国电信是中国电信业的龙头老大，它在中国有线网和无线网通信上占据绝对统治的地位，几乎所有的通信线路都归中国电信所有，这种垄断属于国家垄断。因此同一行业的任何一家公司都要执行中国电信制定的价格体系，遵守中国电信制定的政策，而无力与之竞争。

1996 年 9 月至 1997 年 10 月，瀛海威使网民不得不面对的一个哭笑不得的事实是：想通过瀛海威上网必须使用专有程序。这当然给用户带来了极大的不便，上你的网还要放弃我们的习惯而使用一种新的软件，商家反而在增加用户的麻烦。从用户到公司内部，这种抗议声持续不断，可是直到 1997 年 10 月，瀛海威才宣布取消这一规定。而在这两年漫长的时间里，瀛海威的高层主管坚持不改规定的原因竟是“公司花了大量财力人力研制出的专用软件不能随便舍弃”。

瀛海威还花巨资开发了十分超前的“网上缴费系统”。瀛海威实行的联机服务收费，让网站成了一座上岸票价昂贵的孤岛。网民面对开放自由的信息大海，只能望洋兴叹。瀛海威还使用了一套与互联网 TCP/IP 不同的通信规程，网民熟知也容易找到的标准浏览器 Netcape 和 IE，在号称“纵横时空”的瀛海威竟然不能使用。这又无异于孤立无援地挑战整个世界网络标准，给广大用户带来不便。

其实，瀛海威正确的选择是“向雅虎式的门户类网站转型”，但是张树新“在大雾中领跑”，失去了生存和发展的机会。

【本章小结】

本章主要阐释了新媒体的盈利模式，包括网络广告、收费服务、电子商务模式等；重点讲授了网络广告的特点、问题、发展对策；讨论了电子商务模式的类型；分析了收费服务模式的可行性。

【思考题】

1. 网络广告有何优势与不足?
2. 如何对网络广告进行监管?
3. 请说说你最喜欢和最讨厌的网络广告，并分析原因。
4. 请简述评估网络广告效果的标准和方法。
5. 电子商务的特征与类型有哪些?
6. 你如何看待手机广告?
7. 请分析淘宝的盈利模式及成功的原因。
8. 请分析腾讯的盈利模式。
9. 目前新媒体的盈利模式有哪几种? 它们各自具有哪些优势和劣势?

第 15 章　新媒体中的著作权保护

新媒体的出现给著作权（版权）保护带来了崭新的课题。早在 1996 年 12 月 20 日，世界知识产权组织关于版权与邻接权的协商会议就通过了涉及新媒体著作权保护的世界公约——《世界知识产权组织版权条约》和《世界知识产权组织表演和录音制品条约》。它们对《保护文学和艺术作品伯尔尼公约》（简称《伯尔尼公约》）、《罗马公约》做出进一步的完善。《世界知识产权组织版权条约》规定：计算机网络中信息的存储、拷贝都必须经著作权人许可，作品的内容、署名等不得任意改变；同时，对加密信息的擅自解密及擅自生产解码设备，均侵犯了著作权人的权利。同时各国也采取了相应的法律保护措施。

2000 年 12 月，世界知识产权组织在瑞士日内瓦签署了《世界知识产权组织版权条约》及《世界知识产权组织表演和录音制品条约》，在这两份条约中确认了《伯尔尼公约》中的“向公众传播的权利”这一概念中包含权利人在网上传播其作品的权利，明确规定著作权人有权许可他人以有线和无线方式向公众传播其作品。世界知识产权组织通过这一规定赋予了著作权人一项新的专有权利，即网络传播权。此后，世界主要发达国家纷纷对其国内法进行修订，加入上述两条约。美国、日本、欧盟分别采取了不同的立法模式，实施上述两项条约中对网络传播权的规定。受国际社会影响，2001 年，我国在新修订的《著作权法》中设立了“信息网络传播权”这样一项专有权利。

第 1 节　新媒体中著作权保护面临的问题

网络侵权存在隐蔽性、复杂性和裂变性等特点，更重要的是它会通过社交平台进行快速传播，达到裂变的效果，这使得打击盗链的难度大大增加。此外网络盗版还存在国际化、社交化、移动化的特点，存在监测发现难、通知删除难、投诉难等问题。

一、新媒体的特性造成了侵权易、维权难

事实上，目前并不缺乏保护新媒体著作权的法规，但是新媒体著作权保护的形势依然十分严峻。在网络上，著作权之所以被侵犯且屡见不鲜，是因为一个作者要在互联网上维护自己的合法权益往往要付出很高的时间、经济成本，并且承担着较高的败诉风险。因为在网络上对著作权的侵犯有着零成本、隐蔽性、迅速性、全球性以及罪证难以收集等特点。简言之，在互联网上侵权非常容易，维权却十分困难。

一部新媒体作品一旦在虚拟的网络世界中被不法者侵权，被侵权人甚至难以发觉。但是，作品被侵权后却能在瞬间传遍全世界。对新媒体作品的侵权，不法者只需要轻点鼠标，简单地进行下载、复制、粘贴，其侵权成本几乎为零。从技术上看，作为数字化作品，复制品与原件没有任何质量上的差别。但是，著作权人想要维护自己的合法权利，却要付出极高的成本。与传统的纸质出版物不同，纸质作品被侵权，可以比较容易地找到有形的物证；而新媒体作品如果被侵权，侵权者可以轻易地删除被侵权作品，造成诉讼证据难以被有效收集的窘境。从中国目前已有的网络作品著作权保护法规与司法实践来看，即使著作权人成功地赢得了诉讼，所获

赔偿额也往往过低，甚至不足以支付律师费等费用。这样既无法有效保护著作权人的合法权益，也无法对不法者起到应有的打击与震慑作用。

二、关于网络服务提供商的法律责任问题

根据提供服务内容的不同，网络服务提供商可以分为提供连线服务的网络服务提供商和提供内容服务的网络服务提供商，或者是具有这两种功能的网络服务提供商。网络侵权行为的实施离不开网络服务提供商提供的服务，因此必须规范其行为，尽量明确网络服务提供商对著作权侵权的过错责任，既不使其承担过重的责任，同时也约束其行为。

提供内容服务且对网络传输内容可以控制、监督、做增删编辑的网络服务提供商，有采取措施停止侵权内容传播的义务。在著作权人发现其权利被侵害而告知网络服务提供商采取措施停止侵权，网络服务提供商仍不采取措施的，属于实施了不作为的侵权行为，应当承担连带责任。有的观点认为，在这种情况下，网络服务提供商法律责任的确定应适用过错责任原则，即使著作权人没有告知，如果网络服务提供商在主观状态上明知著作权人的权利正在被侵害，而不采取措施停止侵权，也应承担连带责任。提供内容服务的网络服务提供商，有提供侵权人通信资料等有关证据的义务。在明知用户通过网络传输侵犯他人的著作权，或者在著作权人提出确有证据的侵权警告后，网络服务提供商在技术可能、经济许可的范围内拒绝提供侵权人的通信资料，拒绝移除侵权内容的，具有侵权的主观过错，实施了不作为的侵权行为，应当承担侵权责任。

要求网络服务提供商承担不作为侵权法律责任，著作权人必须提交证明其权利人身份及权利被侵犯事实情况等有关证据。根据《中华人民共和国民事诉讼法》（以下简称《民事诉讼法》）第六十七条的规定，著作权人发现网络上侵权内容向网络服务提供商提出警告时，应当出示权利人姓名、电话、电子邮件地址、通信处、著作权权属证明及侵权内容等有关资料，如无正当理由不出示上述资料的，不能追究网络服务提供商的法律责任。但网络服务提供商在著作权人提出上述资料后仍不采取措施的，著作权人可以在向人民法院提起诉讼时申请停止侵害、排除妨碍、消除影响的先行裁定。

你怎么看

如果你发现自己作品的著作权在互联网上被侵权，你打算怎么办？

网络服务提供商应著作权人的要求采取移除等措施制止侵权行为，是维护著作权人合法权益的合法行为，不应承担违约责任。同时，因申请人申请网络服务提供商采取措施停止侵权内容的传播而造成的损失，应由申请人承担责任，不应由网络服务提供商承担。

仅提供连线服务的网络服务提供商，由于其只是为作品在网络上的传输提供信息通道，并未直接或间接参与使用他人作品，因此并未实施侵犯他人著作权的行为，该类服务提供商对于使用者通过网络传输侵犯他人著作权的行为，不应承担法律责任，该侵权的法律责任应当由侵权者本人承担。

三、新媒体中多媒体作品的法律保护

新媒体中有越来越多的多媒体作品。多媒体作品凝聚了大量开发人员的创造性劳动，并能够以一定的物质形式固化。因此将多媒体作品作为作品受《著作权法》保护在国内外法学界达成了共识，但在多媒体作品的归属以及在多媒体开发过程中仍存在众多的法律问题。

（一）多媒体作品的法律归属

> **你怎么看**
>
> 作者认为如果将多媒体作品单独列为一项作品加以法律保护，将产生新的矛盾。你怎么看？

多媒体作品以其友好的交互方式区别于传统的作品，并且多媒体作品的创作工作较为复杂，涉及的人员和范围都与传统作品的创作有很大的差异，所以一些人主张将其单独列为一项作品用法律加以保护。而持另一种观点的人认为，多媒体实质上无非是载体的多样化和综合化，即采用一定的技术对动画、声音、图像等进行综合加工、处理，应视为汇编作品。笔者认为，以文字、语言为主，集文字、声音、图像于一体的“多媒体”，如含人物活动形象、谈话录音的百科全书只读光盘，作为一种新的表现形式的作品，可以按汇编作品对待。《著作权法》第十五条对汇编作品的解释是：“汇编若干作品、作品的片段或者不构成作品的数据或者其他材料，对其内容的选择或者编排体现独创性的作品。”其他国家的著作权法律和国际版权公约对汇编也有类似的解释。从多媒体应用的角度看，将文本文件和图像、视频信息综合起来的多媒体数据库将成为多媒体应用发展的核心。因此，如果将多媒体作品单独列为一项作品加以法律保护，将使得多媒体数据库处于两难境地，产生新的矛盾。

（二）取得已有版权作品的授权问题

多媒体是文本、图像、声音、动画等多种媒体信息的综合体，多媒体作品的创作不可避免地要利用大量的已有版权作品。这些作品的权利人有可能多达上百个，也有可能分布在不同的国家，甚至无法确认权利人是谁。在这种情况下，如要求多媒体开发者逐一去取得已享有版权作品权利人的许可，要花费大量金钱和时间。这一点是现行多媒体开发者最难解决的问题，也是阻碍多媒体发展的主要障碍。显然，这对现行著作权的管理制度提出了挑战。现在国内外法学界多倾向于建立一个非营利性的集体管理机制对著作权进行统一的管理。

四、与新媒体有关的传播权限制

新媒体的著作权问题应该受到应有的重视，否则著作权人就不愿也不会冒险把自己的作品制作成新媒体。然而事物总是有其两面性，赋予权利人一定权利的同时也必须加以适当的限制，否则就会导致权利的滥用，也不利于新媒体的传播。法律固然应该保护作品的创造者和所有者，但也应顾及任何一件作品的创作都是个人的创造与社会的结合，一方面它离不开创作者个人的辛勤劳动；另一方面，它也凝聚着对前人智力成果的继承。公有领域始终是我们进行智力创造的宝贵源泉。因此著作权法制度无论如何进步都不可破坏私人利益与公众利益之间的平衡。知识产权制度虽然是一种合法的垄断制度，但只有在它也是符合情理的垄断制度时，才能被人们普遍接受并自觉遵循。

（一）合理使用

1. 合理使用的判断标准

《伯尔尼公约》第九条第二款规定，该同盟成员国法律有权允许在某些特殊情况下复制其规定可复制的作品，只要这种复制不致损害作品的正常使用也不致无故危害作者的合法利益。这为确定一个行为是否属于合理使用设定了可供参考的标准。

一般地，对合理使用的界定有两种方式，其一是在立法中明确规定为合理的事项，其二是由法院根据确定的标准自行判断。立法时也必须以一定的标准为依据，因为当涉及纠纷时，管理机关也必然有一定的认定标准。

按照传统要求，只有不具有商业目的的使用才可构成合理使用，而对于新媒体的读者而言，其使用目的是很难判断的。因为合理使用必须限定在一定的范围内，以私人目的，例如欣赏、学习、研究等，从网络上下载作品将成为新媒体发行的重要方式，仅仅是不具有商业目的的使用不应该再作为合理使用的理由。当然，这都是相对于纸质图书而言的，纸质图书不经过销售便无法传播，而新媒体却可以通过网络进行下载。由于网络环境的特殊性，读者对新媒体的使用即使属于合理使用，仍应附加一定的保护和限制措施以控制合理使用的范围。使用作品只能限于必需的情况，使用的作品部分必须是合理的，复制阅读的数量也不允许超出必要限度。总之，使用的范围不能大到足以影响作品在市场上的销售。若超过此范围，使用者就必须为此取得许可并支付合理的费用了。

新媒体的形式及创作高度和深度都应成为其性质的重要考察方面，而新媒体性质的区分只能作为认定其合理使用的辅助手段而非依据。有无商业性质是保护程度高低的另一重要标准，专为商业用途开发的新媒体应受到更为严格的保护。

在我国，《著作权法》第二十四条规定了合理使用的范围，即在何种情况下“可以不经著作权人许可，不向其支付报酬，但应当指明作者姓名或者名称、作品名称，并且不得影响该作品的正常使用，也不得不合理地损害著作权人的合法权益”。其中有一些情况，如“为个人学习、研究或者欣赏，使用他人已经发表的作品；为介绍、评论某一作品或者说明某一问题，在作品中适当引用他人已经发表的作品；为报道时事新闻，在报纸、期刊、广播电台、电视台等媒体中不可避免地再现或者引用已经发表的作品；报纸、期刊、广播电台、电视台等媒体刊登或者播放其他报纸、期刊、广播电台、电视台等媒体已经发表的关于政治、经济、宗教问题的时事性文章，但著作权人声明不许刊登、播放的除外；为学校课堂教学或者科学研究，翻译、改编、汇编、播放或者少量复制已经发表的作品，供教学或者科研人员使用，但不得出版发行”等合理使用的情况可适用于新媒体。

美国的著作权法为认定合理使用的范围规定了四条标准：(1) 要看有关使用行为的目的，即看是否为商业目的而使用；(2) 要看被使用作品性质，不同类型作品的著作权使用形式不同，划分是否合理的标准也不同；(3) 在所使用的作品中，被使用部分与整个作品的比例关系要合理，比例若失当则不能属于合理使用；(4) 看使用行为对被使用作品的潜在市场价值有无重大不利影响，如果有这种影响，则不属于合理使用。

合理使用作为著作权法律制度的一项重要内容，肯定有长期稳定存在的必要。随着现代信息传播技术、传播手段日新月异的发展，人们通过网络获取知识更方便、更快捷。原本依法合理使用作品的方式也会变得不合理。原本著作权人不必控制的使用方式，如不控制则会使著作权人损失较大的利益，因而违背了合理使用对著作权人的利益损害不大的原则。从现在我国著作权保护现状来看，合理使用也可以适用于网络。

但是，从多种他人享有著作权的作品中取出需要的部分进行组合、加工成一部新的作品，不能视为合理使用，而应被视为复制他人作品。如果事先不取得已有作品著作权人的授权，又不注明被使用作品的作者姓名及作品出处，则可能构成剽窃行为。如果被使用的作品已经超过著作权保护期（指财产权利），则不必取得著作权人的授权。

2. 合理使用包含的内容

在世界各国的著作权法中，关于合理使用所规定的内容各不相同，但个人使用和图书馆使用被许多国家普遍承认属于合理使用范畴。另外远程教育作为网络时代的新生事物对原有的合理使用制度也提出了挑战。我国是发展中国家，且是知识产品的消费国，对合理使用制度应坚持自己的立场，尽量维持较为宽泛的合理使用的范围。个人使用、图书馆使用和远程教育这三种合理使用方式是新媒体中合理使用的主要方式，也是新媒体的合理使用所包含的最主要的内容。以下主要介绍个人使用和图书馆使用。

（1）个人使用。著作权人对其作品的独占权不应成为再创造的障碍，所以各国法律多以合理使用等制度来保护后人的再创造权。当然个人欣赏应有一定的范围限制，个人使用他人已发表作品的方式绝大多数为对作品的复制。传统意义上的复制指使用复印机、录音机、录像机等设备制作复本。到了网络时代，利用数字技术可以把绝大多数作品数字化并在网上传播，复制作品不再依赖传统的复制设备，数字技术条件下的私人复制要简单得多，但是著作权人正在采取一系列的技术措施来防止他人对其作品进行复制。相对于传统的纸质图书，新媒体的个人合理使用的范围面临技术上的挑战，传统意义上的个人合理使用局限在对地点的界定上，如只限于家庭使用。而新媒体的传播是在互联网上，任何人都可以在几秒钟之内将某作品传送出去，哪怕是在家中。对此，如果缺乏法律的有效干预，必然导致著作权人的权利在网络环境下被放大，而相应地挤压了公众合理使用的空间。

（2）图书馆使用。在保护国家资源和传统文化方面，图书馆都发挥了其他机构不可替代的作用，因此图书馆的使用在各国著作权法中都被规定为合理使用。国外的许多图书馆都把网上书刊分为两部分：一部分是已超过著作权保护期的作品，如莎士比亚等人的作品，这些作品可以全文上网供读者在线阅读；另一部分则是仍在著作权保护期内尚未进入公有领域的作品，除书目、图书简介及相关书评可以上网供公众阅览外，读者想更多地了解图书内容或阅读作品全文，须到图书馆按传统方法借阅。

我国《著作权法》第二十四条规定“图书馆、档案馆、纪念馆、博物馆、美术馆等为陈列或者保存版本的需要，复制本馆收藏的作品”，“可以不经著作权人许可，不向其支付报酬”。对于新媒体作品而言，如果图书馆只是为了馆藏而将其复制，在本质上与传统环境下的馆藏作品的复制只存在方式的不同，而没有实质的差别，因此应包括在合理使用的范围之内。如果图书馆非营利性地为公众提供网上阅读也继续运用合理使用的规定的话，就会造成侵权。因为新媒体如果在网上开放，读者就能随意浏览，这完全与图书馆借书不一样，因为网上阅读使作品被阅读的概率大大提高，这样就影响了传统形式的书刊销售，造成了对著作权人的不合理损害。

随着新媒体技术的发展，合理使用的范围有缩小的趋势。在传统的印刷和传播途径下，高成本、长周期以及较强的地域性限制等因素使得个人的合理使用还不足以给著作权人的利益带来严重的影响，但在数字技术日益成熟、网络普遍应用的信息时代，任何人在任何地方只要拥有一台能上网的计算机便可接收来自世界各地的包括新媒体在内的各种信息，并能快速、低廉地进行复制，甚至修改后向世界发送。显然，新媒体的巨大覆盖面和广泛的公开性使传统的合理使用变得不那么合理了。

（二）法定许可

法定许可在网络环境下主要表现为转载。《著作权法》第三十五条第二款规定：“作品刊登后，除著作权人声明不得转载、摘编的外，其他报刊可以转载或者作为文摘、资料刊登，但应当按照规定向著作权人支付报酬。”

目前在我国，关于网络环境下的法定许可存在两种观点。

一种观点认为，报刊、网站上的作品被相互转载的情况普遍存在，为了使网络上这种无序的违法使用作品行为得到及时、有效的控制，考虑到网站转载他人作品前确也难以找到著作权人取得许可并支付报酬的实际状况，以及促进网络信息传播，平衡当事民事主体间的权益等，在有关法律对此做出明确规定之前，将我国《著作权法》第三十五条关于报刊转载的规定扩大解释于网络环境，不失为目前情况下一种可行的应急措施。这样至少可以使著作权人的获酬权得以保障，但在适用时必须把握两点：一是网络上允许转载作品的范围不得超过《著作权法》第三十五条规定的作品范围；二是应当注明出处。这种政策选择在法律未有明确规定和社会各界、当事人网络著作权观念不强的情况下，可以防止侵权案件的大幅度增加，否则，法院一时难以受理大幅增加的侵权案件，社会各界也一时无法适应。还有人提出，现在很多网站都没有专门的编辑力量和独立的采访权，网络的特点就是信息传输、资源共享，如果限制网站的转载权，对网络的发展极为不利，并且执行起来十分困难。既然作品已经发表，就允许公开传播，如果在传播过程中著作权人的其他权益被侵犯，著作权人可以要求赔偿；但仅仅是扩大了传播范围的，应视为符合《著作权法》的规定。

另一种观点认为，法定许可不宜适用于网络。《著作权法》自实施以来，其第三十五条的规定执行得并不理想。目前，报刊的文摘版很多，绝大多数有文摘版的报刊转载作品时都不支付稿酬，著作权人因此而提起诉讼的很少。这一是因为稿酬本身数额不大，诉讼标的小；二是因为诉讼成本比较高，很可能是赢了官司输了钱。因此，虽然《著作权法》规定了著作权人的权利，但很多人放弃了这一权利。如果再把法定许可扩大到网络上，危害比较大，口子一开，再收就比较困难。况且报刊转载本身就与《伯尔尼公约》《与贸易有关的知识产权协议》（Agreement On Trade-related Aspects of Intellectual Property Rights，TRIPs）等规定相悖，不能再将其扩大到网络环境下。因此，简单地将报刊转载的法定许可扩大于网络环境是有失妥当的。

> **你怎么看**
>
> 你如何看待互联网平台在著作权保护中的角色与功能？互联网平台应当为著作权保护承担哪些责任和义务？

第2节　新媒体著作权的法律保护

我国已经初步形成网络著作权法律体系，但是网络著作权保护的最大难题是惩罚力度过低及执法难。

一、发达国家对新媒体著作权的保护情况

自20世纪90年代以来，数字技术已发展到网络技术阶段。网络技术的特殊性不仅对网络作品的保护产生了一定的影响，而且涉及传统作品。网络作品是指互联网上出现的符合著作权法规定的文字、艺术和科学作品。在网络空间里，著作权人的网络传输、作者身份的认定，甚至确定暂时复制性质等诸多问题，都不能仅仅通过对传统著作权法的扩大解释予以解决。

《伯尔尼公约》第九条规定的复制权及其所允许的例外，完全适用于数字环境，尤其是以数字形式使用作品的情况。不言而喻，在电子媒体中以数字形式存储受保护的作品，构成《伯尔尼公约》第九条意义下的“复制”。《世界知识产权组织版权条约》增加了计算机程序和数据汇编两种受著作权保护的客体，明确指出，计算

> **概念**
>
> 网络作品是指互联网上出现的符合著作权法规定的文字、艺术和科学作品。

机程序作为《伯尔尼公约》第二条意义下的文学作品受到保护，此种保护适用于各计算机程序，而无论其表达方式或表达形式如何："数据或其他资料的汇编，无论采用任何形式，只要由于其内容的选择或排列构成智力创作，其本身即受到保护。这种保护不延及数据或资料本身，亦不损害汇编中的数据或资料已存在的任何版权。"可见，该条约保护各计算机程序和选择/排列具有智力创作意义的数据库产品。该条约还规定了公众传播权，"文学和艺术作品的作者应享有专有权，以授权将其作品以有线或无线方式向公众传播，包括将其作品向公众提供，使公众中的成员在其个人选定的地点和时间可获得这些作品"。《世界知识产权组织版权条约》将《伯尔尼公约》中的向公众传播这个概念扩展到网络环境中，这项新权利的名称虽然被定为"向公众传播的权利"，但这项权利不仅仅指新媒体的权利，也包括其他传统的公众传播权利。这在该条约的第八条中规定得很清楚，它一方面规定了新媒体著作权明确的含义，另一方面也说明了公众传播权与传统权利并不交叉，也不得影响传统权利的实施。

互联网上的公众传播权有别于广播、电视上的播放权，是对著作权人在互联网上权利的专门描述，指著作权人在互联网上自行传播作品和许可他人传播作品，禁止他人未经许可而传播其作品，包括禁止他人：（1）未经许可将从互联网上得到的作品违法转载，或使他人违法转载。例如，复制他人作品，放置到自己的网站或向其他网站投稿。（2）未经许可将从互联网上得到的作品在线下进行改编、翻译、发行、表演、播放，如利用他人网上作品直接出版图书，或编辑、翻译后出版图书。

互联网著作权问题非一国之法律所能解决，有待国际社会在全球范围内取得共识。国际上对公众传播权的讨论始于20世纪80年代末90年代初。世界知识产权组织召集了100多个国家的专家学者，经过七八年的研究探讨，最终在1996年制定了两个新条约——《世界知识产权组织版权条约》和《世界知识产权组织表演和录音制品条约》。这两个条约确立了作者、表演者、录音制作者的"向公众传播的权利"，把作者的权利有效地覆盖到了网络空间。在数字技术的应用及国际互联网环境下，这两个条约增加了作者权与邻接权的内容，扩大了权利范围，缩小了原有的合理使用范围，同时纳入了类似《与贸易有关的知识产权协定》中的"执法条款"的内容。其中禁止解密、禁止删改权利信息等规定，为保护原有的著作权在网络环境中不被侵犯提供了依据。

尽管《世界知识产权组织版权条约》第八条赋予了作者向公众传播的权利，但只是做出了一个极为概括的规定，并没有为公众传播权提供具体而明确的权利内容和保护方式。公众传播权的具体权利内容和保护方式必须由成员国国内的著作权法予以明确。世界各国根据各自不同的立法体系，也选择了不同的方式对条约中的新权利进行了处理，以美国、澳大利亚、日本、欧盟各国为例，它们分别采取了不同的立法模式，对公众传播权的具体权利内容和保护方式进行了规范。

（一）美国

美国是世界上信息技术最发达的国家，它对网络环境新问题做出的反应对其他国家有重大影响和诸多启示。

美国1997年通过了《1997年网络著作权责任限制法案》《1997年世界知识产权组织版权条约实施法案》《1997年数字著作权和科技教育法案》，1998年10月又颁布了《数字千年版权法案》（亦称《千禧年著作权法案》）。

《数字千年版权法案》中规定了数字化信息的著作权保护和使用的问题，同时赋予信息所有者"数字化作品如果在互联网上使用，就可以对其收取使用费"的权利。《数字千年版权法案》的适用对象是所有的数字音乐作品。这一法案同样也适用于在互联网上放映和播放的音乐作品。也就是说唱片公司和歌星们获得了“可以对在网络上播送的数字内容收取使用费”的前所未有的新的法律权利。但是在《数字千年版权法案》中没有具体地规定作品使用的费用和费率。作为实施《世界知识产权组织版权条约》和《世界知识产权组织表演和录音制品条约》的法律，美国《数字千年版权法案》对于网络环境所涉及的一些敏感问题都做了明确规定。其做法是对现有著作权法中的“发行权”进行了新的解释，从而使其涵盖了网络传输的权利。

（二）澳大利亚

与美国不同，澳大利亚对其著作权法的修订是大刀阔斧地重组各项权利。根据其1999年《版权法修正案》的规定，网络传播是指以电子形式传输或者在线提供必须使用接收设备才能听到或者看到的声音、图像或者视听资料。作品的公众传播权所适用的传播方式包括所有需要借助设备影响公众的传播种类，不仅有无线电广播、有线传播，还包括网络传输。

（三）日本

日本所采取的方式与澳大利亚相似，其著作权法在1997年修改后，确立了一个新的“公众传播权”，它的范围极为广泛，包括所有的以“有线和无线方式、数字和模拟形式、单向和互动模式”向公众传送有著作权作品的权利。“公众传播权”与表演权、发行权一起，共同构成“公共传播权”。从发展的眼光看，不限定传输使用的技术，在立法上有前瞻性。考虑到各种传播方式确有逐渐融合的趋势，这样的立法也不失为一种有远见的选择。

（四）欧盟各国

欧盟各国采取的措施与世界知识产权组织的两个条约《世界知识产权组织版权条约》《世界知识产权组织表演和录音制品条约》的规定直接对应。《世界知识产权组织版权条约》第八条规定，在不损害《伯尔尼公约》赋予作者的合法传播权的前提下，“文学和艺术作品的作者应享有专有权，以授权将其作品以有线或无线方式向公众传播，包括将其作品向公众提供，使公众中的成员在其个人选定的地点和时间获得这些作品”。《世界知识产权组织表演和录音制品条约》的第十条、第十四条也分别规定表演者与录音制品制作者享有类似权利。这就是专门针对作品网络传输行为而规定的公众传播权。

1997年11月12日欧盟委员会针对信息社会著作权制定了履行《世界知识产权组织版权条约》的新规则，规定了复制权、公开发行权、拷贝权、著作权管理信息等内容。

1998年，欧盟委员会向欧洲议会提交了《关于信息社会的版权及有关权指令的建议草案》，1999年5月欧盟在对该草案进行修改后公布。在该草案中，欧盟建议用公众传播权协调联盟成员国对网络传输的立场。该公众传播权是指著作权人享有的以有线或无线的方式向公众传播其作品的原件或复制件的专有权，也包括让公众中的成员以个人选择的时间和地点、访问作品的方式获得作品的权利。同时，该草案还赋予邻接权人以仅适用于交互性传播的公众传播权。

二、《伯尔尼公约》和《国际互联网条约》

关于传播权的法律规定在《伯尔尼公约》中主要体现为第十一条和第十四条。《伯尔尼公约》第十一条之一第一款规定，戏剧作品、音乐戏剧作品和音乐作品的作者享有下列权利：授权公开表演和演奏其作品，包括用各种手段和方式公开表演和演奏；授权用各种手段公开播送其作品的表演和演奏。这一条涉及的作品种类只是戏剧和音乐作品，并且规定了其传播权仅限于作品的表演和演奏。其第十一条之二第一款规定，文学和艺术作品的作者享有下列专有权利：授权广播其作品或以任何其他无线传送符号、声音或图像的方法向公众传播其作品；授权有原广播机构以外的另一机构通过有线传播或转播的方式向公众传播广播的作品；授权通过扩音器或其他任何传送符号、声音或图像的类似工具向公众传播广播的作品。这一条是关于作品的传播方式的规定，包括对作品的广播、转播、有线传播和通过扩音器或类似工具传播等。其第十一条之三第一款规定，文学作品的作者享有下列专有权利：授权公开朗诵其作品，包括用各种手段或方式公开朗诵；授权用各种手段公开播送其作品的朗诵。这一条是关于文学作品的公开朗诵传播方式的规定。其第十四条第一款中规定，文学或艺术作品的作者享有下列专有权利：授权将这类作品改编和复制成电影以及发行经过如此改编或复制的作品；授权公开表演、演奏以及向公众有线传播经过如此改编或复制的作品。这一条是关于电影或改编的电影作品的改编权和复制权的规定，同时规定其传播权是通过有线传播的方式进行的。

从以上这些规定可以看出，由于历史和技术的原因，《伯尔尼公约》中关于传播权的规定很难涵盖现在的信息网络传输方式，并且对在网络上经常传播的摄影、美术和图形作品等也没有进行规定，所以时代和技术的发展客观上要求信息网络传输应被纳入法律的调整范畴，《国际互联网条约》应运而生。《国际互联网条约》对于信息网络传输进行了明确的规定，另外这一公约的规定也是对TRIPs（数字技术，特别是互联网方面的问题没有被包括在该协议中）的补充。

三、我国与新媒体有关的著作权保护的法规

（一）《著作权法》有关新媒体著作权的立法过程

1990年我国颁布的《著作权法》，是我国现行著作权保护的基本法；1991年我国颁布了《著作权法实施条例》和《计算机软件保护条例》，作为《著作权法》的补充性法律文件；1997年我国开始了对《著作权法》的修订工作，著作权保护的客体中已增加了数据库一项。

从1998年到1999年，我国发生的与新媒体有关的著作权侵权纠纷案已经有数十起提交法院审理。互联网发展初期，由于技术限制和传播范围小，网络上的著作权侵权行为并没有引起很多注意，以至于国务院于1998年12月初次提出的著作权修正案并没有提到新媒体著作权的问题。

2000年11月22日，最高人民法院出台了《最高人民法院关于审理涉及计算机网络著作权纠纷案件适用法律若干问题的解释》，对发表在网络上的作品著作权法的保护问题进行了回答。之后，最高人民法院又于2003年12月和2006年11月对司法解释做了两次修正。

（二）我国新媒体著作权保护的司法实践

我国原《著作权法》修改前，有一些诉讼涉及作品在网络上的传播行为，从这些诉讼最后的结果来看，法院基本上认为原《著作权法》中使用权包含了将作品上网传播的权利。对《著作权法》中作品使用方式的规定学者一般认为，法律以不完全列举的方式举出了一些最常见的使用方式，随着科学技术进步，必然出现其他使用作品的方式，只要该方式涉及作品的复制、演绎或传播，就属于著作权的使用方式。学术上的这种宽泛的理解并不是有法律效力的解释，我国作为有大陆法系传统的国家，没有法律法规或司法解释的明确规定，新的使用作品的方式并不必然在作者的专有权的控制范围之内。

我国原《著作权法》与《著作权法实施条例》中都没有明确规定使用作品的其他方式也属于对著作权的使用。如果仅凭一个“等”字对法律做出扩大解释，即便合理，说服力也不强，严格意义上说也不合法。比如，许多国家的著作权法都规定了艺术作品著作权人享有“追续权”，但并不能因此认为我国法律也规定了此项权利。因此，在法律法规没有规定兜底条款“其他利用作品的方式”的情况下，审判的基层法院不宜将作品的新媒体使用定性为著作权人专有权的权利范围。虽然这有可能造成个别极不公正的情况发生，但也更能促使立法机构对科学立法、及时修法的重视，基层法官不越俎代庖。严格依法判决也是维护法律尊严、发挥法律的规范功能和引导功能的前提。

2006 年修订的《最高人民法院关于审理涉及计算机网络著作权纠纷案件适用法律若干问题的解释》规定，受著作权法保护的作品，包括《著作权法》规定的各类作品的数字化形式。在网络环境下无法归于《著作权法》列举的作品范围，但在文学、艺术和科学领域内具有独创性并能以某种有形形式复制的其他智力创作成果，人民法院应当予以保护。

2001 年修订的《著作权法》第十条第十二款进一步明确规定了著作权人的信息网络传播权，即以有线或者无线方式向公众提供作品，使公众可以在其个人选定的时间和地点获得作品的权利，从而第一次明确了著作权人的信息权，虽然未明确该种权利的性质，但为解决网络纠纷提供了依据。另外，2020 年修订的《著作权法》第三十九条第六款、第四十四条也给相关的邻接权人规定了类似的权利，把信息网络传播权作为作品的使用方式单独罗列出来，从而在法律上明确界定了网络传播权与复制权、发行权、表演权等权利之间的区别，规定了网络传播属于著作权人使用作品的方式之一，也是其享有的专有权利之一。

我国信息网络传播权的出台在一定程度上保障了著作权人的网络传播权利，但由于目前国内对信息网络传播权的规定仅是原则性的、笼统的，因而在很多方面留有空白，而最高人民法院的司法解释虽然在一些具体问题上做出了规定，但其中一些规定的合理性和可操作性还值得商榷。

例如，《著作权法》中未涉及如何确定网络传播权侵权行为的损害赔偿这一内容，因此在确定赔偿数额时，往往会遇到困难。赔偿数额如何能够建立在网络传播权侵权人所得利益的基础上，是我们应该考虑的问题。虽然《著作权法》中没有关于如何确定网络传播权侵权行为损害赔偿的规定，但 2000 年《最高人民法院关于审理涉及计算机网络著作权纠纷案件适用法律若干问题的解释》第十条涉及了这一内容，该规定为：“人民法院在确定侵权赔偿数额时，可以根据被侵权人的请求，按照其因侵权行为所受直接经济损失和所失预期应得利益计算赔偿数额；也可以按照侵权人因侵权行为所得利益计算赔偿数额。”此规定的出台是基于网络上侵权作品的传播不同于纸介质侵权作品的发行这一点考虑的。纸介质侵权作品的发行往往数量比较确定，虽然可能不容易查清，但往往能通过一些旁证等获得侵权数额或损失数额的大致范围。然而网络上侵权作品的传播则不易确定这些因素。应该说，凡是有可能登录阅览的地方，都是侵权作品可能传播到的地方，侵权数额往往很难确定，因此需要通过法定赔偿额来确定。这一规定虽然在一定程度上保护了权利人的合法利益，但还是存在欠缺之处，因而，该司法解释已经过数次修正删除了这条规定。

由于传统媒体侵权使用他人作品，要按规定程序发稿、三审、排版、印刷、出版、发行、销售，才能实现其“侵权所得”。法院依法判处这样的侵权人赔偿权利人的损失时，除权利人实际得到的赔偿之外，侵权人的侵权成本也成为一种无法得到回报的支出，实际上成了对侵权人的一种惩罚。而网上侵权，只要一个“盗版编辑”用鼠标点两三下，就可以直接把他人的作品转发到自己的页面上了。论成本，前者肯定要大大高于后者；论利润，后者的收入则可能一点也不少于前者；论社会危害性，网络无与伦比的传播速度和广阔无垠的传播范围，更让传统媒体望尘莫及。这种情况下适用上述法规去赔偿著作权人的损失，虽然著作权人得到的赔偿没有变化，但是侵权人的实际损失已经大大地减少。这显然不能起到法律对违法行为人的惩罚作用。

新媒体的损害赔偿应不同于纸质图书。只支付相当于其所得利益的金额作为损害赔偿，对于侵权人而言无法起到惩罚作用，因为对于侵权人来讲几乎没有成本支出。因此，在确定赔偿数额时，应充分考虑侵权行为的危害程度。

2010年7月1日我国在原《中华人民共和国侵权责任法》(以下简称《侵权责任法》) 中明确规定了网络侵权责任的定义，并且对违反规定承担责任的要件做了详细规定，认为可以通过网络及书面道歉、屏蔽侵权者等一系列的方式解决此问题。

2020年5月28日，第十三届全国人民代表大会三次会议表决通过了《中华人民共和国民法典》(以下简称《民法典》)，自2021年1月1日起施行。《民法典》的颁布施行，标志着我国民事权利保护体系迈入"法典时代"。著作权作为一项基本的民事权利，其基本法依据可以溯源到《民法典》有关知识产权法的宣誓性保护条款以及侵权责任有关规定。提出数字时代的著作权侵权解决方案，有赖于充分把握《民法典》的时代精神，领略其接纳和重视知识经济时代的私权价值的导向，准确定位其在民事权利体系中的特别地位。

《民法典》第一千一百九十四条至第一千一百九十七条构成了网络民事侵权治理的规范性基础，凸显了对经网络延伸的民事权利采取强保护的私法精神。作为一般法，《民法典》对于著作权侵权治理起着重要的规范作用，其中的侵权责任原则、赔偿原则等适用于著作权侵权案件的处理。同时，《民法典》中的权利保护原则也适用于保护著作权人的权益。

2020年通过的《中华人民共和国刑法修正案（十一）》，对推动我国著作权保护有深远意义，该修正案既适应了互联网发展带来的著作权保护新形势，还回应了学术界、司法实务界关于侵犯著作权罪的诸多讨论，为网络著作权相关问题的研究与实践提供了有益的指导。

【知识窗】《互联网著作权行政保护办法》

国家版权局、信息产业部根据《著作权法》及有关法律、行政法规，制定颁布了《互联网著作权行政保护办法》，该办法于2005年5月30日起施行。

该办法明确规定著作权行政管理部门对侵犯互联网信息服务活动中的信息网络传播权的行为实施行政处罚，适用《著作权行政处罚实施办法》。侵犯互联网信息服务活动中的信息网络传播权的行为由侵权行为实施地的著作权行政管理部门管辖。侵权行为实施地包括提供本办法第二条所列的互联网信息服务活动的服务器等设备所在地。

《互联网著作权行政保护办法》规定著作权人发现互联网传播的内容侵犯其著作权，向互联网信息服务提供者或者其委托的其他机构发出通知后，互联网信息服务提供者应当立即采取措施移除相关内容，并保留著作权人的通知六个月。著作权人的通知应当包含以下内容：(一) 涉嫌侵权内容所侵犯的著作权权属证明；(二) 明确的身份证明、住址、联系方式；(三) 涉嫌侵权内容在信息网络上的位置；(四) 侵犯著作权的相关证据；(五) 通知内容的真实性声明。互联网内容提供者的反通知应当包含以下内容：(一) 明确的身份证明、住址、联系方式；(二) 被移除内容的合法性证明；(三) 被移除内容在互联网上的位置；（四）反通知内容的真实性声明。著作权人的通知和互联网内容提供者的反通知应当采取书面形式。互联网信息服务提供者明知互联网内容提供者通过互联网实施侵犯他人著作权的行为，或者虽不明知，但接到著作权人通知后未采取措施移除相关内容，同时损害社会公共利益的，著作权行政管理部门可以根据《著作权法》第四十七条（2020年修订后为第五十三条）的规定责令停止侵权行为，并给予下列行政处罚：(一）没收违法所得。（二）处以非法经营额3倍以下的罚款；非法经营额难以计算的，可以处10万元以下的罚款。

【知识窗】《信息网络传播权保护条例》

中华人民共和国国务院2006年5月18日发布了《信息网络传播权保护条例》，该条例自2006年7月1日起施行，2013年修订。

该条例明确规定，“权利人享有的信息网络传播权受著作权法和本条例保护。除法律、行政法规另有规定的外，任何组织或者个人将他人的作品、表演、录音录像制品通过信息网络向公众提供，应当取得权利人许可，并支付报酬”。“为了保护信息网络传播权，权利人可以采取技术措施。任何组织或者个人不得故意避开或者破坏技术措施，不得故意制造、进口或者向公众提供主要用于避开或者破坏技术措施的装置或者部件，不得故意为他人避开或者破坏技术措施提供技术服务。”“对提供信息存储空间或者提供搜索、链接服务的网络服务提供者，权利人认为其服务所涉及的作品、表演、录音录像制品，侵犯自己的信息网络传播权或者被删除、改变了自己的权利管理电子信息的，可以向该网络服务提供者提交书面通知，要求网络服务提供者删除该作品、表演、录音录像制品，或者断开与该作品、表演、录音录像制品的链接。”

四、新媒体著作人身权的保护

（一）署名权

署名权又称作者身份权，它包括以下内容：作者有权要求他人承认其作者身份；作者有权决定是否公开或何时、何地、以何种方式在何范围内公开作者身份；作者可以通过先例署名权来实现作者身份权，作者可在原作上，也可以在演绎作品上通过自己选择的方式署名。新媒体作品的作者同样应享有上述权利，任何人不得侵犯。

（二）发表权

发表权是指作者享有决定是否、何时、采取何种方式发表其著作的权利。防止网络用户非法将他人作品上载上网进行传播，是确保新媒体作品的作者享有发表权的先决条件。新媒体传播的便利性、低成本性以及影响范围的广泛性，成为困扰新媒体著作权保护的难题。

《著作权法》严格规定了对“已发表”的作品和“未发表”作品保护的区别，因此在判断是否侵权、确定解决方式时，新媒体作品是否符合著作权法对“发表”的要求，是否“发表”是一个非常重要的因素。

作为著作权法的一个概念，不同法系对“发表”一词的解释是不同的。在英美法系中，发表（publishing）是正式地让公众感知，与出版发行是同义语；在中国，一般是指在一定范围内公开。凡在国家准许出版并标有统一书号或国际标准书号的图书上发表，或经国家最高行政机关或省、自治区、直辖市主管部门批准，在期刊主办单位所在地的省级出版管理机构登记并领取登记证或载有有效的国际期刊编号的期刊上发表，称为正式发表。根据国务院批准的有关规定，履行了申报程序并被批准的音像出版机构或广播电视机构公开广播的作品也视为公开发表。除此以外，在其他刊物等材料上发表作品，被视为非正式发表。

（三）修改权

修改权是指修改或者授权他人修改作品的权利。下文提到的 DRM（digital right management，数字著作权管理）技术可以防止作品在网上被人修改。此类技术一旦应用于新媒体，就会从根本上杜绝对著作权人修改权的侵犯。

（四）保持作品完整权

保持作品完整权是指作者所享有的保持作品的完整性，禁止他人歪曲、篡改其作品的权利；反之，作者本人有权对自己的作品予以修改。此项权利是作者所享有的一项重要的著作人身权，与作者的声誉、荣誉休戚相关。维护在互联网上传播的新媒体作品的此项权利要比维护一般的纸质图书的此项权利难度大得多。

五、新媒体著作财产权的保护

著作财产权是指作者享有的使用或者授权他人使用作品并取得报酬的权利。新媒体的出现意味着一种新的图书发行方式的崛起，会造成原有的权利与利益体系的变革，向原有的著作财产权保护制度提出了挑战。下面列举四种新媒体的主要著作财产权，以探讨其在新媒体的著作权保护中所起的作用。

（一）复制权

复制权是著作权和相关权利的核心，也是著作权保护的基础。通过控制作品或其他受保护客体的复制，权利人能够控制随后的多种作品使用行为。随着网络技术的日益发达，著作物一旦被转化成电子形式并进入网络空间，就难逃被复制的命运，要切实保障著作权人的复制权，就有必要对传统的复制权概念及其法定限制进行新的认识。特别是对于新媒体而言，读者有可能为了方便阅读而暂时将作品另存到计算机中，这种复制应属合理使用；而如果将下载后的电子图书重新放到网上发送出去，当属侵权。

（二）发行权

发行权是指著作权人通过出售或所有权转移的其他方式，或者通过出租或出借，向公众提供有著作权的作品复制的权利。相对于纸质图书，新媒体作品的发行占有明显的优势。新媒体传播速度快、覆盖面广、无库存、无地域限制，新媒体作品可按需下载。

（三）传播权

传播权是指著作权人直接或借助任何装置和过程所实现的对其作品进行表演和展示的权

利。新媒体的传播是对著作权法的前瞻性与扩容性的考验，它以互联网为依托，可以实时、迅捷地将作品传播到世界的每一个角落。

（四）出版权

出版权是一项与发行权、复制权密切相关的著作财产权，因为从出版所需具备的两个条件（即必须经作者同意后复制作品，并予以公开；为出版而进行的复制必须达到一定的数量）来看，出版权不再包含复制和发行，而是与它们无法区分了。网络技术的飞速发展使得原本以有形的物质形态进行传播、交流的作品，转变成以无形的数码形态所进行的信息传播和交流，复制、发表、发行、传播等概念纷纷扩张，这些正是著作财产权制度中权利融合现象的成因所在。基于此，新媒体的出版与发行可以融合为一个概念，由著作权人享有专有权。

六、著作权集体管理组织

在新媒体的开发过程中，开发者难以掌握各类作品的著作权人信息，即使在信息充分的情况下，也要逐一取得他们的许可，并与之签订许可协议，这是一项手续繁复的工作，需要花费大量人力和时间。既要保证作者的合法权利受到尊重与有效保护，又要方便需要大量使用他人作品的新媒体从业者获得作者的授权，因此有必要建立一个著作权集体管理组织，统一代表著作权人与作品使用者洽谈使用许可事宜，负责对各种侵权行为的监督和法律责任追究，并提供各类著作权信息数据库的检索。由该机构将其成员的作品编号归类、列出目录，提供给新媒体机构，并与之签订一揽子的使用许可合同，集体授权、统一收费，然后再将使用费按一定的分配规则与标准分配给作品的著作权人。

《著作权法》已经明确对著作权集体管理组织的性质和作用做了界定，即著作权集体管理组织是非营利性组织，可以由著作权人和与著作权有关的权利人授权，行使著作权或者与著作权有关的权利。新媒体机构只要向著作权集体管理组织支付其代理著作的版权等相关费用，就可以出版该著作。著作权人和出版社的版权收益通过著作权集体管理组织结算，新媒体机构使用著作权时不必与著作权人、出版社进行协商。这将大大简化新媒体机构合法使用著作权的程序，降低使用成本。通过著作权集体管理组织解决新媒体的版权使用问题是未来的发展趋势。

一些发达国家的经验表明，著作权集体管理组织是一种协调作者与社会大众的关系并维护著作权人合法权益的有效组织。一些国家已建立了许多针对不同类作品的著作权集体管理组织，如美国的电影协会、版权结算中心（CCC），英国的表演权协会（PRS），日本的文艺著作权保护同盟等。

为使这种集体管理机构公正、合理、有效地运行，著作权法应确认它的地位，政府应扶持和监督它的业务活动。例如，法律可授权它管理非该机构成员但是本国作者的作品；规定它有权起诉侵犯它所管理的作品的著作权的主体；它发放的许可证的使用费标准以及使用费的分配规则，应经国家主管部门批准等。

七、新媒体著作权保护的国际化

新媒体中的数字化信息在计算机网络中能够很容易地在世界范围内广泛传播和使用，国家和地区的界限在网络中逐渐淡化，这对法学界长期认同的知识产权的时间性、地域性特征提出了前所未有的挑战。著作权作为知识产权制度的重要组成部分属于国内法的范畴。各国对信息产品的保护标准、保护水平差异很大。这种法律冲突会导致网上侵权行为、执法主体等的难以确定，同时势必会阻碍智力成果的传播和使用，挫伤网络信息资源开发者的积极性。

由于各国法律制度的不同，国际条约的局限性以及网络技术的不断发展，新媒体的跨国保护仍然是一件棘手的事情，主要表现在国际私法方面。例如，不同国家对于著作权和邻接权的保护标准不完全相同，那么该依据哪国的标准保护跨国传输的作品的版权呢？除了参加有关的国际条约或两国间存在双边协议的国家可以依据条约或协议外，很多国家目前还没有在新媒体的国际传播中合理保护著作权人的法律规定。由于版权保护的“地域性”，在一国受到保护的作品在他国不一定符合授予版权的条件；或者在一国已经进入公有领域的作品在他国仍然受版权法保护。如果新媒体在10个以上的国家传播，则会面临更加复杂的国际私法问题。

在美国的一个判例中，美国某著作权人在美国联邦地区法院提起了诉讼，控告某意大利网站在传播侵犯其版权的材料。负责审理案件的美国法院认定，虽然侵权行为实施于美国国外，但是在美国国内能够毫无困难地通过互联网访问这些侵权材料。虽然美国法院无权禁止被告意大利网站的网上活动，但是它有权禁止被告的侵权行为进入美国司法管辖的范围。美国法院最后责令被告采取必要的技术措施，使美国公众无法再访问该意大利网站上的侵权材料。这种技术措施的采用使法律管辖严守地域性的疆界，避免了不同国家法律之间的冲突。但是，技术手段无法避免所有的法律冲突，而且始终只能是对法律规则的补充，而不能取代法律的地位和作用。因此，解决法律冲突的根本途径还在于对现有的冲突法规加以完善和发展。

第3节 “避风港”原则和“红旗”原则

2017年8月，腾讯公司向北京市海淀区人民法院提起诉讼，指出字节跳动公司侵害其作品的信息网络传播权，在其经营管理的今日头条网上，未经许可向公众提供的与涉案作品标题一致或类似的文章中使用了涉案作品。对此，字节跳动公司表示，涉案作品系第三方上传，该公司仅提供信息存储空间服务，而且在收到本案起诉书后，该公司已经及时删除了涉案作品，不应承担相应责任。

最终法院依据《信息网络传播权保护条例》第二十二条之规定，即“避风港”原则，认定涉案作品系第三方头条号上传，字节跳动公司不应对涉案作品的传播行为承担赔偿责任，腾讯公司的主张与诉求未能得到法院支持。

那么，什么是“避风港”原则？什么是“红旗”原则？

一、“避风港”原则

“避风港”原则是指在发生著作权侵权案件时，当网络服务提供商只提供空间服务，并不制作网页内容时，如果网络服务提供商被告知侵权，则有删除的义务，否则就被视为侵权。如果侵权内容既不在网络服务提供商的服务器上存储，又没有被告知哪些内容应该删除，则网络服务提供商不承担侵权责任。“避风港”原则包括两部分：“通知+移除”（notice and take down procedure）。“避风港”原则也被应用在搜索引擎、网络存储、在线图书馆等领域。

> **概念**
>
> “避风港”原则是指在发生著作权侵权案件时，当网络服务提供商只提供空间服务，并不制作网页内容时，如果网络服务提供商被告知侵权，则有删除的义务，否则就被视为侵权。如果侵权内容既不在网络服务提供商的服务器上存储，又没有被告知哪些内容应该删除，则网络服务提供商不承担侵权责任。

“避风港”原则最早来自美国1998年制定的《数字千年版权法案》，最早适用于著作权领域。

由于网络中介服务商没有能力进行事先内容审查，一般事先对侵权信息的存在不知情。所以，采取“通知＋移除”规则，是对网络中介服务商间接侵权责任的限制。大意即网络服务提供商使用信息定位工具，包括目录、索引、超文本链接、在线存储网站，如果由于其链接、存储的相关内容涉嫌侵权，在其能够证明自己并无恶意，并且及时删除侵权链接或者内容的情况下，网络服务提供商不承担赔偿责任。

中国对于“避风港”原则的吸收和立法主要体现在《信息网络传播权保护条例》（以下简称《条例》）的相关条款中。《条例》分别针对提供网络自动接入或传输服务的提供者、提供网络自动存储服务的提供者、提供信息存储空间出租服务的提供者、搜索引擎服务提供者等网络服务提供商在什么条件下可以免责，能够享受“避风港”待遇做出了规定。

其中《条例》第十四条和第二十三条参考国际通行做法，建立了处理侵权纠纷的“通知＋移除”简便程序，大大减少了搜索引擎公司承担法律责任的概率。

《条例》第十四条规定：“对提供信息存储空间或者提供搜索、链接服务的网络服务提供者，权利人认为其服务所涉及的作品、表演、录音录像制品，侵犯自己的信息网络传播权或者被删除、改变了自己的权利管理电子信息的，可以向该网络服务提供者提交书面通知，要求网络服务提供者删除该作品、表演、录音录像制品，或者断开与该作品、表演、录音录像制品的链接。通知书应当包含下列内容：（1）权利人的姓名（名称）、联系方式和地址；（2）要求删除或者断开链接的侵权作品、表演、录音录像制品的名称和网络地址；（3）构成侵权的初步证明材料。权利人应当对通知书的真实性负责。”

《条例》第二十三条规定：“网络服务提供者为服务对象提供搜索或者链接服务，在接到权利人的通知书后，根据本条例规定断开与侵权的作品、表演、录音录像制品的链接的，不承担赔偿责任；但是，明知或者应知所链接的作品、表演、录音录像制品侵权的，应当承担共同侵权责任。”

由于网络监控的困难，在实践中很难鉴别哪篇文章是否侵权，哪篇博客是不是别人的作品。如果出现这种问题，一般都规定网络服务提供商只有义务把这些东西及时删除，同时提供侵权人的信息来源给权利人。但如果违反这个底线，网络服务提供商则应承担更多的责任。

不过现实情况是，“避风港”原则在施行中有很多新情况、新法律问题出现，应该具体情况具体分析。

“避风港”原则今后应不断地完善，一方面支持互联网行业的发展，让其守法经营、自律经营，让广大公众能够更好地、更自由地获取应当得到的信息；另一方面，要制约侵权盗版行为，让著作权人的权益得到伸张，不能让著作权人丧失创作的热情，否则互联网便可能充斥着公众不爱看的、缺乏创造性的内容。对文学、艺术作品等，应该给予更加严格的保护。

另外，国家版权局、信息产业部于2005年4月30日颁布的《互联网著作权行政保护办法》第十二条亦规定：“没有证据表明互联网信息服务提供者明知侵权事实存在的，或者互联网信息服务提供者接到著作权人通知后，采取措施移除相关内容的，不承担行政法律责任。”

二、“红旗”原则

“红旗”原则是“避风港”原则的例外适用。“红旗”原则是指如果侵犯信息网络传播权的事实是显而易见的，就像红旗飘扬一样明显，网络服务提供商就不能装作看不见，或以不知道侵权的理由来推脱责任。如果在这样的情况下不移除链接的话，就算权利人没有发出过通知，也应

> **概念**
>
> “红旗”原则是指如果侵犯信息网络传播权的事实是显而易见的，就像红旗飘扬一样明显，网络服务提供商就不能装作看不见，或以不知道侵权的理由来推脱责任。如果在这样的情况下不移除链接的话，就算权利人没有发出过通知，也应该认定设链者知道第三方是侵权的。

该认定设链者知道第三方是侵权的。

有关"红旗"原则的最早规定出现在1998年《美国版权法修正案》中，中国的《信息网络传播权保护条例》也借鉴了这个原则，规定网络服务提供商必须"不知道也没有合理的理由应当知道"侵权行为的存在，才能获得"避风港"原则的庇护。

《著作权法》的目标是促进文化的繁荣，绝非遏制信息传播技术的发展。如果宽泛的"红旗"原则已经有可能影响产业的发展，那么我们就必须反思其适用范围，并进一步寻找更好的法律规范方案。

不论是"避风港"原则还是"红旗"原则，都是正确的。这两个原则是一个问题的两个方面，其中"避风港"原则应该是一般原则，而"红旗"原则是其特例。也就是说，在一般情况下，网络服务提供商不应该为相关用户在该技术平台上的行为承担责任，但是在侵权行为非常明显，而网络服务提供商仍然睁一眼闭一眼，甚至故意默认和纵容侵权行为发生时，网络服务提供商就应该为此承担责任。

《信息网络传播权保护条例》的第二十三条就体现了这层意思，这个条文的前半句是"避风港"原则的体现，后半句则是"红旗"原则的最好体现："网络服务提供者为服务对象提供搜索或者链接服务，在接到权利人的通知书后，根据本条例规定断开与侵权的作品、表演、录音录像制品的链接的，不承担赔偿责任；但是，明知或者应知所链接的作品、表演、录音录像制品侵权的，应当承担共同侵权责任。"

20世纪90年代末，北京市法院开始受理涉及网络的著作权案件，至今已有二十多年。二十多年前，此类案件数量很少，类型单一，争议的难点主要集中在对数字化的作品是否保护、著作权法可否适用于网络环境等基础问题上。但是近几年来，涉及网络的著作权纠纷案件迅速增长，已成为法院著作权纠纷案件审理，甚至可以说是知识产权案件审理的重要内容。

据统计，2005年北京市法院共受理一审著作权案件1 126件，其中网络著作权案件66件，占5.86%；2006年共受理一审著作权案件1 555件，其中网络著作权案件85件，占5.47%；2007年共受理一审著作权案件1 885件，其中网络著作权案件400件，占21.22%。可见，网络著作权案件在北京市著作权案件中一直占有一定比例，且所占比例有逐年提高的趋势。同时，相比涉及网络的商标权案件和不正当竞争案件，网络著作权案件的绝对数量明显较多。

网络著作权案件类型复杂多样，新情况、新问题不断出现，但焦点相对集中。在法院受理的此类案件中，视频分享网站传播影视作品的侵权纠纷已经超过了局域网（如网吧、KTV歌厅）传播影视作品、音像制品的侵权纠纷；数字图书馆侵权纠纷，提供网页快照、歌词快照服务的侵权纠纷，提供搜索引擎、链接服务的侵权纠纷，提供信息存储空间的纠纷，P2P侵权纠纷，上升为规模最大、最受关注的一类网络知识产权纠纷。在上述大量的视频分享案件中，相当大一部分是以视频网站的败诉作为结局的。

【案例】 百度MP3侵权案

百度MP3（现为千千音乐）可以说是在国内较早采用"免费+支持下载"经营方式的搜索引擎，从2002年年底创立以来一直未有根本改变，并且凭借这种经营模式完成了在中国搜索引擎市场上的早期积累。可以说，百度之所以在搜索引擎市场独领风骚如此多年，百度MP3功不可没。然而，与百度MP3独特的市场地位相伴随的，是其自诞生以来

概念

精准广告指的是根据广告主的要求将广告一对一地投放给目标受众，以避免无效广告投放的成本付出。精准广告主要采取按点击次数收费的方式。

就难以摆脱的版权纠纷。众多版权所有人如唱片公司、数字音乐网站、独立音乐人，国内外的版权管理机构如国际唱片业协会（IFPI）、中国音乐著作权协会等不仅坚定地认为百度MP3提供免费音乐链接的行为侵犯了版权人的合法权益，而且在运用法律武器维护自身权益的行动上也同样坚定。

2005年9月16日，北京市海淀区人民法院一审做出判决，裁定百度侵犯上海步升音乐文化传播有限公司网络传播权事实成立，要求百度立刻停止涉案歌曲的MP3下载服务，并赔偿原告的经济损失。受到此案的鼓励，众多唱片公司和版权管理机构争相起诉百度，引发了一轮诉讼高潮。迫于压力，百度开始调整MP3的页面设置和下载模式。2005年改版之前，用户在百度MP3的搜索框输入歌手名、歌曲名关键词或点击百度设置在MP3网页右下方“歌手列表”中任何一个字母项下的任何一个歌手名字便可进入相应的歌手歌曲列表；打开歌曲链接后，单击右键选择“另存为”，即可实现歌曲的免费下载。在上述下载过程中，相关歌手的“歌曲列表”网页上会自动弹出下载框，注明相关MP3文件来自“mp3. baidu. com”，同时此网页右侧刊载有商品广告。改版之后，百度MP3上的歌曲下载无法再通过右键点击另存，而只能以在弹出的页面中点击相关链接或其他歌曲来源的形式来保存。同时，百度还在下载页增加了权利声明。

百度MP3目前主要采取二次售卖的盈利模式，即百度先利用音乐试听和下载服务吸引广大的网络用户，然后将用户的注意力出售给广告主，以广告收入作为主要的利润来源。其广告收入的一部分会以分成的方式返还给与百度MP3有版权合作的内容提供方如百代唱片公司、滚石国际音乐有限公司（简称滚石唱片）等，但其他未签订合作协议的数字音乐网站、独立音乐人等内容提供商或版权人则没有这样的待遇。

百度MP3采取的是以全流量广告为主、精准广告为辅的广告形式。所谓全流量广告，按照百度互动营销中心的解释，指的是“依托百度人气，（由广告主）自由选择各强势频道按位置刊出的广告”。进入百度MP3后，我们会发现，在百度MP3的首页、搜索结果页、试听页、下载页、榜单页以及音乐掌门人页面均放置有广告。广告涉及饮品、网络游戏、软件等不同广告主体，形式则以通栏广告、按钮广告和画中画广告为主。百度则按照广告的不同的曝光量和位置收取不同的费用。百度MP3会根据系统的Cookie记录、网民音乐搜索行为习惯以及网友在音乐社区内提交的交互内容来锁定符合广告主要求的目标受众。百度MP3频道的精准广告也主要以通栏广告为主，广告会特意注明“精准广告”字样，如2009年10月6日放置于搜索结果页的薇姿化妆品广告。

从百度对全流量广告的解释中我们可以得出这样一个结论：巨大的频道流量是百度MP3主要的吸金点。

百度MP3之所以能够吸引如此巨大的流量，可以免费下载是一个重要的原因。“支持免费下载”一直以来都是百度MP3搜索引擎的重要特征。用户在输入关键词进入搜索结果页面后，即可通过点击百度MP3提供的链接获取免费音乐内容。百度则将用户的浏览、搜索和下载行为作为商品出售给广告主。在2006年跟百代唱片公司达成协议之前，百度一直采用的是这样的盈利模式。引入广告分成后，百度将从第三方广告主那里获取的收入按比例分配给与其合作的唱片公司。可是，由于历史积怨太深，并非所有的唱片公司都愿意“买”百度的“账”，这也是为什么目前在百度MP3的合作伙伴中不见环球唱片集团、索尼BMG音乐娱乐公司、华纳唱片集团等国际知名唱片公司的身影。当然，唱片公司不合作并不代表百度MP3不会收录他们的音乐链接。百度MP3目前的做法是，只在歌手专辑页标明某些专辑所属的唱片公司，在歌曲的试听页及下载页则不区分正版和盗版，不标注歌曲的版权归属，就像谷歌音乐所做的那样。这种讨巧做法的好处在于，当遇到版权纠纷时，百度可通过“避风港”原则来为自己摆脱麻烦，表明自己只是一个客观中立的搜索引擎提供商，做出盗版行为的是那些被链接的网站而非百度本身。

（一）正方观点：百度MP3构成侵权

站在正方阵营中，认为百度提供MP3搜索服务是一种侵权行为的主要是那些音乐作品的版权所有人、版权管理人及版权代理人，包括唱片公司如国际七大唱片公司等，数字音乐网站如上海步升文化传播有限公司、杭州娱乐基地等，版权集体管理机构如国际唱片业协会、中国音乐著作权协会等，以及版权代理机构如北京源泉音乐文化传媒有限公司。换句话说，持正方观点的多为版权纠纷中的原告。

（1）版权所有人：百度MP3侵犯了版权所有人的信息网络传播权。各版权所有人在诉讼过程中的表述和措辞各有不同。比如，上海步升公司诉称，《红颜》《昨天是你生日》《伊拉克紧张局势》等曲目的录音制作权均归原告所有，原告从未许可被告（百度）通过互联网向公众传播其曲目，被告的行为严重侵犯了原告权益，并给原告造成重大经济损失。七大唱片公司指责百度MP3未经授权非法提供免费下载其数码音乐的链接，该行为侵犯了它们的权利。在国内五次状告百度无果后将百度诉至美国联邦南纽约地区法院的杭州娱乐基地则认为搜索引擎的专业搜索应该基于对网站信息的检索，而不应该是对他人内容的直接抓取，MP3音乐商品应该享受著作权法规定的权利。总之，尽管各版权所有人说法各异，但矛头均指向百度MP3，且主张大同小异：百度MP3支持未经合法授权的数字音乐下载以及提供部分盗版链接的行为侵犯了版权所有人的信息网络传播权，其行为符合共同侵权的“明知或应知”要件，百度应该停止所有非法链接并赔偿版权所有人的损失。

（2）版权管理人：各版权管理机构不仅通过不同渠道对百度MP3进行过抨击，并且发起过抵制百度MP3的实际行动。国际唱片业协会不仅曾多次作为各大唱片公司的诉讼代理人与百度对簿公堂，还通过发表声明、调查报告等方式希望对百度MP3造成一定的舆论压力。比如在由其制作和发表的《2009年数字音乐报告》中，国际唱片业协会称“百度是目前中国国内最大的数字音乐侵权人和数字音乐产业合法化的最大障碍”。据其估算，“百度MP3占据了中国非法音乐下载市场超过半数的份额，而且吸引了四分之三未经合法授权而提供‘深度链接’的网站”。

（3）国内的版权集体管理组织中国音乐著作权协会也曾数次站在起诉百度的原告席上，同时牵头组织签署了要求百度MP3断开音乐下载链接的音乐版权持有者联合声明，并呼吁各大广告商停止在百度MP3页面投放广告。中国音乐著作权协会总干事屈景明认为，百度多年来无视《著作权法》的明文规定，利用音乐著作权人和音乐制作、经营等企业技术上的限制，未经任何许可在其网站上提供歌曲的浏览、视听、传播和下载服务，并通过这项盗版业务获得了巨额的利润。选择走上正版化道路的网络音乐经营者，也因为百度的存在，迟迟不能从正版化经营中享受到其应得的经济效益，甚至被迫关门。

（二）反方观点：百度MP3不构成侵权

面对一次又一次的侵权诉讼，百度回应说历来都非常重视音乐版权的保护，之所以会引发诉讼是因为大家曲解了搜索引擎的定义。“步升案”中百度的自辩非常能够代表百度对MP3搜索引擎性质的看法，现摘录如下：

搜索引擎是指自动从互联网搜集信息，经过一定整理以后，提供给用户进行查询的系统。用户向搜索引擎发出查询请求（或指令），搜索引擎按照用户的请求（或指令）在索引数据库中检索，进行必要的逻辑运算，最后以链接的方式给出查询结果。通常搜索引擎会在这些链接下提供相应的摘要信息，以帮助用户判断此网页是否含有自己需要的内容。百度自己只是一家中立的搜索引擎服务提供商，按照技术规则为用户提供全面的、有针对性的搜索结果，以供用户查询和使用。百度并没有在自己的服务器上存储MP3，也没有提供歌曲的下载服务，只是以链接形式为用户提供动态的搜索服务；而搜索结果是依据技术规则自动生成的链接列表，百度并没有对任何被链接网站（页）进行非技术性的选择与控制。鉴于互联网信息资源的海量性，以及百度巨大成本支出的可能性，百度MP3没有义务也没有能力对于免费搜索的每一个链接网站进行合法性判断。因此，百度MP3的行为不存在任何过错。

与百代、滚石签署合作协议后，百度在回应类似的版权纠纷时会用百度MP3对广告分成模式的探索来证明百度对版权的尊重和正版化的诚意。

（三）中立观点：慎防“避风港”异化为“风暴角”

“避风港”原则设立的初衷是鼓励和保护中国新兴的互联网产业，但是由于其自身存在的某些不足，若在司法实践中处理不当，极易使原本为网络服务提供商提供安全庇护的“避风港”异化为引发矛盾冲突的“风暴角”。比如，《最高人民法院关于审理涉及计算机网络著作权纠纷案件适用法律若干问题的解释》第七条规定：“著作权人发现侵权信息向网络服务提供者提出警告或者索要侵权行为人网络注册资料时，不能出示身份证明、著作权权属证明及侵权情况证明的，视为未提出警告或者未提出索要请求。”可是《信息网络传播权保护条例》第二十三条又指出：“明知或者应知所链接的作品、表演、录音录像制品侵权的，应当承担共同侵权责任。”那么，不合格的通知到底是否能够作为认定网络服务提供商“应知或明知”的标准之一呢？倘若答案是否定的，那么“避风港”可能会成为服务商用来逃避法律责任的借口。

（四）百度MP3搜索服务存在的侵权隐患

由于百度MP3并不在自己的服务器上储存音乐内容，而只是提供搜索链接服务的服务提供商，因此出现直接侵权情况的可能性比较低（当然也不排除自设音乐网站提供音乐内容的可能），主要涉及的是间接侵权。间接侵权在我国民法以及著作权法律系统中被表述为“共同侵权”。

1. 干预搜索结果的链接来源

百度在其诉讼答辩词中一再声称MP3搜索服务只是一个中立的技术服务，所有的搜索结果都是基于搜索引擎系统自动生成的，百度从未对其进行过任何的人工干预。可是据源泉公司2007年的调查，百度MP3的音乐搜索服务可能经过了大量的技术处理和人工编辑。该公司从2007年下半年花费了半年的时间对百度音乐链接库的近600首歌曲进行了持续跟踪监测，监测结果发现这些歌曲事实上另有出处。源泉公司指出，百度MP3链接库中经常出现一个网站，其曲库量在前30名左右。然而，令人奇怪的是，这不是一个音乐类网站，而是某石油勘探局的网站。如果正常登录该网站，用户是无法找到任何音乐内容的。源泉公司将通过这样的途径搜索出来的音乐称为“无关网站服务器中存储的音乐内容”。此外，源泉公司还发现了“YY系列”神秘网站，这个系列中网站的域名都是以一个英文字母加一个阿拉伯数字加字母“YY”组成的，这些网站都无法访问，但在百度MP3的搜索结果中却经常见到来自它们的服务器中存储的音乐内容。更有一类网站，在地址栏输入IP地址后，打开的是一个空白页，但如果点击工具栏编辑菜单中的“全选”，就会发现满屏的编辑过的歌曲列表，可见网站所有者是出于某种考虑，把这个网站“隐藏”起来了。

除了搜索来源的问题，源泉公司还发现，如果将同一首歌曲的搜索结果进行比较的话，百度MP3和中搜音乐的重合率只有13.97%。作者也曾将梅艳芳的《女儿红》一曲作为搜索目标进行比对，结果发现，在中搜找到23条结果，在搜狗找到35个结果，而在百度MP3竟然找到相关结果88个。这一方面证明了百度MP3地位的重要性和“百度蜘蛛”强大的抓取能力，一方面也为怀疑百度对歌曲和链接进行过人工编辑提供了佐证。

对搜索过程和结果进行人工干预是百度被怀疑侵权的重要原因之一，另外一项服务也是百度MP3屡遭诟病的原因，那就是音乐榜单的提供。百度MP3提供了内容十分丰富的榜单服务，其榜单类型之广、收录的歌曲之多，在众音乐搜索引擎中独树一帜。其榜单家族下设有多个榜单，包括中文金曲榜、歌曲TOP500、影视金曲、歌手TOP200、热门对唱、中国民乐等不同类型，涵盖了几乎所有种类的音乐作品。百度的音乐榜单为用户找寻音乐提供了导航作用，即便是没有搜索经验、不了解音乐动态的人也可以在音乐榜单的帮助下方便快捷地选定自己喜欢的音乐。

干预搜索结果的链接来源和提供人工编辑的信息导航，都可能导致百度在实际的诉讼中处于不利的境地。前者属于直接的侵权行为，且有“中搜在线自设服务器案”作为前车之鉴。而音乐榜单由搜索引擎工作人员编辑，并帮助用户去试听或下载歌曲的用途被一些学者认为难以避免诱导侵权的嫌疑。倘若榜单中收录的网站涉嫌侵权的话，百度MP3是不能逃脱共同侵权的责任的。

2. 提供音乐作品的深度链接

超链接是互联网的基础性技术之一，它以非线性的链接方式为用户访问网页信息，为网站之间实现信息共享提供了极大的方便。超链接的链接指向分为三种：一是指向同一页面的特定内容，二是指向同一网站中不同页面的特定内容，三是指向不同网站中的特定内容。争议往往来自第三种指向类型的链接。在这种类型的链接中，根据指向的不同，链接又被分为外链和内链。外链即指向不同网站主页的链接，内链则是指向不同网站主页下的某一分页或某一文件的链接，也就是人们经常所说的深层链接、深度链接或纵深链接。深度链接最重要的特点是它绕开了被链接网站的主页和主页上的广告，直接链接到他人网站深层次的具体内容。由于设链者将链接内容和本网页的内容融合在一起，用户就会误以为自己依然身在设链者的网页，以为被链接内容本来就是该网站的一部分，尤其是在被链接的分页也没有明显的网站标识的情况下，用户会更加模糊两个网站的区别。

百度MP3提供的深度链接行为使得任何一个使用该搜索引擎的用户都可以在其选定的任何时间从第三方网站的服务器上获取作品。尽管百度并非作品内容的提供商，但是百度帮助公众发现和实现“获取作品”的可能性，使得著作权人的网络信息传播权受到了威胁。一旦第三方网站提供的内容未得到合法授权，百度就难洗共同侵权的嫌疑。就传统的观点看，要求网络服务提供商在设链之前对所有设链内容的合法性进行审查对设链者过于严苛，法律也没有规定它们必须这么做，同时这也不利于搜索引擎产业的发展，但人们也应该看到，既然百度利用超链接帮助自己获得了如此多的流量利益甚至是广告利益，百度就应该按照权利义务对等的原则，对于自身的设链行为是否会对他人合法权益造成危害履行适当的注意义务。

综上所述，百度MP3虽然没有在自己的服务器上储存音乐作品，不会直接侵犯著作权人的权益，但是由于其深度链接绕过了被链接网站的主页，而径直链接到第三方网站下的音频文件，使得用户可以获取音频文件的永久复制件。倘若这些文件是第三方网站未经过合法授权取得的，那么百度就很难避免共同侵权的嫌疑。如果各加害人的违法行为产生同一损害，各行为人之间虽无共同通谋和共同认识，仍应构成侵权行为，也就是说共同侵权行为的构成不以共同的意思联络为必备条件，只要数人在客观上有共同的侵权行为，就应当承担共同侵权行为的民事责任。一旦第三方网站所提供的作品损害了著作权人的人身权或财产权，由于百度为盗版作品提供了链接，客观上扩大了侵权结果，那么即使百度不明知或不应知链接内容的非法性，没有与第三方网站同谋，基于共同的侵害事实，百度也应该承担共同侵权责任。

3. 利用搜索结果的广告价值

百度是以广告为主要的盈利手段的。作为一个商业网站，百度投入了搜索技术、索引技术以及网站运营和维护等方面的成本，因此获取相应的回报天经地义，符合权利义务对等的原则。但是，百度获取商业利益的同时不应该损害他人尤其是内容提供商获取经济利益的正当权利。目前百度MP3提供的广告形式中就存在某些不合理的地方。

打开百度MP3人们会发现，在其首页、搜索结果页、试听页（音乐盒页面）、榜单页以及音乐掌门人页面均放置有不同形式的广告。

在2005年的“步升案”中，百度之所以败诉，其中一个重要原因就在于，百度在下载音乐过程中弹出的下载框中设置了商品广告。这一行为被北京市海淀区人民法院认为是“利用MP3营利”，并认定百度MP3的行为超出了一般搜索引擎的服务范围。

第4节　新媒体著作权的技术保护

互联网的零成本复制性、全球传播性、隐蔽性、共享性使得针对新媒体的著作权保护变得十分困难。在互联网上，每个人都有能力同时成为作者、出版商和侵权人，任何人都可以不留痕迹地改动网络上作品的内容、排序、署名，把几部作品综合成一部作品。经过网络迅速、广泛的传播，一部作品往往被改得面目全非、真假难辨。互联网为著作权保护带来的严重问题之一就是侵权行为的大众化，每个人都可能是现实或潜在的侵权者。互联网改变了侵权的主体、目的，使权利人陷入不计其数的侵权行为中而感到无能为力。互联网上的侵权者可以分布在地球的各个角落，无人知晓其真实身份，令司法救济出现困难。在互联网上，维护权利的成本与风险都很高，而侵权的成本与风险却很低，甚至为零。在这种环境下，著作权人必然会采取一些有效的技术措施来确保自身的利益不受侵害。为防止他人对新媒体作品的非法使用，对有著作权的作品采取技术保护措施，可以令使用者不能任意复制、发行、传播和修改，从而达到有效保护权利人合法权益的目的。

一、技术措施的界定

> **概念**
>
> 著作权的技术保护措施是指著作权人主动采取的、能有效控制使用受著作权保护的作品并对著作权人权利进行有效保护，防止侵犯其合法权利的设备、产品或方法。

著作权的技术保护措施是指著作权人主动采取的、能有效控制使用受著作权保护的作品并对著作权人权利进行有效保护，防止侵犯其合法权利的设备、产品或方法。《世界知识产权组织版权条约》第十一条规定：缔约各方应规定适当的法律保护和有效的法律补救办法，制止规避由作者为行使本条约所规定的权利而使用的、对就其作品进行未经该有关作者许可或未由法律准许的行为加以约束的有效技术措施。

技术措施可以是限制他人访问自己作品的，也可以是防止他人行使自己权利的。但是著作权技术保护措施不能损害公共利益，必须符合以下条件：(1) 技术措施只能是防御性的而不能是攻击性的；(2) 只可以给侵权行为设置障碍，不可以采取过激的技术手段对故意侵权者或无意侵权者的计算机系统进行破坏；(3) 不能对他人的作品或已处于公共领域的作品设定技术保护。

二、技术措施的种类

(一) 按用途分类

常见的技术措施有以下四种：一是控制访问作品的技术措施，如设置密码、付费浏览等，主要是使用户未经允许无法访问、接触某个网站或该网站的某些内容；二是控制传播作品的技术措施，主要是防止作品未经许可的复制、打印等，这是著作权人关心的重点；三是识别非授权作品的技术措施，它隐蔽在数字化作品中，以识别作品及著作权人、鉴定作品的真伪，为司法救济提供侵权的证据；四是制裁非授权使用的技术措施，一般通过在著作权作品内暗藏一定的程序，当对作品进行侵权使用时，该程序运行会妨碍对作品的使用，甚至会对使用者的计算机产生影响。

(二) 按手段分类

1. 访问控制技术

访问控制技术是确定合法用户对计算机系统信息资源所享有权利的权限。例如，某些用户对某一信息的使用权限是只能阅读，而另一些用户对这些信息则可以修改、复制。该技术可以防止非法用户的入侵、合法用户使用非权限内信息资源以及以非法方式使用信息资源。最常用的访问控制技术是"设置口令"和"身份验证"。

2. 密码技术

密码技术对信息的保护方式是将信息加密，使非法用户不能解读，因此信息即使被窃取也不易被识别。发送者利用加密密钥对信息进行加密，然后把加密后的密文发给接收者；接收者收到密文后，再用解密密钥将密文恢复成原来的信息。

3. 数字水印技术

该技术是用信号处理方法在数字化的多媒体信息中嵌入隐蔽的标记，这种标记通常是不可见的，只有通过专用的检测器或阅读器才能提取。近几年随着数字水印技术的不断发展，其在数字作品著作权保护方面，正发挥着越来越重要的作用。

传统水印广泛用于货币和重要的法律文件，以证实其真实性。"数字浮水印"类似于传统水印，所不同的是它一般是看不见的。如果要打开一个从互联网上下载的音像文件，看看是否有"数字浮水印"，你必须要借助相应的软件。这就像我们常常把带有传统水印的纸币对着光亮处，看看是不是假币一样。当然，"数字浮水印"比传统水印"高明"得多，它不仅能帮助我们辨别真假，还能传达著作权信息，告诉他人只有制作者才有权支配这些网上作品。另外，有效的"数字浮水印"应该经久耐用，任何图像编辑（包括模糊、旋转、剪切、粘贴和颜色分离）、数据压缩、扫描和打印都无法将其去除掉。例如，你下载完一张图片，用 Photoshop 处理一下，然后把它打印出来，最后发个传真给你的朋友，这时，图片中的"数字浮水印"依然"毫发无损"。

三、DRM 技术

新媒体的出现改变了纸质图书所隐含的权益。因为计算机文件可以被无限次复制，并能保持与原始文件一模一样，计算机文件很容易被低成本甚至零成本地修改，所以有必要通过技术手段把原来“隐含”的纸质图书权益在新媒体中体现出来。DRM 技术就是保护新媒体内容免受未经授权的播放和复制的一种方法。它主要是保护内容提供者的数字化作品免受非法复制和使用。DRM 技术通过对数字内容进行加密和附加使用规则对数字内容进行保护，它的使用规则可以断定用户是否符合浏览数字内容的条件，可以防止内容被复制或者限制内容的浏览次数。

DRM 技术的目的是保护数字内容的著作权，从技术上防止数字内容的非法复制，最终用户必须得到授权后才能使用数字内容。对于新媒体的 DRM 技术，需要解决以下几方面的问题：通过加密等技术保证新媒体作品的安全性、得到合理的授权后才能阅读作品、新媒体作品不能被非法拷贝、新媒体作品的内容不能被随便修改、新媒体作品在流通过程中应该是可计数的。

DRM 是新媒体中最重要的技术基础，DRM 可让作者和出版社的电子著作权得到保护，通过网络图书的销售，作者和出版社得到相应的收益。网络图书销售网站能从出版社得到网络图书的销售许可，读者通过网上支付购买网络图书。出版社也可以把网络图书通过销售渠道卖给图书馆，图书馆购买网络图书就像购买纸质书一样，按照复本数购买，然后向读者提供借阅的服务。

DRM 技术保护网络图书的著作权，至少要在四个方面体现纸质图书的隐含权益：

（1）DRM 技术要保证网络图书不能被复制，网络图书与阅读的机器是绑定的，计算机文件拷贝到别的机器无法阅读。

（2）DRM 技术要保证网络图书不能被篡改，包括网络图书的内容、网络图书的定价、出版社名称等信息。

（3）DRM 技术要保证网络图书可以计数。可以计数包括两个含义：第一，读者买网络图书，按“本”购买；网络书站卖书，按“本”卖；图书馆按“本”买网络图书，一本一本地借给读者。第二，出版社能知道网络书店卖了几本书、图书馆买了几本书，该统计数据通过技术保证其公正和不可篡改。

（4）DRM 技术可以控制网络图书的二次传播。例如图书馆购买的书可以借给读者阅读，读者的网络图书到了借期后不能继续阅读。

当然，在实现这几个方面的保护时，需要用到对称加密技术、非对称加密技术、数据通信安全技术、版式文件的数据加密以及 XML 等多种技术。以这些技术为基础，才能构成完整的网络图书 DRM 系统。

第 5 节　韩寒百度之争

韩寒起诉百度侵权案 2012 年 9 月 17 日在北京市海淀区人民法院一审宣判。法院判决百度文库存在主观过错，判赔韩寒经济损失累计约 8 万元，但韩寒方面提出的关闭百度文库等主张被驳回。

该案的起因是韩寒称百度文库多篇文档侵犯其著作权，要求法院判令百度停止侵权行为，关闭百度文库，持续7天在百度首页向他赔礼道歉，赔偿经济损失76万余元。而百度则称百度文库只是一种资料分享模式，因而并未侵害他人权益。

法院认为，百度文库在涉案文档的处理中存在消极等待的行为，未能采取必要措施制止侵权内容传播，且百度在人工审核时应有合理的理由知道文档侵权。据此，合议庭认为百度在本案中的行为满足侵权责任构成要件。

法庭最终判令百度赔偿韩寒经济损失3.98万元及合理开支4 000元，驳回原告韩寒的其他诉讼请求。另外两起韩寒诉百度案件适用同样法律。

一、韩寒百度之争的来龙去脉

2011年3月15日，包括韩寒等数十位作家在内的作家联盟发出声讨百度的檄文，文中言语激烈，称百度为“小偷”，称百度文库为“邪恶平台”，称百度“偷走了我们的作品，偷走了我们的权利，偷走了我们的财物”，称百度所标榜的“免费分享的精神”是“卑鄙的借口，是慷他人之慨只为了一己之私欲，伤害每位作者和每个读者”。

此后，韩寒、慕容雪村、小桥老树和何马联名状告北京百度网讯科技有限公司，诉称百度文库侵犯著作权。2011年11月3日，北京市海淀区人民法院受理此案。这是作家联盟发出檄文后，首批用法律武器向百度讨要说法的作家，此案也号称作家打响的“百度战役”第一枪。

韩寒等诉称，网友将其享有著作权的文学作品——《1988：我想和这个世界谈谈》（韩寒）、《零下一度》（韩寒）、《像少年啦飞驰》（韩寒）、《成都，今夜请将我遗忘》（慕容雪村）、《天堂向左，深圳往右》（慕容雪村）、《官路风流》（小桥老树）以及《藏地密码》（何马）等——上传至百度文库，建立多个文档，供用户付费或免费下载。四人多次要求百度采取措施，但百度文库中仍存在大量侵权文档。

韩寒等认为，百度是专业的文档分享平台，明知网友上传作品的实际作者，但不加以审查，直接编辑加工，并向公众提供下载和阅读，增加用户量和广告投放量，获取经济利益，严重侵害了作品著作权人的著作权。韩寒等要求法院判令关闭百度文库、百度要连续七天在网站首页赔礼道歉并赔偿经济损失。

2012年7月，此案开庭审理。9月17日，海淀区人民法院审理认为，百度有主观过错，一审判决百度文库败诉，赔偿韩寒损失8万余元。与韩寒一同诉讼的何马获得赔偿1万余元，慕容雪村获得赔偿4万余元。

二、韩寒诉百度案的争议焦点

（一）谁在侵权

百度公司否认自己侵权，称作品是网友上传的，百度文库仅仅属于信息存储空间。百度同时称自己通过多种方式向网民公示了法律法规要求的保护权利人的措施和步骤，尽到了充分提醒的义务。不仅如此，百度还一再强调，这些网友上传的作品文档深受网民欢迎，已赢得网民的同情和支持。

海淀区人民法院负责审理此案的法官以《像少年啦飞驰》一书为例介绍双方的态度：本案中，双方均认可网络用户将《像少年啦飞驰》文档上传至百度文库，使他人可以在选定的时间和地点获得该作品，网络用户的行为未经韩寒许可，所以上传《像少年啦飞驰》文档的网络用户直接侵犯了韩寒对《像少年啦飞驰》一书享有的信息网络传播权。

百度公司作为提供上传《像少年啦飞驰》一书的信息存储空间的网络服务提供商，虽然没有直接实施上传行为，但其是否应对涉案文档的传播承担侵权责任是双方的分歧所在。依据《信息网络传播权保护条例》第五条第二款的规定，未经权利人许可，任何组织或者个人不得通过信息网络向公众提供明知或者应知未经权利人许可被删除或者改变权利管理电子信息的作品、表演、录音录像制品。显然，未经许可上传文档的网友侵权了，那么百度呢？鉴于韩寒等人的高知名度，百度应该知道上传作品的权利人，因此百度文库也应该承担侵权责任。

（二）百度是否存在过错

海淀区人民法院审理认为，著作权侵权为一般的民事侵权行为，民事责任的构成通常实行过错责任原则。我国原《侵权责任法》第六条规定了行为人因过错侵害他人民事权益，应当承担侵权责任。本案中，要认定百度公司侵权并应承担侵权责任，需要认定百度公司所实施的涉案行为侵害了韩寒享有的信息网络传播权、百度公司的行为与损害后果之间存在因果关系以及百度公司主观上存在过错。

韩寒提出百度公司在百度文库推荐、编辑加工《像少年啦飞驰》一书，向用户提供免费浏览、下载服务，并从中获利。推荐行为体现在文档页右侧显示的“相关推荐文档”栏；编辑行为体现为百度公司改变了涉案文档格式；获利行为体现为百度文库有很多合作伙伴，有合作就会有经济利益存在。

百度公司解释，“相关推荐文档”是百度文库针对网民的搜索意图，根据文档关键词、题目和内容自动识别、匹配出与网民搜索需求类似的文档，这与百度公司主动推荐是不同的。百度公司在百度文库设有“热门推荐”栏目，其中的作品系百度公司的合作权利人提供，《像少年啦飞驰》一书并不在“热门推荐”栏目中，也未在其他显著位置上；百度公司对文库中上传的作品未做编辑加工。

（三）百度是否靠侵权文档盈利

百度称，百度文库中文档的浏览和下载均是免费的，合作伙伴自愿将相关文档放在百度文库中给网民共享，百度公司未从中获利；百度文库设置的财富值只是其吸引和鼓励网民分享文档的方式，下载文档所需的财富值由上传者自己设定，财富值归属于网民，对百度公司没有任何商业价值。百度认为，设置财富值是为了防止网友光看不发，必须先上传文档赢取财富值，才能再通过其下载文档。其目的是丰富文档内容，不是鼓励发布盗版作品。

虽然表面上百度文库的确没有要求网友付费下载，但该产品平均每天的新文档上传量达到惊人的 15 万份，当时该文库拥有多达近 6 000 万份文档，日浏览量数千万次，这为百度公司带来了相当可观的流量。只有注册才能上传下载的模式又为百度文库增强了黏性。这些流量与黏性，对于以流量为生的互联网公司而言，可谓是无本万利，将为百度主要的盈利模式——竞价排名带来极旺的人气。百度在收取服务费用时，又会因这些流量和黏性更加硬气。

可见，百度文库同样在为百度创造着财富。其设置的财富值，实际上是对网友上传下载的侵权行为的一种纵容。

（四）百度对网友上传到百度文库中的文档的著作权情况是否有审查的必要

韩寒的律师提出，百度文库将韩寒的上述作品建立多个文档，供用户下载，侵犯了韩寒的著作权。他发送律师函通知百度公司后，该公司仅删除了韩寒方提供的链接文件，但韩寒方通过搜索引擎依然能搜到涉案作品，百度并没有尽到对著作权的合理保护义务。

百度代理人则表示，百度已经按律师函所示删除了相关的链接，还将韩寒、韩寒作品名称设置为关键词，删除了文库中其他侵权文档。百度认为，韩寒方所称的仍能搜索到其他作品的情况，是由于韩寒方将韩寒、作品名称等关键词用空格隔开，如搜索“韩（空格）寒（空格）零下（空格）一度”，这种搜索方法已经超出常规的搜索习惯，百度的反盗版系统很难控制。

此外，百度认为，百度文库只是信息存储空间，网友每天都在上传，信息海量，事先无法一一审查。

北京市盈科律师事务所律师刘铭对此表示，依据“避风港”原则——发生著作权纠纷时，网络提供商接到相关投诉后，负有审查、删除的义务——来衡量百度的做法，其作为开放的网络存储平台已经尽到了义务。而且，我国法律中也有相关规定，即如果网络服务提供商为用户提供存储、搜索或者链接等单纯网络技术服务，不承担与著作权有关的信息审查义务。这说明法律也认可，面对海量信息，网络服务提供商不必事先进行主动的版权审查。

（五）百度文库该不该关闭

韩寒律师认为，百度文库已经成为文学作品侵权的“大本营”，其推测文库中99%是侵权作品，社会作用弊大于利，在这种情况下，应该直接将其关闭。“没有控制能力，百度就不该提供这样一个侵权工具。”

> **你怎么看**
>
> 你认为百度文库是否涉嫌侵权？请说出你的理由。

百度文库首页显示四个专区——教育专区、PPT专区、专业材料、应用文书。“文学作品只占文库的一部分，更多的是应用性文档。”百度方举例说，优秀教师的教案很难发表成书，但上传到百度文库，就可以让全国的教师共享，提高教学水平。“不能因为发生了个体侵权事件，就否认一个新产品的社会效益。”

虽然百度的这种美好愿望并没有错，但其有意无意地忽视了一些重要的前提：这些教师的优秀教案在被分享之前，教师们本人是否知情？他们是否愿意分享？他们的教案是不是本人上传分享的？如果百度希望给这些优秀教师提供服务，那么是否应该先确认这些前提呢？若不能确认，百度所描绘的“美好愿望”也许将给老师带来新的伤害。

但不少律师和法律界人士认为，一款网络产品是好是坏，应做整体评价：如果确实破坏了公共秩序和社会道德风气，那么应该制止、关闭；如果只是有一定负面影响，主体是好的，那么应该予以纠正、改善。网络创新的目标是更好地服务公众，如果打击过重，则不利于创新。对待网络纠纷应该从更长远的角度看待，不能简单“就事论事”。

笔者认为这一观点直接导致权利人在网络等新媒体环境下著作权被侵犯时处于劣势地位，也直接导致了我国《著作权法》对于侵犯权利人权利行为的罚则过低，在新媒体环境下未能有效地保护著作权，反而纵容了侵权行为的发生。

三、韩寒诉百度案带来的思考

是什么让百度们有恃无恐？是新媒体的传播速度太快，范围太广？是新媒体强大的技术力量？还是我国法律没有与时俱进，存在监管空白？抑或是网友没有维权意识，只习惯免费午餐？这些都是答案。

（一）新媒体侵权的隐蔽性

依据《信息网络传播权保护条例》的规定，未经著作权权利人许可，任何组织或者个人都不得通过信息网络向公众提供明知或者应知未经著作权权利人许可被删除或者改变权利管理电子信息的作品、表演、录音录像制品。

显然，未经著作权权利人许可或授权，擅自上传文档的网友应当承担侵权责任，作家们应该向这些网友而不是向网站追究责任。但由于网友众多，新媒体传播技术的运用和发展大大提升了网络用户复制侵权作品、传播侵权作品复制品的能力，而且由于信息海量，网络用户的身份信息只有 ID、IP 地址等，侵权行为更加隐蔽，不仅如此，网络用户多数不具有赔偿能力，因此很难追究网络用户的法律责任。侵权的隐蔽性也导致网络用户侵权的证据很难留存。

具体到作家与百度的纠纷，百度文库并未要求用户实名注册，同时也并未进行身份审核，因此作家希望追究上传侵权作品具体用户的法律责任难度很大。因为百度只能提供用户 ID、注册时间及注册时使用的 IP 地址等，著作权人依据这些信息依然无法确定具体的侵权人，无法向其追究责任。于是，作家只能将矛头直接指向百度文库的经营者——百度公司。

的确，网络服务提供商提供了网络服务平台以及网络传播技术，虽然为大量用户提供了分享信息的机会，降低了获取信息的难度，加大了信息的获取量，但客观上也使侵权作品的传播速度更快，传播范围更广，给著作权人带来了更大的利益损害。而且不仅仅是客观纵容，部分网络服务提供商还利用这种盗版传播，吸引流量，增加用户黏性，吸引商业投资，直接或间接从网络用户的侵权行为中获利。因此，在相关国际公约中，遇到新媒体著作权纠纷，开始追究网络服务提供商为用户利用其服务进行的侵权行为所应承担的责任，也成为各国网络著作权保护的趋势。

(二) 新媒体的开放性导致侵权责任方难以确定

新媒体的开放性导致新媒体环境下侵犯著作权的行为更为隐蔽，侵权责任方难以确定，侵权行为发生地难以确认，这就使得侵权纠纷诉讼的管辖权难以确定，权利人维权艰难。

法院对某一案件进行审判和裁决的权力或者权限被称为管辖权。法院必须同时对所涉案件具有“标的物管辖权”和“个人管辖权”，才能对此案件具有管辖权。依据我国《民事诉讼法》的规定，因侵权提起的诉讼，由侵权行为地或者被告住所地法院管辖。

这样的规定显然不适用新媒体环境下的著作权保护。侵权行为的发生地在网上，网上也没有人民法院，如何诉讼？如果侵权的是网友，那么在没有网络实名制的情况下，就无法确定侵权人的住所。如果侵权的是网络服务提供商，网络服务提供商所在地的法院将管辖类似纠纷，那么集聚了国内 IT 业内众多大企业，号称要打造中国“硅谷”的中关村、上地地区所属的海淀区，案件将堆积如山。如果网络服务提供商在海外，那官司是否要打到海外去?

网络等新媒体空间的无限性、移动的随机性，使得在网络环境下侵犯著作权的行为可能发生在全国各地，这就会导致属地不明确，给诉讼造成麻烦。有些侵权者甚至故意利用管辖权，人为地制造管辖“连接点”，为诉讼制造障碍。

据海淀区人民法院相关负责人介绍，涉及网络的著作权侵权案件，被告多为视频分享网站或门户网站，因该类网站遍布全国各地，原告出于便利诉讼、节省成本等考虑，故意制造管辖“连接点”，将该类公司与其他跟案件关系不大但住所地位于海淀区的公司或个人一并诉至海淀区人民法院。搜索网站多被选择作为管辖的“连接点”。因百度、搜狗等搜索网站均位于海淀区，且通过搜索网站的搜索服务易于找到载有涉案电视剧、电影、文字、图片等的侵权网站，故在涉及网络的著作权侵权案件中，原告通常首先通过搜索网站搜索到涉案视频或文字、图片的播放网站，定位侵权对象，然后以搜索网站提供搜索服务为由，将其与涉案侵权内容网站一并起诉，从而达到使位于外地的被诉侵权网站能进入海淀区人民法院管辖范围的目的。此外，甚至有些被告恶意提出管辖权异议以拖延诉讼时间。

(三) 中国网络公司本身就没有养成尊重版权的习惯

中国网络服务提供商从其诞生之初就没有养成尊重版权的习惯，甚至它们自身，就是靠侵犯他人著作权、知识产权而起家的。

QQ就曾经吃过官司。1996年，ICQ由几个以色列人开发出来，后被AOL于1998年耗资4亿美元收购。它凭借其好记的口号式名称ICQ（I seek you）迅速流行。两年后，QQ以曾经的名字OICQ名字在中国出现，直接在ICQ前加个圈，就开始推出自己的产品，引来“侵犯版权”事件。然而这个模仿催生了中国第一大软件。

中国互联网公司之间也是相互模仿，相互抄袭产品。百度有百度知道，新浪就有爱问知识平台，而人人网用户界面则和新浪微博差不多。靠模仿起家的中国互联网，从来就是拿来主义，自然不会在意作家的著作权，更不会主动承担著作权保护的义务，而在这种网络环境下培育出来的网民则更难有版权的意识。

(四) 新媒体环境下著作权保护的法律缺失

1. 法条表述过于宽泛，缺乏针对性

我国法律中有关著作权的相关法律原则、规定等在包括《中华人民共和国宪法》《中华人民共和国刑法》《中华人民共和国行政诉讼法》《著作权法》《中华人民共和国著作权法实施条例》《信息网络传播权保护条例》等法律法规中均有所涉及。虽然法律体系清晰，但法条表述过于宽泛，存在监管真空区，同时也给网络服务提供商提供了更多的保护。

（1）立法过于概括，缺乏针对新媒体环境下著作权保护的专门法律。

法条表述上过于宽泛，主要进行了概括性规定，例如概括规定了法律主体、权利内容、保护期限以及法律后果等；行政法规层面主要是针对法律中某些条款的解释和补充，重在对执法和司法实践的指导，缺乏对著作权侵权行为的精确认定，缺乏对侵犯著作权行为是过失还是故意的区分，同时对侵权行为的形式、手段等也没有进行具体说明。

现行立法依旧更多地将对象锁定在传统媒体上，而对新媒体的传播特点、侵权方式的新变化缺乏关注，对新媒体发展带来的新问题缺乏反应。例如，《著作权法》对著作权复制权专有性的表述甚至仍以传统媒体为对象，仍以印刷、复印、拓印、录音、录像、翻录、翻拍等传统传播方式为表现形式进行表述，对新媒体传播的新特点缺乏反应，对新媒体环境下的复制方式没有涉及，这就留下了监管真空。

（2）各部法律法条之间相互割裂。

在现行立法中并没有对新媒体著作权保护进行单独立法，有关网络等新媒体环境下著作权保护的相关规定散落于各部法律之中，彼此缺乏联系。在互联网经营等方面的法律中，针对著作权、知识产权等的保护和条款也很稀少，甚至可以说几乎没有。例如，在2000年9月公布实施的《互联网信息服务管理办法》中，互联网信息服务提供者禁止发布的内容包含违宪、危害国家安全、泄露国家机密、损害国家荣誉和利益、煽动民族仇恨、宣扬邪教、散布谣言、散布淫秽色情或赌博信息、侮辱诽谤他人等，但唯独没有禁止发布有著作权纠纷的信息的保护条款。

（3）罚则过低，不仅对侵权人缺乏威慑力，而且未能较好地发挥法律的引导功能和规范功能。

《著作权法》《信息网络传播权保护条例》等，对于侵犯著作权的一方制定的惩罚手段程度偏低，对于赔偿权利人损失竟然只规定了上限，没有规定下限，未能很好地维护权利人的利益。

例如，《著作权法》规定，如果侵犯了权利人的著作权以及相关权利，应按权利人的实际损失，由侵权人进行赔偿；如果实际损失难以计算，则按侵权人违法所得进行赔偿。同时，侵权人还应承担权利人为制止侵权行为所支付的合理开支。如果权利人的实际损失或侵权人的违法所得不能确定，则由法院依据侵权行为的情节，判决给予50万元以下的赔偿。

如此规定过于宽泛，既没有明确规定何为权利人的实际损失，也没有规定如何计算权利人的实际损失，同时对于赔偿金额的限定也是只有上限，没有下限。这无疑不具备威慑力。

依据《信息网络传播权保护条例》，侵权人应停止侵害、消除影响、赔礼道歉、赔偿损失；损害公共利益的，可以没收违法所得，并处10万元以下的罚款；情节严重的，可以没收其主要用于提供网络服务的计算机等设备；构成犯罪的，依法追究刑事责任。罚金同样只有上限，没有下限。区区罚款对于利润以亿计的互联网巨头来说，没有丝毫的威慑力。

过于宽泛的规定，对于本身就缺乏著作权意识的普通公众也没有起到法律本应承担的引导作用，不利于公众自觉有效地遵守法律、有意识地避免侵权。

2. 权利人和网络服务提供商并不平等

(1)《信息网络传播权保护条例》第六条规定了一些网络服务提供商通过信息网络提供他人作品的免责条款，其中包括介绍、评论某一作品，报道时事新闻，课堂教学，执行公务，翻译等。时事新闻报道中如果无法避免，可不经权利人授权使用权利人作品，且无须支付费用的免责条款有些匪夷所思。我国门户网站从未被赋予新闻采访权，这些网站只能转载其他拥有新闻采访权的媒体的稿件，而不能登载自行采写的新闻。没有新闻采访权，哪里来的时事新闻报道呢？给予网络服务提供商本不应该享有的免责条款，从一个侧面表现出网络服务提供商受到了更多的保护。

(2)《信息网络传播权保护条例》虽然规定网络服务提供商以提供网页快照、缩略图等方式向公众提供作品也属于提供行为，但设立了免责条款，即如果提供行为不影响相关作品的正常使用，且未不合理损害权利人对该作品的合法权益，法院可以认为网络服务提供商的行为未侵害著作权人的信息网络传播权。这样宽泛的规定给网络服务提供商提供了空间。如何确定提供行为不影响相关作品的正常使用？什么是不合理损害？合理损害作品的合法权益就可以免责吗？这些问题均没有详细说明和规定。

如果说著作权是权利人依法应该享受的权利，那么当网络服务提供商的提供行为侵犯了权利人的著作权时，是否影响作品的正常使用，是否损害了权利人的合法权益都不再重要，都只是后果问题，只是量刑处罚的轻重问题，但人民法院应该认为，其侵犯行为成立。从现行法律的如此规定看，显然权利人与网络服务提供商之间的地位并不平等。

(3) 依据《信息网络传播权保护条例》的规定，即便是著作权人有证据证明网络服务提供商提供了相关作品，但如果网络服务提供商可以证明其没有过错，仅提供了自动接入、自动传输、信息存储空间、搜索、链接、文件分享技术等网络服务，那么网络服务提供商就不构成侵权；甚至著作权人能证明网络服务提供商参与了侵权作品的提供，只要网络服务提供商能证明自己提供的仅仅是网络服务，就可以不承担侵权责任。

权利人有证据证明网络服务提供商有侵权的行为，但依然不管用，只要网络服务提供商能够证明其行为以及服务，就可能免责，这再次证明了权利人并未受到法律很好的保护。

(4) 依照《信息网络传播权保护条例》的规定，如果著作权人认为网络服务提供商提供的网络服务中涉及的作品侵犯了著作权人对作品享有的信息网络传播权，可以书面通知网络服务提供商，要求其删除相关作品，或者断开与该作品的链接。

权利人虽然有权要求网络服务提供商删除侵权文档，但享受权利并不容易，不仅需要书面通知，而且还要自行在海量信息中寻找到要求删除或者断开链接的侵权作品的名称和网络地址，同时还要提供材料，证明这些文档构成侵权行为，哪一样缺失，都将失去相关权利。而网络服务提供商则只需要等待通知、照章删除即可，权利人不通知，它的侵权行为就可以逍遥法外。这样的局面无疑再次证明了二者的不平等地位。

（5）2010年，北京市高级人民法院曾下发针对涉及网络环境下著作权纠纷案件的司法审理的指导性文件。该文件认为，将正在流行的影视剧放置在首页，或是在其他页面放置在显要的位置，或者设立排行榜，或者进行推荐，或者将作品进行整理、分类，有这些行为的网络服务提供商均存在过错，因为在这些操作中，网络服务提供商显然应当知道，而且也能够知道作品的著作权人，未经其授权。明知这些作品侵权却依然使用，就应当承担侵权责任。

这些规定看似细化，但其实是将侵权行为认定限制在一个小范围内，反而为侵权者提供了机会。其实无论是否在首页，只要有证据显示作品是网站主动上传的，侵权作品在这个网站上，侵权行为发生在这个网站上，就应该被判定存在过错。

3.“避风港”原则被滥用

很多国家为平衡网络服务提供商和著作权人的利益，既让网络服务提供商承担相应的责任，且责任又不过重，又能保护著作权人的权利，同时还不妨碍新技术的发展及社会公众获取信息的自由，“避风港”原则应运而生。

我国《著作权法》及《信息网络传播权保护条例》在借鉴欧美国家立法经验的基础上，针对网络环境下的特殊利益格局，设定了限制网络服务提供商侵权责任的“避风港”原则。但在实际操作中，这一原则不仅没有平衡权利人和网络服务提供商的利益，还被滥用了。

权利人虽然有权要求网络服务提供商删除侵权文档，但需要书面通知，否则网络服务提供商就可以不承担责任，它的侵权行为就可以逍遥法外，这证明了二者的不平等地位。

同时，“避风港”原则几乎成为被诉侵权的网络服务提供商的救命稻草——只要删除，就可免责。

其实，公平的法律原则只有一条——权利人和传播人的权利要平衡，要平等。早期为了扶持互联网企业，国家出台了“避风港”原则，强调传播权，但互联网经过多年飞速发展，著作权人早已成了弱势群体，百度等互联网企业成为强势群体，立法理应向权利人倾斜，但目前权利人的利益还在被漠视。

为了避免“避风港”原则的滥用、打击网络盗版，网络服务提供商应该不仅有审查用户侵权行为、删除侵权作品的义务，也应该承担相应的赔偿责任。

4.维权成本巨大

1998年，张抗抗等作家提起中国网络著作权第一案，此后数年，各大互联网公司无一幸免。然而案件的审理结果大多对被告有利，原告即使赢得官司，赔偿额也少得可怜，还付出了时间、精力等高昂的维权成本。

（1）时间成本巨大。

从韩寒百度案的诉讼过程中就可看出，当权利人发现自己的著作权被侵犯之后，想要维权简直就是一场马拉松比赛。

2011年11月3日，海淀区人民法院受理韩寒、慕容雪村、小桥老树和何马联名状告百度文库侵犯著作权。实际上早在当年3月之前，韩寒等就已经注意到百度文库中有多份自己作品的文档，这才有了3月15日的作家维权。

此前，韩寒等作家曾与百度高层商谈解决，但未果。

2011 年 7 月起，韩寒方开始取证，并进行公证。2011 年 7 月 20 日，韩寒方律师向百度公司发出律师函，表示百度文库中上传并提供下载涉嫌侵犯著作权的作品侵犯了作家的著作权，要求百度公司关闭百度文库、删除侵权作品、协商赔偿等。

2011 年 8 月 1 日、8 月 20 日，律师又先后两次向百度发邮件，其中包括《要求删除或断开链接侵权网络内容的通知》等。

但此案的开庭审理则一直等到了 2012 年的 7 月，此时距离韩寒等人注意到百度文库侵犯其著作权已过去了近一年半的时间。

开庭审理，案件也没有很快宣判，又等了两个月，海淀区人民法院才做出一审判决。

这还是涉及了韩寒等知名作家、百度等知名大公司的案件，普通读者的侵权小案恐怕需要等待更长的时间，付出更大的时间成本。

（2）赔偿额不高。

在韩寒百度案中，韩寒为其被侵权的《1988：我想和这个世界谈谈》《零下一度》《像少年啦飞驰》三部作品索赔 76 万元，依据是按照每千字 2 000 元乘以版权页字数计算。但最终法庭认为索赔额度过高，未予支持，最终判决韩寒获得赔偿 8 万余元。与韩寒一同诉讼的何马、慕容雪村各自也仅获得赔偿 1 万余元和 4 万余元。

但被侵权作家均认为百度文库赔偿金额过低。比如，《藏地密码》作家何马单本著作版税收入高达百万元，法院仅判决百度公司赔偿其 1 万余元。虽然赢了官司，但如此低的赔偿金额并不能有效遏制互联网侵权行为的再次发生。

此外，近年来新媒体环境下的著作权纠纷还以视频网站居多。以海淀区人民法院为例，由于该区聚集着优酷网、酷 6 网、风行网等国内当时主要视频网站，被诉至该法院的类似侵权案件也很多。据海淀区人民法院法官介绍，此类案件的审理难点之一就是赔偿数额难以确定。目前大部分影视作品的赔偿额固定在 3 万元至 5 万元之间，但并未遏制侵权行为的发生。这证明目前规定的赔偿额度远不是合理数额，仍需调整。

四、网络版权保护任重道远

在作家联盟声讨百度行动后，百度文库对非授权文学类作品进行了清理，文库文学分类下的文档数从 270 多万份减至不到 150 份。百度还对文库中一些涉嫌侵权或具有侵权可能性的文档进行了清理。目前用户向文库上传超过千字的文档，就须由百度进行人工审核，确定不侵权才能上传。

百度的做法值得肯定，但还远远不够，因为新媒体环境下的侵权已经有了升级版，而且这些升级版都瞄准了近年来发展最快的网络媒体形式和分享工具。

（一）百度文库肃清侵权作品，但侵权现象仍在百度出现

1. 百度贴吧：网络文学侵权泛滥

百度文库虽然大幅度削减了文库中有著作权纠纷的文学作品的数量，作家得到了赔偿，看似是作家赢了，但其实百度对这些作家作品的著作权的侵犯仍在继续，只不过是变得更加隐蔽了。

在百度的诸多应用中有一款叫贴吧，号称是全球最大的中文社区，是一种基于关键词的主题交流社区，它与搜索紧密结合，同时可以在线交流，使对同一个话题感兴趣的人们聚集在一起互相帮助。

在百度贴吧中有一个分类叫文学，这个目录下已有贴吧4万多个，共分为23类。作品类的贴吧有严肃小说、传统武侠小说、儿童文学、历史小说、古典小说、外国小说等，作家类贴吧则有中国当代作家、中国古代作家、中国近现代作家、外国作家等。其中中国当代作家的贴吧达到4 753个。韩寒等作家维权联盟的作家们大都有网友为其设立的贴吧，在韩寒贴吧的“精品吧贴”频道中，不仅可以找到韩寒作品的电子版，甚至可以找到韩寒博客所有博文的PDF版。这些文档属于韩寒并未授权也并不知晓的分享，显然是侵权的。

百度贴吧除了是传统作家作品的集散地，也是网络文学侵权的重灾区。网络文学是在网络上进行的文学创作，写作门槛低，发表门槛更低，这使其更加贴近大众，促成海量作品呈现，借助网络传播速度快、受众广的特点，得以迅速发展。

在起点文学网等网站中，每一部热门的网络文学作品都有一群粉丝在百度贴吧中为该作品建立贴吧，而在每个贴吧中，均有名为“新书连载”的区域，而且更新速度很快，几乎与网络文学网站中的更新速度一致。也就是说，在网络文学网站中需要付费收看的章节，通过贴吧可以免费看到。

网络文学作家的稿费是由点击量、网友支付收看的费用组成的，贴吧中的连载直接影响了他们的收入，同时侵犯了他们本该拥有的复制权、传播权等著作权。

2. 百度影音：纵容侵权者的侵权行为

百度影音是一款网络视频搜索、播放应用，通过这个应用，可以轻松找到国内、国外热播的电影、电视剧集。有了它，看电影不用去电影院，看电视剧不用开电视，看比赛不用等直播。通过这个软件甚至可以找到绝不会在国内电视台播出的电视剧集、绝不会在国内上映的电影。

从理论上说，只要一部电影或是电视剧上映或播出就可以在网络上找到，这就使得当一些进口大片，或者是一些国产影片在国外先上映、未在国内上映时，很多网友通过百度影音就已收看到，甚至有人下载这些网络资源刻碟，制成盗版光碟牟利。此外，使用百度影音收看电影或电视剧，点击资源后，还会自动点击网站广告。可见这种服务不仅纵容侵权者的侵权行为，同时也是网络服务提供商的又一生财之道。

3. 百度知道：用分享掩盖侵权

百度知道号称是全球最大的中文互动式知识问答分享平台，用户不仅可以通过其服务寻找任何问题的答案，这些问题的答案也被作为搜索结果丰富着百度搜索的服务内容。截至2013年2月24日，这个应用已解决了两亿多个问题，这也意味着在百度搜索里增加了两亿多个搜索结果。

在百度知道的问题分类中，有电脑、医学、文学、体育运动、理工科学等多个分类；在文学分类中，有关小说的问题达到811万个，散文的问题有6万多个，诗歌的问题有30万余个，戏剧的问题达到9.4万个。打开后，类似“我要找一本……”的问题很常见，而往往在这个问题下面留下个邮箱，就可以得到这本书的电子版，或是下载链接。

在百度知道中，搜索《1988：我想和这个世界谈谈》《零下一度》《像少年啦飞驰》，分别会得到2 466个、两万余个和2.6万余个问题以及答案，“求《1988：我想和这个世界谈谈》”“求《零下一度》”“求《像少年啦飞驰》”等问题比比皆是。

相同的网络平台还包括新浪爱问知识平台等，这些平台也成为搜索作品、视频等的便捷渠道，这些渠道也成了侵犯权利人著作权的“帮凶”。

4. 个人空间、网盘：侵权作品的藏匿地

个人空间、网盘、云端储存，这种利用网络空间扩容电脑硬盘的网络工具得到了网友的青睐，他们会将自己喜欢的文学作品、电影、游戏、电视剧从电脑中移至网络提供的储存空间中。这种做法如果仅供个人使用无可厚非，但有一些用户将这一空间作为分享网络资源的平台，从某种程度上讲，每一个个人空间、网盘、个人博客等都是一个百度文库。韩寒们所指的百度文库的侵权行为，同样在这些网盘、空间中存在。

5. 视频网站：侵权案例高发地带

根据海淀区人民法院的统计，2009年至2011年，视频网站著作权纠纷集中爆发，三年中该院分别审结该类案件696件、776件和949件，均约占当年结案总数的三分之一。2012年前8个月就已审结444件，占结案总数的38.2%。随着信息技术的发展，视频网站侵犯著作权的方式呈现出隐蔽性、多样性和复杂性的特点，给司法审判带来了新的挑战，主要表现在：

(1) 侵权人通过截取信号流、建立链接等方式，在其经营的视频网站在线对未获授权的晚会、体育赛事、访谈等节目进行同步直播，侵犯权利人权利。

(2) 侵权人利用相关技术在客户端软件或页面上播放未经授权的其他网站上的视频内容，构成侵权。在相关纠纷中，侵权人往往辩称其仅提供单纯的链接服务，涉案视频仍存储在权利人网站或其他网站的服务器上，但实际上侵权人的行为已构成对用户的引导，存在过错。

(3) 数个侵权人之间在频道、栏目等内容方面存在合作关系，其中一个侵权人通过与提供视频播放的侵权人网站建立深度链接或搜索，以规避侵权责任。

(4) 侵权人超授权范围使用权利人影视类作品。在此类案件中，权利人通常与侵权人就涉案影视作品签订有授权协议，详细约定了授权许可的使用范围、方式，但侵权人以超出双方约定的方式或范围使用涉案影视作品。

(5) 侵权人通过设立电视机终端、手机终端、平板电脑等电子设备播放软件，在多种电子设备上向用户提供未获授权的影视节目在线播放服务，不仅侵权，还扩大了侵权影响的范围。

6. App：更多用户参与侵权行为

App是英文application的简称，由于iPhone等智能手机的流行，App又指智能手机的第三方应用程序。

伴随着智能手机的发展，App已经从最初的外包形式的合作方式变成了一种第三方应用与手机终端共生共富的盈利模式，被越来越多的网络服务提供者所看重。打开百度、腾讯、淘宝等网站，均已有从App脱胎而来的应用平台，不仅丰富了产品，也可以获取流量。

苹果公司的App Store诞生于2008年，最初只有不到500个App应用软件，但仅仅三年，伴随着苹果手机的热潮席卷全球，这个数字已经扩大了1 000倍，累计下载次数高达上百亿次，且仍在高速增长。

App到了中国，再度成为“盗版利器”。誓将免费分享进行到底的网友们开始自制电子书，自制App，然后上传到App Store，免费或付费销售。App使更多的普通网络用户参与到侵权行为中，并以此获利，甚至走上前台。

韩寒、南派三叔、麦家和当年明月等作家发现自己的作品在未经任何授权的情况下被摆上了App Store“货架”。与此同时，他们发现上架的中国作家图书App绝大部分均未得到授权。南派三叔的《盗墓笔记》一书竟被盗版下载超过百万次。更为恶劣的是，这些盗版的电子图书需要付费下载。根据苹果公司的相关协议，App下载所产生的费用由开发者和苹果公司分成，也就是说苹果公司也得到了盗版者的非法所得，实际上成为盗版侵权的帮凶。中国作家联盟称“这比百度文库还恶劣”。2012年10月起，慕容雪村等八名作家将苹果公司告上法庭，索赔千万。

作家方认为，苹果 App Store 对图书类 App 不要求任何版权证明，这使得著作权人的作品被侵权、被盗版，严重侵犯了作家的著作权。

不仅仅是苹果 App Store，依据中国互联网协会《2012 年中国互联网产业发展综述报告》的统计，微软、中国移动、腾讯应用宝、91 手机助手、360 手机助手、安智市场等应用商店也在蓬勃发展，这些应用平台中同样有侵权的 App。

（二）网络版权案件持续高发

据最高人民法院知识产权庭的统计，自 2002 年以来，在全国各地法院受理的知识产权类案件中，著作权案件最多。例如 2011 年，全国地方法院共新收知识产权案件超过 5.9 万件，其中著作权案件 3.5 万件，占将近六成。近年来，著作权案件中涉及网络环境下著作权纠纷的案件数量大幅增长，也已占六成左右。

据北京市高级人民法院统计，北京法院 2012 年知识产权案件仍保持较高的增长势头，全市法院知识产权庭全年共受理一审知识产权案件 11 300 余件，同比上一年增长了 17.7%，其中著作权案件 6 390 余件，约占 56.5%。在受理的各类案件中，与网络传媒、品牌保护有关的案件增长速度最快，且呈现出类型新颖、案情复杂、社会影响大等特点。

如何界定侵权人是否侵害著作权人的信息网络传播权，如何确定网络服务提供商的法律责任，成为法院知识产权审判工作的难点。同时，网络服务提供商提供网络服务时侵犯权利人著作权等相关权利的问题，也引起了国际社会的关注，最高人民法院起草的关于侵害权利人信息网络传播权的相关司法解释也被中美商贸谈判对话列为重要议题。

第 6 节　人工智能带来的著作权争议

人工智能（AI）大模型时代开启，我们应如何看待内容版权保护和人工智能技术之间的关系？随着生成式 AI 等技术的发展，数据要素已成为最具时代特征的生产要素，数据对提高人工智能和数字化技术能力的作用正不断凸显。但人工智能发展背后，数据的利用和分配涉及多方面复杂问题，需要综合考虑技术、法律、伦理等多个维度来找到合理使用的平衡点。总体来说，生成式 AI 模型与知识产权之间呈现出一种博弈的过程。

2023 年 12 月，美国《纽约时报》在纽约南区法院向 OpenAI 及其投资人微软公司提起侵犯版权诉讼，指控二者未经许可使用其数百万篇文章以训练人工智能模型，而这些聊天机器人现在与该新闻机构形成竞争，成为可靠的信息来源。该诉讼未明确提出具体的赔偿金额要求，但称被告应对与“非法复制和使用《纽约时报》独特有价值的作品”相关的“数十亿美元的法定和实际损害”负责，还要求被告销毁使用《纽约时报》版权材料的所有 AI 模型和训练数据。

在诉讼中，《纽约时报》表示曾于 2023 年 4 月与微软和 OpenAI 进行了接触，提出了对其知识产权使用的担忧，并探讨“友好解决”的可能性，但谈判未产生解决方案。当地时间 1 月 8 日，OpenAI 首次针对《纽约时报》提起的诉讼进行了正式回应，称《纽约时报》并未讲述完整的故事，其诉讼毫无根据。尽管如此，公司仍然希望与其建立建设性的合作伙伴关系，并尊重其悠久的历史。

2024 年 1 月 18 日，OpenAI 的创始人山姆·奥尔特曼（Sam Altman）在瑞士达沃斯世界经济论坛上也对外表示，双方在起诉消息曝光前曾进行了“富有成效的谈判”，对《纽约时报》的起诉感到惊讶。他指出，OpenAI 希望以“大量资金”向该内容出版社支付费用，以在 Chat-

GPT中展示其的内容，但实际上并不需要以其数据进行人工智能训练。“我认为人们不太理解这一点。任何一个特定的训练源对我们的影响都并不是那么大。”

《纽约时报》是全球首家起诉两家公司侵犯其文字作品版权的美国大型媒体机构。此次诉讼拉开了未经授权使用已发布作品训练人工智能技术的“法律战役”新篇章，或将成为影响AIGC（生成式人工智能）领域走向的重大事件。

这场诉讼引起了业内关于内容创作者与人工智能开发者之间权益平衡的讨论。支持者和反对者各执一词，有人认为知识产权至上，OpenAI侵犯了《纽约时报》的劳动成果，甚至可能威胁到新闻业的独立性；也有人认为，大模型可以像人一样免费学习，侵权的关键在于作品的输出内容，而非输入内容。

对于席卷而来的AI大模型浪潮，不同的内容创作者和媒体机构也有着截然不同的态度。

部分新闻机构选择与科技企业合作。2023年7月，美联社与OpenAI达成协议，授权OpenAI使用美联社部分新闻存档，以探索生成式AI在新闻领域的应用。12月，德国大型媒体公司阿克塞尔·施普林格（Axel Springer）与OpenAI建立全球合作伙伴关系，根据协议，ChatGPT用户有权限阅读该出版社旗下媒体所创作的精选内容，同时其内容将被用于推进大语言模型（LLM）的训练。《华尔街日报》新闻集团则正在考虑向AI开发人员收取使用其中内容的费用。

与此相对应，多家媒体在其网站上阻止OpenAI扫描平台内容。根据《卫报》报道，自《纽约时报》后，CNN、路透社、《芝加哥论坛报》、《堪培拉时报》、《纽卡斯尔先驱报》等媒体纷纷宣布阻止该行为。其中，法国广播电台（Radio France）表示，阻止OpenAI机器人是为了避免“内容未经授权就被掠夺”。

目前，生成式AI面临着大量侵犯版权的指控。2023年7月10日，美国喜剧演员和作家萨拉·希尔弗曼（Sarah Silverman）以及另外两名作家起诉Meta和OpenAI，指控其侵犯版权。9月19日，美国作家协会以及包括《权力的游戏》原著作者乔治·R. R. 马丁（George R. R. Martin）在内的17位美国著名作家对OpenAI发起集体诉讼，称OpenAI在未经授权的情况下使用原告作家的版权作品训练其大语言模型。12月，多名普利策奖得主起诉OpenAI和微软滥用自己的作品训练大模型，指出这样的行为无疑是在“刮取”作家们的作品和其他受版权保护的材料。他们希望获得经济赔偿，并要求这些公司停止侵犯作家们的版权。

生成式人工智能以不可预见及令人不安的方式，拓展了现行版权法的范围。2024年1月，美国版权局发布指导意见，指出除非生成人工智能图像的提示性指令中含有人类的创造力，否则人工智能所生成的输出图像不应属于版权保护的范围。

据不完全统计，自2022年11月至2023年10月，仅美国加州北区法院便已经受理了10起版权人起诉StabilityAI、OpenAI、Meta、Alphabet等AIGC研发企业未经授权利用版权作品进行模型训练的案件。

这场由《纽约时报》对OpenAI的诉讼引发的知识产权之争，不仅仅在美国引起了激烈的讨论，更是揭示了全球范围内AI与内容创作者之间权益边界的普遍性问题。在我国，法律层面尚未就生成式AI对版权作品的使用做出明确规定，大模型在知识产权的使用和保护方面引发的讨论也愈演愈烈。

作为自然语言处理系统，大语言模型通过大量文本语料库进行训练，然后根据它所学到的内容来回答问题或生成文本，其学习能力在很大程度上依赖于海量数据。当下关于生成式AI领域的版权纠纷，有许多有关使用未经授权的版权作品进行大语言模型训练的行为，且有迹象显示传统的版权模式在大语言模型时代可能会失灵。

目前我国在法律层面上，在生成式AI使用版权作品等方面没有具体规定。目前内容生产方所依赖的法律保护依旧是著作权法，著作权法还未随AI发展而更新。

【本章小结】

本章主要阐释了新媒体中著作权保护面临的问题，尤其是新媒体的特性造成了侵权易、维权难；讲授了新媒体著作权的法律保护，介绍了发达国家对新媒体著作权的保护情况；重点讨论了"避风港"原则与"红旗"原则，分析了百度MP3版权案、韩寒百度之争；讨论了网络著作权的技术保护措施。

【思考题】

1. 网络传播中著作权的保护面临哪些新问题?
2. 请简述"避风港"原则和"红旗"原则的主要内涵，并分析二者的关系。
3. 新媒体中著作权保护面临的主要问题有哪些?
4. 你认为发达国家对于新媒体著作权的保护中有哪些值得我国借鉴的经验?
5. 你如何看待新媒体传播中的信息资源共享与知识产权保护的关系?

第 4 单元

新媒体的发展：移动信息传播

第 16 章　手机媒体

1958 年，苏联工程师列昂尼德・库普里扬诺维奇发明了 JIK-1 型移动电话，但是没有商用；1973 年，美国摩托罗拉工程师马丁・库珀发明了世界上第一部商业化手机。

2015 年 4 月 25 日，爱立信消费者研究室发布了关于手机用户消费者习惯的数据，结果显示，每个人每天平均看手机的次数高达 165 次。这一数字意味着手机已经成为每个人不可分割的一部分。

目前，智能手机（smartphone）已经十分普遍。智能手机具有独立的操作系统，不仅仅是具有通信功能的迷你型电脑，而且已经成为人的虚拟感觉器官。无论在中国还是全球，手机用户都超过了人口总数，手机媒体已经成为新媒体的主体。

第 1 节　手机媒体的诞生与发展

根据全球移动通信系统协会（GSMA）2023 年 10 月 13 日发布的《2023 年移动互联网连接报告》，现在全球有 54％ 的人口（约 43 亿人）拥有智能手机。根据 GSMA 的数据，全球居住在拥有移动宽带地区但未使用网络的人口比例为 38％。撒哈拉以南非洲和南亚的连接差距十分惊人，分别有 59％和 52％的人口无法上网。

2024 年 1 月 18 日，爱立信发布了《爱立信移动市场报告》，报告中披露，2023 年全球 5G 用户签约数增加了近 6 亿，这表明在全球经济增长乏力、地区局势动荡的大背景下，人们对高性能连接的需求依然旺盛。截至 2023 年年底，5G 人口覆盖率达到了 45％；全球 5G 用户数达到 16 亿，占移动用户总数的 18％。到 2029 年，全球 5G 用户数预计将超过 53 亿，占当时移动用户总数的 58％。届时北美和海合会国家的 5G 普及率最高，为 92％；其次是西欧，为 85％。

2016 年 SpaceX 首次提交 Starlink 星座申请，目前已申报超过 4 万颗卫星需求；截至 2023 年 8 月，已有超 5 000 颗 Starlink 卫星发射升空。截至 2023 年 11 月，Starlink 已经在七大洲六十多个国家可用。2022 年，Starlink 实现收入 14 亿美元，截至目前用户数已超 200 万。据《华尔街日报》报道，2022 年 Starlink 实现营收 14 亿美元，较 2021 年营收 2.22 亿美元大幅增长，虽然盈利方面仍是亏损，但在 2023 年第一季度略有盈利。2023 年 11 月 2 日，马斯克发帖宣布，Starlink 项目已实现现金流平衡。截至 2023 年 12 月 22 日，马斯克的星链用户数突破 230 万。

中国工业和信息化部数据显示，截至 2024 年 4 月末，我国移动电话用户为 17.588 63 亿户，其中 5G 移动电话用户 8.893 19 亿户。据中国三大通信运营商 2024 年 5 月公布的数据，我国 5G 套餐用户数已突破 14 亿大关。2024 年 3 月 22 日，中国互联网络信息中心在京发布的第 53 次《中国互联网络发展状况统计报告》显示，截至 2023 年 12 月，我国网民规模达 10.92 亿人，较 2022 年 12 月新增网民 2 480 万人，互联网普及率达 77.5％。根据 Statista 数据，截至 2024 年初，全球手机用户人数达到 56.1 亿人，全球互联网用户总数为 53.5 亿人，即全球人口中超过 66％的人口使用互联网。

一、手机的发展

手机，原本只是一种人们在移动中进行人际传播的通信工具，又被称为行动电话、移动电话。在美国英语中，其拼写为 cell phone；在英国英语中则表述为 mobile phone；在新加坡等国英语中被称为 hand phone。目前手机已经历几代的发展，进入了 5G 时代。

3G 即第三代移动通信系统（third generation）。国际电信联合会（ITU，简称国际电联）规定，第三代移动通信系统要能兼容第二代移动通信系统，同时要提高系统容量，提供对多媒体服务的支持以及高速数据传输服务。其数据传输速率在高速移动环境中支持 144Kbps，步行慢速移动环境中支持 384Kbps，静止状态下支持 2Mbps。与前两代系统相比，第三代移动通信系统的主要特征是可提供丰富多彩的移动多媒体业务。

国际电联接受的 3G 标准主要有以下三种：WCDMA、CDMA2000 与 TD-SCDMA。WCDMA 即 Wideband CDMA（宽带码分多址接入），它是基于 GSM 网发展出来的 3G 技术规范，是欧洲提出的宽带 CDMA 技术。CDMA2000 是由 IS-95 技术发展而来的宽带 CDMA 技术，由美国主推。TD-SCDMA 即 Time Division-Synchronous CDMA（时分同步码分多址接入），是由中国提出的 3G 标准。

2009 年 1 月 7 日，中国工业和信息化部为中国移动、中国电信和中国联通发放三张第三代移动通信（3G）牌照，中国正式步入 3G 时代。这对新闻媒体行业的发展带来了革命性的影响。

2013 年 12 月 4 日，中国工业和信息化部向中国移动、中国电信、中国联通正式发放了第四代移动通信业务牌照（即 4G 牌照），中国移动、中国电信、中国联通三家均获得 TD-LTE 牌照。此举标志着中国电信产业正式进入了 4G 时代。

第四代移动电话行动通信标准（4G）包括 TD-LTE 和 FDD-LTE 两种制式。4G 集 3G 与 WLAN 于一体，并能够快速传输数据、音频、视频和图像等。4G 能够以 100Mbps 以上的速度下载，比家用宽带 ADSL（4 兆）快 20 倍，并能够满足几乎所有用户对于无线服务的要求。4G 可以在 DSL 和有线电视调制解调器没有覆盖的地方部署，然后再扩展到整个地区。

4G 技术支持 100Mbps～150Mbps 的下行网络带宽，这就意味着 4G 用户可以体验到最大 12.5MB/s～18.75MB/s 的下行速度。

在 2G、3G、4G 时代，中国一直扮演跟随者的角色，虽然背靠巨大的市场，但在谈判桌上没有任何话语权可言，如今在 5G 时代，我们终于有了一定的领先优势。

在 5G 竞赛中，最值得国人骄傲的企业是华为，它代表中国参与了 5G 标准制定，而且在 5G 短码讨论方案中，以极化码（polar code）战胜了高通主推的 LDPC 以及法国的 Turbo 2.0 方案，成为国际电信联盟的标准之一。在通信业广泛流传着如下说法：三流的企业做产品，二流的企业做服务，而一流的企业做标准。华为能顺利地突出重围，再次证明了其“一流通信企业”的实力。在随后的“军备竞赛”中，华为陆续在全球范围内达成 5G 产品协议。因势头太猛，美国意图联手英国、法国、澳大利亚等国抵制华为，这些行为虽然让人不齿，但也从侧面证明了中国企业的实力。

5G 通信专利方面，全球企业各有成果：高通独占鳌头，占据 15%，其次是三星，拥有 13%，再次是诺基亚，拥有 11%，而以华为、中兴为代表的中国企业则拥有 20%的专利。

中国 5G 还有一个非常重要的优势，就是大规模的资本投入。因 5G 被提到国家战略的高度，运营商早已提前布局，已经建成的 5G 基站数量是美国的 10 倍。我们一向有“集中资源办大事”的好传统，特别是在基础设施建设方面，不像欧美国家经常需要旷日持久的公投才能拍板。

移动通信技术已经发展了 5 代，即从 1G 发展到今日的 5G。截至 2024 年 6 月，我国已建成全球规模最大的 5G 网络，5G 移动电话用户达 8.89 亿，在全球 5G 用户数中占比超 52%。我国已完成全国所有地级市、县城城区的 5G 网络覆盖。5G 应用融入国民经济大类超七成，在改变人们生产生活的同时，也为经济高质量发展注入了强大动力。5G 以其高速率、低时延、大连接等特性，推动高清直播、虚拟现实、智慧交通、智慧港口、远程医疗等领域的应用创新，助力社会经济高质量发展。

目前，在全球范围内，6G 通信技术仍处于前沿研究和探索阶段，多个国家在此领域展开“科技竞赛”。多数专家预计，6G 可能在 2030 年左右向公众开放。

2023 年 12 月 5 日，工业和信息化部对外宣布，我国正在有序开展 6G 相关的技术试验，扎实推动 6G 创新发展。国际电信联盟于 2023 年 6 月完成 6G 愿景需求建议书，明确 6G 典型产品和关键能力指标，其中我国提出的 5 类 6G 典型场景和 14 个关键能力指标全部被采纳。

2024 年 6 月，世界移动通信大会在西班牙巴塞罗那举行，其间，美国联合英国、澳大利亚、加拿大、法国、日本、韩国、瑞典、芬兰、捷克发表联合声明，就 6G 无线通信系统研发原则达成一致，宣布将在各自国家采取相关政策，根据所谓“共同原则”推进 6G 网络的研发和标准化。美国这一举动直接将中国排除在外，意图非常明显，就是要开展没有中国的 6G 研发和标准化。美国高举合作旗号，却固守冷战思维，企图在 6G 技术领域建立“小院高墙”，围堵中国。这是美国的遏华套路之一，也是美国及其盟友在 6G 领域的又一次“圈地运动”，西方试图通过制定全球标准和开展国际合作来主导 6G 技术的发展方向。

二、手机的媒体化

1981 年，全球首个移动通信网络 Nordic Mobile Telephone（NMT，北欧移动通信）相继在沙特阿拉伯、瑞典和挪威开通。中国首位手机用户出现在 1987 年的广州，用户是广州人（时任广东中海集团董事长的）徐峰。

从发明电话至 2001 年，固定电话花了 125 年的时间才使其用户突破 10 亿，而移动电话只花了 21 年就在 2002 年年底达到了同一水平。全球移动用户从 10 亿到 20 亿只用了三年时间。互联网和移动网络通信已经成为 55 岁以下人群娱乐休闲的首选媒体，超过了电视、电台、报纸、杂志和电影院。

手机实现由人际沟通工具向大众媒体的跨越，标志之一是日本 i-mode 手机及其相关信息服务的发展，标志之二是中国等一些国家曾经通过手机短信进行新闻传播与出版活动。随着移动互联网的发展和智能手机的普及，手机日益媒体化。

手机媒体作为新媒体的延伸，除了具有新媒体的各种优势外，还有携带方便的特点，是能随时随地使用的新媒体。手机作为媒体打破了地域、时间和电脑终端设备的限制，可以随时随地接收文字、图片、声音等各类信息，实现了用户与信息的同步。

手机媒体的魅力在于它高度的便携性、互动性，以及随之而来的增值服务。一方面，手机媒体能够给受众提供新闻信息，用户可以按需获取信息；另一方面，手机媒体具有的互动性也是其突出的特点。从未来发展的角度看，手机媒体的发展趋势之一是大众化，手机媒体由少数社会精英的“专利”发展为大众化的媒体；趋势之二是手机媒体多媒体化、娱乐化等。

三、手机不是移动电话，而是具有通信功能的迷你型电脑

如前所述，手机媒体不仅已经诞生，而且其社会影响日益深远。随着通信技术、计算机技术的发展与普及，手机不仅成为具有通信功能的迷你型电脑，而且还是网络媒体的延伸。

> **你怎么看**
>
> 从手机媒体的"同步与异步传播"的角度看，随着手机媒体深度嵌入社会生活，你认为同步和异步传播的关系能否继续维持平衡或有机统一？使用手机媒体交流的双方因其对同步和异步传播的选择不同，会产生哪些交流的问题或障碍？

新媒体包括互联网和手机媒体，这两者具有真正的互动性。互联网是计算机技术发展的产物，互联网信息传播的基础是计算机；而当今的手机已经不再只是移动电话，智能手机还配备了 CPU、存储卡、操作系统等计算机组件。

手机传播将人际传播、群体传播和大众传播融为一体，是一种全新的传播类型。从传播的角度看，作为新媒体的手机媒体拥有其独特的优势：高度的便携性，跨越地域和电脑终端的限制，有声音和振动提示，几乎做到了与新闻同步；接收方式由静态向动态演变，受众的自主地位得到提高，可以自主选择和发布信息，信息的及时互动或暂时延宕得以自主实现，使得人际传播与大众传播完美结合。

四、移动新闻客户端的兴起

在移动互联网背景下，手机凭借其随时随地、移动与便携等优势发展成为重要的大众传播媒体，成为媒介融合的新平台。为抢占移动用户市场，各家纸媒和大型门户网站（搜狐、网易、新浪、腾讯）等纷纷进军新闻的移动客户端市场。

移动新闻客户端凭借其丰富的资讯资源、实时的信息推送和方便的社交互动被越来越多的用户认可。

为拓展移动市场，纸媒普遍在 iPhone 和 iPad 的苹果操作系统、安卓系统上开发客户端。移动新闻客户端的内容资源包含两类：一类是与纸版内容一致；另一类则是整合更多资源，通过一个客户端可阅读同一集团下所有报纸的内容。

搜狐、新浪新闻客户端都非常类似传统桌面互联网的门户网站。内容以自行制作为主，主推的新闻热点也由制作团队根据内部标准决定，用户的阅读习惯直接转化为用户黏性。而以百度新闻、中搜搜悦为代表的搜索引擎式新闻阅读器，使用搜索技术在互联网端抓取新闻内容，再通过用户的自主选择、订阅决定新闻热点的推荐，用户黏性也主要来自个性化订阅内容。

今日头条是抖音集团开发的一款基于数据挖掘的推荐引擎产品，为用户推荐信息，提供连接人与信息的服务的产品。该产品由张一鸣于 2012 年 3 月创建，2012 年 8 月发布第一个版本。

今日头条的特色在于其基于个性化推荐引擎技术，根据每个用户的兴趣、位置等多个维度进行个性化推荐，推荐内容不仅包括狭义上的新闻，还包括音乐、电影、游戏、购物等资讯。根据用户的社交行为、阅读行为、地理位置、职业、年龄等，通过社交行为分析，5 秒内计算出用户兴趣；通过用户行为分析，在用户每次动作后，10 秒内更新用户模型。对每条信息提取几十个到几百个高维特征，并进行降维、相似计算、聚类计算等操作，去除重复信息；对信息进行机器分类、摘要抽取、LDA 主题分析、信息质量识别等处理。根据人的特征、环境特

征、文章特征三者的匹配程度进行推荐。实时推荐，0.1秒内计算出推荐结果，3秒内完成文章提取、挖掘、消重、分类，5秒内计算出新用户兴趣分配，10秒内更新用户模型。根据用户所在城市，自动识别本地新闻，精准推荐给当地居民。还可根据用户年龄、性别、职业等特征，自动计算并推荐其感兴趣的资讯。

抖音，是一款可以拍短视频的音乐创意短视频社交软件。该软件于2016年9月上线，是一个专注年轻人的音乐短视频社区。用户可以通过这款软件选择歌曲，拍摄音乐短视频，形成自己的作品。它与小咖秀类似，但不同的是，抖音用户可以通过视频拍摄快慢、视频编辑、特效（反复、闪一下、慢镜头）等技术让视频更具创造性，而不是简单的对口型。

第2节　手机媒体与新闻传播

麦克卢汉曾说，媒介即讯息，即通常人们认为的媒介内容可以成为讯息。媒介本身的功能、性质、开创性更值得重视。麦克卢汉曾预言，“媒介是人的延伸”，他认为技术的任何进步都会使人类更有效地生活和劳动，媒介具有有机体的性质。报刊、广播、电视事实上是和人分离的，以电脑为终端的互联网实际上是把人给“淹没”了的。而手机媒体的诞生真正实现了人和媒体在时空中的无缝连接，让人感觉到拥有和控制媒体的能力：媒介既不是和人分离的，也不主宰人，而是“人的延伸”。手机媒体将是一种完全以个体为中心构造的媒体。许多人基本上已是机不离身，一旦缺了它就会像摘掉“感官”一样难受，对周围事物的感觉能力和沟通能力大大减弱。

从某种意义上说，每一种新媒体的产生都是弥补之前媒体的不足。被誉为“数字时代的麦克卢汉”的保罗·莱文森认为，数字时代的特征是用视窗和浏览器选择信息以实现个人化。那么在数字化以后的时代里，我们则期待与之类似的表现个人选择的载体。只不过将来的载体的用法不同，目的不同，结果也不同。从这个意义上讲，手机媒体将是互联网出现以后，即数字化以后的新媒体克服原有媒体的不足、实现自己存在价值的一种方式，它的传播介质将更适于信息传播。它虽然依附于互联网，但拥有自成一体的无线网络。比起有线网络的电脑，基于无线网络的手机媒体对信息的处理更加及时、迅速，互动性更强。小巧玲珑的形体优势，使得它比笨重的电脑更易携带和装饰，从而更符合个体的需要。虽然它的受众群从时空上来讲也是广泛和分散的，但以手机号形式出现的受众比起以网址出现的电脑网民更加固定和容易确定，从而能将受众与传者的隔离抹掉。它拥有两个相对独立的话语空间，一个是点对点的私人空间，另一个是连接互联网形成的点对面的公共空间；而“一网打尽”的互联网只有一个空间，里面的各种话语割据空间而立。手机媒体人性化传播的特点代表着未来新媒体的发展方向。

手机传播打破了传统大众传播传播主体的机构性、权威性，进而呈现出传受主体的多元互动性及其在新的传播模式中权利的分解与集中的特征。

手机传播能够真正实现信息传播的5W：无论何时（whenever），无论何地（wherever），无论是谁（whoever），无论什么内容（whatever），都能找到对方（whomever），即任何用户可以在任何时间、任何地点获取任何信息并联系上任何人。

手机媒体的基本特征是数字化，最大的优势是携带和使用方便；同时，手机媒体作为新媒体的延伸，具有新媒体互动性强、信息获取快、传播快、更新快等特性。这些特征使得手机媒体能够渗透到人类社会活动的各个层面，深刻影响人类的传播活动。

一、手机媒体的优势

(一) 高度的移动性与便携性

手机媒体具有高度的便携性，信息传播极其方便。有人把手机媒体形象地称为“影子”媒体，因为手机往往24小时不离身，手机媒体以其移动性、便携性的优势实现了边走边看。媒体经济是一种注意力经济，眼球资源成为媒体最短缺的资源，然而受众却有大量的离散时空可供耗费，如等车、候机、坐地铁等，这些成为注意力的“盲点”。手机媒体能随时随地且无处不在地服务，正好填补了人们的离散时空，它通过吸引受众非连续的、间歇的和零散的时间段和空间段的注意力来获得经济收入，创造出“离散眼球经济”。

保罗·莱文森在2004年出版的《手机》一书中对手机发展做了最乐观的分析。他认为，人类有两种基本的交流方式：说话和走路。可惜自人类诞生之日起，这两个功能就开始分割，直到手机诞生，才将这两种相对的功能整合起来，集于一身。手机之前的一切媒介，即使是最神奇的电脑也把说话和走路、生产和消费分割开了。唯独手机能够使人一边走路一边说话、一边走路一边发短信。于是，人就从机器跟前和禁闭的室内解放出来，进入大自然，漫游世界。无线移动的无限双向交流潜力使手机成为信息传播最方便的媒介。

霍华德·莱茵戈德（Howard Rheingold）在《聪明暴民：下一次社会革命》一书中提到了新媒体全新的沟通模式：互联网的力量从电脑转移到手机上，诞生了全新的社会现象，产生了全新的沟通模式。如果说电视的收视率、报纸的订阅率更多有赖于用户的传统媒体习惯，那么，具有相当可读性、必读性、互动性、新奇性，类型丰富，能以不同内容、不同形式满足用户需求的手机媒体，就会成为用户随时随地获取信息的新的习惯性媒体。

手机媒体高度的便携性还带来了高度的个性化、私隐性与贴身性，手机是同人们生活黏性极高的“带着体温的媒体”。这就要求手机媒体传播者按用户的需求提供个性化信息，即真正做到分众传播。

(二) 信息传播的即时性

手机传播是一种数字化传播。手机传播速度快、时效性强、范围广、限制因素少，又由于手机用户数量庞大，因此受众群十分庞大。

手机媒体在即时性方面的优势已经彰显无疑。不用打开电脑或电视机，许多受众通过手机媒体就能看到权威媒体机构提供的实时新闻、现场图片或现场视频片段。例如不少受众通过手机领略“神六”升空的壮丽场景。新华网发出的第一条有关中石油吉林石化爆炸的图片新闻，不是来自摄影记者，而是当地居民用手机拍摄并传输的。特别是当遇到台风、地震、山洪等突发性自然灾害时，手机媒体能够即时报道，沟通信息，有利于紧急避险。手机媒体还具有即时接收和动态传播的特点，尤其是在遇到突发事件时，手机媒体可以像网站一样实现新闻的动态传播。

手机传播更新速度快、更新成本低。手机传播的更新周期可以用分秒计算，而电视、广播的周期则用天或小时计算，纸质报纸的出版周期用天甚至用周计算，纸质期刊与图书的更新周期更长。手机传播的即时性提高了新闻的时效性。同时手机传播还具有一定的“信息接收的异步性”，例如，一条手机短信发过来，你可以在方便的时候再去阅读与回复。接收的异步性可以使受众不受媒体传播时间的限制，按自己的需要随时进行信息的接收与利用。

（三）互动性

手机传播是一种开放的互动式传播。传统媒体的传播方式在现实中通常是单向的，传播者与受众双方无法随时随地进行双向沟通。而手机传播既可以是单向传播，也可以是双向甚至多向传播，具有很强的交互性。

手机媒体在互动性方面也有着传统媒体无法比拟的优势。传统大众传媒的重要特点之一就是传播的单向性很强。这一特点导致受众对媒介信息的反馈大部分是事后的、延时的，缺乏即时性和直接性。尼葛洛庞蒂把网络区分为环状网络和星状网络。电视网是典型的环状网络，它的作业方式是“一对多”。而移动通信网则是一种典型的星状网络，是“多对多”的作业系统。其实，我们可以把星状网络界定为“无中心化机构的网络”。基于移动通信网的手机媒体正体现了这一特点——在此传播体系中，传者与受者一律平等，受者亦构成这个传播体系中的一环，传者与受者之间没有明确不变的界限。因此，手机媒体不仅给受众发送他所需要的新闻，更可实现跟踪、材料搜集、读者调查、读者评论等多方面的功能，为受众和媒体都提供了更多更方便的服务，实现了更广泛、更迅速的互动。

（四）受众资源极其丰富

衡量一个媒体是否具有竞争力的重要指标就是现实和潜在的受众数量，而对手机媒体来说，最不用担心的就是受众资源。全球人口中拥有手机的人数是所有报纸读者的两倍多。手机用户也远远超过网民数。与国内发行量最大的报纸、杂志，点击率最高的网站，以及客流量最大的车站、地铁等场所的户外媒体相比，手机媒体拥有数量更庞大、类型更广泛的受众群。

手机已经不再仅仅是一个简单的通信工具，它的快速发展改变着人们的日常生活方式，成为传播、整合信息的设备，甚至是个人数字娱乐中心。未来移动通信产业发展的主要目标将从受众数量的扩张转移到人均利润最大化。虽然在许多成熟的市场当中，手机的拥有量已经达到饱和，但在利用手机进行信息传播以及营利等方面，仍处于起步阶段。

（五）多媒体

手机的信息处理功能日益强大。上网、拍照、录音、摄像已逐渐成为不少手机的基本配置，多媒体手机逐渐普及。手机的操作平台也发生了很大变化，手机已经成为电脑的一种形态，而智能手机还具有传统以通话为核心功能的功能手机所不具备的信息处理能力。

3G 时代的手机传播是一种多媒体的传播。它可借助文字、图片、图像、声音中的任何一种或几种的组合来开展传播活动。这种具有立体效应的多媒体传播组合可以更加真实地反映所报道的对象，给受众带来逼真而生动的感觉。手机传播的新闻也可以是多媒体的。

进入 3G 时代，技术的完善、用户认知的不断提高和运营模式的逐渐形成，手机更快更好地承载了各种媒体的传播方式和内容，手机媒体及相关产业的巨大潜力也随之得到显现。在 3G 基础上，像文字、图片、音频、视频、网页、电子邮件、实时语音、实时影像等功能均可以实现，而这些传统、新颖的功能结合在一起，所能带来的不仅是集中发力的冲击，还有为不同需求、不同终端的用户提供不同的内容，满足他们的不同需求，也可通过多种形式形成一定的互补和替代，确保同一类内容在手机媒体中以不同的形式实现最广泛的传播。

（六）手机亦是新闻采访的重要工具

2005 年 7 月，在伦敦连环爆炸案发生后数秒内，许多伦敦地铁和巴士乘客及路人就用具有摄像功能的手机拍摄了伦敦大爆炸的现场，第一时间记录下了那场自第二次世界大战结束以来伦敦经历的最严重的浩劫。有人用手机拍下了其中一个地铁站的爆炸现场。画面显示，由于车厢满是浓烟，乘客们不得不用手捂住嘴巴。另一个画面捕捉到了附近的另一名男子也在用手机拍照的场景。

电视台和新闻网站上出现的录像和单张照片显示，绝望的地铁乘客到处寻找逃生之路。还有画面显示，公共汽车爆炸发生后，失去知觉的乘客横卧在地。画面清晰地捕捉到满脸黑灰的乘客逃生的情景，还有一名妇女在人行道上痛苦地蜷缩成一团。周围的建筑物上也有斑斑血迹。

大爆炸发生后不久，幸存者发现手机线路出现了拥堵，因为成千上万的人都想在第一时间联络自己的亲人。电话打不出去，一些人便用手机拍摄现场的恐怖情景。许多媒体，甚至远在澳洲的媒体也向这些亲历者索取现场画面，希望他们通过电子邮件将拍摄到的画面发送给媒体，许多人给予了回应。

手机媒体技术的迅速兴起使得全世界几乎所有普通的民众都能拍下突发新闻并迅速贴到互联网上。见证历史的方式正在因此而发生改变，名人们的糗事更是无处可藏。有些西方学者把这种现象称为“草根新闻”，只要有手机就可做“草根记者”。

以前只能靠人脑记忆的事件现在可以以几百万像素的精度几秒之内被完整地传到全球各个角落。2000年，拍照手机的问世将这一趋势推向了新的高潮。图片的作用也日趋增加，检方在审理抢劫、恐怖活动等案件时，越来越依靠现场图片的证据作用。保险公司在处理交通事故时，除了听取当事人的回忆外，手机照片也成了重要的佐证。

（七）私密性

手机媒体是一种十分个人化的媒体，不像电视那样方便家人共同观看，也不像报纸那样方便多人相互传阅，而是带有鲜明的个人色彩、贴着个性化标签的信息传播工具，具有很强的私密性。每一个手机终端都对应一个具体的受众，这比互联网IP地址更能据以准确跟踪用户信息及行为。对信息服务提供商来说，信息传播可以针对不同的受众群体甚至特定用户设定，从而提供有吸引力的个性化服务，满足受众的个性化需求。对手机媒体用户来说，其自主地位得到提高，自由选择和发布信息的权限扩大，私密性得到保证。

（八）整合性

手机媒体能整合多样的传媒形态，承载报纸、广播、电视等传统媒体的内容，并充分发挥出新媒体本身所具备的一切传播优势。手机媒体能整合多元的传播主体，将电信基础运营商和各种类型的SP、CP融合到一起，将生产信息、传播信息的传者与接收信息、消费信息的受者合而为一。手机媒体能整合多样的传播方式，既可实现点对面（手机网站对用户）、面对点（多个用户向网站反馈信息）的传播，还可实现点对点（单个用户对单个用户）、一点对多点（聊天）、多点对多点（群组）等的传播。

（九）同步或异步传播有机统一

手机媒体将同步传播和异步传播有机整合到了一起，即用户借助手机媒体提供的各种传播工具，既可以实时接收传播者传递出来的信息，与其他用户进行实时交流，也可以选择在任何自己愿意的时间接触传播者传递出来的信息，与其他用户进行跨时间交流。这与新媒体模式的特征十分相似。手机媒体的特殊性在于，由于手机是与人形影不离的传播工具，所以能有效缩短甚至消除异步传播的时间差，实现同步传播与异步传播的有机统一。比如，电子邮件是异步传播方式，但手机邮箱的邮件到达提醒功能可以让用户更快知晓邮件内容。即时通信工具具有留言功能，但手机即时通信的留言提醒功能可以让用户不必被动等到下次上线才去提取。

(十) 传播者和受众高度融合

较之新媒体，手机传播的出现进一步打破了传统媒介的特殊地位，清除了一般受众进入媒体的障碍，使得每一个人都能通过手机行使自己的信息发布、意见表达权。在这种情况下，传播者和受众的角色发生了变化与融合。就组织机构类型的传播者而言，既要进行网上信息发布，又要强化受众意识，及时接收整理受众的反馈，及时做出调整，最大限度地吸引受众，防止其“用拇指投票”，不登录自己的手机网站或使用自己提供的服务。对普通受众而言，其随时随地都在传播者和受众的角色之间转换，比如浏览新闻时是受众，发表跟帖评论时是传播者；浏览别人的博客时是受众，开办自己的博客时又成为传播者。手机独具随写随拍随录随发功能，使每一个网民无时无刻都能在网站上发布新闻信息、图片、视频等内容，普通受众的传播者角色得到空前强化。

(十一) 手机传播强调个人化、人性化，强调用户参与

与传统的大众传播相比，手机媒体在传播类型上具有明显的多样性，集人际传播、群体传播、组织传播、大众传播于一体。手机本身就是人际沟通工具，借助手机媒体上的各种论坛、聊天室、移动QQ、微信等，人与人之间的交流渠道变得更加丰富。群体传播在手机媒体上也能便捷地实现，不少手机网站都在倾力打造主题BBS、专题论坛、手机社区等，以供有共同爱好或需求的用户进行交流。通过手机进行组织传播已经较为广泛，不少单位和部门开发了专门的手机信息发布平台，直接通过手机短信的方式传递组织内的各种信息；北京等地的政府部门还通过手机短信的方式，将突发事件应急信息、市政建设信息等第一时间告知市民。手机媒体的大众传播功能正在不断加强，一些传统媒体在无线互联网上安家落户，一批以新闻信息服务为特色的手机网站逐渐兴起，具有越来越大的社会影响力。这些传播类型相互交织，在一定条件下可以相互转化。比如通过移动QQ，既可以进行人际传播，也可以进行群体传播、组织传播，甚至可以进行大众传播。

手机传播具有人性化的特点。保罗·莱文森提出了媒介演化的“人性化趋势”理论。他认为人类技术发展是在模仿甚至复制人体的某些功能，是在模仿或复制人的感知模式和认知模式；任何一种后继的媒介都是一种补救措施，都是对过去的某一种媒介或某一种先天不足的功能的补救和补偿。换言之，人类的技术越来越完美，越来越“人性化”。[①] 作为继新媒体之后出现的又一新型传媒，手机媒体在很多方面克服了其他媒体的不足，会越来越彰显自己的独特个性。手机媒体能实现信息产品和家电产品功能的一体化，实现各种媒体功能的集约化，例如通过手机可以看电视，可以拍摄照片、录制视频并直接传播，摆脱了众多设备和程序的束缚，充分体现了“人性化”特点。手机媒体形体小巧，易于携带，更符合个体的需要。手机媒体是人能够“掌握”和控制的媒体，不像传统媒体那样把人与媒体分离开，或像其他新媒体那样把人“淹没”其中，更能凸显人的主体性。手机是“作为人体组成部分”的媒体，具有有机体的性质，是对“媒介即人的延伸”的生动诠释。

二、手机媒体的不足

手机作为媒体最大的优势在于便于随身携带。手机媒体是一种数字化新媒体，作为新媒体

---

① 莱文森．手机：挡不住的呼唤[M]．北京：中国人民大学出版社，2004：6，7.

的延伸，新媒体的许多特性（包括不足）也延续到了手机媒体之中。在现阶段手机媒体存在以下不足。

（1）虚假与不良信息传播。一些不法分子发布虚假信息，大肆招摇撞骗，各种淫秽信息和流言蜚语借手机流传，败坏社会风气，误导公众，导致社会秩序的混乱。

（2）侵犯个人隐私。智能手机有其独特的设计，把摄像镜头安装在手机的背部，还可以被隐藏起来，因此佯装打电话就能轻而易举地拍下一些机密的东西或侵犯个人隐私。

（3）信息垃圾。目前中国网民收到的垃圾邮件数量已经与正常邮件数量相当，垃圾短信也不计其数。

（4）信息安全。一些手机黑客针对手机软件专门设计了一些病毒，对广大的手机用户进行攻击。

（5）手机所固有的技术缺陷：屏幕小，电池能量不足。

尽管手机媒体存在一些不足之处，但它作为新媒体已经实现了移动电话媒介身份的突破，正在成为人们随身携带的信息系统。手机作为新的传播终端，以高效、便捷、及时、互动的特性，为人们提供更为丰富、更为个性化和随时随地的信息服务。这将是一种不同于以往的、向传统媒体发起挑战的、全新的文化生产样式和信息传播渠道。

从手机媒体的特点来看，它完全不同于传统媒体，而是和网络的传播特性较为接近。其功能是多元合一，比如，通话时手机就是移动电话，发短信时就是文字媒介，上网时就是新媒体。应该说，手机媒体是新媒体的延伸。

手机庞大的用户群已经构成了大众传播所必需的大量的分散的受众。手机的特点在于随着其功能的日益强大，正逐渐从通信工具向信息平台转型。

作为具有信息载体功能的终端，手机在实现自身基本功能属性的过程中，与海量的终端用户直接接触，因而有可能把特定信息进行最大限度的有效传播，进而达到一种类似甚至超过传统媒体的大众传播效果（无论是在广告还是新闻方面）。在当今这个信息爆炸的时代，现代社会正以细胞裂变的方式不断地制造信息，传统媒体在满足人们日益增长的信息需要时也遇到了各种局限，渴望自己的信息能够被更快、更好地传递给它们的目标客户群体。对传统媒体而言，手机媒体就是一个极佳的突破点。这种供求关系的扩张使得将传统媒体的优势和手机的优势结合起来成为可能。

手机的特点在于可移动性以及个性化。一方面，即时滚动新闻的推出使得用户在路上就可以随时随地看到一些重要而简短的新闻；另一方面，报纸、广播、电视等传统媒体长期发展形成的信息采集网络、媒体品牌、广告经营以及社会公信力，也是目前其他新兴媒体所无法逾越的一道门槛。传统媒体与手机媒体的结合改变了信息的传播方式和内容表现形式，其最深层次的本质并没有发生根本性的变化，从长远来看，这有利于传统媒体强化自身的品牌优势，进而吸引更多的受众使用传统媒体的服务。

第3节　新一代移动通信技术与大国博弈

移动通信科技平均每10年出现一次大变动。20世纪90年代，电话从1G时代的电线传声进入数码传音的2G时代；21世纪，3G科技出现了，人们能在移动通信中享受音乐和观赏动画。智能手机出现后，使用的是4G移动通信技术，它非但能让人们看到各种流畅的视频，也成为我们的电子钱包。

5G时代，手机网络的传送速度可达到4G的100倍以上，利用5G下载一部两小时的电影只需3秒钟，无人驾驶汽车的瞬间判断能力以及识别危险的反应速度将比人脑还快。在医疗领域，5G科技更是医生的好帮手，让他们可以远程抢救生命。总而言之，5G科技为世界带来了翻天覆地的变化。

5G的一个特征是高可靠、低延时，这让它适用于工业，尤其是机器大规模交互的场景，例如远程控制、工厂智能化、无人驾驶等。5G网络可以满足无人驾驶汽车所需的反应速度和可靠度，在毫秒中做出判断、避让、刹车。

广泛的应用前景让5G具备巨大的经济效益。高通2019年年初发布的报告预测，到2035年5G将在全球创造12.3万亿美元的经济产出，5G价值链将创造3.5万亿美元产出、创造2 200万个就业机会。

面对诱人的经济蛋糕，各国对5G技术的开发趋之若鹜，这项技术更被视为各国在高端科技领域竞争的一个主战场。

一、中国领跑5G技术的发展

德国专利数据分析公司公布的数据显示，截至2019年3月，在所有5G通信所需的标准必要专利申请中，34.02%由中国公司掌握。其中，中国电信巨头华为目前是申请5G标准必要专利数量最多的企业，占总数的15.05%。中国的中兴通信和中国电信科学技术研究院则分别占据第五和第九位。华为的5G相关研发费用每年超过100亿美元。华为在基站设置相关专利等方面也远超竞争对手瑞典爱立信和芬兰诺基亚。中兴在基站等方面的专利也有所增加。

美国在5G专利方面已处于下风，目前只占5G专利的14%，较4G时代的16%有所下滑。美国高通目前很大一部分的利润就来自向设备制造商授权其专利技术并收取费用，但其5G专利数量排名也略微下降，只在企业榜单中名列第六。不过，高通等企业此前积累的优势不会马上失去，即使到了5G时代，4G和3G网络仍然可以使用。

在5G之前，欧洲和美国一直是通信技术领域发展的引领者，并掌握了相关专利，而中国企业为此必须向欧美企业支付庞大的使用费。

根据咨询机构IHS Markit的调查报告，2017年华为就已经牢牢坐稳电信网络设备供应商的头号交椅。当年，其市场占有率为22%，而排名第二的诺基亚只有13%。排在其后的爱立信更是只有11%的市场占有率。

华为成立30余年，每年将销售总额的10%～15%投入研发，以2018年为例，相当于150亿美元，为全球投资科研力度最大的企业；华为全球18万员工中，45%为研发人员；华为申报国际专利为全球之最，2018年共4 024件。

华为已经是全球最大设备供应商及第一大基地台建设者，全球营收超过千亿美元，超过美国波音公司，2018年利润达69亿美元，全球手机出货量达1.54亿部，位列全球第二。阿里巴巴和腾讯虽称霸中国网络龙头，但华为才有全球影响力，业务版图横跨亚、欧、非洲。华为迄今已赢得全球25个5G商用合约，位列全球合约数第一，并与全球50家营运商展开5G测试。

截至2018年年底，世界上投入实际应用的7纳米半导体芯片只有三种，其中两种来自华为和苹果。日本高科技调查企业Techanalye通过拆解确认华为海思半导体的精细电路设计能力具有世界顶级水平。

在半导体芯片方面，高通是世界上最大的供应商，华为、苹果、台湾联发科技等紧随其后。用于5G的半导体芯片需要很高的技术，目前高通和华为处于领先地位。

二、美国的焦虑

2019年4月，美国总统特朗普在白宫发表关于美国5G部署的讲话，强调5G是一场美国必须赢得胜利的竞赛，美国公司必须引领世界蜂窝技术。他还说，美国是有敌人的，要确保5G网络不被敌人掌握。特朗普还表示，美国的5G网络建设要由私营部门推动和主导，政府会给予那些公司所需的激励。他要求，5G要覆盖每个社区，并向农村发展。

特朗普的讲话一边压制中国的5G网络巨头，一边进行美国自己发展5G的战略动员，展现出有点像美国冷战时期与苏联进行太空竞赛或者核竞赛时的劲头。这让人想到，美国对华为的公开打压与其当前对5G的战略部署不无联系。

美国之所以要向中国摊牌，就是因为中资企业在5G科技上表现非常强劲。过去10年来，中国在人工智能、云端技术以及物联网等高科技领域都已压过其他传统技术大国如德国、日本，直追美国。

目前在新一代信息技术领域中，代表中国的华为和中兴取得的专利数已超越美国。美方要其盟友禁用中国电信产品，就是为了防止中国的5G技术扩散到发展中国家；为阻挡中国的发展，美国督促盟友不要向中国提供制造半导体的机器。

中美贸易战的背后是科技战。5G的意义远不止于网速提升，5G加上人工智能将构成现代生活和全球贸易的骨干，连接世界各个智慧城市，而控制网络者还能在用户不知情的情况下更改、复制数据或改变数据传输的路由。如果用戏剧化的语言表达，那就是“得5G者得天下”。

美国一向担心中国在5G网络中插入“后门”，窃取外国情报和进行网络攻击。不过，美国拿不出证据证明这一点。这不得不让人怀疑美国只因在5G领域技不如人，就祭出非市场的手段打压华为，所谓的网络安全不过是个借口。

为了打击和遏制华为，美国可谓费尽心机，精心策划、穷追不舍。首先是依据“长臂管辖”原则，要求加拿大逮捕了华为的首席财务官、创始人任正非的女儿孟晚舟；其次则是肆无忌惮地公开鼓动其盟友集体抵制华为公司的设备。

对此种种，虽然美国打着司法独立和国家安全等堂而皇之的旗号，但是其实“司马昭之心，路人皆知”。新加坡《联合早报》在社论《中国崛起面对阻力》中就指出，这显然已经不是单纯的中美贸易纠纷，而是攸关中国崛起在西方世界的观感了。

中国驻加拿大大使卢沙野发表署名文章表示，孟晚舟事件不是简单的司法案件，而是有预谋的政治行动，是美国动用国家权力对一家中国高科技企业的政治追杀。华为轮值主席徐直军也公开表示，美国国务卿蓬佩奥就是使用华为设备向东欧国家发出的警告，是美国动用政府机器对付该公司的最新例证，是一场战术性的政治运动。

也有不少西方媒体看不惯美国打击自由竞争的科技霸权主义行径。美国《世界报业辛迪加》的一篇评论《反华为战争》就嘲讽地说，请从本国企业查起，不要采取如今这种虚伪手段，把自私包装成道德高地；英国的BBC新闻网则把孟晚舟比作“美中科技冷战中的报复人质”；《新西兰先驱报》也发表过题为《扣押华为首席财务官的做法很过分》的社论。

新加坡国立大学法学院副教授王江雨认为，美国政府以华为公司违反对伊朗的经济制裁为由，要求加拿大协助逮捕并引渡华为副董事长孟晚舟的做法，其实是用金融欺诈案来包装对华为的政治打压。

据美国官员透露，他们所谓的担心主要是华为可能会利用 5G 技术协助中国政府开展间谍活动，进而威胁美国的网络和国家安全。对此，华为总裁任正非在接受外媒采访时明确表示，华为创立 30 年来，没有协助过中国政府从事间谍活动，而且他个人的政治信念也与华为的商业营运没有关系。

美国声声警告的“华为威胁”究竟是真实存在抑或只是想象?《纽约时报》提出“新的红色恐慌”，抛出这个问题。一篇报道援引美国官员的话说，在中国企业制造的设备和软件中寻找“后门”是错误的，寻找特定高管与中国政府之间的联系也是错误的，真正需要关注的是中国企业与政府之间的界限正在消失，中国政府可以要求企业配合国家的情报工作需要，这才是关键。言下之意，美国无须提出证据，只要证明中国企业可以被国家利用来窃取情报，就找到了封杀华为的充分理由。这个逻辑看起来完全是强词夺理。

制裁华为是美国发动的对中国的“经济战争”的一部分，可美国却选择性地利用并忽视国际法，已经失信于世界。对孟晚舟的拘捕是基于美国法律的“域外管辖”，意味着美国政府要求各国不得与第三国（如古巴、伊朗）进行交易，这被视作史无前例的挑衅。设想如果中国政府规定美国公司什么时候可以与谁做交易，美国政府断然不会接受。作为 2015 年伊核协议的一部分，联合国安理会第 2231 条决议明确要求，各国应取消对伊朗的制裁。然而现在，全世界唯美国一家在反对安理会的决议。

“五眼联盟”是第二次世界大战后由美国、新西兰、澳大利亚、加拿大和英国五国的情报部门组成的。2018 年，美国以网络安全为由，呼吁盟友禁用华为的 5G 移动设备。一时间，不少国家对华为展开安全评估，并对它的移动设备实施部分或全面的禁令。

美国对华为采取的围堵措施就足以证明华为在 5G 技术上的竞争力。正是因为华为在技术上很有实力，在成本上很有优势，美国才要以国家安全的名义，联合其他国家共同狙击华为。

目前全球领先的 5G 设备供应商只有四家，其中两家是中国的华为以及中兴通讯，另外两家是瑞典的爱立信以及芬兰的诺基亚。曾经是无线技术领头羊的美国、英国、德国、日本以及澳大利亚，则没有出现一个能代表国家或“五眼联盟”的 5G 技术先锋。

三、日本不甘落后

日本对 5G 技术所展现的雄心并不亚于中美两大强国。《日本经济新闻》披露，日本总务部 2018 年 7 月召开智囊会议后，发表电信战略方案时已有意打造“后 5G”技术。日本当局的策略是要在 2020 年以后的 10 年里，集中火力研发传送量比 5G 大 10 倍以上的后 5G 技术。日本当局想利用它来完成海陆空交通系统的全自动化，并以这一项技术构建无线电网。

日本将后 5G 技术称为“电波技术革命”，并认为这项技术结合机器人，将有助于解决日本高龄化社会所面对的劳动力人口不足等困境。日本研判，后 5G 技术将让日本的无人驾驶汽车业腾飞，估计在 2040 年能为汽车业赚取 112 万亿日元利润。无人驾驶技术一旦落实，也有助于缓解陆路交通的拥堵，省去因堵车造成的巨大经济损失。

最大电信公司 NTT 获授权转播 2019 年 9 月在日本举行的世界橄榄球大赛，以试验性质发布使用 5G 手机，以高速度传播赛况。其他电信公司也计划内朝 5G 迈进，例如在建筑业和农业领域使用这项技术进行远距离操控。日本当局要发展与善用 5G，希望借此拉近城乡生活差距，让地方人民受惠。

日本在2000年发展3G移动通信科技时，为了保护国内市场，在手机的模式上自创一格，结果反而自缚手脚，导致其手机产品无法与国际接轨。吸取这个惨痛教训后，日本在发展4G和5G技术时，改为走向融合路线。

网络安全也是全球在5G时代共同面对的挑战。开放的科技竞争有助于促进科技的发展，并为大家共同面对的问题找出解决方案。要做到这一点，国际社会有必要加强互信的基础，摆脱零和思维，建立互惠互利的合作关系。

当前，6G竞速全面拉开帷幕，我们进入了6G移动通信网络技术研发和标准完善的关键时期。

2020年2月，国际电信联盟无线电通信部门5D工作组（ITU-R WP5D）确定了《未来技术趋势》报告撰写计划，正式拉开6G研究工作的序幕。2022年11月，《面向2030年及未来国际移动通信技术趋势》发布。2023年6月，ITU-R审议通过《IMT面向2030及未来发展的框架和总体目标建议书》，该建议书在制定过程中收到了来自欧洲、亚洲、北美、南美、非洲和大洋洲的行政部门、监管机构、运营商、设备商、研究机构等单位的建议和观点，汇聚了全球对6G的愿景和共识。同时，ITU/3GPP初步规划了6G标准化路径，预计于2026年形成6G KPI，并正式启动6G标准制定工作。

美国积极联合盟友开展技术合作。2019年3月，美国联邦通信委员会率先开放95GHz～3THz频段用于6G技术试验研究。2020年，美国电信行业解决方案联盟（ATIS）牵头，联合日、欧、韩等地的ICT企业组建了NextG联盟，共同规划6G战略路线，并于2022年陆续发布《6G应用和用例》《6G技术》，提出了6G用例和太赫兹、多接入网络服务等47个6G关键候选技术。2023年5月，美国6G联盟发布6G垂直行业路线图，探讨了农业、汽车、工业等八大垂直领域对6G技术的期望。

欧盟整合多方力量全面推进技术研究。欧盟成立6G智能网络与服务产业联盟（6G-IA），并与IMT-2030（6G）推进组、美国NextG联盟、ETSI等组织签署6G合作谅解备忘录，包括标准化、频谱研究、研发项目、技术研究等，以促进在B5G和6G方面的研究合作。2023年，《6G架构视图白皮书》正式发布，该白皮书从欧盟视角提出6G网络架构、能力要求、技术趋势等愿景。

韩国政产学研协作抢跑6G商用。2019年4月，韩国成立6G研究小组，初步尝试定义6G及其应用。随后，三星电子、LG、SK电讯等韩国通信巨头陆续组建了企业6G研究中心或实验室。2023年2月，韩国科学技术信息通信部发布“K-Network2030”战略，加大6G技术研发投入，积极抢占先机，决定于2028年在全球首先提前实现6G技术商用。

日本多措并举超前布局6G研发。自2020年发布《6G技术综合战略计划纲要和路线图》后，日本已提出包括超高速和大容量无线通信技术、超低时延和超大连接、多层无线系统、时空同步、安全可靠、超现实应用等一系列关键技术与能力，并采取资金支持、人才培育、政产学研结合等多项政策措施推动6G研发。

中国全方位规划6G研究与实践。《中华人民共和国国民经济和社会发展第十四个五年规划和2035年远景目标纲要》中明确提出提前布局6G网络技术储备，科技部发布多个重大专项以推动高校、科研院所、企业加速突破6G关键核心技术。2019年6月，IMT-2030（6G）推进组成立，聚合中国产学研用力量，推动6G技术研究和国际交流合作，目前已发布《6G总体愿景与潜在关键技术白皮书》等近30篇研究报告。国内各运营商也积极开展6G网络相关技术研究与测试验证工作。

【知识窗】 抖音

抖音是一款可以拍短视频的音乐创意短视频社交软件。该软件于2016年9月上线后，以黑马姿态在短视频领域突出重围，并带动行业高速发展。近年来，短视频迅速普及，已经跟图片和文字一样成为人们惯用的接收信息、发送信息的方式。在高清大屏智能机时代成长起来的年轻用户，已经习惯使用图像、视频进行自然、高频的表达。截至2023年5月，抖音日活跃用户数已经突破7亿。

【本章小结】

本章主要阐释了手机和手机媒体的概念与发展，并特别强调，手机不仅是具有通信功能的迷你型电脑，而且已经成为人的虚拟感觉器官。5G成为大国竞争的关键领域之一，手机媒体成为新媒体的主体。

【思考题】

1. 如何理解手机媒体是新媒体的主流?
2. 手机媒体对于新闻生产的工作及流程有何影响?
3. 5G时代的手机媒体有哪些新的发展? 其对新闻传播活动有哪些影响?
4. 如何理解“手机是人体的延伸”?

第 17 章　新技术与新媒体的未来

包括传媒业在内的众多行业的发展，都是由技术进步和市场需求拉动的。历史上每一轮传播技术的进步都必然带来传媒产业的变革，云计算、大数据、人工智能，归根结底是技术进步，再由技术进步驱动产品创新，产品创新改变市场格局。

新媒体带来了传媒业的巨变。从报刊、广播、电视“老三样”到今天的“两微一端”、抖音、快手等新传播载体层出不穷，新传播技术正带来崭新的传媒生态格局。据不完全统计，2018 年仅上半年就有 29 家报纸停刊。与此形成对比的是百度、腾讯、今日头条的日活量过亿，抖音周末高峰日活量突破两亿。网络平台越来越具有媒体的特征，腾讯、百度、网易、今日头条、新浪、抖音、快手等头部新媒体和超过 300 万的自媒体传播力、影响力日趋加大。传播主渠道、舆论主阵地、意识形态斗争的主战场已转场网络，受众已转移到网上是不争的事实。

移动传播、自动推送、人脸识别等新的传播手段的运用使传媒业态更加个性化、分众化、场景化、体验化。新一代媒体人不仅承载着探究真相、表达观点、传递信息和价值的使命，还要使用机器、理解机器、驾驭机器。

新媒体是由技术和资本双轮驱动的。目前，对新媒体发展影响最大的技术莫过于人工智能技术和推荐算法。

第 1 节　人工智能会取代记者吗

2016 年谷歌机器人 AlphaGo（阿尔法狗）大比分击败韩国围棋高手李世石。2017 年年初，人工智能围棋 Master 在一周内横扫柯洁、朴廷桓、井山裕太等中日韩顶尖高手，战绩停留在令人恐怖的 60 胜 0 负。Master 已经被确认是 2016 年人机大战主角 AlphaGo 的升级版。围棋人机大战让所有人都开始关注人工智能。有人说人工智能能为人类提供更卓越的服务，也有人说它将取代人类的工作并最终战胜人类。那么人工智能究竟是福还是祸？人工智能真的会取代人类吗？我们关注的是，人工智能是否真的会取代记者这个职业。

“人工智能”这个词来自英文 artificial intelligence，简称 AI。从计算机诞生的那一刻起，人们就在讨论它会给未来带来哪些变革。在过去，人工智能受限于硬件本身不够优秀、计算能力不足，但在摩尔定律的推动下，现在运行人工智能的系统往往都是非常庞大的计算机集群。今天非常热的“机器学习”这一概念，其实在 20 世纪 90 年代就已经出现了，只不过当时受到了计算机计算能力的很大限制。

一、哪些职业容易被取代

事实证明，规则明确的、信息全公开的职业，容易被取代。

棋类的竞技项目是信息全公开的。以围棋为例，第一个子落下之后，棋盘还剩下 360 个点可以选择，以此类推。但是有些竞技对抗不是这样，是信息不完全公开的，有玩家不知道的部分。而新闻报道从来就不是规则明确的竞技活动。

根据世界经济论坛的最新报告，到2020年，受人工智能与机器人等科技发展影响，超过500万份工作将会消失，在遭淘汰的700万个岗位中，至少三分之二是行政与办公室类的白领工作岗位。职业中可自动化、计算机化的任务越多，就越有可能被交给机器完成，其中以行政、销售、服务业最为危险。司机、技工、建筑工人、裁缝、快递员、抄表员、收银员、保安和洗碗工属于比较危险的、有可能被机器替代的职业。

人工智能能够替代部分工作的职业有律师、翻译等。律师工作中对法律、案例、参考文献的检索、分析工作，是计算机能够充分掌握数据的领域。数据容易公开获取的领域包括法律法规、案例、文献等，数据不容易公开获取的领域包括证据（尤其是刑事案件的证据）、与当事人沟通、庭审说服等。

尽管机器可以模仿人类的大脑进行学习，但是在目前的科技水平下，相比人类，机器欠缺了原创能力、互动能力和谈判能力。因此，具备这三种要素的职业便不容易被机器替代，比如文创、科技和管理行业就比较安全。内外科医生、编舞、教师、作家、律师、人力资源经理、科学家、工程师和记者也属于比较安全的、不容易被替代的职业。

随着人工智能的发展，机器确实可以通过深度学习来代替人类做越来越多的工作。根据一项报告，到2025年，约有25%的工作将由人工智能或是机器人取代。但是，人类依靠独有的创造性、互动性和谈判性，在一些职业中仍然占有绝对优势。

虽然计算机可能在一些方面超过人类，但是它依旧不是“完整的人”，例如AlphaGo，它只会下围棋，并不像人类可以做许多事情：弹琴、下棋、与人交流，甚至创造各种人工智能系统……只有人类能处理生活中纷繁复杂的情况，对人工智能取代人类的担心为时尚早。换言之，AlphaGo的程序就是下围棋，它不会做除下棋之外的任何事情。虽然在此番对战中，AlphaGo的表现技高一筹，但也仅仅是在围棋方面，“大多数人工智能目前都存在一个非常大的缺陷，那就是缺少了我们所谓跨领域的通用人工智能”。

二、人工智能记者的出现

2016年8月份，《纽约时报》向外界披露，它们有位主编其实是聊天机器人。这位主编挑选的文章平均阅读量是普通文章的38倍，每天工作24小时不休息。

腾讯开发的一款写稿机器人Dreamwriter，可以根据算法在第一时间自动生成稿件，瞬时输出分析和研判，一分钟内将重要资讯和解读送交用户。搜狐推出了智能股市播报系统，由机器人自动跟踪、捕捉市场的动态，进行纯粹客观描述，以信息流的方式推送给用户。上述两项人工智能引发了对机器与人工之间如何平衡的讨论。

韩国的新闻通讯社已开始采用“人工智能记者”编写简单的体育和财经新闻。2022年12月，OpenAI公司发布了名为ChatGPT的自然语言处理模型，3个月内全球用户数量破亿。ChatGPT可以完成更加准确、复杂、持续的人机对话与文本生产，AIGC又迈上了新的台阶，此前已经得到初步发展的聊天机器人、写稿机器人的市场空间与应用程度将进一步加深。

“人工智能记者”的重要优势体现在两大方面：一是“勤勤恳恳，态度认真”。每天股市收盘时，它都会基于韩国证券交易所公布的数据即刻写出最新报道，“毫不懈怠”。一名机器人记者只要0.3秒就能完成一篇关于股市行情的简讯。网络对比调查显示，超过50%的读者都无法分辨出哪一篇是人写的，哪一篇是机器写的。二是成本低廉，节约人力。安装“人工智能记者”只需首次的设置费用，随后每个月的运营费用接近于0，与聘任记者的费用相比，简直是“九牛一毛”。

“人工智能记者”的最终目标是使“私人记者”成为可能。现实中根据每位用户的需求撰写定制新闻，一般记者难以完成，但对于“人工智能记者”来说只是几秒钟的事。

> **你怎么看**
>
> 面对人工智能技术对传媒行业的影响，你认为AI能够在多大程度上、或在何种层面上取代人类？

人类记者要向深度调查记者转变，这样才能不被淘汰。“人工智能记者”虽然能力超群，但大众是否愿意接受？为了解答这个疑惑，韩国新闻基金会进行了社会调查，结果显示，当被问及“一篇无观点的新闻是否可以由计算机算法来写作”这个问题时，约48%的人回答可以，只有14%的人表示怀疑。而在这些怀疑者中，约45%的人担心机器算法会破坏媒体舆论监督和批判的功能，而42%的人担心这会产生大量无意义的文章。但显然，这些担忧都会通过完善算法或添加人工编辑的方式得到解决。

三、具有创新能力的记者将成为人工智能时代的强者

围棋比赛和做新闻有本质区别。下围棋与创作最大的区别在于围棋有胜负，并且只有围棋本身的规律，不随时代而改变。AlphaGo的训练过程，是先让其学习无数的人类下棋模式后，再让不同版本的AlphaGo之间进行比赛，并对新的比赛过程进行学习，使其不断超越机器自身，最终才得以超越人类。

而创作领域没有输赢之分，好坏也是很主观的事情，所以没有办法让“人工智能记者”自身不同版本之间进行竞争，也就很难想到方法让其只靠学习以前的文章就能持续提高水平，写出比人类记者更优秀的文章。

要写出好文章，就要输入大量优秀的样本，而这些优秀的样本需要无数记者充分发挥创造力。如果没有无数记者的不断创新，“人工智能记者”只在现有的文章中不断学习，很难想象它能与时俱进地写出越来越好的文章以及新闻报道。

在人工智能逐渐代替人类工作的情况下，如何找到机器和人工的平衡点，也是需要思考的问题。比如关于智能写稿、智能看盘机器人，有业内人士表示，智能化资讯不仅仅是简单地进行数据挖掘、分析，更重要的是解决机器与人工和谐发展的问题，机器重在扫描挖掘发现信号和机会，而人工重在深度分析和评论，只有找到其中的平衡点，才能满足用户对资讯有效性的实际需求，带来创造性的体验。

如果鲁班只是手艺了得，恐怕在当下也难逃被裁员的厄运；因为日夜无休、分毫不差的自动化生产，无论是在生产力还是精确度方面，都远非人类所能及。不过，作为“发明家”的鲁班，今天应该仍是企业争抢的创新人才，毕竟人工智能不会从树叶的锯齿联想到锯子，机器也无法凭空造出丈量用的曲尺和攻城用的云梯。

人类的想象力和创新力，大概是在可以预见的未来里，少数无法被人工智能复制的能力，也是鲁班能够战胜“机器人木匠”的关键所在。

记者的饭碗要怎么保住，笔者认为，未来多数从事一般性报道的记者都会失业，除非他们转而挖掘深度调查新闻。机器人记者的出现，其实是为我们这些人类记者提供“更上一层楼”的动力和机遇。

“写作”可以被机器人取代，但搜集有意义的新闻只能由人类新闻工作者完成。何况从根源上讲，探究人类的心思和需求，再没有比人类自己更合适的了！

此外，机器人是没有感情的，而不少新闻报道与评论则是需要情感的。

所以对于每一个媒体人来说，我们只有更深入地了解新闻媒体行业的本质和人类通过媒介获得信息、人的思考方式的本质，加深人工智能领域的人文探索，才能使人工智能更好地为我们所用。这是人工智能对所有媒体人提出的全新的挑战。

人工智能不排除具有一定的商业炒作成分。随着“人机大战”的进行，原本默默无闻的人工智能概念股被推上风口浪尖。

人工智能能否战胜人类是“伪命题”，因为只要规则明确，计算机在下围棋上战胜人类“是迟早的事情”。

狄更斯在《双城记》里说：这是最好的时代，也是最坏的时代。佛曰：境由心造。一切取决于心。人工智能再厉害，也不过是如来佛祖手心里的猴子。这个如来佛祖就是我们的创造力。

你怎么看

人工智能生产的信息往往被认为存在客观性问题，但人类记者与编辑的工作中同样不乏价值偏见，你认为AI的偏见是人类偏见的部分呈现还是整体放大？随着技术的发展，AI相比人类在新闻生产中是否可以更加接近客观性？

第2节　新闻推荐算法

新闻推荐算法是目前新媒体研究中的一个热点。在前互联网时代，报纸、广播、电视等传统媒体主要通过人工为受众推荐信息；在互联网发展的初期，信息的热门推荐方法发展起来并被雅虎等网站大量使用；目前所处的大数据时代，个性化算法推荐和信息流展现则成为主流。一般热门推荐算法主要依赖对一些数据指标的聚合计算来实现，计算方法简单，容易部署实施。

个性化推荐系统技术上运用了文本特征提取、相似度计算，有基于内容推荐法、协同过滤推荐法和矩阵分解法等，方法较多，而且具体实现和优化比较复杂。数据集合的大小和质量也对推荐效果有巨大的影响。通过编码实现一个实验性新闻推荐系统，可以发现，在数据集较小的情况下，一般热门推荐算法能取得最好的效果，而基于内容和协同过滤两种推荐方法的效果较差，但是也能给出符合逻辑的推荐结果。

对于个性化新闻推荐系统在实际中的应用，人们褒贬不一。通过对今日头条的一些用户的访谈可以发现，从目前个性化推荐算法的实际效果来看，由于其往往结合了一些低质内容，利用人性的弱点，导致了过度娱乐化的新闻泛滥。这些刺激感官的内容吸引人们点击，造成了点击量上的“虚假繁荣”，看似点击量高、用户喜爱、广告效果好，但其实是在大量推送垃圾信息，造成了用户的“信息成瘾”。对于这些问题，除了技术上继续加强改进外，企业应当改变唯点击论的思维惯性，注意履行社会责任；政府应当加强引导和监管，对有问题的企业和平台予以惩戒；对个人来说，应当注意到个性化推荐的双刃剑作用，防止自己沉湎于其中。

脸书于2006年最早在其网页端推出了Newsfeed页面，让用户能够在个人主页上看到以信息流的形式呈现的朋友们的更新。这个功能最开始并不是很受用户欢迎，但是随后脸书对其不断进行更新，最终使其成为社交类App的主流信息展现方式。移动互联网浪潮来袭，脸书手机App，以及大量其他类别的App，特别是新闻信息类App，也都开始采用这种方式来构建它们的手机页面。

最近几年，在中国互联网上，不仅仅是新闻类和社交类App参与了信息流大战，更有各种各样的工具类App也加入其中，一时间几乎所有的手机应用都加入了信息流大战。这背后的逻辑其实还是为了争夺尽可能多的用户流量。

互联网行业定义一个 App 价值的公式一般是：

价值＝用户数×打开次数×在线时长①

对于许多偏向工具性质的 App 来说，它们有很大的用户数目，但是苦于缺少足够的用户在线时长。而通过信息流内容化，令用户停留在 App 上阅读内容，能大幅提升用户在线时长，还能赚取大量移动广告收入，这成为许多互联网公司发展产品的方向。

一、一般热门推荐算法

热门推荐算法（Hot）在互联网早期就发展起来了，在新闻网站如雅虎上常常可以看到类似“Trending”的栏目，这些栏目的推荐算法就被称为热门推荐算法。热门推荐算法是一类算法，其本身原理比较简单，也没有运用机器学习和人工智能技术，主要还是针对新闻当前的浏览情况，对全体用户做无差别的推荐。

（一）聚合计算

热门推荐算法是基于聚合计算的算法，这种算法使用发表时间、点击量、赞量、点踩量、独立访客数等指标，综合给出一个新闻推荐的排序列表。其中所谓的聚合计算，指的就是数据的加总，包括求和、求平均值、求最大最小值等方式，如此处理完之后，再把结果进行排序并展示到页面上。

（二）时间因素

新闻信息很关键的一个因素就是信息本身的时新性，位列新闻价值五大要素之首。因此根据业务场景去合理考虑时间因素的作用是一个成功的热门推荐算法的必要条件。

（三）案例

1. Hacker News 新闻排序算法

Hacker News（https：//news. ycombinator. com/）是一个很有特色的国外技术创投信息网站。其所采用的计算公式为：

score=(P−1)/(T+2)^G

其中，P 表示投票数，即新闻的点赞数；T 表示从信息发布到现在的小时数，+2 防止除数太小；G 表示重力加速度，代表了 score 根据时间降低的速率。

重力加速度 G 对时间因子 T 的影响为：随着时间流逝，时间因子 T 变大，这也导致了 score 值的下降；G 值代表了时间因子 T 的幂指数，因为 G 越大，score 值随时间 T 变小的速度会越快。②

在 Hacker News 看来，时间因子对信息的作用是先使其价值快速下降，之后下降的速度会越来越慢。另外有一点值得注意的是，Hacker News 更关心用户对新闻主动做出评价的点赞数目，而不关心点击数本身。这样的设计可能会使“标题党”“灌水”类新闻因为没人点赞快速

---

① Fastcompany. Facebook's news feed just turned 10 [EB/OL]. [2023-05-23] https：//www. fastcompany. com/4018352/facebooks-news-feed-just-turned-10.

② LINDEN G，SMITH B，YORY J. Amazon. com recommendations：item-to-item collaborative filtering [J]. IEEE Internet Computing，2003，7 (1)：76-80.

沉下去，而真正得到用户好评的新闻会排到比较靠前的位置，这体现了该网站对优质内容的倾向性。

2. Reddit 信息排序算法

Reddit（https：//www. reddit. com）是一个国外知名的社交新闻站名。该网站的新闻条目已超过 3 000 万条，页面浏览量达到 370 亿次，独立访客超过 4 000 万人。其算法公式为：

$$f(t, y, z) = \lg z + y \times t/45\,000$$

其中，$t=A-B$，A 为资讯发表时间，B 为网站成立时间，所以它们都是时间点；而 t 是时间点的差值，也就是所经过的时间。t、A、B 的单位都是秒（s）。

$x=U-D$，U 为点赞数（upvote），D 为点踩数（downvote），x 是用来体现用户评分的指标。

y 值取决于 x 是否为正，也就是说用户评分总体是好还是坏。总体偏向好的话取 1，好坏相当取 0，偏负面的话取－1。[①]

z 值的作用很简单，就是把 x 的值取绝对整数值。

所以这个公式考虑了资讯的用户评分绝对值是否正面，以及发布时间。

第一，时间的因素。

从时间角度看，Hacker News 的算法使得一个帖子的得分随着时间流逝而下降。而 Reddit 选择用帖子的发表时间来计算得分，因此一个帖子一旦发表之后得分不会随着时间流逝下降。但是新发表的帖子由于其时间 t 值较大，会有更高的得分。因此，Reddit 算法事实上实现了让一个帖子的相对排名随着时间下降的效果。

第二，用户评分的平滑处理。

用户评分绝对值使用了对数函数来做平滑，以适应 Reddit 这样的高浏览量网站。由于对数函数的特性，因此最开始的 10 票和接下去的 100 票，以及接下去的 1 000 票对得分的提升作用是相等的。对数函数的平滑作用使得某些获得超高用户评分绝对值的帖子不至于常年霸榜，使得新的帖子有机会“打败”它们。

第三，争议性大的帖子容易得到低分。

在 Reddit 的算法中，如果赞踩数目相当，容易导致帖子的得分较低。其他条件一致的话，100 赞的帖子与 1 000 赞 900 踩的帖子实际上会得到一样的分数。这个特点可能会导致那些比较一边倒的帖子被顶在页面上方，而争议性大的帖子容易沉下去。

二、个性化推荐系统

个性化新闻推荐系统是目前最为火热的方向，今日头条、一点资讯等新闻阅读产品都以自己的个性化算法作为吸引用户的卖点。然而，新闻的个性化推荐系统是一个极为复杂的系统，需要自然语言处理、特征工程、机器学习、大数据计算等多个领域的知识。

（一）个性化推荐系统的相关概念及变量

热门推荐：聚合计算出实时的十大热门新闻，如国乒退赛等，推荐给用户。这样的新闻有很大可能会引起用户关注。

相关推荐：与用户当前正在阅读的文章主题相关的推荐。

---

① DAS A，DATAR M，GARG A，et al. Google News personalization：scalable online collaborative filtering [J]. WWW2007/Track：Industrial Practice and Experience，2007，May 8－12.

用户的短期兴趣：根据用户最近的行为来进行推荐，比如用户刚刚阅读了与“朝鲜”相关的新闻，刚刚在App中搜索了“电影演员”关键词，则识别出用户短期的兴趣是“朝鲜”和“电影演员”。短期兴趣和相关推荐在技术上可能是一样的。

用户的长期兴趣：也叫用户画像，是用户的长期口味，技术上的本质是一组用户ID所对应的一组keyword。比如某个用户常年阅读与军事相关的新闻，就会形成一组相应的keyword。长期兴趣还会考虑用户的地理位置、年龄、性别、毕业院校等多个人口统计学因素。长期兴趣的推荐可能会不仅仅使用用户自身的用户画像，还会计算与用户的用户画像相似的其他用户，并找出其他用户看过而这个用户没看过的新闻进行推荐，这就构成了协同过滤。

融合：把以上所述的推荐结果都打乱了放在一起展示给用户，就叫作融合。

例如，李老师是一位家住在北京海淀区的军事迷，他的用户ID为10123，他的用户画像可能是这样的：profiles [10123] = {“战斗机”，“航母”，“导弹”，“重返亚太”，“朝鲜”，“核武器”，“叙利亚”，“俄罗斯”，“海淀区”，“北京”}。（假设系统数据库只保存10个tag。）

我们可以假设这么一个场景，李老师刚刚打开某某头条App，点击了两则新闻：《朝鲜再次进行导弹试验引发日本恐慌》《海淀区发布暴雨蓝色预警》。

算法在给李老师做推荐时，会获取到三类新闻：第一类是当前实时的热门新闻Top10，第二类是根据李老师长期兴趣所推荐的一些军事、国际以及北京海淀地区新闻，第三类则是与朝鲜、导弹、暴雨相关的最新新闻。最终，在App用户界面上，这三类界面可能是交错展示的，也就是按一定的比例进行了融合。

（二）新闻文本的特征提取

对一篇新闻文本，我们需要对其进行特征提取，这样才能进行相似度计算。所谓特征，就是用来表征一个新闻或者一部电影的一组值。比如对一部电影来说，可能有男主演、女主演、导演、国家、语言等这些特征。但是对于新闻文本来说没有这么简单。提取新闻文本的特征需要使用tf-idf方法。

tf-idf（term frequency-inverse document frequency，缩写为tf-idf或TFIDF）算法，计算的是一个关键词的权重值（weight）。tf-idf权重经常被用于信息检索和文本挖掘领域。

在提供了一个语料库的前提下，该方法通过统计手段，得出某文本中的某一个词语的重要性/独特性。在tf-idf方法中，一个词语在给定文本中的出现频次越高，且语料库中包含该词语的文档数目越小，则该词语的权重值（也可以说是得分）越高。tf-idf算法及其衍生变种算法，常常被搜索引擎用来给网页打分和排序。

例如：一个文本中总共有100个词语，其中cat这个词出现了3次，那么cat的tf（term frequency）值就是3/100=0.03；而假设我们语料库中有1 000万个文本，其中cat这个词出现在1 000个文本当中，那么cat的idf（inverse document frequency）值就是log（10 000 000/1 000）=4，因此，cat单词的tf-idf得分就是0.03×4=0.12。

（三）基于内容的推荐（CB）

基于内容的推荐，本质上是在用户画像与文章特征之间进行相似度计算。用户画像与文章特征形式上是完全一致的，都是一组获得较高tf-idf权重的关键词的集合。

例如：profiles [10123] = {“战斗机”，“航母”，“导弹”，“重返亚太”，“朝鲜”，“核武器”，“叙利亚”，“俄罗斯”，“海淀区”，“北京”}。

只要对用户画像和文章的特征之间进行相似度计算，然后在所有计算了相似度的文章中选

取相似度最高的 K 篇文章作为推荐文章发给用户即可。

(四) 基于协同过滤的推荐 (CF)

协同过滤算法，也叫社会过滤方法，是一种通过他人推荐来过滤信息的有效办法。我们在生活中都喜欢找自己身边的朋友来推荐一些电影、书籍和音乐，协同过滤就是这种朴素生活思想在算法上的体现。协同过滤首先为你找到和你口味相似的人群，然后把这个人群的选择推荐给你。

以电影打分为例：

用户 X 对电影 I 的打分，将由 n 个与其相似用户的打分进行加权平均得到，每个用户的权重取决于其与用户 X 的相似度 Sxy。可以借鉴基于内容推荐的方法，把用户与用户之间的相似度计算转化为用户画像与用户画像之间的相似度计算，在找到 n 个与用户 X 较为相似的用户画像之后，将这 n 个用户的用户画像中 X 所没有的关键词与用户 X 的用户画像进行合并，构成一个群体画像。然后，再把这个群体画像看作一个用户，与各个新闻文本特征进行相似度计算，再进行推荐。

(五) 矩阵分解方法 (MD)

矩阵分解方法，也叫隐含因子模型，最早出现在电影评价和商品评价类问题中，是一种通过把用户对商品的评价矩阵分解为（1）用户对隐含因子的偏好矩阵和（2）商品中包含隐含因子的情况矩阵这样两个矩阵来实现有效推荐的模型。我们可以这样形象地理解：观影者对导演、电影类型、电影主演等多个隐含因子有偏好，包含观影者偏好更多的电影，就会被更多观影者喜欢。不过隐含因子模型的神奇之处在于，这些隐含因子都是通过矩阵分解方法得到的，并不是我们人为地从电影中提炼出来的一系列特征。因此，有时候这些隐含因子并不是很容易用容易理解的因果关系来解释。

在新闻推荐问题中，隐含因子的应用难度比较大。这主要是由于新闻推荐问题中我们往往只有用户是否阅读新闻的数据，而没有打分的数据，因此无法进行有效的矩阵分解。另外，矩阵分解的计算量十分巨大，也影响了其在新闻推荐问题中的应用。

(六) 推荐系统的融合

在实际新问题推荐中，单一使用某种推荐算法的效果往往不会优于简单热门推荐的效果。因此，最好是将热门推荐、基于内容的推荐、基于协同过滤的推荐，乃至其他推荐方法得到的结果进行某种形式的融合，得到一个包括各种算法推荐出来的新闻的集合，再展示给用户。

一般的融合算法可以是简单的线性融合，也就是说每个算法的结果被赋予一个固定的比例，然后简单地加在一起：

$$\text{Result} = \text{w1} \times Hot + \text{w2} \times CB + \text{w3} \times CF$$ ①

其中，各个算法的推荐结果权重 wi（i 指 1，2，3，…）值的确定，可能需要使用 A/B test 进行小流量对比试验，甚至对全量用户进行分流，通过事后分析数据进行参数调优。也可以通过实时的机器学习方法不断地优化权重值。具体实现细节才真正体现算法工程师的能力。

① LESKOVEC J，RAJARAMAN A，ULLMAN J D. Mining of massive datasets [M]. 3rd ed. Cambridge：Cambridge University Press，2020.

三、目前个性化新闻推荐算法存在的问题

目前新闻推荐算法仍存在着较多的问题，这些问题产生的原因各不相同。

（一）内容不符合用户兴趣

个性化推荐算法并不一定能把符合用户兴趣的内容推荐给用户。造成这个现象的原因有很多。

从数据质量角度看，个性化推荐对数据的数量和质量要求是比较高的，如果一个用户没有什么有质量的数据，个性化推荐就远远不如热门推荐的效果。多数新闻资讯类应用要面临大量的新增用户，这些新用户的历史阅读记录是空白的，因此对他们进行个性化推荐的效果是很差的。这个问题又被称为“冷启动”问题，是大多数个性化推荐系统所面临的共同问题。

从目前自然语言处理的局限看，个性化推荐系统无法对文章内容做深入理解。目前的自然语言处理其实只能从其特有的高频关键词层面进行标签的相似度匹配，这样产生的肤浅层面的话题只是标签推荐而已，而不是更深层次的与用户气质、性格、生活方式相匹配的推荐。计算机只能帮助我们快速完成简单重复的工作，很难更深层次地满足新闻资讯阅读中的一些细腻心理需要。例如，某用户看了一篇讲迈克尔·杰克逊葬礼的新闻，其中包含了大量与丧葬相关的特有词语，推荐系统会因为这些丧葬特有词语向他推荐其他有关丧葬的新闻。但是，他实际上是一个迈克尔·杰克逊的粉丝，关心的点是该明星，而非葬礼这个主题。

协同过滤算法本身的缺陷，亦造成了一些个性化推荐算法的推荐内容不符合用户兴趣。一个经典的例子是娱乐新闻。由于娱乐新闻往往很受欢迎，因此用户在协同过滤中的近邻群体往往多少都阅读一些娱乐新闻，但是这个用户本身可能从来不读娱乐新闻，如果强行推给他会造成他的反感。这也是目前今日头条等应用的推荐算法所遇到的一个比较大的问题。

在当前的算法中，虽然使用了所谓的协同过滤，但得出的是完全基于数据计算出来的相似群体，而不是用户实际的社交关系。而资讯消费本身其实是具有一定社交性和话题性的，人们很多时候看新闻的目的都是能够和社群中的其他人知道一样的事情，这样才有话题可交流。个性化推荐具有一定的优势，而如果能够与用户已有的社交关系结合在一起，就能向用户做出更好的推荐。

（二）内容质量问题

纯粹的个性化推荐系统对文章的质量和内容是没有把关的。算法所做的事，只是对文章中所含的特征关键词进行提取。算法并不知道这篇文章到底写作水平如何，内容是否健康，更不用说对其进行选择了。算法能做的事，仅仅是把关键词与用户的兴趣进行匹配。一篇文章里哪怕没有任何有意义的内容，只是一堆用户可能感兴趣的词语的堆砌，这篇文章仍然会被算法推送给用户。

网络上很多文章文不对题、内容空洞，只是蹭热点打擦边球，却被算法推荐到了成千上万用户的手机屏幕上，获得了阅读量。这对用户来说是一种欺骗，同时也大大伤害了内容产业创作高质量内容的热情，产生了不良的引导作用。

由于算法本身是对用户特征和文本数据进行匹配，因此越是相似的结果往往越容易被优先推荐。这就会导致内容的重复。很多时候，当一则新闻发生的时候，各家媒体或者自媒体所发出的资讯内容本质上是一致的，区别可能只是表述而已。这就导致用户总是看到本质上一模一样

的文章。也许存在着某些用户，喜欢从不同的来源看同一个事件；但是更大多数的用户只是知道一件事就够了，他们并不想反复地读同样的内容。

（三）信息茧房与信息成瘾

信息茧房（filter bubble）指的是信息个性化技术使得人们可能减少阅读多样化内容的趋势。由于个性化推荐系统根据用户已有的阅读偏好来进行关键字匹配和推荐，很大程度上会将高度相关的内容推荐给用户，而相似性较低的内容基本上不会被推荐给用户，这样用户的阅读内容会变得狭隘。用户在一次又一次阅读自己喜欢领域的信息后，不断地在自己与整个世界之间筑起高墙。

这样的拟态环境使许多人沉湎其中，无法自拔。用户每多花一分钟个人时间在阅读这些垃圾信息上，就减少了一分钟可能用在学习、工作、睡眠，或者陪伴家人、参与有意义的社交互动的时间。

信息成瘾问题与信息茧房问题是一个硬币的两面。今日头条在被用户使用的过程中，由于其算法不断贴合用户当前想看的东西，使得用户的欲望不断地被满足，这就形成了一个正向反馈，用户在心理上往往会形成一种依赖。我们常常有这种体验，就是打开个性化推荐类的应用，然后不断地下拉，不知不觉半个小时就过去了。这样的结果确实是某些互联网公司所期望看到的，它们运用各种先进手段，大数据也好，高并发分布式后台也好，机器学习也好，就是为了尽可能地让用户在其平台多停留哪怕一秒钟。无论是内容上、算法上，还是交互设计上，都尽可能去降低门槛，让用户能够越来越容易、越来越没有代价地接触到信息，而且这些信息在很大程度上就是刺激感官的垃圾信息。这样，最顶尖的算法工程师和研发工程师，结合最懂人心理的产品经理，便构建出了一个精妙绝伦的“拟态环境”。这个拟态环境有着海量数据和超高算力，能够不断向用户推送那些直击人性弱点的信息，从文字到图片乃至小视频，让你很难离开。

许多资讯类应用所追求的正是这种高用户时长。据今日头条所给出的数据，其上亿用户日均的用户时长是 73 分钟。用户每天睡眠和工作外的时间按 8 小时计算，这意味着超过八分之一的用户把个人时间耗费在了应用上。

（四）可遗忘性

个性化推荐算法“记住”了用户看过的文章和相应的喜好，但是对于用户来说，这种记住并不一定是好事。有时候，用户存在着让算法忘记他过去的喜好的需求。例如，某段时间由于想去东南亚旅游，因此浏览了很多与东南亚相关的资讯。但是过了一个月之后，也许用户的假期已经过去，或者是已经去过东南亚了，这时候用户并不想再看到和东南亚有关的资讯。用户的这种遗忘需求目前往往被推荐系统开发人员所忽视。

如果用户曾将手机借给其他人使用，保存了他人的浏览历史和喜好，个性化推荐算法根据这些进行的推荐对于现在的用户来说也是无意义的。

（五）版权

算法只负责推荐，并不知道文章本身是谁写的，是不是抄袭的。事实上，有很多企业的推荐系统所推荐的文章的数据都是用爬虫爬取其他网页的，换句话说是未经授权的窃取。企业方面的考虑往往一方面是内容的成本；另一方面是时间成本，如果先获得同意才上线内容，那么时间成本也难以负担，很可能在等待中用户已经流失了。

四、推荐算法的发展方向

传统的推荐算法范式本质上就是热门推荐补充以关键词匹配。这种推荐方法容易解释清楚为什么一篇文本会被推荐到某个用户的屏幕上，但是它的局限性也比较大。目前，以深度学习为代表的人工神经网络方法在图像识别、声音识别领域取得了巨大成就，人工神经网络方法如CNN、RNN、DNN正在被许多研究者尝试运用到计算机科学和工程的其他领域，推荐系统自然也是一个重要的应用方向。

运用以人工神经网络为代表的新的算法范式，对于解决推荐系统许多难以解决的老问题很可能会有非常好的效果。与此同时，神经网络犹如一个黑盒子，为什么一篇文章会被推荐给这个用户的真正原因，往往被成千上万个神经元计算节点以及彼此之间复杂的连接所掩盖。这可能是日后它被运用到推荐系统上并进行持续优化时面临的一个主要障碍。

针对很多新用户没有任何数据沉淀，算法难以对其进行有效推荐的问题，可以用获取用户其他平台信息、获取用户当前手机已经安装的软件信息，以及引导用户进行口味选择这三种方法来解决。

可以考虑给予优质内容生产者所发布的文章和视频更高的推荐权重，使其更容易被用户接触到，并且进行合理的广告收入分成，让优质内容能够实现不断循环再生产。另外，应当加强内容的审核。可以有针对性地开发一套机器学习系统，根据文本关键词特征识别出低俗内容，并以人工审核作为辅助，把住内容的底线。值得说明的是，现在今日头条等企业已经在注意引入人工审核，对内容进行把关，试图遏止低俗内容的蔓延。

可以利用机器学习技术建立一套反作弊、反低俗以及检测谩骂和政治敏感内容的系统。反作弊系统建立的目的就是解决文不对题、蹭热度（单纯充满关键词而并无实际有用内容的文章）以及其他作弊问题。反作弊系统目前主要有两种，一种是预先设置策略和规则的，另一种则是不预先设置规则，而是通过机器学习来学到判断规则的。前者的设计依赖经验和对现实作弊案例的总结，对遇到的案例进行归纳，人为地设计一些规则；而后者强调输入数据的特征和标签，由机器进行监督学习（supervised learning），从而让算法获得一套参数值，进而判别作弊和非作弊。反作弊系统往往要借助大数据计算框架，比如流行的 Hadoop MapReduce 和 Spark，从而实现对大规模数据的判别。

反低俗系统与此类似。低俗内容主要是过度裸露、色情图片和文字等，可以通过现在已经比较成熟的图像识别方法来实现判别。

至于检测谩骂和政治敏感内容，一般用得较多的是贝叶斯方法，同时往往还需要导入一些关键词库，计算出一篇文章包含谩骂或者政治敏感内容的概率有多大，概率较大的直接拒绝。

如果说搜索引擎在是否允许用户有被遗忘的权利（right to be forgotten）上还得因为言论自由和公共利益的考量而权衡再三，那么推荐系统由于并没有这些方面需要担心，应当果断地加入以下功能，从而改善用户的体验：

算法的可遗忘性问题，只要通过加入一个允许用户重置他们的用户画像的功能，即可圆满解决。这个重置功能的实现，简单地说，可以考虑当用户确认后，直接把用户画像中的数据删除，将其视为一个新用户来做推荐。如果考虑得更精细一些，则应当是删除过去的用户画像后，让用户重新做一次选择，让他指明感兴趣的话题，这样在重置用户画像后不至于没有数据可以参考。同时，政府也应当立法，要求互联网企业本着对用户负责的心态，将这个功能加入应用中，正如允许用户注销的功能也是在政府要求后才普遍被加入应用中的。

即使自动化内容审核系统已经做得比较先进，仍然需要一套人工审核系统来完成最后放行。内容行业在法律和行政上多是受到强监管的，如果内容上涉及色情低俗或者有其他违反法规的行为发生，就会对企业的声誉和经济利益造成十分巨大的损失，因此人工审核仍然是必要的。

政府要通过立法规范监管，鼓励优质主旋律内容的生产和传播。政府机构应当发挥作用，对市场调节失灵的情况进行合理的干预，让信息流消费市场不至于沦为低质量内容循环生产的垃圾堆。

【本章小结】

新媒体是由技术和资本双轮驱动的。对新媒体发展产生影响的技术很多，本章主要介绍了人工智能技术和推荐算法。

【思考题】

1. 你认为人工智能会取代记者吗?
2. 请分析今日头条中所用的推荐算法。
3. 你如何看待技术在新媒体发展中的作用?
4. 算法推荐相比人工把关而言具有哪些优势? 又存在哪些伦理风险?
5. 算法推荐是否能够真正做到“精准推荐”? 为什么?

附录　互联网管理的新法规

我们梳理了十八大以来和互联网信息内容、舆情治理相关的 36 部法律法规，包括法律 7 部、行政法规 2 部、部门规章 8 个、规范性文件 16 个、司法解释 3 个（见附表-1）。其中，法律由全国人大常委会制定，行政法规由国务院制定，司法解释由最高人民法院和最高人民检察院制定。

8 个部门规章中，有 2 个来自网信办，2 个来自原国家新闻出版广电总局，1 个来自公安部，1 个来自原文化部，1 个来自原国家食品药品监督管理总局，1 个来自工信部。16 个规范性文件中，14 个由网信办单独发布，1 个由网信办与公安部联合发布，1 个由包括公安部、网信办在内的多部门联合发布。

附表-1　　**相关法律法规**

（一）法律

序号	文件名称	发布单位	实施时间
1	中华人民共和国个人信息安全法	全国人大常委会	2021 年 11 月 1 日
2	中华人民共和国个人数据安全法	全国人大常委会	2021 年 9 月 1 日
3	中华人民共和国个人电子商务法	全国人大常委会	2019 年 1 月 1 日
4	中华人民共和国反恐怖主义法（2018 修正）	全国人大常委会	2018 年 4 月 27 日
5	中华人民共和国网络安全法	全国人大常委会	2017 年 6 月 1 日
6	中华人民共和国国家安全法	全国人大常委会	2015 年 7 月 1 日
7	全国人民代表大会常务委员会关于加强网络信息保护的决定	全国人大常委会	2012 年 12 月 28 日

（二）行政法规

序号	文件名称	发布单位	实施时间
1	互联网上网服务营业场所管理条例（2016 修订）	国务院	2016 年 2 月 6 日
2	信息网络传播权保护条例（2013 修订）	国务院	2013 年 3 月 1 日

（三）部门规章

序号	文件名称	发布单位	实施时间
1	公安机关互联网安全监督检查规定	公安部	2018 年 11 月 1 日
2	互联网文化管理暂行规定（2017 修订）	原文化部	2017 年 12 月 15 日
3	互联网药品信息服务管理办法（2017 修正）	原国家食品药品监督管理总局	2017 年 11 月 17 日
4	互联网信息内容管理行政执法程序规定	网信办	2017 年 6 月 1 日
5	互联网新闻信息服务管理规定	网信办	2017 年 6 月 1 日
6	互联网等信息网络传播视听节目管理办法（2015 修订）	原国家新闻出版广电总局	2015 年 8 月 28 日

续前表

序号	文件名称	发布单位	实施时间
7	互联网视听节目服务管理规定（2015 修订）	原国家新闻出版广电总局	2015 年 8 月 28 日
8	电信和互联网用户个人信息保护规定	工信部	2013 年 9 月 1 日

（四）规范性文件

序号	文件名称	发布单位	实施时间
1	具有舆论属性或社会动员能力的互联网信息服务安全评估规定	网信办、公安部	2018 年 11 月 30 日
2	微博客信息服务管理规定	网信办	2018 年 3 月 20 日
3	互联网新闻信息服务新技术新应用安全评估管理规定	网信办	2017 年 12 月 1 日
4	互联网新闻信息服务单位内容管理从业人员管理办法	网信办	2017 年 12 月 1 日
5	互联网群组信息服务管理规定	网信办	2017 年 10 月 8 日
6	互联网用户公众账号信息服务管理规定	网信办	2017 年 10 月 8 日
7	互联网论坛社区服务管理规定	网信办	2017 年 10 月 1 日
8	互联网跟帖评论服务管理规定	网信办	2017 年 10 月 1 日
9	互联网新闻信息服务许可管理实施细则	网信办	2017 年 6 月 1 日
10	互联网直播服务管理规定	网信办	2016 年 12 月 1 日
11	互联网信息搜索服务管理规定	网信办	2016 年 8 月 1 日
12	移动互联网应用程序信息服务管理规定	网信办	2016 年 8 月 1 日
13	互联网新闻信息服务单位约谈工作规定	网信办	2015 年 6 月 1 日
14	互联网用户账号名称管理规定	网信办	2015 年 3 月 1 日
15	互联网危险物品信息发布管理规定	公安部、国家互联网信息办公室、工业和信息化部、环境保护部、国家工商行政管理总局、国家安全生产监督管理总局	2015 年 3 月 1 日
16	即时通信工具公众信息服务发展管理暂行规定	网信办	2014 年 8 月 7 日

（五）司法解释

序号	文件名称	发布单位	实施时间
1	最高人民法院关于审理利用信息网络侵害人身权益民事纠纷案件适用法律若干问题的规定	最高人民法院	2014 年 10 月 10 日
2	最高人民法院、最高人民检察院关于办理利用信息网络实施诽谤等刑事案件适用法律若干问题的解释	最高人民法院、最高人民检察院	2013 年 9 月 10 日
3	最高人民法院关于审理侵害信息网络传播权民事纠纷案件适用法律若干问题的规定	最高人民法院	2013 年 1 月 1 日

参考文献

匡文波．网络传播学概论［M］．北京：高等教育出版社，2004.

匡文波．手机媒体概论［M］．北京：中国人民大学出版社，2006.

匡文波．网络传播理论与技术［M］．北京：中国人民大学出版社，2007.

匡文波．网络传播技术［M］．北京：高等教育出版社，2003.

匡文波．网民分析［M］．北京：北京大学出版社，2003.

匡文波．网络媒体概论［M］．北京：清华大学出版社，2001.

匡文波．电子与网络出版教程［M］．北京：中国人民大学出版社，2008.

匡文波．网络媒体的经营管理［M］．北京：中国传媒大学出版社，2009.

匡文波．手机媒体：新媒体中的新革命［M］．北京：华夏出版社，2010.

谢新洲．网络传播理论与实践［M］．北京：北京大学出版社，2004.

宫承波．新媒体概论［M］．北京：中国广播电视出版社，2011.

蒋宏，徐剑．新媒体导论［M］．上海：上海交通大学出版社，2006.

张海鹰．网络传播概论新编［M］．上海：复旦大学出版社，2008.

吴廷俊．多媒体技术与新闻传播［M］．武汉：华中科技大学出版社，2002.

李希光．转型中的新闻学［M］．广州：南方日报出版社，2005.

张国良．社会转型与媒介生态实证研究［M］．上海：上海交通大学出版社，2007.

张昆．国家形象传播［M］．上海：复旦大学出版社，2005.

雷跃捷，辛欣．网络新闻传播概论［M］．北京：北京广播学院出版社，2001.

邓炘炘．网络新闻编辑［M］．北京：中国广播电视出版社，2005.

杜骏飞．网络传播概论［M］．福州：福建人民出版社，2004.

董天策．网络新闻传播学［M］．福州：福建人民出版社，2004.

闵大洪．数字传媒概要［M］．上海：复旦大学出版社，2003.

黄升民等．中国数字新媒体发展战略研究［M］．北京：中国广播电视出版社，2008.

李希光，孙静惟．下一代媒体：来自清华园的思想交锋［M］．广州：南方日报出版社，2002.

张国良．新闻媒介与社会［M］．上海：上海人民出版社，2001.

杨伯溆．因特网与社会：论网络对当代西方社会及国际传播的影响［M］．武汉：华中科技大学出版社，2003.

杨伯溆．全球化：起源、发展和影响［M］．北京：人民出版社，2002.

熊澄宇．资讯社会 4.0［M］．台北：商周出版，2005.

童晓渝，蔡佶，张磊．第五媒体原理［M］．北京：人民邮电出版社，2006.

陈绚．数字化时代的新闻理论与实践［M］．北京：新华出版社，2002.

陈卫星．网络传播与社会发展［M］．北京：北京广播学院出版社，2001.

江潜．数字家园：网络传播与文化［M］．上海：复旦大学出版社，2001.

菲德勒．媒介形态变化：认识新媒介［M］．北京：华夏出版社，2000.

斯特劳巴哈等．今日媒介：信息时代的传播媒介［M］．北京：清华大学出版社，2002.

莱文森．手机：挡不住的呼唤［M］．北京：中国人民大学出版社，2004.

罗杰斯．创新的扩散［M］．北京：中央编译出版社，2002.

LEVINSON P. New new media［M］. 1st ed. Boston：Allyn & Bacon，2009.

LISTER M, et al. New media: a critical introduction [M]. 2nd ed. London: Routledge, 2009.

PAVLIK J V, MCINTOSH S. Converging media: a new introduction to mass communication [M]. 2nd ed. Oxford: Oxford University Press, 2010.

GANE N, BEER D. New media: the key concepts [M]. English ed. Oxford: Berg Publishers, 2008.

WARDRIP-FRUIN N, MONTFORT N. The new media reader [M]. Cambridge: The MIT Press, 2003.

MANOVICH L. The language of new media [M]. Cambridge: The MIT Press, 2001.

DECHERNEY P. Hollywood's copyright wars: from edison to the Internet [M]. New York: Columbia University Press, 2012.

WAXER B M, BAUM M. Internet surf and turf-revealed: the essential guide to copyright, fair use, and finding media [M]. Boston: Thomson Course Technology, 2005.

GOLDSTEIN P. Copyright's highway: from gutenberg to the celestial jukebox [M]. revised ed. Stanford: Stanford University Press, 2003.

TORR J D. Internet piracy [M]. Farmington Hills: Greenhaven Press, 2004.

FISHBEIN M, AJZEN I. Belief, attitude, intention, and behavior: an introduction to theory and research[M]. New Jersey: Addison-Wesley Publishing Company, 1975.

FISHBEIN M, AJZEN I. Predicting and changing behavior: the reasoned action approach [M]. New York: Psychology Press, 2010.

图书在版编目（CIP）数据

新媒体概论 / 匡文波著．--4 版．--北京：中国人民大学出版社，2024.7（2025.8 重印）．--（21 世纪新媒体专业系列教材）．--ISBN 978-7-300-33049-5

Ⅰ．G206.2

中国国家版本馆 CIP 数据核字第 2024RF5859 号

21 世纪新媒体专业系列教材

新媒体概论（第 4 版）

匡文波　著

Xinmeiti Gailun

出版发行	中国人民大学出版社		
社　　址	北京中关村大街 31 号	**邮政编码**	100080
电　　话	010－62511242（总编室）		010－62511770（质管部）
	010－82501766（邮购部）		010－62514148（门市部）
	010－62511173（发行公司）		010－62515275（盗版举报）
网　　址	http://www.crup.com.cn		
经　　销	新华书店		
印　　刷	北京昌联印刷有限公司	**版　　次**	2012 年 9 月第 1 版
开　　本	787 mm×1092 mm　1/16		2024 年 7 月第 4 版
印　　张	21.5 插页 1	**印　　次**	2025 年 8 月第 5 次印刷
字　　数	558 000	**定　　价**	49.80 元

关联课程教材推荐

书号	书名	作者	定价	出书时间
978-7-300-31972-8	网络传播概论（第5版）	彭兰	69.80	2023年9月
978-7-300-28094-3	网络传播导论（第三版）	钟瑛	49.80	2020年5月
978-7-300-21417-7	社会化媒体	彭兰	58.00	2015年7月
978-7-300-25702-0	新媒体运营	刘友芝	39.80	2018年5月
978-7-300-32871-3	新媒体运营实务（第2版）	张浩淼等	49.80	2024年6月
978-7-300-32362-6	网络传播法导论（第2版）	邵国松	49.80	2024年1月
978-7-300-33170-6	数据新闻概论（第3版）	方洁	49.80	2024年8月
978-7-300-26001-3	新媒体艺术导论　四色印刷	童岩 郭春宁	59.80	2018年8月
978-7-300-32054-0	融媒体新闻报道实务	红尘	59.80	2023年8月

配套教学资源支持

尊敬的老师：

衷心感谢您选择使用人大版教材！

相关的配套教学资源，请到人大社网站（www.crup.com.cn）下载，或是随时与我们联系，我们将向您免费提供。

欢迎您随时反馈教材使用过程中的疑问、修订建议并提供您个人制作的课件。您的课件一经采用，我们将署名并付费。让我们与教材共成长！

联系人信息：

地址：北京海淀区中关村大街31号206室　　龚洪训 收　　邮编：100080

电子邮件：gonghx@crup.com.cn　　电话：010-62515637　　QQ：6130616

如有相关教材的选题计划，也欢迎您与我们联系，我们将竭诚为您服务！

选题联系人：	电子邮件：	电话：
周　莹	zhouying@crup.com.cn	010-62511612

俯仰天地　心系人文

人大社网站　www.crup.com.cn

专业教师QQ群：

723715191（全国新闻教师群2群）

欢迎您登录人大社网站浏览，了解图书信息，共享教学资源

期待您加入专业教师QQ群，开展学术讨论，交流教学心得